# 커피 브루잉

**THE PHYSICS OF FILTER COFFEE**

Text by Jonathan Gagné
Photography by Noé Aubin-Cadot, Kathy Gagné, Dylan Siemens, Elika Liftee, Andreas Corcaci and Jonathan Gagné

THE PHYSICS OF FILTER COFFEE

COFFEE

# 커피 브루잉

조나탕 가녜 지음

최익창 옮김 | 서필훈 감수

COFFEE LIBRE

# 감사의 말

감사를 드려야 할 사람들이 많다. 이 분들이 없었다면 이 책을 쓰는 데 필요한 지식과 동기를 얻지 못했을 것이다. 그리고 가장 중요한 사람, 내가 엄청난 양의 커피와 각종 커피 기구, 기묘한 도구들로 주방과 아파트를 어지럽히는 동안, 끝없는 인내심을 가지고 기다려 준 나의 아내 Amélie가 없었더라면 그 어떤 것도 불가능했을 것이다.

복합적인 향미로 내 마음을 처음으로 열어 준 그 커피를 만나지 못했다면, 커피에 대한 열정을 깨울 수 있었을까. 그 점에서 Chris Capell과 Sandra Wolter를 비롯한 전 세계의 여러 뛰어난 바리스타 여러분들께, 감사드린다.

그렇지만 나의 '커피의 물리학'이라는 여정에 가장 큰 불을 당겨 준 사람은 누가 뭐래도 Scott Rao다. 인터넷 매체에 커피에 관한 글을 쓰기 시작하던 시기에 그가 보내 준 격려, 그리고 그가 쓴 책은 나에게 큰 힘이 되었다. 우리는 커피에 대해 끝없이 토론했다. 이로써 나의 순진한 물리학적 직관과 수십 년에 걸친 그의 경험이 만날 수 있었고, 나는 다른 방식으로는 절대 성취하지 못할 정도로 발전할 수 있었다.

특히 감사드릴 분들이 있다. Matt Perger와 Barista Hustle 팀은 나에게 용기를 북돋워 주었으며 흥미진진한 토론 상대가 되어 주었다. Andy Kyres는 많은 커피와 넓은 공간, 그리고 Canadian Roasting Society에서 그라인더 실험 기기와 길들이기 도구를 제공했다. Dan Eils는 내가 생각했던 거의 대부분의 실패한 아이디어들도 다 3D 프린팅으로 구현해 줬다. Francisco Quijano는 블루투스 연결이 되는 저울에서 자료를 공급받는 웹 프로그램을 만들어 줬는데, 프로그램은 엄청난 도움이 되었다. 이것이 없었다면 수 개월 동안 무척 힘들게 일했을 것이다. Edo Rezaprasga는 아시아에서만 구할 수 있는, 새로운 커피 도구를 쓸 수 있게 도왔다. Alex Caza와 Firstbloom app 관계자 분들은 엄청난 자료를 공유했다. Noé Aubin-Cadot와 Kathy Gagné는 사진 촬영에 힘을 보탰고, Daniel Demay는 프로젝트의 로고를 만들었다. Jean Zimmer와 Rebecca Neimark는 이 책을 더 훌륭하게 만드는 데 공헌했다.

Christoper Feran, Montreal Coffee Academy의 Chris Capell, Samo Smrke, Kevin Moroney, Decent Espresso의 John Buckman, Heart Coffee Roasters의 Wille Yli-Luoma, Weber Workshops의 Doug Weber, Mitch Hale, Melodripco의 Ray Murakawa, Andreas Corcaci, Brûlerie du Quai의 Dany Marquis, Umeko Motoyoshi, Jonathan Franklin, Matt Leberman, Stéphane Ribes, Catherine Gauthier, Trend Howard는 지식과 흥미로운 토론과 아이디어를 공유했다. James Hoffman과 Tim Wendelboe는 커피 커뮤니티에 논제를 제시했는데, 이를 통해 과거의 관점은 뒤흔들렸고 새 아이디어가 떠올랐다. Caleb Fischer는 구하기 힘든 커피를 보내 줬고, Alex Levitt, Kalyana Vattikuti, Andreas Corcaci 등 많은 분들이 냉동고가 넘칠 만큼 커피를 보내 주셨다.

또한 이 커피 탐구를 위해 직접 용기를 북돋워 준 Café Normal podcast의 Vince Fedele, Sébastien Blondeau와 Elise Arsenault, Café Pista의 Thibaut Paggen, Magalie "Steve" Rondeau, Patrick Liu, Escape Coffee Roaster의 David Boucher, Rabbit Hole Roasters의 David Lalonde, Max Roderbourg, Dave Wong, Sherry Morrison, Socratic

Coffee의 Jeremy, Anne Roger, Max Charron, Dylan Siemens, Elika Liftee 등 많은 분들에게 감사드린다.

후원자 여러분은 다양한 전문 측정 기구 및 자료 수집용 기기를 구매할 수 있도록 재정적으로 도움을 주었다. 이들이 없었다면 커피를 보다 잘 이해한다는 목표를 향한 여정은 훨씬 길어졌을 것이다. Michael Replan, Francisco Quijano Villanueva, Adnan Fakhry, Joseph Jang, Matthew Brown, Gwilym Davies, Lazaros Sotiropoulos, Andrew Baker, Lawrence Yeh, Erick Leiva, Jesse Lambeth, Sioban Staplin, Tony Hariman, Roger Yoon, Kyle Armstrong, Eric Himanga, William Barry, David Ramsey, Camilo Velez, Friedrich Scheck, Dany Marquis, Benjamin Glennon, Nik Reese, Chakorn Chamnanchang, Matt Chitharanjan, Simon He, Elmar Pfeilsticker, Clay Bush, Roger Jordan, Lee Devin, Matthew A., Emilio Rodriguez Rebollo, Wipop Suppipat, Benjamin Chia, Chris Lehmann, Elmar Franke, Patrick Stanger, Matthew Hoadley, Brendan Ojala, Brett Turner, Thomas Dunn, Aurelien He, Merrick, Chase Foster, Suwitcha Chandhorn, Alan Ho, Garam Um, Pieter Thyssen, Matteo Cecconi, Milorad Sekulovic, Patrick Snook, Steve Bercovici, Kyle Tubbs, Camilo Cortes, Simon Mathers, Diego, Steven McLoughlin, Leoniel Anthony De Leon, Thibaut Paggen, Tarik Tahir, Okan Turfanda, Eric Nadler, Ghazi Almoayed, Ignasi Notario, James Hoffmann, Viktor Bobek, Ray Murakawa, Dan Eils, Joachim Leong Ming Yoong, TopDownTom, Mustafa Aydin, Brook Stefanou, Răzvan Roșu, Jasmine Segura, Anders Christiansen, Sebastian Andersson, Siarhei Laurenau, Ron Donaldson, Norman Mazel, Niklas Kügler, Max Roderbourg, Manu Taro, Tam Yin Ping, David Yardley, Craig Batory, Andrea Beckham, Regan Wood, Tudor Cirstea, Trym Aakre, Thiago Cavalheiro, Boris Lee, Dan Davis, Mumin Bayoumi, Specialty Coffee College, Ali Abdullah Aldiwani, Roman Vilanov, Yosho Tsuchiya, Thomas Greene, Chad Brizendine, Patrik

감사의 말

Breitenmoser, Khian Le, Aart Eskes, Anthony Nguyen, Luca Giorgella, Jaroslaw Wawro, Marius Disler, Joe Lin, Takumi Nakata, James Howell, Heath Dalziel, Sal C., Fabian Schläpfer, Daniel Ehrlich, Tonx Konecny, Adam Holliefield, Dorian Arcos, Артём Шрам, Oleg Patrakov, Felix Julian Frank, Dalton Robison, Nathaly, Abdulmajeed Alahmadi, Adrian Hasley, Don Cho, Ryan McDonnell, Rohit Sud, Rana Hassanieh, Anthonia Mao, Brady McAtee, Kai Gibson, Shawn Adkins, Jayce Van Der Linden, Sarah J. Hannaway, Daniel Gutierrez, Achim Klein, Connor Garland, Kevin Davis, Jay Kim, Sorin Lupu, Terça Expressa, Zack Stamey, Gonçalo Ávila, Felix, Rohan Bhattacharya, Kahvecinin Galaksi Rehberi, Morteza Bagherpanah, Rafael Cascao, Qasim Nathoo, Aurore Vayer, Mihai Berbec, Edison Ting, Nuno C. Sousa, Octavio H. Ruiz Cervera, Smag, Matthias Harlass, Jeehae Ahn, Brook Stefanou, Joseph O'Keefe, Emil, Daniel Cobas, Tamer Hourani, Can Gencer, Cameron Sawyer, Robert Hall, Travis Muzzillo, Andrea Villani, Ali Yousefi, Alexey Mordovin, Manuel Jesús Gutiérrez Torres, Bushi Drop, Suksit Theparee, Laszlo Geszten, Nasko Panov, Andrew Zaporozhets, Adrian Bularca, Alex Dres, Adam Fortais, Moritz Rzehak, Paul Arnephy, Brennan Salte, Philippe Gauthier, Jesse Beahler, Le Doan Thanh Trung, Kasjan Orzol, Frédéric Gabioud, Federico Bolanos, Philip Szobody, John Jacobson, Tim Piazza, Cole Hladun, Brandon Carbullido, Sergei Kutrovski, Michael Plunkett, 洪强张, Jiri Brazdil, Serkan Kenar, Benji Schuetz, Michael F. Stewart, Henry Watson, Alice Yan, Joaquin Lencinas, Joseph O'Tweefe, Jonas Schlaepfer, Jeppe Hagedorn, Ian Chan, Walter Enomoto, Gregory Bachman 여러분 모두에게 큰 감사를 드린다.

또한 무료 자료 및 제품 리베이트를 제공해 연구에 힘이 되어 준 VST labs, Fellow Products, Weber Workshops, Brewcoat, Lilydrip 등 업체에게도 감사드린다.

**이해 충돌 방지**

이 책을 쓰는 시점에, Jonathan Gagné는 커피 관련 업체 또는 연구소와 어떠한 재정적 연계 및 이해 관계가 없다. 제품 제공 또는 구매 할인의 형태로 직접적인 이익을 제공한 업체는 위 단락에 언급했다.

# 차례

# 서문

이 책의 목표는 독자들이 필터 커피 추출 및 이에 영향을 미칠 수 있는 방법을 쉽게 이해할 수 있도록 지적 도구를 제공하는 것이다. 나는 어떤 방법이 최선인지, 주전자 온도는 몇 도여야 하는지, 어떤 유형의 그라인더가 필터 커피에 가장 알맞은지 주장하려는 게 아니다. 커피 취향은 주관적이며, 사람마다 선호하는 방법이 다르다. 솔직하게 말해서, 나 스스로도 수많은 가능성 중 어떤 추출법을 가장 좋아할지 예측하기 어렵다.

커피 추출은 놀라운 복잡성으로 이루어진 주제다. 커피 추출은 예측을 수없이 비껴갔고, 오랫동안 흑마술처럼 존재했다. 더 과학적으로 보이는 설명이, 관찰된 결과와는 모순된 경우도 많았다. 커피 추출에 대해서 깊이 알아갈수록 지금까지 발견한 유명 도구와 방법에 대한 담론들이 거의 마구잡이식으로 탐구한 결과였음을 깨달았다. 그렇다고 이에 대해 비난하려는 것은 아니다. 마구잡이식 탐구는 미지의 세계를 열 만한 지식이 없을 때 선택할 수 있는 최선의 방법이다. 다만, 나는 이 책이 실린 몇 가지 지식들이, 여러분이 커피 추출에 대해 보다 효율적으로 탐구하는 데 도움이 되기를 바란다.

푸어 오버 커피 추출은 뜨거운
물을 드리퍼에 붓는 방식이다.

내가 '커피 물리학'이라는 토끼 굴에 첫발을 내디딜 무렵, 나의 블로그 coffeea
dastra.com에도 함께 글을 썼다. 커피 물리학이라는 개념을 발견하고 정리해 블로
그에 올렸다. 커피 덕후들과 실시간으로 정보를 공유하고 싶었다. 그리고 그들은 내
가 기대했던 것보다 훨씬 뜨겁게 반응을 보내 줬다. 커피 세계에서 매우 긍정적인 응
답과 엄청난 도움의 손길이 밀려왔고, 이들 덕에 나는, 주방이 본격적인 실험실이 될
정도로 깊이 파고들 수 있었다. 그리고 최근에야 비로소, 나는 이 주제에 대해 책을
써도 되겠다고 자신할 만큼, 커피 추출이라는 물리학을 이해하게 되었다.

이 책은 필터 커피 추출의 물리학에 초점을 맞췄다. 특히 푸어 오버 같은 수작
업 퍼콜레이션 추출법에 집중한다. 내가 좋아하는 추출법이라는 이유만으로 이 커
피 추출 방식을 연구하기 시작했다. 에스프레소, 나아가 커피의 화학 조성 및 이들

과 관능 경험의 상호 작용에 더 관심을 가진 독자들이 있을 것이다. 이 책을 통해 흥미로운 정보를 발견할 수도 있겠지만 그런 주제들은 이 책의 주요 초점이 아니며 나의 전문 분야와도 가깝지 않다는 점을 알아주기 바란다.

나는 물리학이나 수학에 대한 사전 지식이 부족한 커피 전문가와 홈 바리스타들에게 도구를 제공하고 싶은 마음에 이 책을 썼다. 이 책은 자주, 비교적 간단한 수식을 파고들고, 꽤 자세히 각 항을 설명한다. 이는 수식으로 겁을 주려는 것이 아니라 수식으로 설명하기 위해서다. 어떤 개념이 머리에 잘 들어오지 않거나 너무 복잡해 보이면, 그것은 내가 잘 설명하지 못해서이지 여러분이 이해하지 못해서가 아닐 것이다. 그런 상황이 오더라도 이 책의 다른 부분까지 포기하지 않았으면 한다.

나의 주 전공은 물리학, 특히 천체물리학이다. 이 분야에서 전문 연구원이 되기까지 주로 물리학을 공부했고 화학과 생리학은 거의 배우지 못했다. 이 두 과학 분야는 커피 이해에 엄청난 영향력을 미친다. 하지만 나는 이쪽으로는 거의 도움을 줄 수 없다. 심지어 나는, 물리학 중 하나인 유체 역학 분야에서는 전문가가 아니다. 그리고 퍼콜레이션에 대해서도 확실히 전문가가 아니다. 나의 전문 범위는 그보다 훨씬 좁다. 엉성한 컴퓨터 프로그래밍, 데이터 시각화, 통계, 그리고 망원경을 통해 천문 자료를 경험적으로 수집하는 것 정도다. 다만, 이 한정된 기술이라도 커피 추출을 잘 이해하고자 하는 여정에 도움이 되긴 했다.

이 책은 추출과 물, 그라인더, 퍼콜레이션, 필터, 주전자, 드리퍼 모양 등 필터 커피의 주요 추출 요소를 다룬다. 커피콩과 로스팅이 추출에 미치는 영향 및 1장에서 설명한, 물리학에 바탕을 둔 추출에 적용 가능한 실용적인 권장 사항도 담았다. 마지막에는 커피 자료 수집에 적절한 기구와 그 사용 방법을 설명했다.

# 용어

커피 전문 용어와 친숙하지 않은 독자들은 이 책에서 사용하는 일부 용어를 보고 헷갈리거나 혼동할 수 있다. 그러므로 용어 설명을 먼저 읽길 바란다.

**Aeropress** 에어로프레스: 미국의 Aerobie에서 제조한 피스톤형 플라스틱 재질의 추출 기구

**Astringency** 떫은맛: 혀가 수축되는 감각으로 대개 수용성 커피 성분의 과잉 추출과 관련 있다.

**Average extraction yield** 평균 추출 수율: 마른 상태의 커피층에서 물에 녹은 부분의 무게 비율

**Beverage weight** 음료 무게: 추출된 음료의 총 무게

**Bloom** 뜸들이기: 본격적인 퍼콜레이션 전, 프리인퓨전 단계로 커피가 젖고 기체가 빠지고 물을 흡수하기 시작하는 단계

**Body** 바디: 커피 음료의 바디는 마우스필과 관련 있다. 바디가 강하면 무겁고 풍부한 질감을 느낄 수 있다.

**Brew ratio** 추출비: 마른 상태의 커피 무게 대 커피 제조에 사용한 물의 전체 무게

**Bypass** 바이패스, 우회: 커피층 주변으로 물이 빠져나가는 현상으로 수용성 커피 성분의 추출이 줄어든다.

**Channels** 채널: 커피층에서 투수저항계수가 낮아, 물이 빨리 지나가면서 과잉 추출이 일어나는

부분

**Colloids** 콜로이드: 커피 음료에 떠다니는 녹지 않은 고체 성분

**Concentration TDS** 농도, 용존 고형분 총량: 커피 음료에서 용해된 수용성 커피 성분의 무게 비율.
TDS는 total dissolved solids의 약자이다.

**Dial-in** 조정: 원하는 커피를 만들기 위해 도구나 제조법을 조정하는 것. 주로 분쇄 크기 조절을
가리킨다.

**Dripper** 드리퍼: 필터와 마른 커피를 담아 퍼콜레이션 추출을 할 수 있는 도구

**Gooseneck** 구스넥: 유량을 잘 조절할 수 있게 만든 드립 주전자의 가늘고 긴 주둥이

**Hard water** 경수: 미네랄 함량이 높은 물

**Hydraulic conductivity** 투수계수: 특정 커피층과 물, 영역에서의 중력이 물 흐름을 빠르게 하는
경향에 대한 측정값. 온도와 관련 있는 점성 등 물의 속성은 여기에 포함된다. 투수계수는
투수저항계수와 반비례한다.

**Hydraulic permeability** 투수성: 일반적으로 커피층이 유체를 통과시키는 고유 능력

**Hydraulic resistance** 투수저항계수: 특정 커피층과 물, 영역에서의 중력이 물 흐름을 느리게하는
경향에 대한 측정값. 즉 투수계수의 반대다.

**Immersion brew** 침지식 추출: 분쇄 커피를 일정 시간 동안 물에 담가 커피를 추출하는 방법

**Liquid retention ratio** 액체 잔류 비율: 마른 상태의 커피 무게에 대해 사용한 커피층에 남아 있는
물의 무게 비율

**Particle size distribution** 입자 크기 분포: 그라인더로 분쇄한 커피 입자의 크기별 비율

**Percolation** 퍼콜레이션: 물이 커피층 위로 떨어져 수용성 커피 성분을 추출하고 녹지 않은 고체는
걸러내는 작용이 동시에 일어나는 것

**Permanent hardness** 영구 경도: 탄산수소이온이 고갈될 때까지 침전(대개는 탄산수소칼슘으로
침전됨)시킬 수 있는 물속 미네랄 함량

**Precipitate** 침전: 물에 녹은 이온이 재합성되어 고체 침전물 형태로 용액에서 빠져나오는 것

**Quakers** 퀘이커: 유난히 밝은색의 커피콩으로 음료의 맛에 부정적인 영향을 준다.

**Refractometer** 굴절계: 액체의 굴절 지수, 즉 빛이 매질을 통과할 때 굴절되는 각을 측정하는 도구

**Server** 서버: 퍼콜레이션 중 추출된 커피 음료를 담는 용기

**Slurry** 슬러리: 커피를 추출하기 위한 분쇄 커피와 뜨거운 물의 혼합물

**Soft water** 연수: 미네랄 함량이 낮은 물

**Swirl** 돌리기: 드리퍼를 수평으로 작은 원을 그리며 돌리는 것

**TDS, TDS**: 용존 고형분 총량. 물에 녹은 수용성 성분의 농도로 무게 비율이다.

**Temporary hardness** 일시 경도: 통상 (이온 수로 양을 정할 경우) 동일한 양의 탄산수소염과 결합해 침전할 수 있는 물의 미네랄 함량

**Titration** 적정: 화학 성분을 용액에 첨가해 특정 이온과 반응하게 하고, 목표 이온이 완전히 반응해 사라지면 나타나는 색 변화를 관찰해 농도를 측정하는 방법

**Total alkalinity** 총 알칼리도: 산성 물질을 첨가할 때 물이 pH 변화에 저항하는 정도. 탄산수소 이온($HCO_3^-$)의 농도다.

**V60**: 일본의 Hario에서 제조한 원뿔형 드리퍼. 벽 각도가 60도이다.

**Variety/varietal** 품종: 유전적, 형태학적 속성이 유사한 식물군. 품종은 종, 아종보다 구체적이다. 이라는 용어는 커피에서 품종을 가리키는 용도로 살못 사용되곤 한다.

**Water weight** 물 무게: 퍼콜레이션 중 마른 커피층 위로 부은 물의 총 무게. 음료로 빠져나온 물의 양과 사용한 커피층에 남은 물의 양을 합한 것이다.

# CHAPTER 1

# 추출

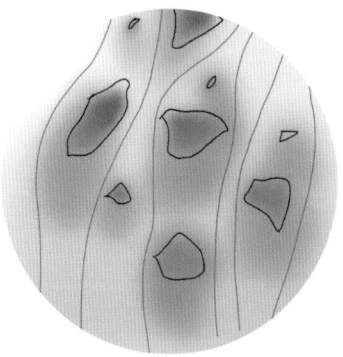

커피 브루잉의 모든 측면이 우리가 마시는 커피에 어떻게 영향을 미치는지에 대해 의미 있는 토론을 하기 전에, 물이 커피 맛을 만들어 내는 화학 물질을 추출하는 방법에 대한 기본적인 이해를 얻는 것이 유용할 것이다. 이번 장은 추출과 관련 있는 물리화학적 현상을 살피고, 농도나 평균 추출 수율 개념 및 이런 수치의 측정 방법과 용도 등 실용적인 부분을 다룬다.

커피 성분에 대한 화학적 내용은 너무 복잡하고 방대하다. 때문에 이 책에서는 세부 내용까지 다루지 않을 것이다. 커피 화학을 다룬 문헌으로는 *Coffee: Production, Quality and Chemistry* (Farah 2019); *The Craft and Science of Coffee* (Folmer 2017); *Espresso Coffee: The Science of Quality* (Illy and Viani 2004)를 참고하기를 권한다.

## 1.1 평균 추출 수율

평균 추출 수율은 커피 추출에서 가장 유용한 개념 중 하나다. 간단히 말해, 커피(추출 전)에서 추출되어 음료에 녹아 있는 성분의 질량비를 말한다. 커피콩의 많은 부분은 물에 녹지 않는다. 예를 들어 미세 구조인 세포벽을 구성하는 셀룰로스는 불용성이다. 일반적인 추출 방식으로 실제 추출 가능한 부분은 커피콩에서 (무게비) 30-32% 정도에 불과하다. (예: de Maria 팀 1994; Ellero and Navarini 2019) 대략 이 정도가 최대 평균 추출 수율일 것이다.

나는 '추출 수율' 대신 '평균 추출 수율'을 사용한다. 모든 커피 세포가 동일한 수준으로 추출되지는 않기 때문이다. 결국 커피 한 잔에 들어 있는 수용성 성분은 일부 세포에서는 많이, 다른 일부 세포에서는 조금, 또 다른 일부 세포에서는 어중간한 정도로 추출된 것의 조합이다. 이 수치를 평균 계산하면 평균 추출 수율이 된다. 평균 추출 수율이라는 개념은 평균 농도와는 다르다. 커피 음료의 농도는 커피 재료에서 추출한 성분의 양뿐만 아니라 이것들을 희석한 물의 양에도 영향을 받는다.

1950년대에 Coffee Brewing Institute의 Earl E. Lockhart는 평균 추출 수율과 평균 커피 농도를 한데 묶어 Coffee Brewing Control Chart를 만들었다.

Coffee Brewing Institute, 그리고 노르웨이 커피 협회는 이후 여러 실험과 일반 시민을 대상으로 한 관능 조사를 통해, Coffee Brewing Control Chart에서 커피를 마시는 다수의 소비층이 선호할 것으로 여겨지는 최적 영역을 정했다. (Lingle 1996) 평균 추출 수율이 18% 미만이면 과소 추출로, 풀, 땅콩 느낌 같은 선호도가 떨어지는 향미가 난다. 반대로 22%를 넘으면 과잉 추출된 것으로 쓴맛, 떫은맛이 난다. 이후 데이터가 더 쌓이면서, 최적 평균 추출 수율은 작업자 능력을 비롯해 로스팅(Rao 2014)이나 분쇄기 성능(Rao 2018), 추출 방법, 생두 품질 등 여러 가지 요소의 영향을 많이 받는다는 것이 점차 명백해졌다. 지금부터 이런 요소들의 영향에 대해 상세히

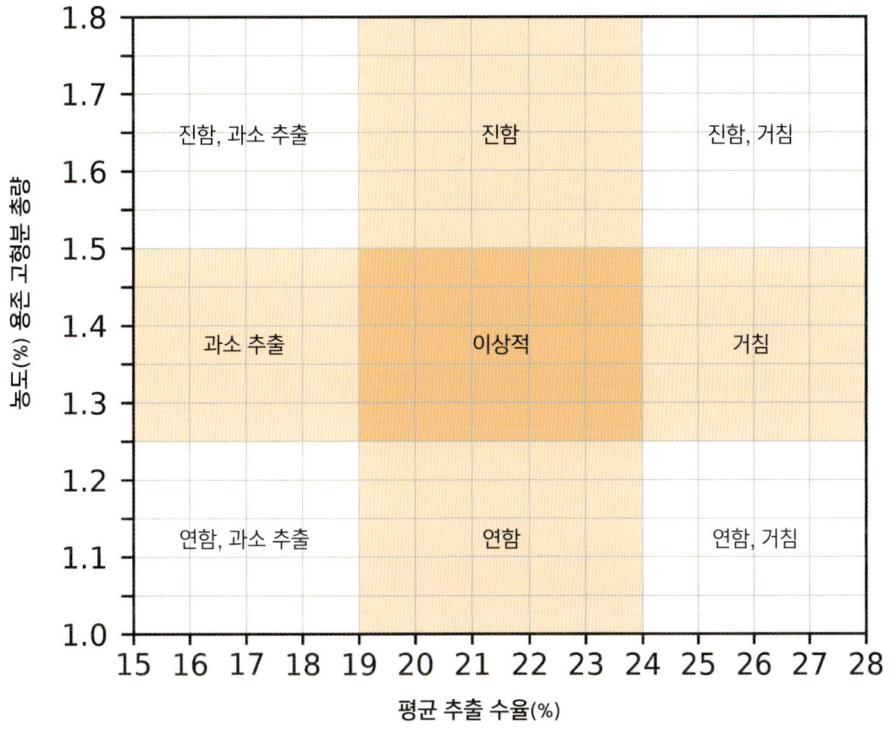

Lockhart의 Coffee Brewing Control Chart를 수정한 도표. 추출 수율(가로축)은 향미 프로필, 농도(세로축)는 향미 강도와 대응한다.

살펴볼 예정이다. 다만 최근 들어 로스팅, 경작, 분쇄 품질 등의 분야에서 이루어진 발전 덕에 일반적인 평균 추출 수율의 선호도 수치 또한 약간 높아졌다는 것을 참고하길 바란다.

통계 분석을 바탕으로 한 것은 아니지만, 요즘은 평균 추출 수율 19% 미만을 '선호' 영역으로 보지 않으며, 커피 업계의 일부 인플루언서들은 평균 추출 수율이 22%를 훌쩍 넘는 수치를 선호하기도 한다. 다만 개인적으로는, 평균 추출 수율 차트에서 최적 영역을 결정하는 데 있어, 최고 사양 그라인더와 고품질 생두, 수준 높은 로스팅이 큰 영향을 준다는 것을 감안하더라도, 평균 추출 수율이 23.5%를 넘어

추출

간 경우에 맛이 좋았던 경우는 극히 드물었다. 흥미로운 점은 평균 추출 수율과 선호도가 반드시 정비례하지 않는다는 사실이다. 예를 들어 Rao(2016)는 평균 추출 수율이 15% 정도인 영역을 최적의 맛으로 여기는 경우도 있다고 언급한 일이 있다. 그런데 그보다 바로 위 영역인 15-18%는 대부분의 사람들이 선호하지 않는 추출 수율이다. 그리고 18%를 넘어서면 다시 선호도가 긍정적으로 바뀐다.

최적 커피 농도는 향미 프로필보다는 향미 강도와 관련 있으며, 그런 만큼 선호가 훨씬 더 다양하다. Coffee Brewing Institute는 1.0%-1.5% 영역이 좋다고 했지만, 1.0%에 가까운 수치는 스페셜티 커피 업계에서 거의 찾아볼 수 없다. 원칙적으로 이 선호 수치는 평균 추출 수율과는 독립적이며, 간단하게는 우리가 마시고 싶은 커피 농도에 기반한다. 주목할 것은, 드립 커피 농도가 1.8%-7.0%인 경우는 거의 없지만, 에스프레소 커피는 평균 추출 수율은 같아도 음용 농도는 대개 7.0%-12.0% 라는 것이다. (Perger 2017.1.30) 즉, 평균 추출 수율의 선호 영역 대비, 농도의 선호 영역은 훨씬 넓다.

평균 추출 수율이 유용한 개념이라고 하는 가장 큰 이유는 맛 프로필에 끼치는 영향이 크기 때문이다. 그 이유를 이해하려면, 커피콩 세포에 여러 화학 성분이 상당히 많이 들어 있고 이 성분들이 한데 모여 커피 향미라는 관능 경험을 만든다는 점을 알아야 한다. 그런데 이 화학 성분들은 추출 속도가 저마다 다르다. 어떤 성분은 매우 빨리 추출되고 어떤 성분은 느리게 추출된다. 만약 어떤 커피 음료의 평균 추출 수율이 28%를 넘는다면 그 커피 음료에는 커피콩에 있는 수용성 성분이 거의 대부분 들어 있을 것이다. 그런데 추출 속도가 느린 성분들 중 몇몇은 거칠고 쓰며 (또는) 금속성의 떫은 느낌을 가지고 있다. 그러므로 커피콩의 거의 모든 성분이 추출되는 것은 그리 좋은 일로 볼 수 없다. 반대로, 평균 추출 수율이 15% 정도라면 커피 음료에 개성을 부여하는 성분들이 상당 부분 추출되지 못한 것이고, 단맛과 복합성이 부족할 것이다.

이런 관점에서 보면 Lockhart의 발견에서 숨은 의미가 하나 드러난다. 평균 추출 수율은 맛 프로필과 관계 있는 수치라는 점이다. 하지만 평균 추출 수율은 절대, 커피가 어떤 맛을 낼 것이라는 완벽한 지침이 될 수 없다. 이유는 여러 가지다. 예를 들어, 어떤 커피 두 잔이 있다. 평균 추출 수율은 20%로 같다고 해도 모든 성분의 추출이 완벽히 고르게 동일한지(즉, 각 커피 세포의 추출 수율이 모두 20%) 아니면 들쭉 날쭉한지(즉, 어떤 세포의 추출 수율은 28%, 다른 세포는 13%)는 알 수 없다. 두 커피는 분명 맛이 다를 것이다. 요점은, 평균 추출 수율이 동일한 커피라 해도 커피콩, 그라인더, 로스트 프로필, 경우에 따라서는 물 조성이 다르면 맛은 다를 수 있다는 것이다. 그러므로 평균 추출 수율의 활용에는 한계가 있다. 물론 바리스타 입장에서 자신의 작업이 추출에 미치는 영향과 경로를 탐구할 때 이만큼 강력한 도구도 없긴 하지만 말이다.

내가 이 책을 쓰게 된 주요한 목표 중 하나는 모든 커피 세포를—특히 고르게—추출하는 방법을 설명하는 것이다. 추출이 고르다고 항상 맛이 더 좋다고 할 수는 없다. 다만 내 경험이 한정적이긴 해도 추출이 고른 쪽이 맛도 더 나은 편이었다. 그리고 고르지 않은 추출을 바라는 사람이라 할지라도, 고르게 추출하는 법을 알면 의도적으로 고르지 않게 추출하는 데에도 도움이 될 것이다. 고르게 추출하는 법을 알면 재현하기도 쉽고, 더 좋은 맛을 내기 위한 미지의 요소를 찾아내는 데에도 도움이 된다.

요약하면, Coffee Brewing Control Chart는 간단하면서도 강력한 커피 추출용 도구이다. 커피 음료 한 잔을 악기에 비유하자면 가로축($X$축), 즉 평균 추출 수율은 악기의 음색에 해당하고 세로축($Y$축), 즉 농도는 악기의 소리 크기에 해당한다. 이 장 뒷부분에서는 평균 추출 수율을 계산하는 방법을 다룰 것이다. 11장에서는 '굴절계'를 사용해 커피 농도를 정밀하게 측정하는 방법을 살펴보겠다.

확산의 예: 잉크가 천천히 퍼진다. Wikimedia Commons

## 1.2 이류와 확산

앞에서 추출과 관능 속성에 대해 논의했으니 이제는 물리적인 추출 원리를 공부할 차례다. 퍼콜레이션, 즉 물을 커피 가루 위에 부어 아래로 음료가 빠져나오는 상황을 가정해보자. 용해된 커피 성분을 커피 가루에서 음료로 수송하는 데는 물리적으로 구분되는 두 가지 현상이 작용한다. 바로 이류와 확산이다.

'이류'는 물의 흐름이 성분을 수송한다는 뜻의 기술적인 개념이다. 강 위에 떠서 흘러가는 잎을 커피 성분이라 보면 된다. 물이 흐르면, 물흐름을 타고 성분이 이동한다. 종종 이류는 수용성 커피 성분을 '씻어내는(washing out)' 것을 뜻하기도 한다.

'확산'은 물흐름이 없는 상황에서도 화학 성분이 스스로 퍼지는 방식을 말한다. 왜 이런 현상이 생기는지 이해하기 위해서는 '온도' 개념에 대해 알아볼 필요가 있다. 유체를 구성하는 입자는 불규칙한 궤도를 따라 끊임없이 움직인다. 이 입자들의 평균 속도는 유체의 '온도'와 관련이 있다. 다시 말하면, 어떤 유체든 내부 입자는 끊임없이 섞이는데, 온도가 높을수록 입자가 더 빨리 움직인다. 물에 용해된 화학 성분이 천천히 퍼져나가는 것은 바로 이런 무작위적인 움직임 때문이다. 시간을 두고 기다린다면, 화학 성분은 언제나 가장 농도가 높은 곳에서 가장 농도가 낮은 곳으로 이동하며, 농도가 균형을 이룰 때까지, 즉 모든 영역의 농도가 동일해질 때까지 확산은 계속된다. 바람 없는 방 안에서 연기가 퍼져 나가는 것은 확산의 훌륭한 예시다. 처음에는 또렷하게 형태가 보이던 연기는 퍼져 나가면서 점차 희미해진다.

Ellero and Navarini(2019)는 현미경 관찰로 확산이 일어나는 방식을 설명하는 세부 모델을 구축하고, 모델 결과와 에스프레소 추출 실험 결과를 비교해 그 유효성을 확인했다. 이 모델에 깔린 개념은 간단하다. 분쇄 커피 입자는 커피 세포로 이루어진 덩어리인데, 그 덩어리 바깥층 커피 세포들의 표면은 부분적으로 부서져 있다. 입자 안에는 많은 공극, 즉 커피 세포벽에 작은 구멍이 있어, 이를 통해 내부의

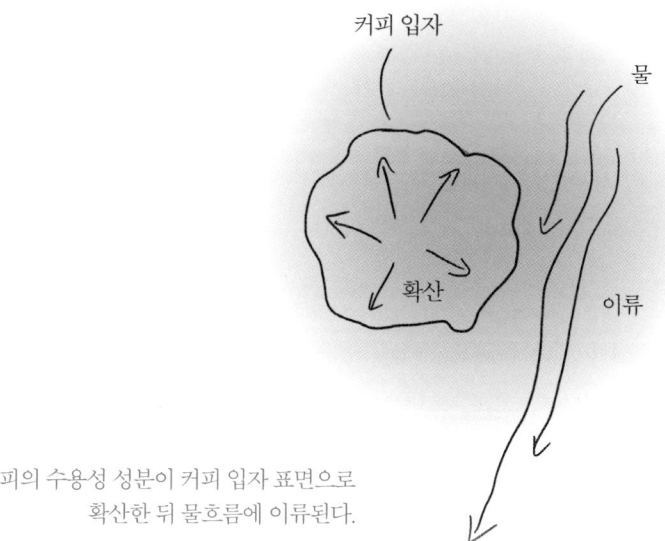

커피의 수용성 성분이 커피 입자 표면으로
확산한 뒤 물흐름에 이류된다.

커피 세포들까지 들어갈 수 있다. 작은 구멍들은 로스팅 단계에서 만들어진 것으로, 그물망처럼 서로 이어져 있으며, 물은 이 그물망을 타고 내부로 들어갈 수 있다. 물은 처음에 커피 입자의 표면에 접촉해 부서진 커피 세포에 들어 있는 수용성 성분을 재빨리 녹여 씻어낸다('이류'). 이 화학 성분들은 물에 녹은 뒤, 커피 입자로부터 빠져나와 빠르게 물을 타고 흘러간다. 또한 이 과정에서 물은 구멍을 통해 커피 세포 내부로 들어가, 입자 내부의 화학 성분을 녹인다.

내부 화학 성분이 녹으면서부터 '확산'이 일어날 수 있다. 입자 표면 쪽은 이류 작용 때문에 화학 성분의 농도가 훨씬 낮다. 그러므로 입자 내부(농도가 높은 곳)에서 표면 방향으로 화학 성분 일부가 확산에 의해 천천히 이동한다. 이 화학 성분이 표면까지 이동하면, 빠른 물흐름을 만나고, 이류 작용에 의해 씻겨 나간다. 종합하면, 커피 추출은 두 가지 뚜렷이 구별되는 단계를 거친다. 하나는 확산이라는 느린 과정으로, 커피 입자 내부의 화학 성분이 커피 입자 표면까지 이동한다. 다른 하나는 이류라는 빠른 과정으로, 커피콩 표면에 화학 성분이 도달했을 때 일어난다.


## 1.3 입자 크기

커피 입자들 중 '미분'이라는 입자는 아주 작은, 부서진 커피 세포로만 이루어져 있다. 그래서 이 입자들의 수용성 성분은 전부 빠져나와서 물길을 타고 씻겨 나간다. 한 번에 모든 수용성 성분이 빠져나오므로 미분은 커피 향미 프로필에 뚜렷한 영향을 미친다. 화학 성분 중에는 확산 속도가 특히 느린 것이 있는데, 예를 들어 커피 입자가 클 경우, 커피 오일은 안에 머무르는 경향이 있다.[1] 트리고넬린이나 카페인

---

1   엄밀히 말해 기름은 물에 녹지 않는다.

등은 커피 입자가 커도 빠르게 확산되어 빠져나온다. (Moroney 팀 2019) 화학 성분은 이렇듯 종류에 따라 확산 속도가 다르므로, '분쇄 크기는 커피의 향미 프로필에 큰 영향을 미친다. 동일한 평균 추출 수율이 나오도록 추출 시간을 조정하더라도 마찬가지다.' 사람의 미각은 매우 비선형적이어서(Illy and Viani 2004; Moroney 팀 2019) 화학 조성이 조금이라도 달라지면 느끼는 맛의 차이는 훨씬 커질 수 있다.

분쇄 커피의 입자 크기가 다양하다면 그에 맞춰 퍼콜레이션에 적용되는 물리 법칙도 달라진다. 어느 정도는 직관적이겠지만, 분쇄 크기를 바꾸면 향미 프로필이 반드시 달라진다는 점은 유념해야 한다. 다른 말로 하자면, 물이 커피층을 완전히 고르게 통과하는 수준의 퍼콜레이션 기술을 가졌다 해도, 필터 커피를 추출할 때 선호하는 분쇄 크기는 존재한다.

## 1.4 온도

앞에서는 특정 화학 성분이 커피 향미 프로필에 영향을 주려면, 먼저 물에 녹아 커피 입자 표면까지 확산된 뒤 물흐름을 타고 음료로 이류되어야 한다는 것을 알아보았다. 이 두 단계의 속도는 화학 성분마다 다르고, 물의 온도 또한 큰 영향을 미친다.

커피 세포 내부에 있는 향미 성분 중 한 가지를 예로 들어보자. 이 성분은 커피 입자 표면 바로 아래 있으며, 물이 없는 상태에서는 고체 입자 상태이지만, 물과 접촉하면 매우 빨리 물에 녹는다. 그 용해 속도는 입자 주변의 물에 해당 성분이 농축될수록 느려진다. Noyes-Whitney 식은 다음과 같이 나타낸다. (Smith 2015)

$$\frac{\mathrm{d}m}{\mathrm{d}t} = A\frac{D}{L}\left(C_{\mathrm{sat}} - C_{\mathrm{sol}}\right)$$

위 식에서 등호 좌항의 d*m*/d*t*은 화학 성분이 용해되면서 사라지는 속도를 나타낸다. 등호 우항의 *A*는 물과 접촉하는 수용성 성분이 건조 상태일 때 표면적 총량이다. $C_{sat}$는 화학 성분과 아주 가까이 접해 있는 물의 농도를 의미한다. (이를 포화 농도라고 한다.) $C_{sol}$은 화학 성분에서 *L* 거리만큼 떨어진 위치에서의 물의 농도이다. 둘을 연결하면, 괄호 안 내용은 건조 상태의 수용성 성분과 인접한 부분에서 농도가 얼마나 빨리 떨어지는가를 의미한다. 이것은 수용성 성분을 둘러싼 물이 맑을수록 용해 속도는 더 빠르다는 의미다. 만약 커피 세포 내부에 들어간 물을 무언가를 사용해 휘젓는다면(실제로 이렇게 하기는 어렵다) 농도 하락분은 동일하더라도 잠시 동안 거리 *L*이 줄어들고 용해 속도는 빨라질 것이다.

Noyes-Whitney 식에는 더 흥미로운 것이 있는데, 바로 확산 계수인 *D*다. 앞에서 보았듯이, *D*가 크면 용해 속도가 빠르다. 변수 *D*는 여러 화학 성분을 통틀어 나타내는 수치로서 Einstein-Smoluchowski 관계에서는 다음과 같이 표시한다. (Lindsay 2009)

$$D = \mu_{\mathrm{p}} k_{\mathrm{B}} T$$

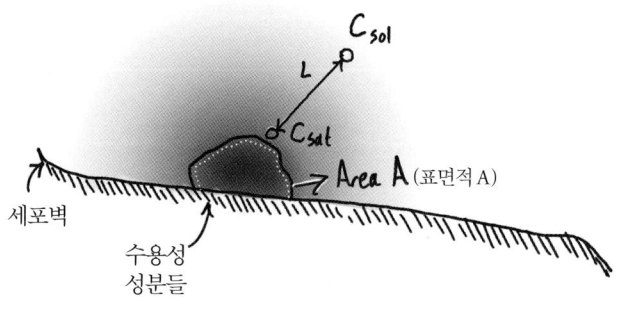

Noyes-Whitney 식에 사용된 용어 표현

이 식은 어떤 화학 성분의 확산 계수가 다음 세 가지 속성의 산물이라는 점을 간략히 나타낸다. 첫 번째는 운동성 $\mu_p$로, 이것은 특정 유체 내에서 물질이 움직이는 속도를 말하며 화학 성분마다 크게 다르다. 다음은 볼츠만 상수 $k_B$[2]이다. 마지막은 온도 $T$다. 즉, 물이 따뜻하면 커피 세포 안에 있는 건조 상태의 화학 성분이 더 빨리 녹는다.

여기서 끝이 아니다. 확산 계수는 용해된 화학 성분이 분쇄 커피 입자의 표면으로 확산되는 속도도 나타낸다. 그러므로 물이 뜨거울수록 화학 성분은 더 잘 녹고 또한 표면으로 더 잘 이동한다. 이동을 막는 장애물 또는 물흐름이 없는 조건에서 확산 수식을 풀면 높은 농도 $c_0$ 주변 영역에서 농도 $c$가 어떻게 달라지는지 알 수 있다.

$$c\left(r,t\right) = c_0 \exp\left(-\frac{r^2}{4Dt}\right)$$

위 식에서 $r$은 농도가 높은 영역의 중심에서부터의 거리이며 $t$는 확산이 시작된 때로부터 지나간 시간이다. $D$는 확산 계수다. 숫자를 넣어 보면 해석하기가 더 쉬울 것이다.

다음 페이지 그래프는 시간 흐름에 따른 한 방향으로의 농도 프로필 변화를 보여준다. 이 그래프는 흔히 종형곡선이라는 정규분포를 따르는데, 시간 $t$가 클수록 그 형태가 넓어져 최종적으로는 확산 과정이 그러하듯 전체가 균일한 농도가 된다. 특정 고정 시점 $t$에서 화학 성분별로 농도 프로필을 찾으려 한다면 이 개념이 훨씬 흥미로울 것이다. 다음 페이지 오른쪽 그래프에서 보듯 화학 성분마다 확산 계수 $D$

---

2  볼츠만 상수는 물리학의 기본 상수로서 언제나 $1.381 \times 10^{-23}$ J/K다.

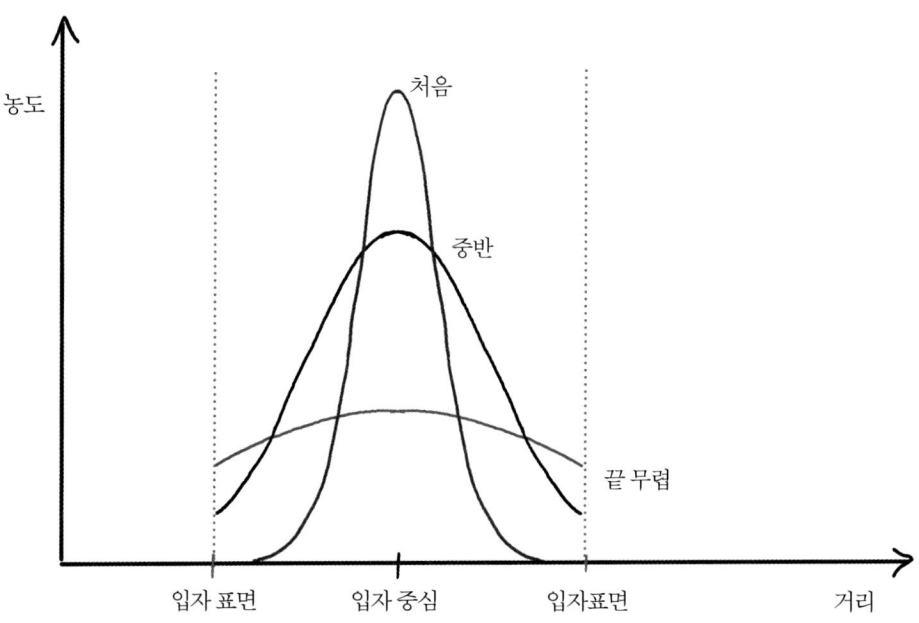

커피 입자 중심에서 표면까지 단일 화학 성분의 시간에 따른 농도 변화

는 다르다. 각 그래프에는 커피 입자의 표면을 나타내는 수직선을 그려두었다. 입자 표면에서 화학 성분별 농도를 확인하면 해당 시점에서 커피 입자에서 화학 성분이 '새어' 나오는 속도를 알 수 있다.

현실적으로는 장애물(예: 세포벽이나 세포벽에 난 구멍) 또한 농도 프로필에 영향을 미친다. 그러나 이런 장애물이 있다고 해서 위 개념도가 바뀌지는 않는다. 커피 세포의 총체적인 영향은 커피 입자를 다공성 매질, 즉 구멍이 뚫려 있는 물질로 보고 이 경우에 해당하는 수정 확산 계수를 적용하여 반영할 수 있다. 예상했을지는 모르겠지만 간략히 말하자면, 모든 화학 성분의 확산 계수는 크게 줄어든다. (Grathwohl 1998) 물 온도를 많이 높이면 재미있는 일이 일어난다. 모든 화학 성분의

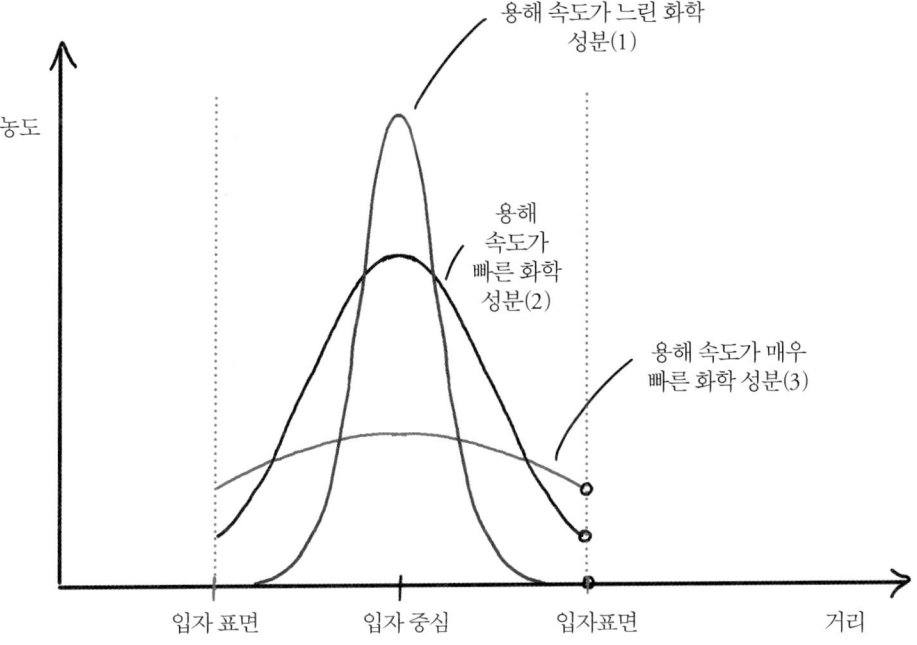

용해 속도가 느린 화학
성분(1)

용해
속도가
빠른 화학
성분(2)

용해 속도가 매우
빠른 화학 성분(3)

농도

입자 표면    입자 중심    입자표면    거리

특정 시점에서 커피 입자 중심에서 표면까지 여러 화학 성분의 농도 변화

확산 계수가 커지고, 농도 프로필 또한 그에 따라 넓어지는 것이다. 이 상황에서 커피 입자의 표면 농도 수치를 본다면, 다음 페이지의 그래프처럼 추출 속도 프로필이 매우 달라진다는 것을 알 수 있다.

온도 $T$를 바꾸면 추출 속도도 달라지고 커피 음료에 도달하는 화학 성분 조성 또한 달라진다. 커피 입자의 크기를 바꾸면 물 온도를 바꾸었을 때와 유사한 효과가 있는데, 이는 다음과 같은 원리 때문이다. 온도를 바꾸는 것은 농도 프로필의 폭을 바꾸는 것이다. 이에 비해 입자의 크기를 바꾸는 것은 입자 표면부를 뜻하는 수직선의 위치를 바꾸는 것이다. 결국, 더 가늘게 분쇄하는 것과 추출 온도를 높이는 것 모두 향미 프로필 변화 방향은 같다.

추출

그런데 여기에 다른 요소들이 개입하면서 추출 온도와 입자 크기의 영향을 서로 다르게 만든다. 4장에서 살펴볼 이야기이지만, 물 온도나 평균 입자 크기를 바꾸면 퍼콜레이션 과정에서의 물리 효과가 뚜렷이 달라진다. (특히 물이 커피층을 통과하는 방식이 달라진다.)

또한 3장에서 살펴볼 내용인데, 입자 크기를 바꾸면 평균 입자 크기가 달라지는 것 외에, 부서진 커피 세포로 이루어진 미분 함량이 크게 달라진다. 앞서 언급했지만 미분은 수용성 성분을 모두, 급속히 내놓기 때문에 이로 인해 맛 프로필에 분명한 차이가 발생한다. 이는 물 온도를 바꾸었을 때의 영향과는 다르다. 그러므로 온도와 분쇄 입자 크기 모두, 어느 정도 닮은 부분은 있지만 커피 맛 프로필에 자기만의 고유하고 특이한 영향을 미친다.

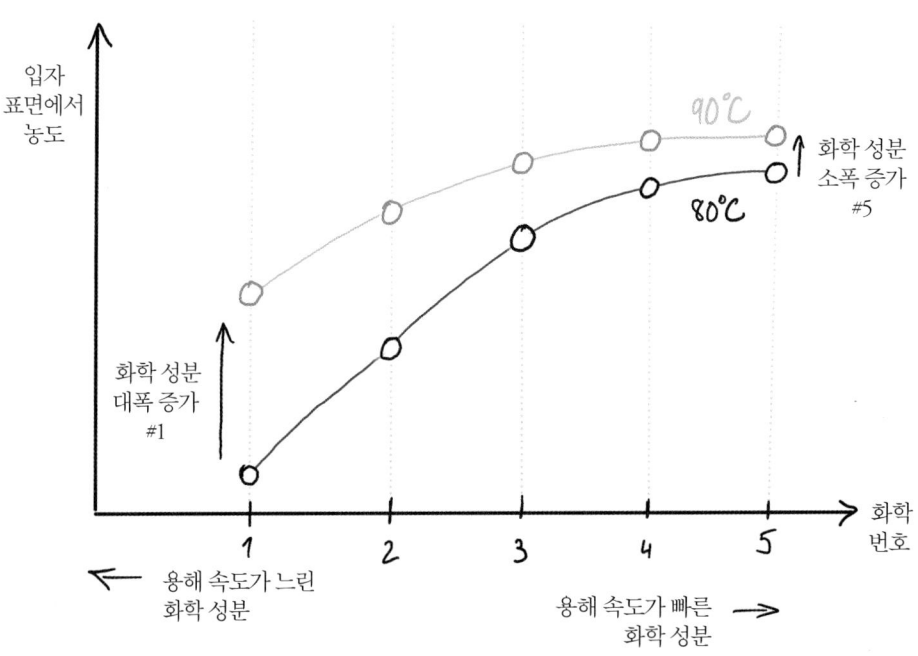

온도가 다를 때 커피 입자 표면에서 화학 성분의 농도 형태

내 경험으로는, 강 로스팅한 커피를 사용할 때는 추출 온도를 조절하는 것이 가장 유용했다. 약 로스팅한 커피를 V60으로 추출할 때는 끓는점 약간 아래 온도의 물을, 강 로스팅한 커피를 쓸 때는 좀 더 식혀, 로스팅 정도에 따라 88도에서 96도 사이 온도에서 추출했다. 에스프레소에 관한 일부 예비 연구에서는 슬러리의 온도가 90도일 때 74도의 슬러리 대비 당 성분이 더 많은 것으로 나타났다. (Easthope 2015) 내 경험으로도 약 로스팅한 커피를 낮은 온도로 필터 추출하면 단맛이 떨어졌다. 이에 대해서는 10장에서 상세히 이야기하겠지만 7장 또한 살펴보기 바란다. 여기서는 주전자 온도가 똑같더라도 드리퍼별로 슬러리의 온도는 다를 수 있다는 것을 다룬다.

## 1.5 침지와 퍼콜레이션

앞에서 퍼콜레이션 기반에서 추출 속도에 대해 이야기했다. 퍼콜레이션 과정 중 커피 입자는 깨끗한 물의 흐름 속에 있다. '침지'는 이와 달리, 물과 커피 입자가 함께 있으며 움직이는 것은 없다. 즉, 바리스타가 슬러리를 휘젓지 않는 한 커피 입자 밖의 물흐름은 없다. 물흐름이 없으므로 커피 입자 표면의 수용성 화학 성분을 슬러리로 옮겨주는 역할은 확산만이 담당한다. 그러므로 커피 입자 내부의 화학 성분을 표면으로 끌어내 밖으로 내보내는 확산은 그보다 훨씬 더 느려진다.

침지 중 추출액의 성분 농도는 지속적으로 증가한다. Noyes-Whitney 수식에서 보았듯이, 추출 속도는 시간이 흐를수록 느려진다. 후반부 추출 과정이 천천히 일어나기 때문에 침지 방식 추출은 추출 시간에 따른 변화가 크지 않고, 재현하기가 더 쉽다. 역으로 추출 효율성은 그다지 좋지 않으며, 음료의 '바디'는 강하다. 바디가 강한 것은 미분과 작은 입자 등의 성분이 음료에 들어 있다는 의미다. 물에 녹지 않은 입자가 없는, 아주 깔끔한 느낌의 음료를 만들 수 있는 방식은 커피층 자체가 필터 역할을 해주는 퍼콜레이션뿐이다. 자체 필터 개념은 5장에서 다시 다룰 것이다.

침지와 퍼콜레이션 방식 추출물의 맛이 다른 이유가 하나 더 있는데, 이는 커피 입자 밖에서 일어나는 현상과 관련 있다. 침지와 추출 모두 확산을 통해 커피 입자 내부의 화학 성분이 입자 표면으로 이동한다. 휘젓지 않은 상태의 침지에서는 화학 성분이 음료로 퍼져 나가는 것도 확산이 담당하기 때문에, 커피 입자 표면을 떠나는 속도를 관장하는 것은 확산이다. 슬러리의 각 커피 성분 농도가 포화 수준으로 높아지면, 해당 성분의 추출 속도는 점차 느려진다.[3] 퍼콜레이션에서는 깨끗한 물이 지속적으로 입자 주위를 흐르면서 이류 작용을 통해 화학 성분을 매우 쉽게 가져간다. 그러므로 퍼콜레이션 중 어떤 시점에서든 음료로 빠져나오는 화학 성분 조성은 커피 입자 표면의 조성과 유사하다. 그에 비해 침지로 만든 음료는 확산 속도가 빠른 화학 성분이 더 두드러지는 경향이 있다.


## 1.6 액체 잔류 비율

'액체 잔류 비율'은 커피 추출에서 평균 추출 수율을 계산할 때 꼭 알아야 하는 개념이다. 쉽게 말하자면, 추출 뒤 커피층은 성분이 빠져나간 만큼 무게가 약간 줄어들 것이다. 그러나 다른 한편으로 훨씬 더 중요한 무게 요소가 있으니, 바로 커피 가루가 상당량의 물을 머금은 상태라는 점이다. 구분하자면 커피 세포가 흡수한 물과

---

3  본 커피 항목에서 Noyes-Whitney 수식은 각 화학 성분마다 독립적으로 적용된다. 다만 이는 화학 성분이 상호 반응하지 않는다는 전제에서 참이다.

표면장력에 의해 클립이 물에 떠 있다. Wikimedia Commons

'표면장력'으로 커피 입자 사이에 갇힌 물인데, 일반적으로 그 양은 마른 상태의 커피 무게 대비 두 배다.

표면장력 현상은 물이 공기에 노출되었을 때 표면적을 최소화하려는 경향 때문에 나타난다. 표면장력 덕분에 물방울이 만들어지고, 가느다란 대롱이나 스포이드 같은 좁은 공간에 충분한 힘이 작용하지 않는 상황에서도 물이 갇혀 있을 수 있다. 커피 입자 사이 작은 공간은 일종의 스포이드 역할을 하며, 이곳에 얼마간의 물이, 외부에서 힘이 작용할 때까지 갇혀 있다.

액체 잔류 비율(liquid retained ration, LRR)은 대개 커피층에 갇혀 있는 물의 총 무게를 추출 전 건조 상태의 커피 무게로 나눈 값으로 한다. 그러므로 첫 근사식에서는 다음처럼 액체 잔류 비율을 구할 수 있다.

$$LRR \approx \frac{W - B}{D}$$

추출

여기서 *W*는 '물의 무게'로서 커피에 부은 물의 무게 총량을 의미한다. *B*는 커피 음료 무게 총량이다. *D*는 '마른 상태 커피의 무게'다. 이 수식에서 이미 '음료 무게'는 커피에 부은 물의 무게와 '다르다'는 점이 드러난다. 다만 이 수식은 수용성 커피 성분을 음료 무게에 포함했다는 점이 빠져 있다. 그러므로 더 정확한 식은 다음과 같다.

$$\text{LRR} = \frac{W - B \cdot (1 - C)}{D}$$

여기서 *C*는 커피 음료의 농도에서 0에서 1사이의 값이다. 예를 들어 *TDS* 값이 1.40%라면 *C*=1.40/100=0.014이다. 더 정확한 수식에서는 *B*값에 대해 음료 무게 중 물 무게만 따지도록 보정했다. 일반적인 V60 음료의 경우(추출 비율은 1:17, LRR 값은 대개 2.2), 앞에서 언급한 수식을 쓰면 대략 10% 정도 낮은 값이 나온다.


## 1.7 추출 수율 계산

커피 음료의 평균 추출 수율을 계산해야 할 경우가 제법 있다. 다른 사람과 제조법을 비교할 때, 어떤 변수들이 추출 역학에 미치는 영향을 이해하려 할 때, 사용한 커피 성분 함량을 추산할 때, 커피 맛 프로필을 추적할 때 평균 추출 수율을 계산한다. 대부분의 경우 추출 수율을 계산하는 가장 쉽고 유용한 방법은 아래와 같다.

$$\text{EY} = \frac{CB}{D}$$

여기서 추출 수율 EY는 커피 농도 *C*에 커피 음료 무게 *B*를 곱한 뒤, 물을 붓기 전 건조 상태의 커피 무게 *D*로 나눈 값이다. 앞으로 이 식을 '순수 퍼콜레이션 조건식'이라 부를 것이다. 앞에서 언급했듯이 커피 음료 무게 $B$는 커피에 부은 물의 양이 아니라, 사용한 커피층에 들어 있는 물 무게는 빼고, 분쇄 커피에서 추출된 성분 함량은 더한 값이다. 다른 사람들과 추출 수율에 대해 이야기할 때는 이 간단한 수식을 쓰는 것이 좋다. 단순한 만큼 바리스타가 추출 가정을 달리 할 가능성도 적고 계산 실수를 할 위험도 적다. 음료로 빠져나온 수용성 커피 성분 대비 사용한 뒤 버리는 커피 양을 추정할 때에도 이 수식을 쓰는 것이 가장 좋다.

그에 비해, 오직 향미 프로필 추적을 위해서 평균 추출 수율을 계산하려면, 추출 수율과 화학 조성 간 관련성을 높일 수 있는 다른 수식을 써야 한다. 그 주된 이유는 사용한 커피층에 남아 있는 물과 관련이 있다. 앞에서 언급했던 내용을 되새겨보자. 화학 성분은 확산을 통해 커피 입자 내부에서 표면으로 이동하고, 시간대에 따라서 각 화학 성분의 추출 속도는 변화한다. 화학 성분마다 추출 속도가 다르므로 커피 추출 중 입자 내부의 성분 농도 프로필은 시간이 흐르면서 점차 다양해질 것이고, 일부 성분은 다른 성분 대비 먼저 없어질 것이다.

그러므로 음료의 최종 향미 프로필을 제대로 추적하려면 음료에 들어 있는 성분 농도에 더해, 사용한 뒤 커피 입자에 갇혀 있는 물에 들어 있는 성분 함량 또한 살펴야 한다. 설마? 아니, 제대로 읽은 것이 맞다. 커피 음료를 다 추출하고 난 뒤에도 커피 입자에서 빠져나오지 못한 추출물 또한 확인해야 한다. 이 추출물에서 음료의 추출 속도를 확인할 수 있다. 이 추출물은 추출이 어떻게 끝났는지 확인하는 직접적인 수단이라기보다는 커피 입자의 추출 이력을 재구성할 때 필요한 도구이다. 이를 반영하면, 추출 중 커피 입자 표면으로 이동한 화학 성분의 평균 프로필과 가장 연관 있는 추출 수율을 얻을 수 있다. 남아 있는 물의 양이 크게 차이가 나는 두 커피 음료를 비교하고자 할 때, 이는 특히 더 중요하다.

남아 있는 물을 반드시 고려해야 하는 확실한 사례중 하나는 분쇄 커피를 피해 추출액만 퍼내는 침지다. 이때 최종 음료(즉 스푼으로 떠낸 것)에 기반해 추출 수율을 계산하면 수치가 너무 낮게 나타날 것이다. 그래서 과소 추출이므로 맛이 나쁠 것이라 생각하기 쉽지만 실제로는 그렇지 않다.

추출 수율을 더 정확하게 계산하고자 할 때 부딪히는 어려움 중 하나를 들자면, 추출이 끝난 시점에 커피 입자 사이에 갇힌 물은 측정해야 하지만 커피 입자의 세포 내로 흡수된 물은 측정해서는 안 된다는 점이다. 침지 추출이라면 훨씬 쉽다. 여기서는 일반적인 추출 시간을 거친 경우, 커피 입자 사이에 갇혀 있는 물 속의 화학 성분 농도는 추출이 끝난 뒤 커피 음료 내 화학 성분 농도와 같을 것이라 추정할 수 있다. 그러므로 평균 추출 수율 식은 아래와 같다.

$$\text{EY} = \frac{C}{1-C}\left(\frac{W}{D} - f_{\text{abs}}\right)$$

위 식에서도 커피 농도를 의미하는 $C$는 그대로 쓰되, 커피 음료의 양을 의미하는 $B$는 쓰지 않고 그 대신 커피 가루에 붓는 물의 총량인 $W$를 사용한다. 커피 농도 쪽이 분수 형태임에 유의하기 바란다. 즉 $C$값은 반드시 %값이 아닌 0에서 1사이이다. 예를 들어 농도가 1.4%라면 $C$값은 1.4/100 = 0.014이다. 이 식의 유도 공식을 부록에 올렸다. $f_{\text{abs}}$는 흡수한 물의 비율이란 의미의 변수로, 커피 입자가 흡수한 물의 무게를 추출 전 건조 상태의 커피 무게로 나눈 것이다. 이 값은 대개 1.0-1.6 정도인데 그라인더, 분쇄 입자 크기에 따라 다르다. 에어로프레스를 사용해 침지식처럼 원하는 만큼 시간을 두었다가 피스톤을 눌러 추출액을 가능한 한 모두 빼냈다면, $f_{\text{abs}}$는 다음 식으로 추산할 수 있다.

$$f_{\text{abs}} \approx \frac{W - B}{D}$$

퍼콜레이션에서는 추출이 끝나는 시점의 슬러리 속 액체 농도($C_{\text{slurry}}$)가 음료 농도($C_\text{beverage}$)와는 다르기 때문에 상황이 좀 더 복잡해진다. 내 경험으로는 Weber Workshops EG-1 v2 모델 그라인더에 SSP 초저미분 버를 장착해 분쇄하고 V60을 사용해 3분 30초 동안 추출한 경우 $C_\text{slurry}$는 $C_\text{beverage}$ 대비 70% 정도였다. 그렇지만 $C_\text{slurry}$와 $C_\text{beverage}$ 사이 관계는 작업 기기 및 음료 제조법에 따라 달라지므로, 대개는 제조한 음료 농도를 바탕으로 계산하지 말고, 액체에서 몇 방울 추출해서 직접 농도를 재야 한다. 그렇다면 일반적인 퍼콜레이션에서 얻을 수 있는 식은 다음과 같다.

$$\text{EY} = \frac{C_\text{beverage} - C_\text{slurry}}{1 - C_\text{slurry}} \cdot \frac{B}{D} + \frac{C_\text{slurry}}{1 - C_\text{slurry}} \left( \frac{W}{D} - f_\text{abs} \right)$$

beverage: 음료　slurry: 슬러리

여기서 변수 $B$, $D$, $W$, $f_\text{abs}$는 앞에서 언급한 것과 같다. 침지 관련 수식에서처럼 $C_\text{beverage}$와 $C_\text{slurry}$는 반드시 %값이 아닌 0에서 1 사이다. 이 수식은 평균 추출 수율을 온라인에서 비교하는 용도로는 추천하지 않으며, 맛 프로필과 관련 있는 음료 특성 비교, 특히 커피층에 남아 있는 물 양 차이가 많이 나는 상황의 특성 비교에 사용해야 한다.

　개인적으로 위 식이 유용했던 사례는 에어로프레스와 V60 추출을 비교했을 때였다. 에어로프레스는 위에서 아래로 피스톤을 눌러 음료를 만드는데, 압력이 커피 입자에 가해지므로 커피 입자 사이에 남는 물이 거의 없다. 따라서 일반 추출 수율은 앞쪽에서 언급했던 순수 퍼콜레이션과 거의 같다. 흔히 에어로프레스용 수식은 침지식을 따라야 한다 생각하지만, 정반대다. 이런 오해가 발생하게 된 이유는 에어로프레스에 침지 단계가 있기 때문인데, 이후 퍼콜레이션 단계에서 커피 입자 사이에 남아 있는 물을 거의 모두 없애 버린다. V60 추출은 일반적인 퍼콜레이션 수식이 적용된다. 이 경우에는 사용한 커피 가루 사이에 농축액이 일부 남아 있다.

　어떤 추출법이 불쾌한 향미 없이 가능한 높은 평균 추출 수율을 달성할 수 있는지 확인하고 싶다면, 두 추출법에 적절한 식을 적용하고 값을 제대로 비교하는 것이 필수적이다. 나는 이런 비교 과정을 통해 깨달음을 얻었다. 처음에는 침지 추출용 식을 사용했기 때문에, 음료에서 특유의 과소 추출 향미를 느끼면서도 에어로프레스 추출 수율이 V60 대비 너무 높다고 착각했다. 하지만 사실 말이 안 되었던 것이, 물도 적게 사용했고, 침지 방식은 대개 퍼콜레이션보다 추출이 약하다. 올바른 식을 적용한 뒤에야 나의 에어로프레스 추출은 사실은 과소 추출이었으며, 분쇄는 더 가늘게 하고 커피 양을 적게 하거나 물 양을 많이 하는 것이 내가 더 나은 커피를 만들 수 있는 일반적인 방향임을 깨달았다.

# CHAPTER 2

# 물

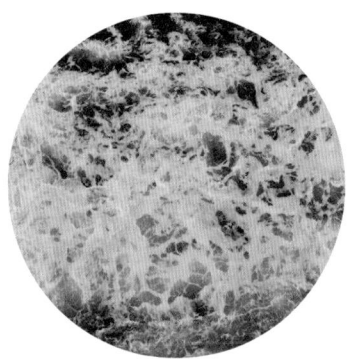

사진: Kathy Gagné

커피 추출에서 물의 중요성에 대한 논의는 주제에서 벗어나는 경우가 많다. 흔히 "물은 커피 음료에서 98% 이상을 차지한다. 그러므로 커피 맛이 좋아지려면 물맛도 좋아야 한다." 라고 하는데, 일단 그렇다 치자! 그러나 물이 커피 맛에 어떤 영향을 주는지는 나에게 가장 흥미가 떨어지는 부분이다. 한 가지 확실히 해둘 것이 있다. 맛 좋은 커피를 만들기 위해서는, 사용하는 물의 맛과 냄새가 좋아야 한다. 이것은 분명하다. 하지만 훨씬 더 흥미로운 사실은, 맛이 완벽한 물로 만든 커피는 엄청나게 맛이 나쁘거나 단조로울 것이라는 점이다. 이런 내용은 커피 업계에서는 최근에야 널리 받아들여지는 것 같다. 이번 장에서는 그 이유에 대해 탐구하고, 커피를 만드는 데 적합한 물을 만들고 진단하는 데 필요한 일반적인 권고 사항을 제시하려 한다.

이 책에서는 '커피를 추출하기 위한 물'이라는 관점에서, 물의 속성에 대한 기본적인 내용만 살필 것이다. 이 주제에 대해 더 깊이 공부하고 싶다면 Colonna-Dashwood and Hendon (2015)의 *Water for Coffee*를 권한다. 취리히 연구소의 The Coffee Excellence Center 또한 이 주제에 대한 훌륭한 연구 실적을 내고 있다. 아마 수 년 내로 이 주제에 관해 재미있는 몇 가지 자료가 공개될 것이다. 스페셜티 커피 협회 홈페이지에서도 물 속성에 대한 유용한 자료 몇 가지를 찾아볼 수 있다.

## 2.1 물과 용해

어떤 물이 좋은지 찾아보기 전에, 먼저 '용해'의 근본 원리를 이해하는 것이 좋다. 물은 매우 특이한 화합물이다. 물은 생명의 필수 불가결한 요소라는 말은 전혀 과장된 표현이 아니다. 물은 수소 원자(H) 2개와 산소 원자(O)가 삼각형 모양을 이루는 분자다.

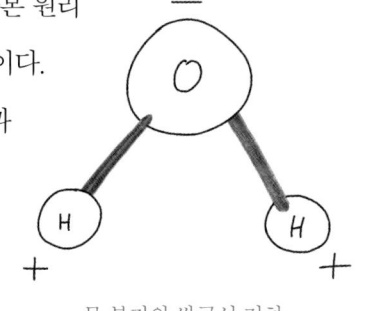

물 분자와 쌍극성 전하

이 원자들은 우주를 지배하는 네 가지 기본 힘 중 하나인 전자기력으로 묶여 있다. 각 원자는 핵과 전자로 구성된다. 핵은 양성자와 중성자가 또 다른 기본 힘인 '강력'으로 강하게 묶여 있으며, 전자는 핵 주변을 떠돌아다닌다. 양성자는 양전하를 띠고, 전자는 음전하를 띤다. 그러므로 핵과 소위 전자 '구름' 사이에는 인력이 발생하고, 이로 인해 전자는 멀리 떠나지 않는다. 안정적 상태(일상 생활의 원자는 대개 이러함)인 원자의 핵과 전자 구름은 전하가 완벽히 균형을 이룬다. 그러므로 충분히 멀리서 본다면 원자는 중성 전하로서 전자기력에 크게 반응하지 않는다.

그런데 일정한 상황에서 두 원자가 서로 충분히 가까워질 경우, 몇 가지 재미

있는 일이 일어날 수 있다. 한쪽 분자가 다른 쪽 분자의 전자 하나를 뺏고, 이로 인해 두 원자의 전하 균형이 깨지면 강한 인력이 발생해 두 원자가 묶이는 것이다. 이를 '이온 결합'이라고 하는데, 이런 결합 유형은 소듐(Na)과 염소(Cl)가 만나 고체 소금(NaCl)이 되는 원리이다. 또 다른 유형으로는, 한쪽 원자가 다른 원자의 전자 하나 또는 그 이상을 뺏지는 않고 끌어오기만 한다. 이를 '공유 결합'이라고 하는데, 물 분자는 바로 이런 결합 유형을 따른다. 물 분자는 이 특수한 결합 방식으로 산소 원자는 두 수소 원자로부터 각각 전자 하나씩을 끌어당기며, 그로 인해 전자는 수소 쪽에 가까운 상태보다는 산소 쪽에 더 가까운 상태로 더 많은 시간을 돌아다닌다. 그래서 대체로 산소 원자는 약간 더 음전하를 띠고, 두 수소 원자는 약간 더 양전하를 띤다. 이를 쌍극자 모멘트라고 한다. 물이 극성 분자인 이유는 이것이다.

물이 가진 극성 때문에, 물 분자는 그 자체가 아주 작은 특이한 형태의 자석처럼, 음극을 띤 쪽이 이웃 분자의 양극을 띤 쪽에 가까이 가려는 형태로 배열된다. 이런 물 분자 간 인력을 수소결합이라고 한다. 용해라는 마법은 이렇게 단정하게 정렬된 물 분자 망 속으로 외부 분자가 들어올 때 일어난다. 물 분자는 재빨리 침입한 분자를 둘러싸고, 침입한 분자에서 양전하

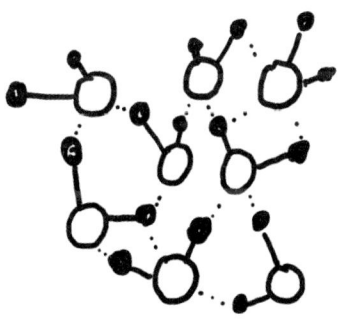

수소결합 상태의 물 분자 망

를 띤 부분은 물 분자의 음전하를 띤 부분이, 침입한 분자에서 음전하를 띤 부분은 물 분자의 양전하를 띤 부분이 가까워진다. 이런 전기적 인력은 침입한 분자를 개별 원자로 나눌 만큼 강력할 수 있다. 소금 분자의 이온 결합은 이런 식으로 분해될 수 있고, 소듐 원자와 염소 원자는 완전히 분리된다.

여기서 끝이 아니다. 염소 원자는 소듐 원자와 분리될 때 전자 하나를 뺏는다. 그래서 소듐 원자와 염소 원자는 각각 전하 균형이 어긋난다. (염소는 음전하, 소듐은

양전하) 이런 상태의 소듐은 이온으로 불린다. 자세히 들어가면, 양전하를 띤 이온은 양이온으로, 음전하를 띤 이온은 음이온으로 부른다. 이온 표기에 덧붙여 작은 플러스 또는 마이너스 기호를 붙이는 경우를 볼 수 있는데, 이는 해당 이온이 전기적으로 중성이 아님을 의미한다. 경우에 따라서는 이온의 전하 균형이 전자 둘 이상만큼 다를 수 있다. 이때는 전하를 나타내는 기호에 숫자를 덧붙인다. 예를 들어 마그네슘이온은 $Mg^{2+}$이다. 이렇게 이온은 전하량 면에서 불균형하기 때문에, 이를 둘러싸는 물 분자는 가능한 한 전체적인 전기적 중성을 만들기 위해 재배열된다.

이온 주변을 물 분자가 적절하게 둘러싸는 것이 용해 현상의 원인이다. 이때, 고체가 녹아 시야에서 사라진다. 일반적으로 우리가 접하는 물은 대부분 순수한 물 분자에 과거 특정 시점에 물에 녹아 들어간 일부 이온이 함께 들어 있는 상태다. 빗물이 지하에서 광물질을 지나면서 그 일부를 녹이면 이런 일이 일어날 수 있다. 전형적인 예가 탄산칼슘($CaCO_3$)을 통과할 때로서, 물 분자에 탄산수소이온($HCO_3^-$, 중탄산이온)과 칼슘이온($Ca^{2+}$)이 동시에 섞인다.

탄산수소이온 농도는 물의 '총 알칼리도'에 영향을 미치고, 칼슘이온은 총 경도에 영향을 미친다. 커피 추출에서는 이들이 물 속 성 중 가장 중요하다. '심지어 물 맛에 영향을 주지 않을 만큼 농도가 낮은 경우라도 커피 추출에는 영향을 미친다.' 총 알칼리도는 산 물질을 첨가할 때 pH 변화에 대항하는 화학 성분이 물속에 얼마만큼 있는지를 말한다.[1] 총 알칼리도가 높은 물은 커피콩에서 추출할 수 있는 '좋은 맛을 내는 산 물질을 중화해' 맛을 느끼지 못하게 한

물에 녹은 소금 분자에서 생성된 소듐이온과 염소이온

| | 독일 경도<br>(German degree) | mmol/L<br>$Ca^{2+}+Mg^{2+}$ | mmol/L<br>$HCO_3^-$ | mg/L<br>$Ca^{2+}$ | mg/L<br>$Mg^{2+}$ | mg/L<br>$HCO_3^-$ |
|---|---|---|---|---|---|---|
| 탄산칼슘 1ppm = | 0.056 | 0.01 | 0.02 | 0.40 | 0.24 | 1.22 |

다는 점에서 이는 매우 중요하다. 다음으로 중요한 속성이 물의 총 경도, 즉 양이온의 농도다. 이것은 커피콩에서 향미 성분을 추출하는 데 영향을 끼친다고 여겨진다. 이 두 가지 속성에 대해서는 아래에서 자세히 이야기할 것이다.

이온 농도는 여러 가지 단위로 표시할 수 있다. 흔히 쓰이는 단위 체계는 질량 기반 농도로서, 이온의 무게를 용매인 물의 부피로 나누어, 리터당 밀리그램(mg/L) 같은 식으로 표시한다. 이 단위는 때로는 백만분위(parts per million, ppm)로 불리기도 하는데, 특히 미국에서 병에 담아 판매하는 식용수는 이렇게 표기한다. 개인적으로는 이 표기는 오해 여지가 있다고 본다. 경우에 따라서는 총 백만 개의 분자 중 이온 수를 나타내는 것으로 해석될 수 있기 때문이다. 물론 ppm은 그 뜻이 '아니다'. 사실 질량 농도라는 개념은 그다지 실용적이지 않다. 화학자들은 이온 수를 '세는' 것이 더 낫다고 본다. 농도별 화학 반응의 영향을 나타내는 데는 이쪽이 더 쉽다.

이 점에서 소위 '당량 농도'라는 대안 체계가 나타났다. 여기서는 이온을 무게가 아닌 개수로 잰다. 이온의 화학 조성($Ca^{2+}$나 $Mg^{2+}$ 같은 것)이 다르면 무게도 다르다는 점에서 중요하다. '당량 단위'의 한 예로 리터당 몰(mol/L)이라는 개념이 있는데, 여기서 몰(mole)은 가상의 용어로서 수가 많은 분자($6.022 \times 10^{23}$개)를 의미한다. 이 부류에 속하는 다른 단위로는 '탄산칼슘($CaCO_3$) 환산 ppm'이 있다. 탄산칼슘 환

---

1  pH는 수소 전위라는 뜻으로, 용액이 산성(pH가 낮다)인지 알칼리(pH가 높다)인지를 나타낸다. pH에서 말하는 알칼리는 용어는 같지만 '총 알칼리도'와는 개념이 다르다.

물

산 1ppm은 특정 이온을 탄산칼슘 분자로 치환했을 때 나타나는 무게 농도를 말한다. 농도를 무게가 아니라 '이온 수치'로 나타내다니 좀 이상하겠지만, 이 단위들은 알고자 하는 이온이 탄산칼슘 분자량과 같다고 봄으로써 물질의 분자량에 따라 측정 수치가 달라지지 않도록 하는 데 의의가 있다. 스페셜티 커피 협회에서는 이 단위를 표준 단위로 채택했고(예: Wellinger, Smrke, and Yeretzian 2018), 이 책에서도 이 단위를 쓸 것이다. 앞 페이지에 나온 표에서는 여러 가지 농도 단위를 탄산칼슘 환산 1ppm으로 변환했다.

## 2.2 총 알칼리도

'총 알칼리도'는 물맛을 나쁘게 만들 수 있는 오염 물질을 제외하면 커피 맛에 영향을 미칠 수 있는 가장 중요한 속성일 것이다. 대개[2] 총 알칼리도를 결정하는 가장 중요한 변수는 탄산수소이온($HCO_3^-$)의 농도다. 물의 총 알칼리도는 pH 변화에 저항하는 물의 능력을 말한다. 물에 산성 물질을 첨가하면, 그 산성 물질은 제일 먼저 탄산수소이온과 화학 반응해 이 성분들이 고갈될 때까지 변화한다. 이렇게 탄산수소이온이 완전히 고갈된 뒤에도 산성 물질을 더 넣으면 물의 pH값이 급격히 달라지기 시작한다. 커피의 좋은 맛을 책임지는 화학 성분 상당수는 산성 물질이다. 그러므로 총 알칼리도가 높은 물은 '추출 과정에서 커피의 산성 물질이 탄산수소이온과 반응해 변화할 것이므로' 그다지 좋은 물은 아니다. 총 알칼리도가 어느 정도 낮은 물이 커피 제조에 적합할 가능성이 높다. 관능 분석에 기반한 실험의 예비 결과에서는 실험군 중 총 알칼리도가 가장 낮았던—탄산칼슘($CaCO_3$) 환산 20ppm 정

---

2  물의 pH가 8.3 미만인 상황에서 (Baird, Eaton, and Rice 2012)

도—물이 평가자 선호도가 좋았다. (Wellinger and Yeretzian 2015) 스페셜티 커피 업계에서는 총 알칼리도가 탄산칼슘 환산 40-50ppm 정도인 물을 주로 사용한다. 개인적으로는 탄산칼슘 환산 20ppm 수준 또는 그 이하인 물로 약 로스팅 커피를 추출한 경우 신맛이 너무 도드라지게 느껴졌다. 주의할 것은, Wellinger and Yeretzian (2015) 연구에서 명확히 언급한 것은 아니지만, 실험에서 사용한 커피는 일반적인 스페셜티 커피보다 좀 더 강하게 로스팅한 것일 가능성이 있다는 점이다. 만약 그렇다면, 평가자들이 약 로스팅 커피를 사용했을 때보다는 총 알칼리도가 낮은 쪽을 선호한 것은 납득이 간다. 이런 점에서, 총 알칼리도가 낮은 물을 사용하면 인지 가능한 신맛을 더 많이 보존할 수 있다. 강 로스팅 커피라면 이런 신맛은 덜 두드러질 것이다.

## 2.3 총 경도

또 다른 중요한 물 속성으로는 양이온 농도, 즉 총 경도가 있다. 총 경도가 커피 맛에 미치는 영향은 총 알칼리도만큼 간단하지는 않지만, 대부분의 커피 전문가들은 이구동성으로 '물의 경도가 높으면' 특성 화학 성분이 더 많이 추출된다고 말한다. 커피 음료에서 양이온이 어떻게 추출에 영향을 미치는지에 대한 정확한 기제는 아직 명확히 밝혀지지 않았다. 학자들은 기체 크로마토그래피 실험에 기반해 이 양이온들이 특정 화학 성분의 확산 속도를 높일 수 있다고 추정하고 있다. (Colonna-Dashwood and Hendon 2015)

다른 예비 실험에서는 물의 총 경도에 따른 추출 속도 차이를 확인하지 못했고 (Smrke, priv. comm.), 칼슘과 마그네슘이 자체의 맛은 인지되지 못할 정도로 낮은 농도일 때에도 맛 조절 요소로 작용할 것이라 추정한다. 일부 사례에서는 칼슘 경도

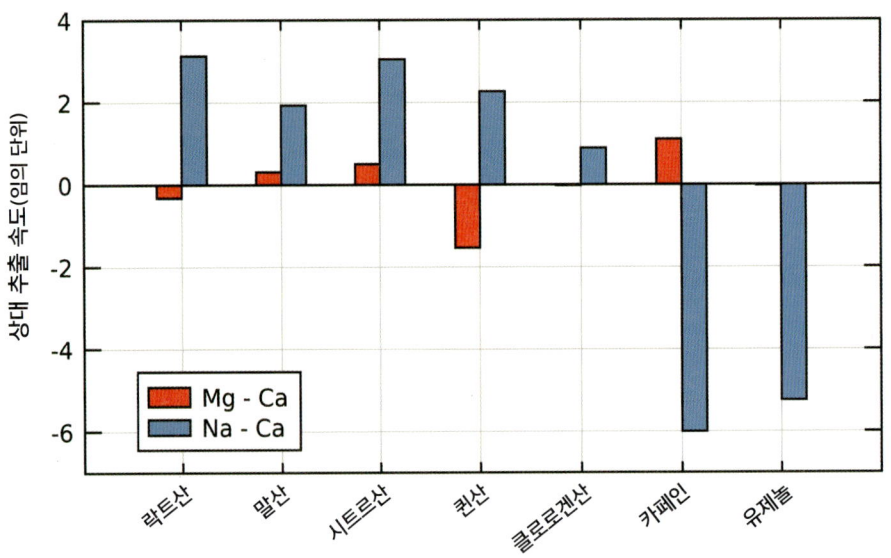

기체 크로마토그래피 자료를 기반으로 한 칼슘 대신 마그네슘(붉은색)과 소듐(푸른색)이 있는 경우 예상 상대 추출 속도이다. 마그네슘은 칼슘에 비해 카페인은 보다 많이, 퀸산은 보다 적게 추출하는 경향이 있으며, 소듐은 칼슘 대비 추출 차이가 분명한데, 일부 산은 추출 속도가 빨라지고, 카페인과 유제놀은 추출이 느려진다. 다만 이러한 효과가 나타나려면 농도 수치가 확실하게 커야 한다. 자료: Barista Hustle, Christopher Hendon

가 높으면 바디와 단맛이 잘 느껴지고, 여기에 마그네슘까지 함께 있으면 향미 복합성에 효과가 있다고 주장한다. 어쨌든 이 부분은 확실히 더 많은 연구자료가 필요하고, 아마도 향후 수 년 안에 추출에 사용할 물의 권장 조성이나 선호도 높은 물 조성이 달라질 가능성이 있다. Colonna-Dashwood(2016.1.5)는 기억할 만한 가치가 있는 법칙을 사용해, 연수(총 알칼리도와 총 경도가 모두 낮은 물)는 추출력이 떨어지는 경향이 있고 밝은 신맛을 만들기 때문에 일부 약 로스팅 커피 속성을 따라가는 성향이 있다고 언급했다.

## 2.4 영구 경도와 일시 경도

물의 속성을 설명할 때, 총 알칼리도와 총 경도 대신 '영구 경도'와 '일시 경도'라는 개념을 사용할 때도 있다. 이 개념들은 특히 스케일 형성에 대해 논의할 때 유용하다. 스케일은 양이온이 음이온인 탄산수소이온과 만나 탄산칼슘($CaCO_3$)을 형성하고, 이 탄산칼슘이 '침전(고체가 됨)'되면서 발생한다. 스케일은 에스프레소 머신 같은 커피 기기에 손상을 줄 수 있다.

일시적 경도는 '탄산 경도'라고도 하는데, 형성될 수 있는 스케일 총량을 나타내는 지표이다. 즉 스케일이 이 수치 이상으로는 생기지 않는다는 수치로서, 총 알칼리도든 총 경도든 환산했을 때 더 작은 수치를 말한다. 대개는 총 알칼리도 수치가 더 낮으므로, 일반적으로 총 알칼리도 수치로 적용된다. 총 알칼리도를 재는 데 사용되는 상용 '적정(titration)' 키트는 가끔 탄산 경도 테스트라는 이름으로 잘못 불린다.

영구 경도는 비 탄산 경도라고도 불리는데, 탄산수소이온이 없어질 때까지 스케일을 형성한 뒤에도 남아 있는 양이온 농도를 말한다. 총 경도가 총 알칼리도보다는 높은 경우가 대부분이므로, 두 단위를 환산한 다음 두 수치의 차를 구하면 이 값이 나온다. 드물게 총 알칼리도가 총 경도보다 더 높을 때도 있는데, 이때는 영구 경도를 0으로 정의한다.

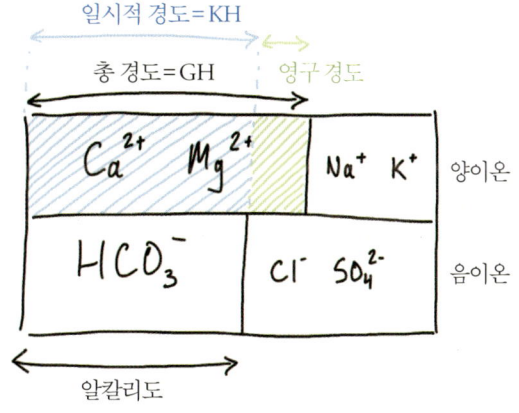

다음 페이지의 차트는 도시별(삼각형 모양) 수돗물과 병입되어 판매되는 물(별 모양) 및 문헌별로 커피 추출에 적합하다고 권장하는 물의 총 경도와 총 알칼리도를 보여준다. (Colonna-Dashwood and Hendon 2015; Wellinger, Smrke, and Yeretzian 2018).

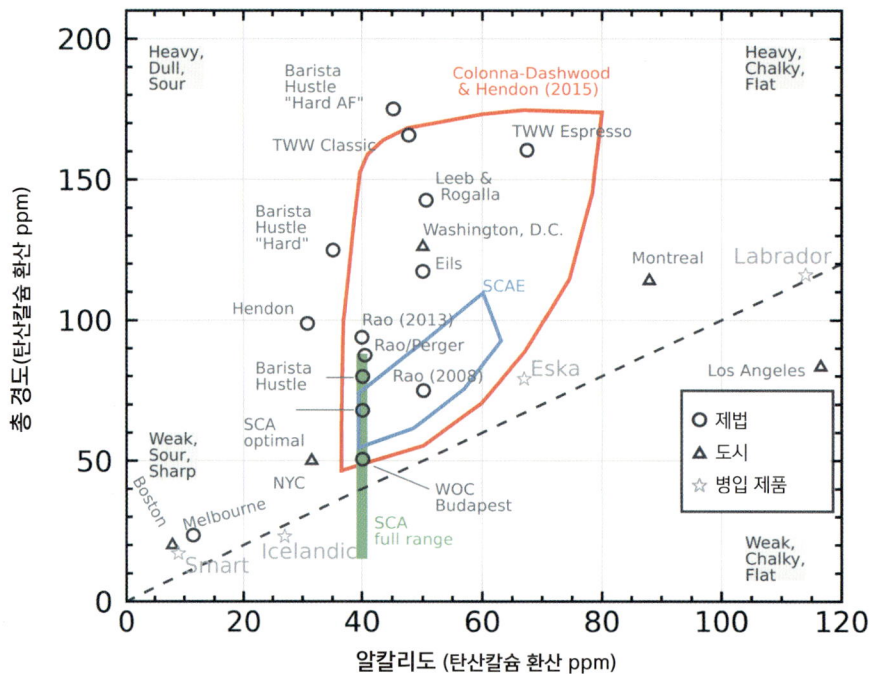

문헌에서 언급한 특정 물 조성(Perger 2017, May 1; Rao 2008; Rao 2013) 및 유명 브랜드 물의 수치 또한 동그라미 표시로 나타냈다. 점선은 총 경도와 총 알칼리도가 균형을 이루는 부분으로, 대부분의 수돗물은 대개 이 선을 따라 나타난다. 차트에서 알 수 있는 것은, 일반적인 권장 사항은 총 경도는 탄산칼슘($CaCO_3$) 환산 200ppm 미만에 총 알칼리도는 탄산칼슘 환산 20-80ppm이라는 비교적 '연수'에 해당한다는 것이다. 전 세계 도시의 수돗물은 이보다는 훨씬 더 경수에 해당한다.


## 2.5 추출용 물에 들어가는 성분

고체 형태 미네랄을 몇 가지 조합해서 추출용 물을 만들 수 있다. 커피 업계에서 지금까지 자주 사용했던 미네랄은 다음과 같다.


- 염화칼슘($CaCl_2$)
- 황산마그네슘($MgSO_4$)
- 탄산수소소듐 = 베이킹소다($NaHCO_3$) — '베이킹파우더'는 해당하지 않는다.
- 탄산수소포타슘($KHCO_3$)


물론, 다른 미네랄도 들어갈 수 있다.


- 탄산칼슘($CaCO_3$)
- 황산칼슘($CaSO_4$)
- 구연산칼슘($Ca_3(C_6H_5O_7)_2$)


뒤의 세 가지는 구하기가 쉽지 않고 실용성도 떨어진다. 예를 들어, 탄산칼슘($CaCO_3$)은 순수한 물에 잘 녹지 않는다. 구연산칼슘은 흔히 쓰는 탄산수소염과는 달리 음이온($C_6H_5O_7^-$)이 있어 총 알칼리도가 달라지기 때문에 물 속성 계산이 복잡해진다.

추출용 물을 조제할 때는 반드시 식품 사용 가능 등급의 미네랄로 해야 한다. 그래야 일정 정도의 순도(나라마다 다름)와 일부 함유하고 있을 수 있는 불순물의 안전성이 보장된다. 실험실용 등급 미네랄의 경우, 순도는 더 높겠지만 불순물의 성분이 섭취하기에 적합하지 않은 중금속이거나 심지어는 독성을 띤 것일 수도 있다.

또한 주의해야 할 중요한 속성이 있다. 미네랄의 수화물 또는 함수형이라 불리는 형태인데, 이것은 미네랄(물이 없는 상태)에 여러 물분자가 약한 분자간 결합으로 붙어 있는 상태로, 그만큼 미네랄 무게에 영향을 준다. 그러므로 예를 들어, 분자 하나당 물분자가 넷 붙어 있는 함수형 염화칼슘($CaCl_2$)을 순수 염화칼슘이라 잘못 생각한다면, 더해진 물 무게만큼 칼슘 이온 무게는 과소 계산될 것이다. 아래에 몇 가지 수화물을 함께 표기했다.

- 무수 염화칼슘(물($H_2O$)이 없는 형태): 일반적으로 작은 흰색 구슬 모양이다.
- 염화칼슘 육수화물($6H_2O$), 사수화물($4H_2O$), 일수화물($1H_2O$): 모두 흔하지는 않다.
- 황산마그네슘 칠수화물 = 엡솜 염($MgSO_4 \cdot 7H_2O$): 일반적으로 눈 같은 작고 투명한 결정이다.
- 황산마그네슘 육수화물($6H_2O$), 오수화물($5H_2O$), 사수화물($4H_2O$), 일수화물($1H_2O$), 무수 황산마그네슘(물이 없는 형태, 즉 순수 $MgSO_4$): 칠수화물 형태 대비 흔하지 않다.
- 염화마그네슘 육수화물($MgCl_2 \cdot 6H_2O$): 가장 일반적인 형태는 약간 큰 수정이나 흰색 눈송이 같다.
- 무수 염화마그네슘: 흰색 가루 형태로 그다지 흔하지 않다.
- 베이킹소다와 탄산수소포타슘은 함수형이 없다.

이 수화물들에서 물의 존재는 가치가 있다. 가장 큰 이점은 이것들을 사용해 총 알칼리도(베이킹소다나 탄산수소포타슘을 사용), 총 경도, 칼슘 대 마그네슘 비율(염화칼슘, 염화마그네슘, 황산마그네슘을 사용)을 제어할 수 있다는 것이다. 이렇게 다섯 가지 첨가물을 사용해 세 가지 속성을 제어할 수 있고, 재료 조합을 통해 특정 물 속성을 만들 수 있다.

예를 들어, 마그네슘 경도는 염화마그네슘 또는 황산마그네슘을 첨가해 조절할 수 있다. 이 조합으로 물에 음이온($Cl^-$, $SO_4^{2-}$)이 발생하지만 이것이 맛에 영향을 미치는지는 밝혀지지 않았다. 두 가지 종류의 미네랄을 사용하는 것은 의도적인 이유가 있는 것은 아니고, 관습과 가용성 때문이라고 볼 수 있다. 총 알칼리도 조정에는 탄산수소소듐과 탄산수소포타슘을 쓰는데, $Na^+$ 이온은 향미에 약간 영향을 미치기 때문에 잘 구분할 필요가 있다. 다만 그 영향은 $Mg^{2+}$ 이온 및 $Ca^{2+}$ 이온보다는 훨씬 덜하다. (Colonna-Dashwood and Hendon 2015)

## 2.6 순수한 물 구하기

추출용 물 조제에서 또 다른 중요한 지점은 미네랄을 첨가할 수 있는 순수한 물을 얻는 것이다. 추출용 물 제조에서 가장 어려운 부분이고, 또한 가장 친환경적이지 않은 부분이기도 하다.

순수한 물을 구하는 방법으로 아래 몇 가지를 들 수 있다.

- 증류
- 마이크로 여과
- 병입(병에 담아 포장)한 물
- 역삼투압

각 방법마다 장단점이 있긴 하지만, 솔직히 모두 좋은 방법은 아니다. 당신이 연수가 공급되는 도시에 거주한다면, 그 수돗물에 미네랄을 첨가해 원하는 속성의 물을 만드는 것이 아마 가장 가능성 있는 선택지일 것이다. 이 장 후반부에 이에 대해 다룰 것이다.

증류는 인터넷으로 구할 수 있는 비교적 저렴한 장비를 사용해 집에서도 할 수 있다. 수돗물을 가열해 증발시켜서 대형 플라스틱 병에 물을 모으는 방식으로, 증발 용기에 고체 미네랄이 쌓인다. 1리터를 증류하는 데 1시간 정도 걸리는, 시간이 많이 필요한 작업이며 대개는 과열을 막기 위한 냉각 팬이 달려 있는데, 제법 시끄럽다. 또한, 약산성 물질을 사용해 쌓인 미네랄을 제거해 줘야 하는 등, 주기적인 유지 관리가 필요하다. 즉, 작업량이 많고 꽤 복잡한 방식이다. 탱크를 제대로 청소하지 않으면 물에서 특이한 금속 맛이 날 것이다. 나도 1개월 정도 이 방식을 써봤다. 그때는 이 방식이 친환경적―퀘벡 주는 대개 수력 발전을 쓴다.―이라고 생각했는데, 냉각 팬이 돌아가도 과열은 피할 수 없었고 결국은 기기가 망가졌다. 분명 친환경적인 방법은 아니었다.

마이크로 여과 장치를 사용하는 방법이 있다. ZeroWater[3]사 제품 등이 이에 해당한다. 이 방식으로 수돗물에 용해된 고형분 대부분을 제거할 수 있고, 생성된 정수에 미네랄 농축액을 넣어 원하는 농도를 맞출 수 있다. 최근 Maxwell Colonna-Dashwood가 커피 추출 전용으로 고안한 Peak Water도 있다. 이 제품은 이온 교환 수지를 사용해 마이크로 여과 후 바로 미네랄을 첨가한다. 그리고 여과 후 물에 마그네슘을 첨가하는 BWT 제품도 있다. 이 제품들의 단점은 주기적으로 물을 여과해야 하고, 필터도 자주―대개 한두 달에 한 번―교체해야 한다는 점이다. 필터에 미생물이 자라기 때문에 사용량과 무관하게 주기적으로 교체해야 하므로 지속적으로 일정량을 사용하는 경우가 아니라면 좋은 선택지가 아니다.

증류수나 마이크로 여과한 물을 플라스틱 병에 담아 포장한 제품을 편의점에서 쉽게 구할 수 있다. 단기 사용 또는 타지에서 작업할 때라면 좋은 선택지가 될 수 있다. 물론 플라스틱 병은 엄청난 쓰레기 발생원이지만, 증류나 마이크로 여과 같은 과정은 제조업체가 대량으로 진행하는 방식이 더 효율적인 것 같다. 일부 업체

---

3  유명한 유사 제품으로는 Brita에서 만든 제품이 있다. 이 제품은 미네랄 제거 능력이 훨씬 떨어진다.

에서는 정기적 리필이나 교환이 가능한 대형 물병을 판매한다. 여기 언급한 것들 중에서는 효율성과 친환경적인 면에서는 가장 나은 선택지이므로 주변에서 이런 제품을 구할 수 있는지 찾아볼 가치가 있다. 다만 모든 플라스틱이 리필 및 재사용에 적합한 것은 아니므로, 해당 목적으로 만든 재질의 병인지 확인해야 한다.

역삼투압 기구는 수도꼭지에 달아 쓸 수 있으며, 수돗물 압력을 사용해 마이크로 여과와 비슷한 방식으로 물을 정수한다. 이 방식은 초기 비용이 높고 증류수 정도의 품질은 나오지 않지만(대개 10ppm 정도) 이 정도 수준이라면 미네랄 첨가는 비교적 쉬우므로 큰 문제는 되지 않는다. 수돗물 자체의 마그네슘 대 칼슘 비율 및 경도 대 알칼리도 비율이 마음에 든다면 역삼투압 기기를 조금만 손보면 미네랄을 별도 추가할 필요도 없다. 커피 매장이나 커피를 많이 소비하는 사람에게는 최상의 선택지 중 하나일 것이다. 그렇지만 이 방식 또한 자원 낭비가 크다. 대부분의 역삼투압 기기는 효율성이 10%-20% 수준이다. 즉 사용자가 모르는 사이, 연수 1리터를 만드는 동안 4-9리터의 물이 버려진다.

나는 위에서 언급한 선택지 중 어떤 것도 마음에 들지 않았다. 그래서 수돗물에 산성 물질을 첨가해 총 알칼리도를 내리는 방법을 시도한 적이 있다. 그러나 총 경도는 바뀌지 않았고 이 방식도 대안이 될 수 없었다: 식초 같은 약산은 탄산수소염 버퍼(bicarbonate buffer)와 일부 반응하긴 했지만, 반응 결과물이 또 다른 버퍼가 되면서 총 알칼리도에 거의 영향을 미치지 않았다. 내가 가진 화학적 지식 안에서, 유일한 방법은 강산을 쓰는 것이다. 하지만 강산은 (농도에 따라 다르긴 하지만) 대체로 매우 위험하다. 따라서 아예 시도하지 않았다. 여러분에게도 절대 권하지 않는다.

추출용 물 조제법은 2.8에서 다룰 예정이다. 그보다 먼저, 미네랄 농축액을 만드는 방법을 알아보자.

## 2.7 미네랄 농축액 만들기

순수한 물에 필요한 양의 건조 미네랄을 첨가하면 추출용 물을 조제할 수는 있다. 그렇지만 실용성이 떨어진다. 건조 상태의 미네랄을 매우 정밀한 수준으로 계량해야 하는 데다가, 완전히 녹이려면 많이 저어준 뒤에 오랫동안 기다려야 한다. 이런 문제를 해결할 수 있는 방법 중 하나는 미리 농축액을 만드는 것이다. 즉, 비교적 많은 양의 건조 상태 미네랄을 소량의 뜨겁고[4] 순수한 물에 녹인다. 이 농축액은 보관이 가능하므로 여러 번에 걸쳐 사용할 수 있다. 작업을 한 번 더 하는 것이긴 하지만, 더 정확하게 계량할 수 있고 순수한 물에 건조 미네랄을 넣을 때보다 더 빨리 녹는다는 이점이 있다.

농축액을 담을 용기도 잘 골라야 한다. 작은 부분에라도 금속이 있으면 부식이 될 수 있다. 플라스틱 또는 유리 용기가 좋다. 만든 지 오래된 농축액에서도 이산화탄소가 조금씩 발생할 수 있으므로 완벽히 밀폐가 되는 용기는 적합하지 않다. 어느 정도 공기가 통해야 용기 파손을 방지할 수 있다. 나는 바비큐 소스용으로 나온 350ml 용량 플라스틱 병을 선호한다. 이 병은 보관, 흔들기, 계량 모든 측면에서 편리하다. 다만, 고온에 안전한 재질의 플라스틱은 아니라서 뜨거운 액체는 담지 않는다. 즉, 먼저 유리 용기에서 제조하고 식힌 뒤 플라스틱 병에 옮겨 담는다.

아래는 내가 미네랄 농축액을 만드는 순서이다.

1. 작은 유리 그릇 또는 플라스틱(검은색 또는 투명한 것이 좋음) 스푼으로 건조 미네랄을 계량한다. 계량한 미네랄은 원하는 용량의 유리병에 담는다. 저울은 0.01g 단위까지 잴 수 있는 초정밀 저울이 좋은데, 0.1g 단위 저울도 사

---

4 반드시 뜨거울 필요는 없지만 온도가 높으면 용해 속도가 빠르고 이산화탄소 제거도 된다.

용할 수는 있지만 그만큼 정밀도는 떨어진다. 나는 계량용으로 Hario의 커피 스푼[5] 또는 에스프레소용 이중 유리잔을 선호한다. 계량 순서는 다루기 쉬운 것부터 시작해서 어려운 것으로, 즉 $CaCl_2$, $MgCl_2$, $MgSO_4$, $NaHCO_3$, $KHCO_3$ 순으로 한다. 미네랄은 피부에 자극을 줄 수 있으므로 작업할 때는 비닐장갑을 끼는 편이 좋다. 각 미네랄 포장에 적혀 있는 주의사항을 잘 읽는다. 또한, 식용(실험실용이 아니라) 등급인지 확인하는 것은 기본이다.

2. 증류수를 90도 이상으로 가열한다.

3. 미네랄을 담은 유리병을 저울에 올린 뒤 용기 무게는 뺀다. 저울의 최대 측정 범위는 최종 농축액 무게까지 감당할 수 있어야 한다.

4. 미네랄을 계량할 때 사용한 스푼 또는 계량 용기 벽에 일부 잔여물이 남아 있을 수 있다. 그래서 나는 먼저 뜨거운 증류수를 계량 용기나 기구에 약간 부어 헹군 뒤, 이 액체를 유리병에 부은 다음, 끓는 온도의 증류수를 부어 원하는 무게를 맞춘다. 물 무게에는 미네랄 무게가 포함되지 않으므로 물 무게와 농축액 무게는 다르다는 점을 명심해야 한다. 농축액에서 이산화탄소 거품이 다량 발생하는 것은 정상이다. 제조 공식에 따라서는 농축액이 우윳빛이 될 수도 있다.

5. 유리병을 저울에서 내린다. 이때 화상을 입지 않도록 유의한다. 뚜껑을 살짝만 닫아 이산화탄소가 빠져나갈 수 있게 한다. 몇 시간 동안 충분히 식힌다.

6. 만져봐서 유리병에서 온기가 느껴지지 않으면, 유리 또는 플라스틱 막대로 잘 저은 뒤 보관 용기로 옮겨 담는다. 미네랄 농축액은 대개 고형물이 상당량 침전되기 때문에 옮기기 전에 반드시 잘 저어야 한다. 다 옮긴 뒤에도 유리병 바닥에 침전물이 있다면 보관 용기에서 유리병으로 농축액을 약간 부

---

5 Hario의 플라스틱 스푼은 표면에 발수 가공이 되어 있어 사용하기 편하다.

었다가 다시 보관 용기에 붓는 과정을 반복해서, 유리병 바닥에 침전물이 하나도 남지 않게 한다.

7. 안전한 사용을 위해 농축액은 냉장 보관한다. 물론 농축액은 대개 미네랄 함량이 높기 때문에 박테리아가 잘 자라기는 어렵다.

8. 추출용 물을 만들 때, 보관했던 농축액은 사용하기 직전에 아주 잘 흔든 다음, 필요한 양을 계량한다. 저울은 0.1g 단위까지 측정 가능한 것을 사용한다. 나는 이때에도 Hario 플라스틱 스푼을 쓴다. 계량할 때는 스푼이 넘어지지 않도록 빈 에스프레소용 잔 위에 올려둔다.[6]

9. 계량한 농축액을 순수한 물이 담긴 병에 붓고 잘 섞는다. 혼합액을 약간 부어 스푼을 헹군 다음 다시 병에 붓는다. 이런 식으로 스푼에 묻은 고체 미네랄까지 모두 보관 용기로 들어가게 한다.

10. 이상적으로는 혼합액을 30분 정도 가만히 두는 것이 좋다. 1-2주 뒤 사용할 예정이라면 혼합액을 냉장 보관한다. 수돗물을 사용할 경우에도 냉장 보관한다. 증류수는 가능성이 적지만, 수돗물에는 박테리아가 있으므로 수돗물을 그대로 또는 역삼투압 처리해서 사용했다면 혼합액은 냉장 보관해야 한다. 역삼투압 필터가 손상되지 않았다면 박테리아 대부분을 제거할 수 있지만 완전히 제거하지는 못하기 때문에 (Park and Hu 2010) 이런 방식으로 만들었다면 냉장 보관하는 것이 좋다.

사용한 제조 공식에 따라 다르지만, 추출용 물을 만들고 처음 몇 분 정도는 일부 고체 입자(침전물)가 눈에 보일 수 있다. 이론대로라면 언젠가 녹아 없어져야 하지만,

---

6  대부분의 농축액 제조 공식은 농축액 농도를 1.0g/mL에 가깝게 만든다. 그러므로 무게를 계량하는 대신 20mL 용량의 플라스틱 주사기를 사용해 부피 단위로 농축액을 옮겨도 된다.

간혹 완전히 사라지지 않는 것도 있다. 이것들은 일부 미네랄에 들어 있던 식용 등급 불순물일 가능성이 있다. 필터 커피 제조에서 그다지 걱정할 거리는 아니다. 이런 침전물이 있으면 주전자를 좀 더 자주 세척해야 하지만, 이 목적이 아니라 해도 세척이 손해 보는 작업은 아니다. 침지식 추출을 하지 않는 한, 물에 녹지 않은 미네랄 입자는 커피층이 걸러낸다. 이런 침전물이 생기지 않게 하려면, 각 미네랄마다 추출용 물 수준으로 농도를 맞춘 혼합액을 만들어 어떤 성분이 침전물을 만드는지 확인한 뒤, 더 질 좋은 제품을 찾는다.

미네랄 농축액 농도는 개인 취향에 따라 결정한다. 농도를 짙게 만들면 건조 미네랄을 계량하기 편하고 미생물 억제에 좋고 보관 공간을 줄일 수 있지만 침전물이 더 많을 것이고 순수한 물에 완전히 녹이기까지 시간이 오래 걸린다. 침전물이 많은 농축액은 반드시 사용하기 전에 완벽하게 섞어야 한다. 그렇지 않으면 추출용 물의 구성이 점점 틀어질 것이다.


## 2.8 몇 가지 추출용 물 제조 공식

이번에는 커피 업계에서 사용하는 몇 가지 추출용 물 제조 공식 및 정확한 제조법에 대해 살펴보자. 이 책을 쓰는 시점까지 실험해본 것은 Barista Hustle, Rao/Perger, 단순화된 Rao/Perger 제조법인데, 나는 이 중에서도 단순화된 Rao/Perger 법을 좋아한다. 개인적으로 Rao/Perger 제조법의 일반 버전과 단순화 버전이 어떤 차이가 있는지 맛으로는 구분할 수 없었다. 대신 단순화 버전이 만들기가 쉽고 사용하기도 편하다. Barista Hustle 제조법은 커피 몇 봉지 정도만 시도하긴 했지만, 모든 경우에 Rao/Perger 제조법에 비해 단맛이 적었다. 이는 칼슘이 단맛 인지에 기여한다는 최근 의견과 맥을 같이 한다. (Barista Hustle 제조법은 경도 보정에 마그네슘만 사용한다.) 다만 이를 자료로 입증하는 연구를 본 적은 없다.

아래 제조법은 농축액 350mL를 기준으로 했다. 추출용 물을 만들 때는 순수한 물 1리터에 이 농축액을 4g 넣으면 된다.

| 이름 | MgSO$_4$ 7H$_2$O (g) | MgCl$_2$ 6H$_2$O (g) | CaCl$_2$ (g) | NaHCO$_3$ (g) | KHCO$_2$ (g) | Water (g) | KH (탄산칼슘 환산 ppm) | GH (탄산칼슘 환산 ppm) |
|---|---|---|---|---|---|---|---|---|
| Rao/Perger | 8.8 | 3.5 | 2.6 | 3.0 | 3.5 | 328.6 | 40 | 88 |
| Simplified Rao/Perger | 13.0 | 0 | 2.6 | 6.0 | 0 | 328.4 | 40 | 88 |
| Rao (2013) | 0 | 7.0 | 5.3 | 0 | 7.0 | 330.7 | 40 | 94 |
| Barista Hustle | 17.2 | 0 | 0 | 5.9 | 0 | 326.9 | 40 | 80 |

## 2.9 새로운 추출용 물 제조 공식 만들기

위에서 언급한 제조법은 여러 방법으로 구현할 수 있다. 사용할 수 있는 수화물 종류도 여러 가지이고[7], 미네랄 농축액의 농도도 다를 수 있고, 증류수 대신 연수를 사용할 수도 있으며, 심지어는 위 언급된 것 외에 다른 미네랄을 쓸 수도 있다. 다만 그렇게 하려면 사용하는 미네랄 무게를 화학 공식에 맞춰 정확하게 수정해야 한다. 비교적 어려운 작업은 아니다. 자동으로 계산해 주는 웹 양식을 주석으로 달아 두었다.[8] 이 양식을 사용하면 원하는 속성 — 예: 총 경도, 총 알칼리도, 마그네슘 대 칼

---

7  수화물은 불순물로 물이 존재하는 형태이다. 이들을 사용할 때는 동일 이온 양을 얻을 때 더 많은 미네랄을 사용해야 한다.

슘 비율, 소듐이온($Na^+$) 농도, 여기다 더해 황산이온($SO_4^{2-}$) 등 음이온 농도—에 기반한 완전히 새로운 추출용 물 제조법을 설계할 수 있다. 현재 음이온이 맛에 미치는 영향에 대해서는 신뢰할 만한 수치 자료가 없다. 이 웹 양식을 쓰면 자신만의 실험을 설계하고 스스로 이 주제에 대해 탐구할 수 있을 것이다.

물 제조 공식을 직접 만들 경우, 또 하나의 장점은 수돗물이나 역삼투압 처리한 물, 즉 만들고자 하는 추출용 물보다 이온 농도가 낮은 물로 제조법을 짤 수 있다는 점이다. 의도적으로 화학 반응을 일으켜 미네랄 일부를 걸러내지 않는 한, 미네랄을 넣는다고 이온 농도가 줄어들지는 않는다. 다만 여기서는 이에 대해서는 다루지 않는다.

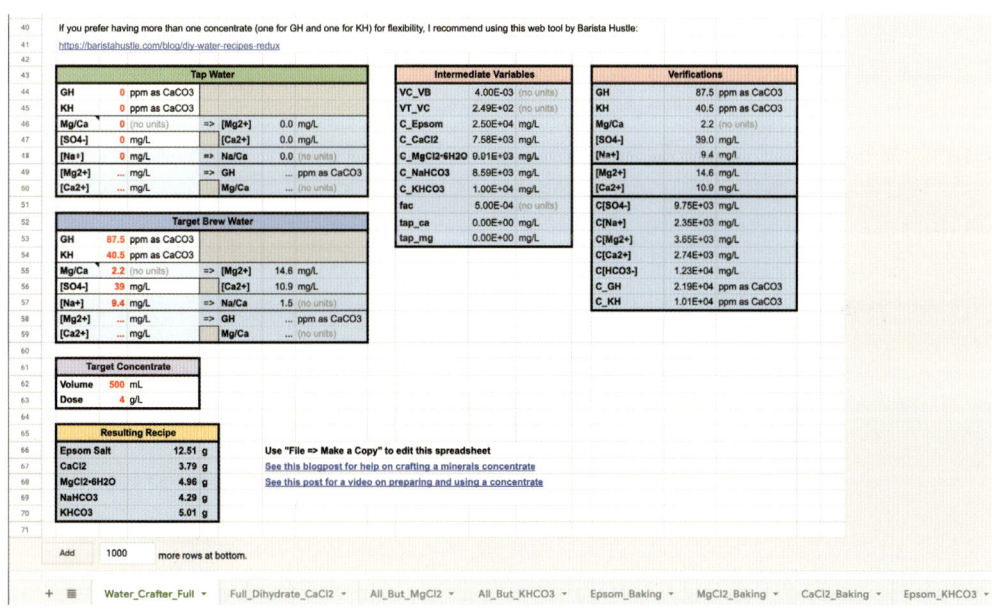

구글 스프레드시트 기반 물 제조 프로그램. 만들고자 하는 물 속성을 정하면 이에 필요한 건조 미네랄 첨가물 리스트를 생성해 준다.

---

8  https://bit.ly/2Wi92vq

원하는 속성의 물 레시피를 짤 때 가장 어려운 점은 농축액 제조에 사용하는 각각의 건조 미네랄의 분량만으로 원하는 속성을 갖춰야 한다는 것이다. 일부 미네랄은 한 번에 두 개 이상의 속성에 영향을 미친다. 예를 들어 염화마그네슘은 총 경도를 높이면서 마그네슘-칼슘 비율을 바꾼다. 그러므로 각 미네랄을 정확히 얼마만큼 사용했을 때 원하는 물 속성이 나오는지 확인하려면 비교적 간단하지만, 방정식을 풀어야 한다. 앞에서 소개한 웹페이지의 계산기가 이런 문제 또한 해결해 준다.

## 2.10 추출용 물 속성 측정하기

미네랄이 함유된 물을 만들 때는 총 경도와 총 알칼리도 측정 능력이 중요하다. 추출용 물을 제대로 만들었는지 확인하거나 수돗물에 미네랄을 넣었을 때 또는 미네랄을 넣지 않은 경우에도 커피 추출에 적합한 물인지 판정할 때, 이런 측정법을 적용할 수 있다. 몇 가지 측정법을 알아보자.

커피 업계에서는 용존 고형분 총량(TDS) 추정 값 계산용으로 오랫동안 물의 전기 전도도를 이용했다. 전기 전도 측정기를 사용하는 이 방식은 기기가 작고 저렴하며 사용하기 편하다. 하지만 온도에 민감하며 일반적인 수돗물의 화학 조성에 기반해 전기 전도도를 TDS 값으로 추산한다.[9] 온도차를 보정하는 기기들이 있지만, 완벽하지는 않다. 또한, TDS 측정은 총 경도를 대강 짐작하는 정도일 뿐, 또 다른 중요한 속성인 총 알칼리도에 대한 정보는 제공하지 않는다. 다만, 수돗물 또는 추출용으로 조제한 물을 신속하게 테스트할 경우, 정확도가 낮긴 하지만 '무언가

---

9 전기 전도 값의 TDS 변환 비율은 기기별로 다를 수 있다. TDS=비율×전기 전도도 식에서 가장 흔한 비율 값은 0.5, 0.7이다. 전기 전도도는 $\mu$S/cm 으로 표시한다.

달라졌다'는 것을 감지할 수 있다는 점에서는 전기 전도 측정기가 유용하다. 일반적으로, 전기 전도 측정기의 정확도는 30% 수준이다. (Wellinger, Smrke, and Yeretzian 2017) 사용하는 물이 증류수인지 아닌지 감별하는 데에도 유용하다. 이 측정기는 항상 같은 온도에서 측정하는 것이 좋다. TDS 값을 나타낼 때 많이 쓰는 온도는 25도다. Wellinger, Smrke, and Yeretzian (2017)은 온도 영향을 보정하지 않을 경우 수치 값이 최대 20%까지 차이가 날 수 있다고 한다.

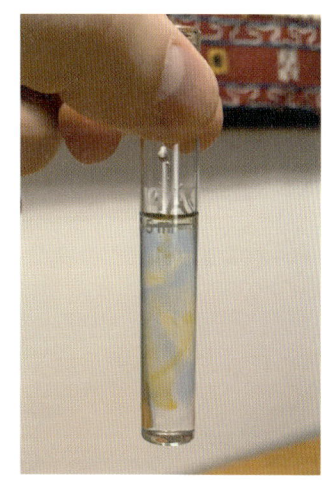

수족관용 API 테스트 키트 적정

추출용 물의 속성을 측정하는 용도로는 수족관 테스트 키트가 더 낫다. 다시 말해 총 알칼리도 측정 키트(KH 테스트 키트)와 총 경도 측정 키트(GH 테스트 키트)다. KH(알칼리도)를 먼저 살피는 것이 좋은데, KH 값이 나쁜 물이 GH 값이 나쁜 물보다 커피 맛에 더 안 좋은 영향을 주기 때문이다. 기술적으로 말해, 수족관 테스트 키트는 적정(titration) 테스트 키트다.

적정이란 용질의 농도를 측정하는 용도로 화학에서 널리 쓰이는 기법이다. 측정 용액에는 농도를 측정하고자 하는 이온을 잡아 둘 수 있는 화학적 반응물과, 자유 이온이 없을 때 색 변화를 유발할 수 있는 2차 화학 성분이 들어 있다. 반응물의 속성과 용액 색상 변화에 필요한 방울 수를 알면, 잡힌 이온 수를 계산할 수 있다. 이 수치를 샘플 물 용량과 조합하면 물속 이온 농도를 계산할 수 있다. 이 원리를 사용하면 $HCO_3^-$, $Ca^{2+}$, $Mg^{2+}$ 이온 농도를 측정할 수 있고, 여기서부터 물의 GH, KH 값을 추산할 수 있다.

아래 그림은 반응물을 첨가할수록 용액의 특정 속성(트리거)이 변화하는 방식을 보여준다. 색상 변화를 촉발하는 반응물 용량 범위도 표시했다. 이 예시에서는

물

트리거 속성이 용액의 pH이지만 모든 용액에 해당하는 것은 아니고, 반응물에 따라서 다르다. 또한 여기서 색상 변화 전환, 즉 측정 이온이 사라지기 시작하는 순간에 일어났다. 즉, 이 예에서는 색상이 완전히 변하는 순간을 감지하는 것이 가장 정확한 농도 측정임을 의미한다. 어떤 반응물은 반응 가운데 정도(즉 터닝 포인트)에서, 또는 반응이 끝날 무렵 색이 변한다. 안타깝게도 대부분의 수족관 테스트 키트에는 정확한 내용이 기재되어 있지 않아서 정확도가 약간 떨어진다.

몇 가지 검색으로 찾은 내용으로, API® GH 적정 키트는 EDTA 테트라소듐염에 기반한 반응물을 사용한다. EDTA는 칼슘이온과 마그네슘이온을 잡아 둘 수 있는 고분자 물질이다. 이 미네랄 성분들의 농도를 측정하려면 되도록이면 해당 성분이 천천히 사라지는 것이 좋다. 이 키트에는 물 샘플의 pH값을 크게 높여 색 전환이 빨리 일어나도록 해 정밀 측정을 도와주는 버퍼용 물질(트리에탄올아민)이 들어

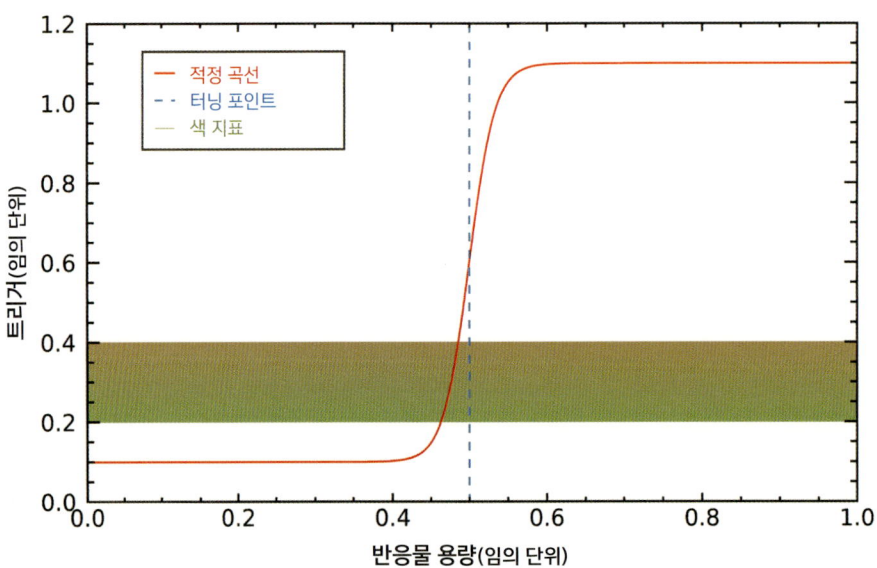

적정 곡선(붉은색 실선)과 터닝 포인트(푸른색 세로 점선) 및 색 지표(녹색에서 노란색으로 변하는 음영 부분) 영역을 표시했다.

있다. 색상 변화에 어떤 물질을 사용하는지는 나와 있지 않아 반응 중간(터닝 포인트) 기준 어느 위치에서 색이 바뀌는지는 정확히 알 수 없었다. API KH 적정 키트는 정보가 더욱 빈약했다. 아마 취급 시 주의사항만 기재한 것 아닐까 싶다.

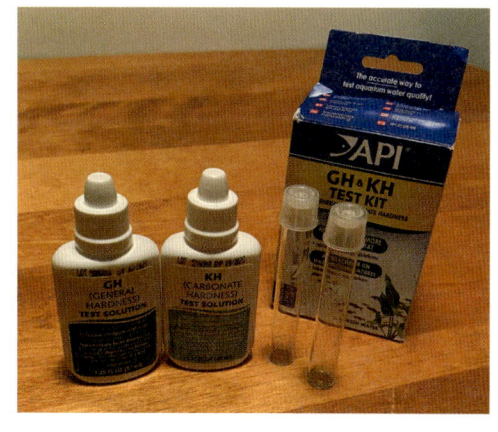

GH, KH 측정 용도의 수족관용 API 적정 키트

실험실에서 적정 실험을 할 때는 반응물 용량을 정확히 측정하기 때문에 오차 1% 안팎 수준의 정밀한 측정이 가능하다. 그러나 집에서 이런 수족관용 테스트 키트를 사용할 때는 그런 정밀도를 기대할 수 없다. 특히 방울 수를 세는 방식으로 용량을 측정한다면 더더욱 그러하다. 수족관용 테스트 키트는 제품별로 정밀도가 다르다. 다만 이 정밀도는 대개 측정 해상도 범위 안이다. 즉, API 적정 키트에서 반응물 한 방울은 $CaCO_3$ 환산 경도 또는 알칼리도 값 18ppm에 해당하는데, 그렇다면 이 방식으로는 이보다 더 높은 정밀도로 농도를 측정할 수 없다. 커피 추출에서 이 정도 오차는 상당히 크다. 현재 추출용 물 제조법에서 KH 값은 대개 $CaCO_3$ 환산 40 ppm 수준이니 말이다.

이런 수족관용 적정 키트는 일반적으로 유리 실험관에 물 5mL를 넣은 뒤 반응물을 한 방울씩 더하고 용액을 흔들어 섞은 다음 색을 보는 방식으로 진행한다. 측정치를 나타내는 색상은 사용하는 모델과 유형에 따라서 다르다. API 브랜드의 GH 키트는 주황색에서 어두운 녹색으로, KH 키트는 푸른색에서 녹색을 거쳐 노란색으로 변한다. 용액이 색상 변화 시점에 도달하면 사용자 매뉴얼의 도표를 참조해 반응물 방울 수를 GH, KH 수치로 변환한다. 대개 한 방울은 1 German degree[10]로서 $CaCO_3$ 환산 17.85ppm이다. Red Sea의 수족관용 적정 키트는 약간 더 비싼데

왼쪽: API GH 적정 키트 예시, 중간 높이 부분에 주황색-녹색 변화 모습을 볼 수 있다.
가운데, 오른쪽: API KH 적정 키트, 적정 완료 전(푸른색)과 후(노랑-녹색 액체)

해상도는 반응물 한 방울당 $CaCO_3$ 환산 2.5 ppm이다. 그러나 이쪽은 마그네슘 경도 해상도가 $CaCO_3$ 환산 82ppm으로 매우 낮다.

수족관용 적정 키트의 정밀도를 높이는 방법이 몇 가지 있다. 첫 번째는 내가 '스트레칭 적정'이라 부르는 방식인데, 물을 많이 쓰는 것이다. 물 양을 두 배로 늘리면, 반응물 한 방울은 측정 농도 절반에 대응할 것이고, 이 방법으로 적정 해상도를—그와 함께 정밀도도—쉽게 높일 수 있다. 다만 그만큼 반응물도 더 많이 사용해야 한다. 물만 많이 쓸 수 있으면 엄청난 정확도로 측정할 수 있겠다고 생각할 수 있는데, 실제로는 다른 오차가 발생할 수 있어서 정밀도 향상에는 한계가 있다. 예를 들어 반응물인 EDTA 테트라소듐염은 마그네슘과 칼슘을 잡아 두는 속도가 서

---

10  탄산칼슘($CaCO_3$) 경도를 재는 단위로서 German degrees (°KH, dKH)는 수족관용 적정 키트에서 흔히 사용하는 총 알칼리도와는 단위계가 다르다. 1 German degree는 $CaCO_3$ 환산 17.85ppm이다.

로 다르다. 그러므로 해당 API 키트는 물의 마그네슘 대 칼슘 비율을 미리 가정해 둔다. 이로 인해 GH 측정값이 API 키트의 기본 해상도 및 정밀도(대략 $CaCO_3$ 기준 18 ppm)보다 낮으면 원리상 오차가 날 수밖에 없다. 그런데 스트레칭 적정을 큰 폭으로 한다면 이쪽이 주된 오차 원인이 되는 것이다. 이 점에서, 어떤 측정값이든 정밀도를 $CaCO_3$ 환산 5ppm 또는 측정 기기의 5% 아래로는 설정하지 않기를 권한다. API GH, KH 테스트 키트를 사용한 스트레칭 적정 시 가능한 농도 및 정밀도를 산출하는 웹 계산기[11] 주소를 소개한다. 이 계산기는 과도한 수치가 나오지 않도록 정밀도를 자동 보정한다.

아래는 스트레칭 적정 순서이다.

1. 유리 실험관을 완벽하게 세척한 뒤 말린다.
2. 깨끗하고 물기 없는 보호 장갑을 낀다.
3. 추출용 물을 정확히 계량한다. (API 기본 수치는 5mL이다.)
4. 반응물이 들어 있는 병을 잘 흔든 뒤 개봉한다.
5. 반응물 한 방울을 추출용 물에 넣고 둥글게 또는 위아래로 흔들어 잘 섞는다.
6. 용액의 색상을 살핀다. 이때 채광 또는 조명이 좋은 환경에서 흰색 벽을 뒤에 두고 실험관의 옆면을 본다.
7. 색상 변화가 있을 때까지 5번 작업을 반복한다.
8. 용액의 색상 변화가 멈추면 작업을 멈춘다. 용액을 섞은 뒤 십여 초가 지나서야 색이 변하는 경우에도 마찬가지다.

---

[11] https://bit.ly/2zMYUTO

물이 경수인 상황(예: GH와/또는 KH 값이 매우 높은 경우)에는 스트레칭 적정이 아닌 일반 적정에서도 반응물을 많이 넣어야 하므로 비용이 많이 든다. 경수를 스트레칭 적정하면 비용 부담은 그만큼 더 커진다. 이럴 땐 역적정 방식을 권한다. 반응물을 소량 담은 뒤 물을 한 방울씩 넣어 색상 변화를 살피는 방식이다. 다만 이 경우에는 변환표가 없기 때문에 농도 계산하기가 어렵다. 나는 GH 또는 KH 값이 $CaCO_3$ 환산 400ppm 이상인 경우에 이 방법을 권한다.

내가 만든 웹 도구로 역적정 계산을 해서 물 속성을 구할 수 있다. 다만 아직은 API 브랜드 키트로만 사용 가능하다. 이 방식을 쓰기 전에, 밀리그램 측정이 가능한 저울로 스포이드의 한 방울 양을 측정해 평균 물방울 무게를 확인해야 한다. 웹 도구에 그 수치를 입력할 수 있다. 각 자리에 밀리그램 단위로 25방울의 무게 수치를 적으면 프로그램이 나머지 계산을 다 해 준다.

역적정 순서는 다음과 같다.

1. 유리 실험관을 완벽하게 세척한 뒤 말린다.
2. 깨끗하고 물기 없는 보호 장갑을 낀다.
3. 반응물이 들어 있는 병을 잘 흔든 뒤 개봉한다.
4. 반응물 한 방울을 실험관에 넣는다.
5. 추출용 물 한 방울을 넣고 둥글게 또는 위아래로(흔드는 방법은 실험관에 따라 결정) 흔들어 잘 섞는다.
6. 용액의 색상을 살핀다. 채광이나 조명이 좋은 환경에서 흰색 벽을 배경으로 실험관의 옆면을 본다.
7. 색상 변화가 있을 때까지, 5번 작업을 반복한다. 물방울 수를 반드시 기억한다.
8. 용액의 색상이 뚜렷이 변하는 징조가 있으면 멈춘다. 추출용 물을 몇 방울

더 넣으면 색상이 더 뚜렷이 변하겠지만, 일단은 색이 변하는 첫 징조를 확인하면 멈추어야 한다.

9. 색상 변화 시점을 지나쳤거나 정밀도를 높이고 싶으면 반응물 몇 방울을 더한 뒤 추출용 물을 다시 한 방울씩 넣는다. 이때 계산기에 반응물 방울 수를 업데이트한다. 또한 각 작업 시작 때마다 추출용 방울 수를 반드시 기억해야 한다.

역적정은 방울 수가 많아서 약간 번거롭다. 특히 물이 연수일 경우(KH와 GH, 또는

수족관용 API 키트를 사용해 보다 정밀한 값을 얻을 수 있도록 만든 구글 스프레드시트

물

둘 중 하나의 값이 낮은 경우)에 그렇다. 내가 만든 웹 도구에서는 '저울 보조형 역적정' 이라는 약간 다른 전략을 쓸 수 있다. 반응물과 추출용 물 방울 수를 세는 대신 직접 무게를 재는 방식이다. 이 방식이 약간 더 정밀하지만 측정 오류는 더 많다.

저울 보조형 역적정 작업은 다음과 같이 진행한다. 먼저 적정용 실험관을 밀리그램 측정이 가능한 저울에 올려 총 무게를 잰다. 다음, 반응물을 원하는 방울 수만큼 (방울 수가 많을수록 정밀도는 높아짐) 넣고 무게를 잰다. 이제 추출용 물을 한 번에 한 방울씩 더한다. 채광, 조명이 좋은 환경에 흰색 벽 앞에서 실험관을 보며 작업하면 더 편하다. 작업이 오래 걸리면 저울이 자동으로 꺼지는 경우가 있기 때문에 이 때는 각 단계별로 총 무게를 재는(즉 용기 무게를 제하지 않는다.) 것이 좋다. 색이 변하는 지점에 도달하면 실험관을 저울에 두고 사용한 추출용 물과 반응물 무게를 계산한다. 이 수치를 웹 도구에 기입하면 KH, GH 값 및 측정 오차를 확인할 수 있다.

이 방법은 실온(18-25도)에서 진행하는 것이 좋다. 이 온도를 벗어나면 물과 반응물의 밀도가 많이 변하기 때문에 웹 도구에 설정된 질량 대 부피 계산이 들어맞지 않는다. 일반적인 역적정과 비교하면 위 방법이 일일이 방울 수를 세는 작업보다 신뢰도가 높다. 순서는 일반적인 역적정 단계와 같고, 다만 작업 중 물과 반응물 무게만 추적하면 된다.

물 속성을 정확히 잴 때 전기 색도계를 쓰면 더 편리하다. 그러나 이 기기가 워낙 고가인 데다, 여전히 반응물 비용이 들어간다. 이런 유형의 기기로 Hanna Instruments에서 KH 측정 용으로 제작한 HI775 색도계[12]가 있다.

이런 기기를 구매할 생각이라면 정밀도와 측정 범위를 확인해야 한다. API 적정 키트보다는 정확(즉 $CaCO_3$ 환산 18ppm보다 작은 값)하고 최소한 $CaCO_3$ 환산 10ppm에서 수백 ppm까지는 측정 가능하면 좋다.

---

12  이 모델은 일반 물 측정용이다. 식염수 측정용이 아니다.

Hanna Instruments의 HI719, HI720 모델은 이 정도 목표치는 구현하지 못한다. 이 제품들은 아주 낮은 농도의 칼슘, 마그네슘 수치 측정용이다. 이 외에 광도계식 측정 기기는 농도 측정을 다른 단위로 나타낼 가능성이 있다. 예를 들어 앞에서 언급한

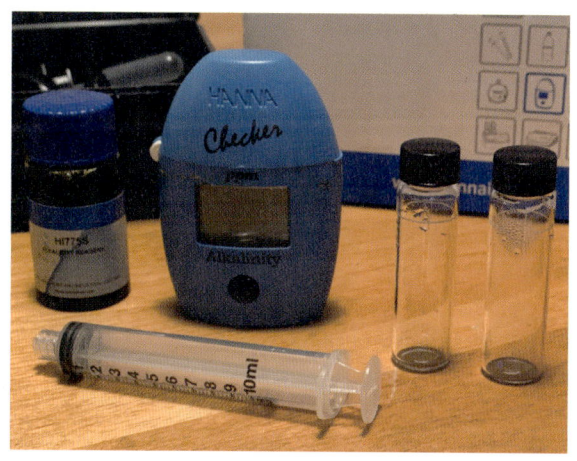

Hanna Instruments의 총 알칼리도 측정용 HI775 색도계

HI775 모델은 KH 측정이 가능한 광도계식 측정 기기인데 HCO$_3^-$ 환산 mg/L 값을

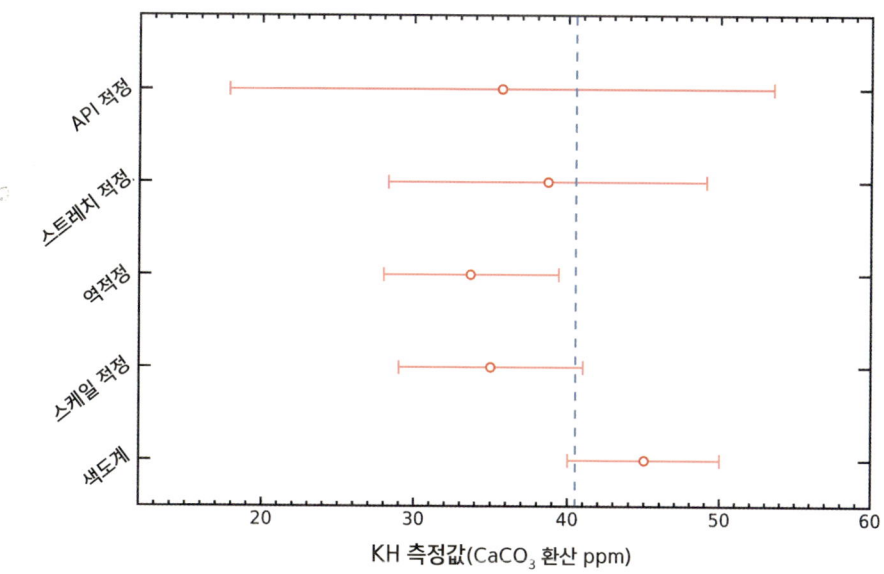

여기서 언급한 여러 가지 방법으로 총 알칼리도 측정값(붉은색 점과 오차)을 나의 추출용 물 제조법상 예측 KH 값(세로 점선)과 비교했다.

물

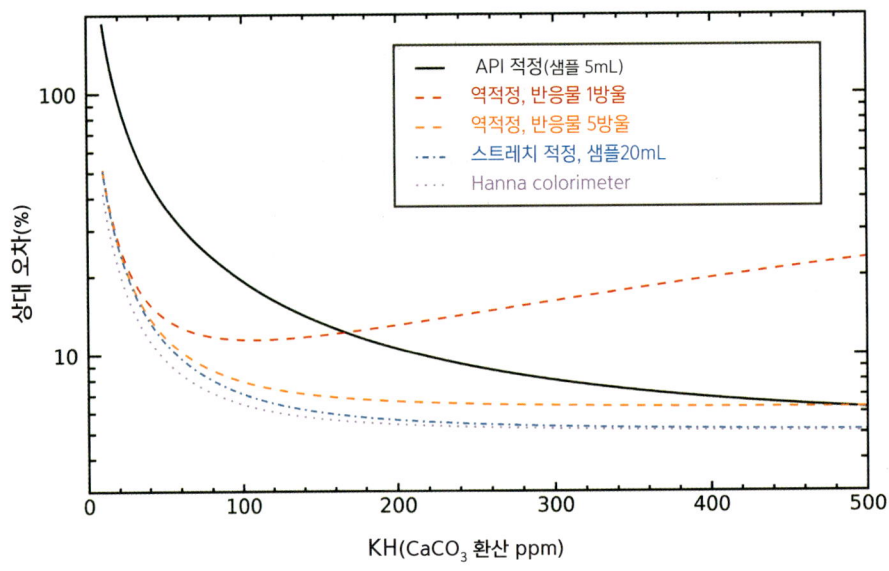

API 적정(샘플 5mL)
역적정, 반응물 1방울
역적정, 반응물 5방울
스트레치 적정, 샘플20mL
Hanna colorimeter

상대 오차(%)

100

10

0        100       200       300       400       500

KH(CaCO₃ 환산 ppm)

여기서 논의한 총 알칼리도 측정법들의 상대 측정 오차

구한다. CaCO$_3$ 환산 ppm 단위로 나타내려면 이 수치를 1.22로 나눠야 한다. GH 측정이 가능한 광도계식 측정 기기로서 정밀도와 측정 범위가 알맞은 모델은 많지 않은데, 그중 하나는 Hanna Instruments의 HI96735 모델이다. 그렇지만 비싸고 사용법이 더 복잡하다.

나는 위에서 언급한 여러 방식을 비교하기 위해 Rao/Perger 제조법으로 만든 추출용 물을 사용해 각 측정법에 따라 총 알칼리도를 쟀다. 제조법 기준 예상 KH 값(CaCO$_3$ 환산 40.5 ppm)에 대해 각 측정값과 오차를 나타냈다.

대부분의 측정값은 오차 범위 내에서 예상 수치를 따라갔다. 다만 저울 보조형 적정과 색도계를 쓴 쪽이 더 정확하고 오차도 더 작다. 색도계 쪽은 정확한 값을 쉽게 보여주고 작업 시간도 짧은 대신 가격이 더 비싸다.

위 그림은 각 측정법으로 KH 수치를 쟀을 때 추출용 물의 총 알칼리도에 따른

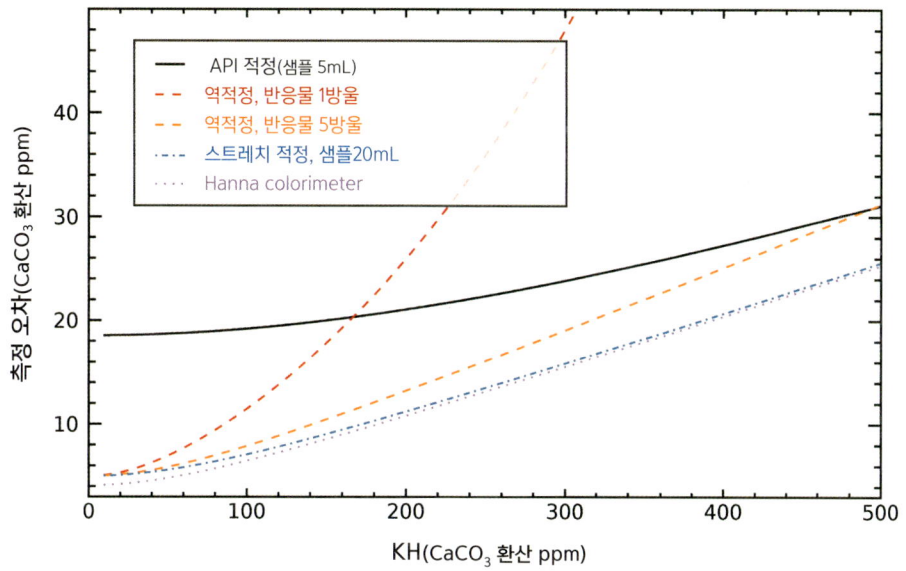

여기서 논의한 총 알칼리도 측정법들의 절대 측정 오차

상대 오차 비율을 나타내는 그래프다. 여기서 각 측정법이 선호되는 상황을 확인할 수 있다.

GH도 동일하다. API 적정 키트를 사용하되 5mL 대신 20mL를 사용하는 스트레칭 적정을 하면 정밀도는 매우 좋아지지만 반응물 비용이 더 많이 든다. 역적정을 쓰면 대부분의 물 조성에 대해서는 반응물 5방울 정도로 유사한 정밀도를 구현할 수 있다. 색도계는 물 조성이 어떻든 정밀도가 매우 높다. 내가 사용한 HI775 모델은 물 조성과 무관하게 반응물을 일정량 사용한다.

왼쪽 그림은 측정 '비율' 오차, 즉 오차 값을 측정 농도로 나눈 수치를 보여준다. 절대 오차 값을 원한다면 오른쪽 그림을 참조하기 바란다. 다만 내가 보기에 절대 오차 그래프 쪽은 덜 유용하다.

다음 페이지의 그림은 물 속성에 대한 각 측정법별 반응물 비용을 보여준다.

물

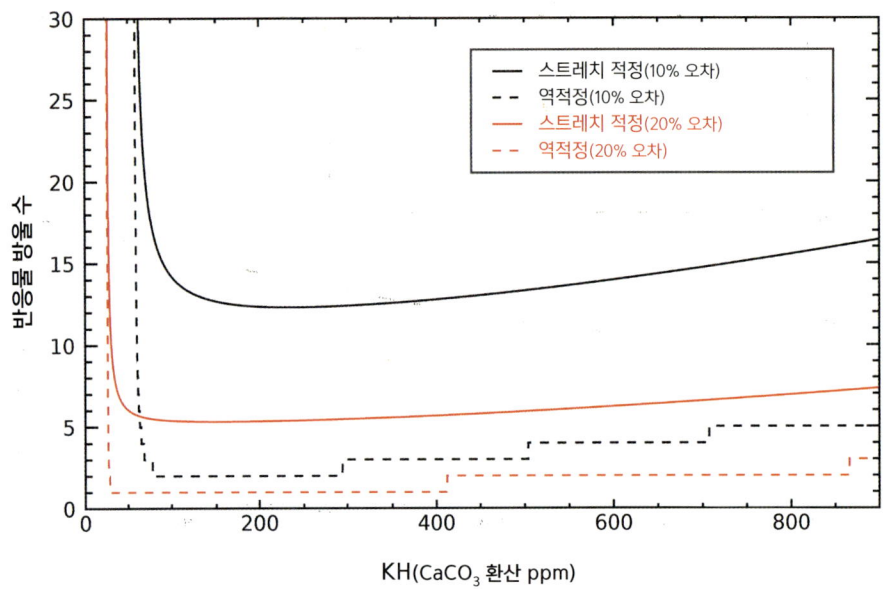

스트레치 적정(실선)과 역적정(점선)에 대해 상대 오차 10%(검은색)와 20%(붉은색)에 도달하는 데 필요한 반응물 방울 수. 역적정이 반응물 요구량이 적다.

여기서 상대 오차 비율이 동일할 때 역적정이 일반 적정과 스트레칭 적정 대비 반응물을 많이 아낄 수 있다는 점을 알 수 있다.

# CHAPTER 3

# 분쇄

커피 추출에서 좋은 그라인더의 역할은 아주 중요함에도, 흔히 과소 평가되는 경향이 있다. 이런 사실을 모르는 홈 바리스타들이 저지르는 가장 흔한 실수가 에스프레소 머신에는 돈을 많이 투자하면서 그라인더에는 신경을 쓰지 않는 것이다. 이번 장에서는 퍼콜레이션 방식으로 제조하는 커피 음료의 품질에 그라인더가 어떤 영향을 미치는지를 살펴보겠다. '입자 크기 분포'라는 개념에 대해 알아보고, 커피콩의 분쇄에 적용되는 기본적인 물리학을 몇 가지 다루며, 이 개념들을 이용해 좋은 그라인더가 지녀야 하는 중요한 속성들을 이해하고, 좋은 그라인더가 커피 추출에 어떤 영향을 미치는지를 배울 것이다.

## 3.1 입자 크기 분포

그라인더 성능을 알 수 있는 가장 일반적인 방법은 갈려 나온 커피 입자를 크기별로 나누었을 때, 각 크기별 개수를 확인하는 것이다. 작업자는 이 수치를 읽어 평균 입자 크기와 입자 크기의 균일성을 확인한다. 일반적으로, 저품질 그라인더는 입자 크기 분포가 넓다. 즉, 저품질 기기는 한 번 분쇄에 배출하는 입자 크기가 매우 다양하다. 이에 비해 고품질 그라인더는 입자 크기 분포가 좁거나 쌍봉형(곡선의 피크 부분이 2개)이다.

옆 페이지 그림은 입자 크기 분포 예시다. 실선은 크기별 입자의 양을 나타낸다. 이 예시에서는 300~400$\mu m$ 크기 입자가 가장 높은 피크를 이루므로, 이쪽이 목표 크기에 가까울 것이다. 그리고 왼쪽에 작은 피크가 있는데, 이것은 미분(fine)이라고 하는, 매우 작은 입자들이다. 이 예시에서는 볼 수 없지만, 목표 크기보다 훨씬 큰 입자들이 피크를 이루는 경우도 있는데, 이런 입자들은 볼더(boulder)라고 한다. 1장에서 보았듯이, 작은 입자는 추출 속도가 훨씬 빨라서 수용성 성분이 더 많이 추출되고 향미 프로필은 이런 영향을 받아 균형이 깨진다.

이것으로 끝이 아니다. 입자 크기 분포는 물이 커피층을 통과하는 방식과 과정에 상당한 영향을 미친다. 경험해 봤겠지만, 입자 크기가 작으면 물흐름이 느려진다. 입자 크기 분포 자료를 보고 물흐름이 어떻게 달라질지 알 수 있는 정확한 수식을 만들기는 매우 어렵다. 물흐름은 커피 입자의 모양이나 표면의 거친 정도, 나아가 입자가 정렬된 형태에 따라서도 달라질 수 있기 때문이다. 예를 들어, 탬핑(다지기) 작업으로 입자 간 공간이 줄어들면 물흐름이 느려진다. 그래서 과학자는 입자 크기 분포가 물흐름에 미치는 영향을 계산할 때 대개는 실험에 기반해 추정하거나 컴퓨터를 사용해 모의 계산한다.

물이 커피층을 통과하는 속도를 설명하는 커피층의 매개 변수를 '투수성

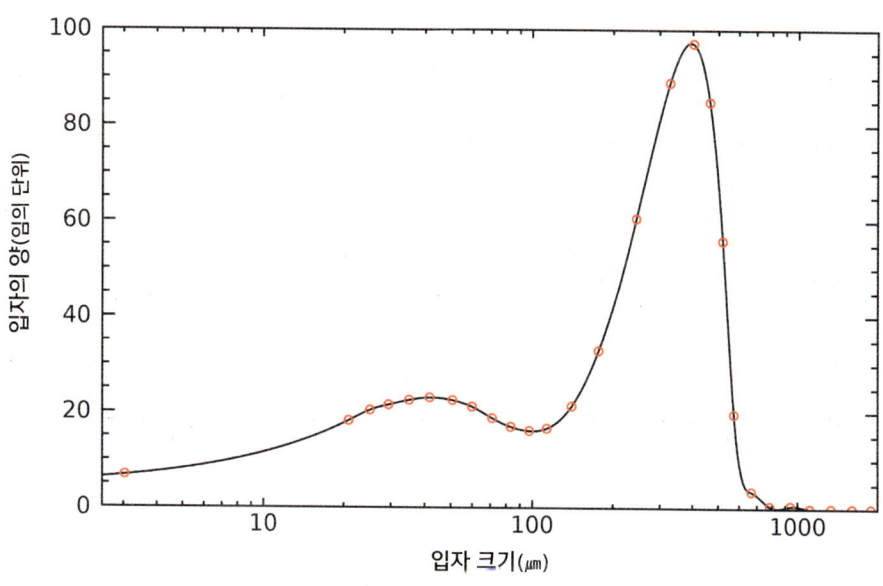

Weber Workshops EG-1 v1 모델. 자체 칼날을 사용하고 에스프레소용으로 세팅했을 때 입자 크기 분포이다. John Buckman이 Mytos and Co.의 Helos 레이저 회절기기를 사용해 측정했다.


(hydraulic permeability)'이라 하는데, 수식에서는 변수 k로 나타낸다. Anderson 팀 (2007)은 경험적 근사치를 사용해 투과율을 다음과 같이 나타냈다.

$$k = f_{sp} \left( D_{10} \right)^2$$

여기서 $f_{sp}$는 입자 모양과 패킹 정도에 따라 값이 달라진다. $D_{10}$은 체를 쳤을 때 무게 기준 10번째 백분위 입자의 지름이다. 10번째 백분위란 개념은 어렵지 않다: 커피 입자를 체를 쳐 크기를 나누고 가장 작은 것에서부터 가장 큰 것까지 무게를 재고 더해 간다고 할 때, 전체 무게에서 10%가 되는 시점의 체의 눈금 크기가 바로 $D_{10}$

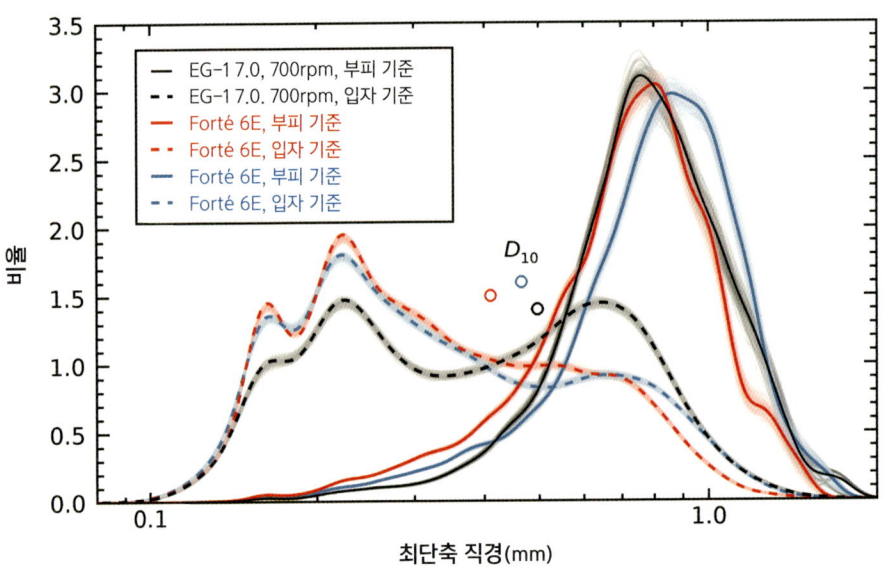

입자 부피(실선)와 입자 수(점선)로 나타낸 입자 크기 분포. 자료는 커피 입자 이미지를 스캔하고 내가 제작한 Grind Size Application(11장에서 설명)으로 분석했다. 스캐너 해상도 한계(400dpi)로 0.1mm 미만의 미분은 탐지할 수 없다. 각 $D_{10}$값은 동그라미로 표시했다. EG-1 v2 모델은 V60용으로 설정할 경우 설정값 7.0, 700rpm이다. Forté BG 그라인더는 6L 설정에서 목표 피크가 좀더 굵지만 미분은 더 많아, $D_{10}$값은 약간 낮지만 결과치는 비슷하다. 이는 투수저항계수가 높아지고 추출 시간은 길어진다는 의미이다. Forté 그라인더 설정값을 6E로 해 목표 피크를 맞춘 경우, 투수저항계수가 높아지고 막힘이 발생할 정도로 미분이 많아져 음료에서 떫은맛이 났다. 색상이 연한 곡선은 샘플 수 제약으로 인한 불확정성을 나타내기 위해 샘플 사이즈의 80%에 대한 무작위 실현 값을 나타낸다.

이다. 평균 눈금 크기가 아닌 $D_{10}$을 사용하는 이유가 있다. 이는 물흐름 속도와 관련이 있다. 물흐름은 큰 입자를 통과할 때 빨라지는 정도보다는 작은 입자를 통과할 때 느려지는 정도가 훨씬 더 크기 때문이다.

일반적으로, 목표한 크기의 피크가 같을 때 입자 크기 분포가 더 균일한 쪽이 물흐름 속도는 대개 더 빠르다. 이는 그만큼 미분이 더 적고 그로 인해 $D_{10}$값이 더 크기 때문이다. 위 그래프에서는 이 개념을 설명한다. 비교 대상은 54mm 플랫 버가 들어간 Baratza Forté *B* 그라인더에서 분쇄 설정을 V60로 놓은 경우와 80mm SSP 초저미분 플랫 버가 들어간 EG-1 v2 그라인더다. Forté 모델이 미분을 훨씬 더 많이 생산하기 때문에, 추출 시간을 동일하게 맞추고 떫은맛이 없는 좋은 맛 프로필을 얻으려면 목표 크기를 더 굵게 설정해야 했다.

미분은 이렇게 초기 커피층 저항에 영향을 미칠 뿐 아니라, 이동하면서 커피층 아래쪽 또는 필터 공극을 막아 다시 물흐름을 방해할 수 있다. 커피층의 투과성과 미분 이동에 대해서는 4장에서 상세히 다룰 것이다.

앞에서 소개한 여러 수치에서 보았듯이, 입자 크기 분포는 여러 가지 방식으로 나타낼 수 있고, 이 때문에 해석이 약간 더 어려울 수 있다. 예를 들어, 커피 입자의 크기별 총량(부피 또는 무게)을 재는 방식이 있는데, 이 장 첫머리에 소개한 레이저 회절법이 여기 해당한다. 커피와 수력 관련 연구 분야에서는 이 방식이 일반적이나. 이 방식에서는 입자 크기가 클수록 무게도 더 나가고, 이렇게 숫자가 커진 만큼 더 분명하게 대표성을 보여주지만, 반대로 미분은 그렇지 못하다. 하지만 각 입자 크기별로 수를 세는 방식을 쓰면 미분의 수가 훨씬 많기 때문에 더 잘 드러난다. 좀 드물게는, 입자 크기별 표면적 총량 비율을 쓰는 방식도 있다.

최근 Barista Hustle(Perger 2019.1.3)에서 실험 수치에 대응하기 위해 제시한 모형 모델[1]에서는 특정 크기로 분쇄한 커피에서 뽑아낸 수용성 성분의 총량은 커피 입자의 바깥쪽, 두께 200 $\mu m$ 정도의 껍질 부분의 부피와 비례한다고 한다. 1장에서 보았듯이, Moroney 팀(2019)은 실제로는 커피 입자의 바깥 층에서만 커피를 추출하는 것은 아니라는 것을 입증했지만, 입자 내부에 있는 일부 성분은 확산이 느리게 일어난다는 점에서, 이 모델은 입자 크기에 따른 수용성 성분 총량을 추적할 때

---

[1]  모형 모델은 어떤 현상을 모두 설명하려는 것이 아니고 유용한 몇 가지를 이해하고자 할 때 사용하는 단순 모델이다.

유용하게 쓸 수 있다. 또한, 이 모델에서는 입자 크기 분포를 사용해 음료 한 잔에 들어 있는 수용성 성분에 대한 입자 크기별 기여도를 알 수 있다. 이 방식은 추출 균일도를 예측할 때 유용하다고 생각한다. 부피로 나타내는 방식은 문헌 자료와 비교할 때 유용하다. 입자 수로 나타내는 방식은 미분이 물이 커피층을 통과하는 속도나 필터를 막아 버릴 가능성 등에 큰 영향을 미칠 수 있다는 점에서, 미분 배출량에 따른 차이를 명확히 드러낼 때 유용하다.

한 걸음 더 나아가자. 입자 지름, 입자 표면, 부피, 심지어는 입자 최단축(길이가 가장 짧은 축) 지름 모두 그래프의 가로축(X축)으로 나타낼 수 있다. 특히, 최단축 지름을 가로축으로 나타내는 방식은 사진 자료 분석으로 얻은 입자 크기 분포를 체질

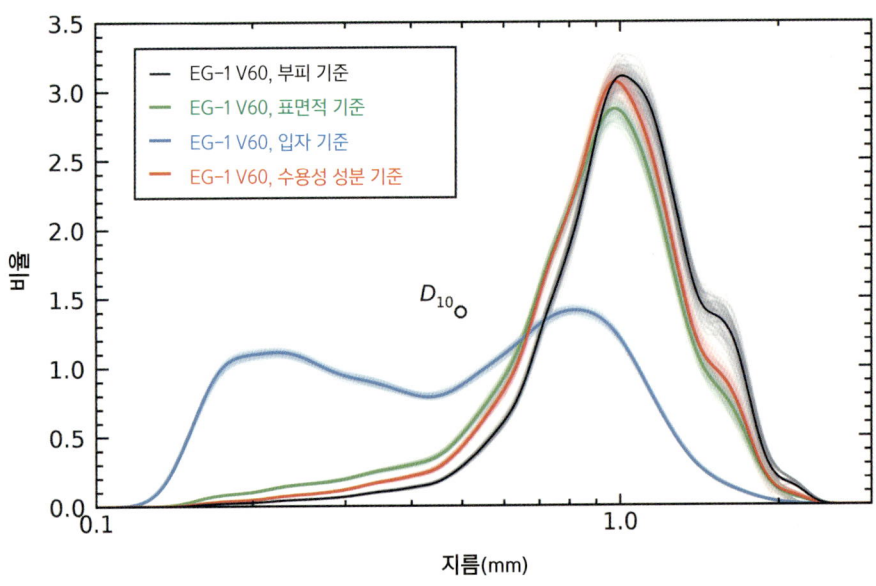

EG-1 v2 그라인더에 SSP 초저미분 버를 장착하고 V60용 분쇄 설정으로 분쇄한 경우 입자 크기 분포. 각 선은 동일 자료를 Barista Hustle의 모형 모델 기준으로 각 입자 기여도를 가중하지 않은 경우(푸른색), 부피로 나타낸 경우(검은색), 표면적으로 나타낸 경우(녹색), 커피의 수용성 성분으로 나타낸 경우(붉은색)다.

방식으로 얻은 결과값과 비교하고자 할 때 사용하기 가장 좋을 것이다. 이렇게 생각해보자: 커피 입자가 원통형이라 가정한다면, 입자를 체질하면 입자의 최단축 지름이 체의 눈금만큼 작을 때 체를 통과한다. 아래 예시는 똑같은 자료를 가로축 변수만 달라졌을 때를 보여준다.

이 가로축 변환 그래프에서 바라는 것은 두 가지다. 입자 크기 분포가 어떤 모양으로 변하는지를 이해하고, 나아가 연속 분포에 대한 기본적인 내용을 인지하는 것이다: '특정 변수를 가로축에 나타낼 때, 피크 위치가 달라질 수 있다.' 이는 보기보다 훨씬 중요하다: 예를 들어, 동일한 입자 크기 분포라 해도 해당 입자의 입자 직경 분포와, 그 지름값에 맞추어 입자 표면적 값을 계산해 만든 입자 표면 분포는 피

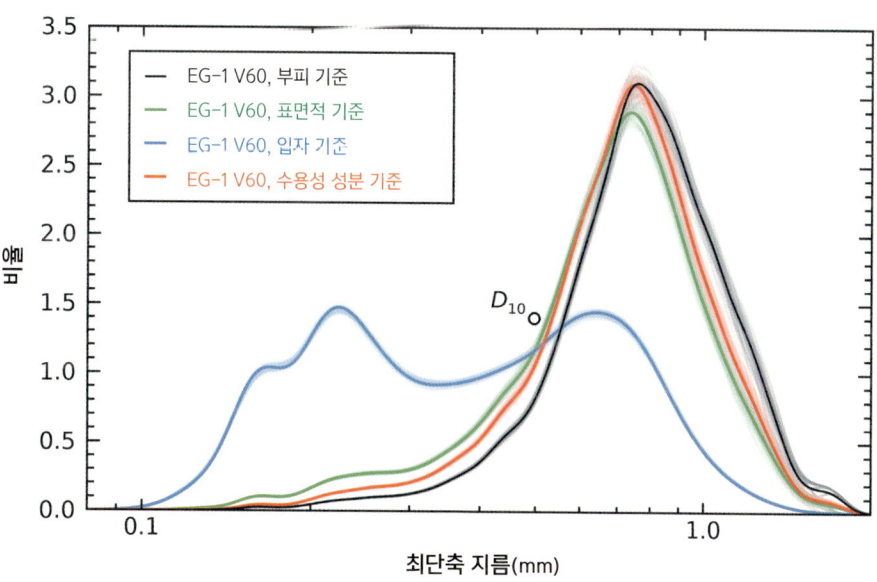

EG-1 v2 그라인더에 SSP 초저미분 버를 장착하고 V60용 분쇄 설정으로 분쇄한 경우 최단축 지름에 대한 입자 크기 분포. 가로축에 따라 부피 기준 곡선(검정색)을 체질한 자료와 보다 쉽게 비교할 수 있다. 체질 자료에 기반한 $D_{10}$과 투과 정도가 가능한 같은 수치로서 $S_{10}$, $V_{10}$을 만들 경우, 해당 수치를 정하는 데 이 곡선을 사용했다.

분쇄

크 위치가 다르다!

태양에서 오는 파장별 에너지 분포를 나타낼 때도 비슷한 현상이 나타난다. 파장에 따른 에너지 분포에서 피크는 녹색 부근(~500nm)일 것이다. 그러나 같은 자료를 빛의 주파수에 따른 분포로 나타내면 피크는 적외선(~880nm) 근처일 것이다. 이런 모순은 연속 분포의 피크가 본질적인 데이터가 아니라는 점을 보여준다. 그렇기에 빛의 연속 분포만 바라보지 말고, 관측자 눈의 기능을 알아야 어떤 색으로 인지되는지 알 수 있다. 커피 또한 비슷한 해결 방법을 찾을 수 있다. 입자 크기 분포 자료를 특정 방식으로 묶는다면—예를 들어 몇 가지 체를 사용해 체질하는 방식을 택했다면—계산해서 어떻게 표현할 것인지와는 무관하게 가장 많은 커피를 담을 수 있는 체를 골라야 한다는 데 동의하게 될 것이다.

앞에서 언급한 모든 선택지에 더해, 입자 크기 분포는 경우에 따라서는 로그식 수평축 대신 직선으로 표현한다. 나는 이 표현법이 덜 유용하다고 생각한다. 왜냐하면 커피 미분 분포의 모양이 이러한 유형의 표현을 지배하며, 그 세부 모양은 목표 피크의 정확한 위치 또는 너비와 비교할 때 커피 추출 결과와 직접적인 영향이 적기 때문이다. 누적 분포 또한 일반 분포 대신 쓰이기도 한다.

입자 크기 분포를 표현하는 방법을 살피고 중요한 이유도 확인했으니, 이제 분쇄에 대한 기본 물리학—그리고 분쇄 세팅이 이들 분포에 미치는 영향—을 다룰 차례이다.

## 3.2 파쇄 역학

커피콩을 작은 조각으로 분해하는 두 가지 공정은 커팅(cutting)과 크러싱(crushing)이다. 두 작용은 뚜렷이 다르다. 두 현상 모두 '탄성 영역(elastic regime)'을 넘어 영구

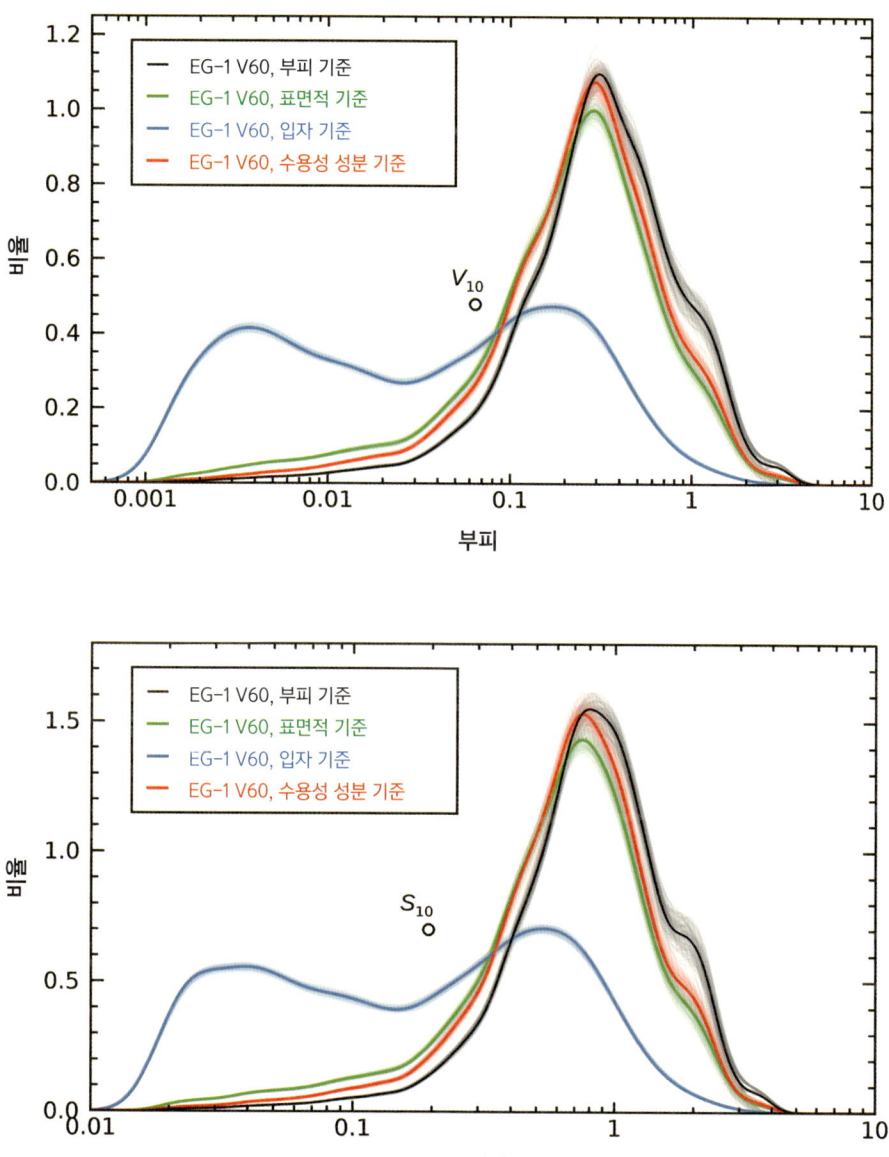

EG-1 v2 그라인더에 SSP 초저미분 버를 장착하고 V60용 분쇄 설정으로 분쇄한 경우, 위쪽: 입자 부피에 대한 입자 크기 분포. $V_{10}$은 질량 기준 10번째 100분위 입자의 부피.
아래쪽: 입자 표면적에 대한 입자 크기 분포다. 이미지 자료를 처리할 때 입자 모양과는 무관한, 보다 단순한 측정치다. $S_{10}$은 질량 기준 10번째 100분위 입자의 표면적이다.

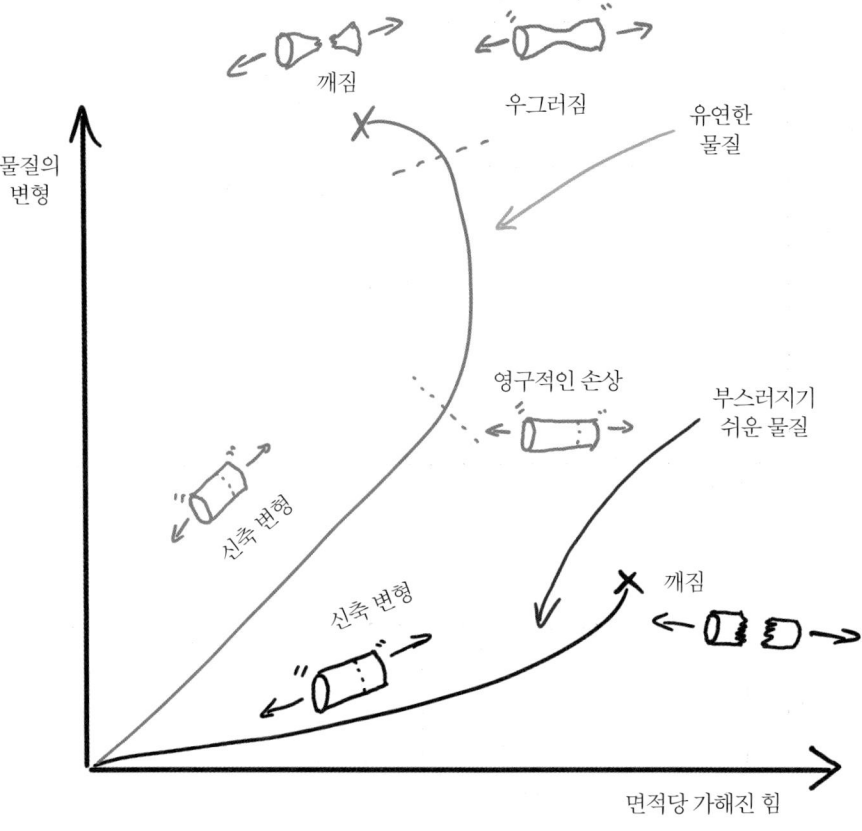

부스러지기 쉬운 물질과 유연한 물질에 가해진 힘과 물질 변형. 유연한 물질은 영구적인 변형을 거쳐 때로는 우그러진 뒤 완전히 깨진다. 이에 비해 부스러지기 쉬운 물질은 약간의 변형 뒤 즉시 깨진다.

적으로 변형되는 '소성 영역(plastic regime)'까지 재료를 변형시킨 다음 완전히 분해하는 것을 목표로 한다.

일부 물질은 탄성 영역이 매우 짧아 자르거나 누르자마자 즉시 분리된다. 이런 물질을 '부스러지기 쉽다'고 말한다. '유연한 물질'은 부서지기 전까지 늘어나거나 수축할 수 있다. 특히 커피콩은 이런 특성과 관련이 있는데, 강 로스팅한 커피는 약

로스팅한 커피에 비해 잘 부서져서 분
쇄하기 쉽다. 가정에서 약 로스팅한 에
티오피아 커피를 손으로 분
쇄해 본 사람들은 이 개념을
직관적으로 이해할 것이다.
만약 로스팅하지 않은 생두를
분쇄하면 그라인더 모터가 손상될 수
도 있다. 생두는 연성이 매우 크고 부서지는
지점까지 도달하기까지 훨씬 많은 힘이 필요하다.

깔끔하게 잘리고
미분이 거의 없다.

날은 날카롭다, 커피가
신축성이 있는 상태다.

방향이 어긋나는 날카로운
도구로 커피콩을 자를 때
일어나는 모습

    기술적으로, 커팅은 어떤 물체가 탄성 영역을 넘어서는 '전단력(shear force, 힘의
방향이 어긋남)'을 받아 작은 부분으로 분리되는 수준에 도달하는 것이다 일반적으
로는 방향이 어긋난 뾰족한 날 두 개를 물체의 마주보는 방향으로 눌러 진행한다.

    크러싱은 다르다. 물체가 내부적으로 압착되어 강도가 약한 선을 따라 부서진
다. 부스러지기 쉬운 물체는 랜덤 프랙탈 패턴으로 부서지기 때문에 크러싱 파쇄
결과물은 다르다. (Palmer and Sanderson 1991; Zhong, Yue, and Ciancio 2018) 다음 페이
지 그림으로 이런 내용을 볼 수 있다.

    프랙탈 파쇄는 커팅에 비해 미분이 많이 발생한다. Palmer and Sanderson(1991)
이 입증했듯이, 프랙탈 파쇄로 발생하는 입자 크기 분포는 거듭제곱법칙을 따른다.
즉, 입자 수는 각 입자의 지름이 클수록 크게 줄어든다.

$$\frac{N(a)}{N(b)} = \left(\frac{a}{b}\right)^{-2.5}$$

여기서 $a$와 $b$는 커피 입자의 지름이며 $N(a)$는 지름 $a$인 입자의 수이다. 풀어서 설명
하자면, 특정 크기의 입자 하나에 지름이 100배 작은 입자는 10만 개가 발생한다.

분쇄

이 프랙탈 분포는 다음의 입자 크기
분포로 설명할 수 있으며 총 입자 및
총 커피 질량으로 표시된다. (커피콩
의 밀도가 동일하다고 가정)

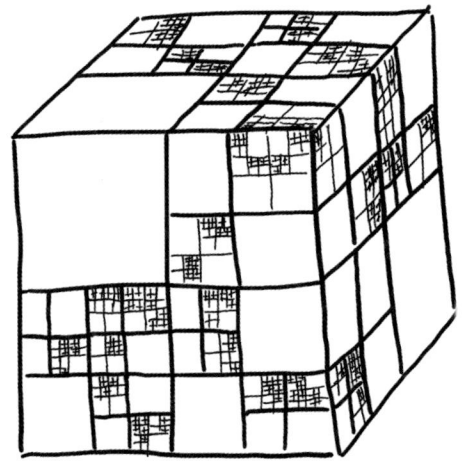

실제로는 물질이 프랙탈 패턴
으로 부서진다고 해서 수학식 예측
처럼 미세한 입자가 무한정 나오지
는 않는다. (Roy 팀 2007) 커피 세포
와 비슷한 크기인 약 $40\mu m$ 정도가 되
면 더 이상 부서지지 않는다. (Burke
2018) 그렇다고 세포가 온전하게 유

프랙탈 파쇄 구조. 프랙탈 부분을 확대하면
동일한 모양이 나타난다. 이런 패턴은 수학의
프랙탈 곡선에서 전형적으로 관찰된다.

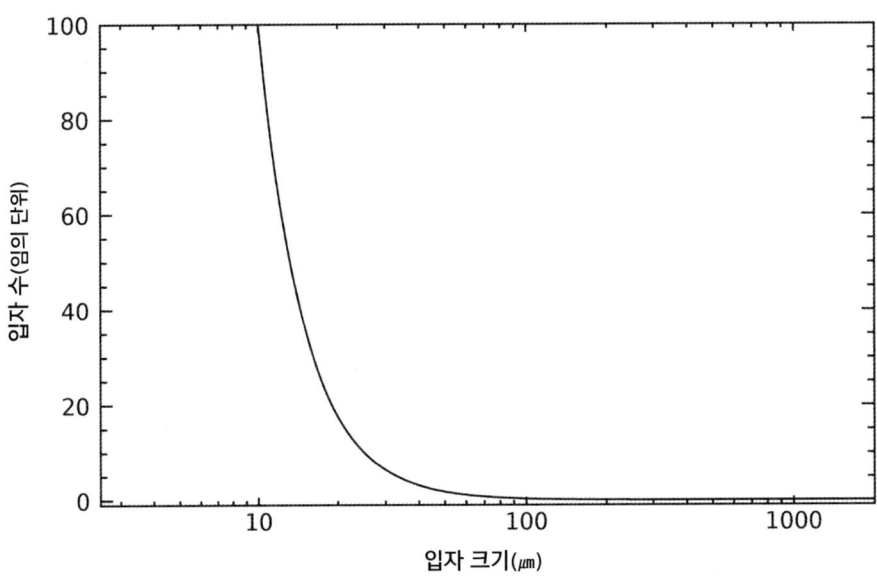

부서지기 쉬운 물질이 크러싱되어 나온 프랙탈 파쇄 입자의 크기별 입자 수

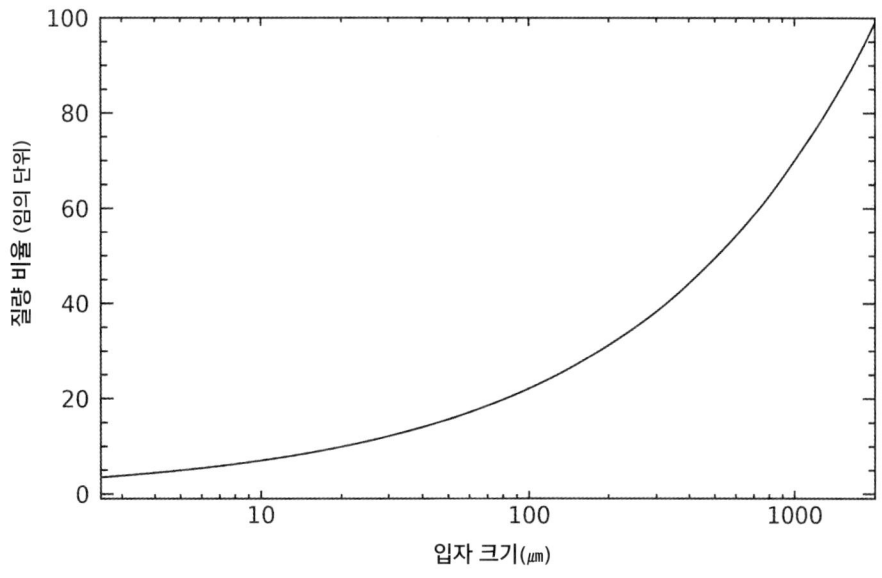

질량 비율 (임의 단위)

10          100          1000

입자 크기($\mu$m)

부서지기 쉬운 물질이 크러싱되어 나온 프랙탈 파쇄 입자의 크기별 질량 기여도

지된다는 의미는 아니다. 오히려 파쇄는 프랙탈 분포가 예측한 것보다 더 천천히 전파되고 더 적은 수의 입자를 만들 것이다.

그러므로 대부분의 미분은 크러싱 작용 때문에 만들어진다. 커피 미분은 여러 면에서 퍼콜레이션에 해로운 요소다. 미분이 맛에 나쁜 영향을 미치는가에 대해서는 논쟁이 있고 어쩌면 취향의 문제일 수도 있지만, 커피를 분쇄할 때 미분의 양을 어느 정도로 할지 신중히 고려해야 한다는 것에 반대하는 의견은 드물 것이다.

깨져서 흩어진다.
미분이 발생한다.

날이 무디거나 물질이 부서지기 쉬운 상태라면
커팅하는 중 부분적으로 크러싱될 수 있다.

날이 무디거나 커피가
부서지기 쉬운 상태이다.

분쇄

커피콩을 크러싱이 아니라 커팅으로 분쇄하는 것이 그렇게 간단한 작업이 아니다. 버 날을 날카롭게 세우고 버의 기하학적 구조를 세심하게 설계한다면 가능하다. 그러나 앞에서 언급했듯이 커피콩마다 부스러지는 정도가 다르고, 같은 그라인더를 사용하더라도 부스러지기 쉬운 커피콩은 더욱 쉽게 크러싱되어 많은 미분을 만든다.

이 점이 커피 그라인딩에서 맞닥뜨리는 기본적인 한계다. 입자 크기 분포가 균일하려면, 특히 목표 크기가 작은 경우라면, 커팅이 주가 되어야 한다. 그러나 언제나 완벽하게 커팅하기란 불가능하며, 버 날이 커팅을 할 때마다, 커피콩은 아주 조금이라도 크러싱되려는 성질이 있다. 그러므로 그라인더가 커팅하려고 시도할 때마

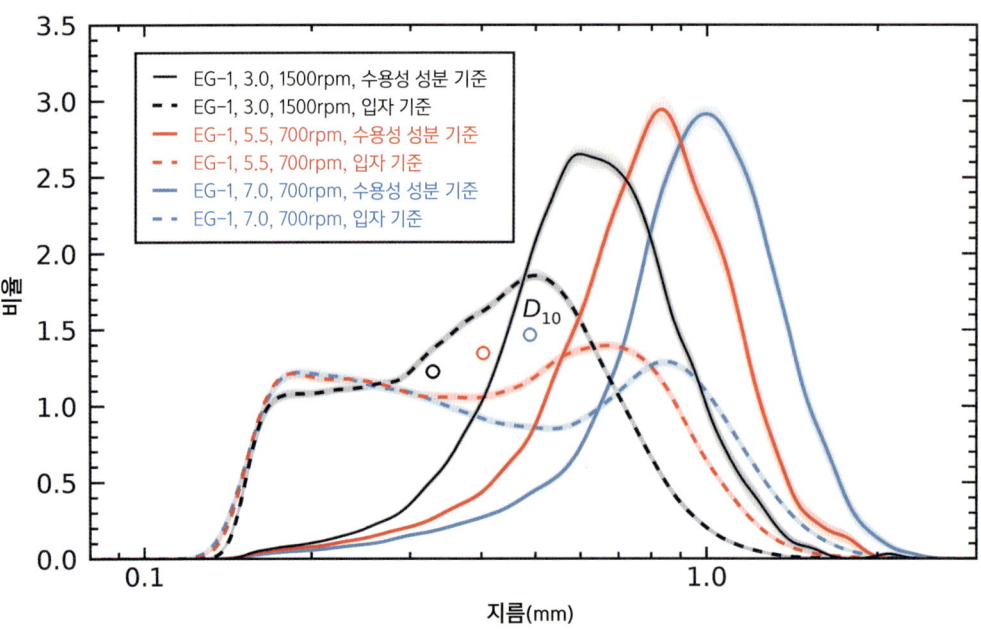

버의 날 간격이 달라질 때 입자 크기 분포에 미치는 영향. 버 크기가 매우 작으면 회전 속도가 높아야 한다. 그렇지 않으면 모터에 부하가 너무 많이 걸린다. 다만, 이 문제는 입자 크기 분포 형태에 유의한 영향을 끼치지는 않는다.

다 미분은 더 많이 발생한다. 미분을 최대한 줄이면서 입자 분포는 균일하게 분쇄하려면 커피콩을 자르는 횟수와 미분 양 사이에서 적당한 타협점을 구해야 한다.

## 3.3 버의 기하학적 구조

스페셜티 커피 업계에서 주로 사용하는 버 형태는 원뿔형(conical)과 평판형(flat), 두 가지다. 원뿔형은 내부가 원뿔 모양인 바깥쪽 버와 외부가 원뿔 모양인 안쪽 버로 구성된다. 대개 바깥쪽 버는 고정되고, 안쪽 버는 크랭크 연결 또는 모터 직결되어 회전한다. 커피는 아래로 내려가면서 커팅되거나 크러싱된다. 커피 입자는 중력을 받아 천천히 아래로 내려가며, 바닥의 버 사이 작은 틈으로 빠져나올 정도로 작아진다. 버 사이 틈을 조정해서 입자 크기를 바꿀 수 있다. 보통은 안쪽 버의 높이를 조정한다.

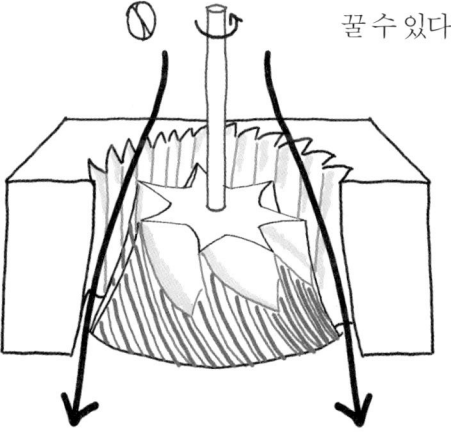

평판형은 가운데에 구멍이 난 디스크 두 개가 겹쳐진 형태다. 커피콩은 가운데 구멍으로 투입하며, 버는 원하는 분쇄 크기만큼 떨어져 있다. 커피콩은 가운데 구멍을 통해 들어가서 회전하는 버에 의해 가속되어 버의 반지름 방향 바깥쪽으로 이동한다. 커피콩은 중력이 아닌 원심력[2]으로

원뿔형 버로 분쇄할 때 커피콩의 이동 방향

---

2  원심력은 가상의 힘으로, 자기 자신이 조그마하게 변해 회전하는 버 한쪽에 있다고 가정할 때 느끼는 힘이다. 조그마한 상태의 몸은 곧 디스크 바깥쪽으로 날아갈 것이다.

버를 통과하기 때문에 버의 회전 방향은 상관 없다. 디스크 반지름(가운데 구멍 부분은 제외)에 따라 커피콩이 크러싱되거나 커팅된 뒤 이동해야 하는 거리가 달라진다.

각 버 형태별로 장단점이 있다. 원뿔형은 대체로 제조 단가가 싸고 가동에 많은 힘이 들어가지 않으며 특별한 기술이 없어도 커피콩을 분쇄하는 유효 작업 구간을 늘릴 수 있다. 그러나 단위 처리량이 작다. (초당 1-5그램, von Blittersdorff and Klatt 2017) 이런 점 때문에 핸드 그라인더에 적합하다. 평판형은 커피콩이 효율적으로 바깥으로 이동할 수 있도록 회전 속도가 훨씬 빨라야 한다. 대개 초당 500-1800번 회전하며, 원뿔형 대비 단위 처리량이 많다. (초당 1-80그램, von Blittersdorff and Klatt 2017) 그러나 유효 작업 구간을 늘리고 커피콩이 날과 많이 만나게 해서 단위 처리량을 늘리려면 버 크기가 커야 하는데, 큰 버를 돌리려면 모터 힘도 강해야 한다. 어떤 형태에서 가장 고른 입자 크기 분포가 나오는가에 대한 증거 자료는 아직 많지 않다. 내가 아는 한, 그라인더와 날의 기하학적 구조에 대한 심도 있고 체계적이면서 풍부한 자료를 갖춘, 공개된 연구자료는 아직 없다.

전통 방식의 에스프레소 제조법은 미분을 활용한다. 미분은 적절한 추출 시간을 위해 물흐름 속도를 느리게 하는 데 사용되며, 음료의 좋은 마우스필을 만들어 내는 요소이기도 하다. (Butterworth 2016; Illy and Viani 2004) 입자 크기 분포상 미분의 양이 적게 나오게 분쇄해서 에스프레소를 만들 수도 있지만 이 경우 너무 클린한 음료가 만들어져서[3] 마우스필이 부족하게 느껴질 수 있다. 또한, 적절한 추출 시간을 얻기 위해 커피를 훨씬 더

평판형 버로 분쇄할 때 커피콩의 이동 경로

---

3   바디가 약하고 원산지 특성을 더 쉽게 구분할 수 있는 음료.

미세하게 분쇄하거나 압력은 약하게, 또는 다른 수단을 동원해 저항 흐름을 만들어 야 한다.

대형 그라인더의 버는 보통 커피콩의 진행 방향에 따라 3단계 분쇄 과정을 거 치도록 설계된다. 각 단계마다 버의 날 구조가 다르다. 첫 번째는 '크러싱 단계'로 서, 커피콩의 평균 입자 크기가 신속히 줄어드는 대신 미분이 많이 발생한다. 두 번 째는 '커팅 단계'로서, 미분을 많이 발생시키지 않으면서 원하는 분쇄 크기까지 커 피 입자의 평균 크기를 줄이고 입자 크기 분포를 더 균일하게 만든다. 세 번째는 '마 무리 단계'로서, 버 사이 간격을 줄여 남아 있는 볼더를 처리한다. 극단적인 경우 마 무리 단계는 아주 평평한데, 이는 볼더가 통과할 가능성을 아예 차단하기 위해서 다. 내가 보기에 이 단계는 크러싱 작용으로 인한 미분 발생을 감수하면서까지 볼 더를 제거하려는 '최후 수단'이다.

블레이드 타입 그라인더도 커피 분쇄용으로 쓴다. 그러나 분쇄 크기 재현성이 떨어지고 미분과 볼더가 많이 발생하기 때문에 이 유형은 권하지 않는다. 이 그라

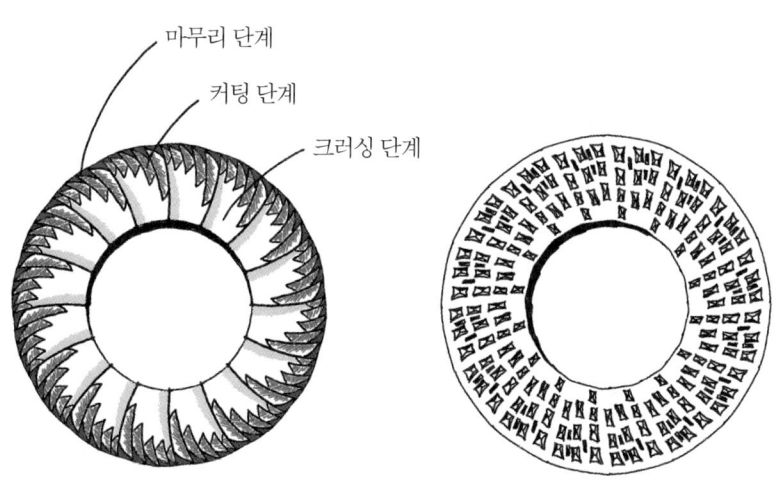

평판형 버의 3단계
분쇄 과정 일러스트

톱니형 버의 일러스트. 톱니형 버는 사각형 못 모양의
날로 커피콩을 크러싱하거나 커팅한다.

분쇄

인더를 사용한 결과물의 평균 분쇄 크기는 그라인더 작동 시간 및 작동 중 흔들어 준 정도에 따라 달라진다.

톱니형(ghost burr, masticating burr, peg disk, false burr)은 커피 업계에서 사용하는 경우가 많지 않다. 평판형 디스크 표면에 사각형 못이 박힌 듯한 형태다. 날은 세워져 있거나(다이아몬드형) 무디다. 평판형, 원뿔형 버만큼 분쇄 능력이 좋지는 않아 대개 아주 굵은 분쇄용으로 쓰인다. 이 유형은 특히 날이 무딘 것일수록 커피 입자를 크러시하는 성향이 강해서 미분이 많이 발생한다. (Rhinehart 2016; Sunergos Coffee 2012) 그러나 입증된 것은 아니지만 분쇄 크기 차트에서 피크 부분이 균일하다는 주장이 있다.

## 3.4 버 정렬

버 정렬이 틀어지는 문제는 가정용과 상업용을 막론하고 평판형 버 그라인더에서 흔하게 발생한다. 두 버가 완벽한 동심원과 평행을 이루지 않으면 날이 제대로 기능하지 못하고 입자들은 날 바깥으로 불균일하게 밀려 나오면서 각기 다른 크기를 가지게 된다. 그 결과 입자 크기 분포는 넓어지고 초미세 분쇄는 불가능해진다.

축(동일 중심) 정렬 문제                 평행(동일 평면) 정렬 문제

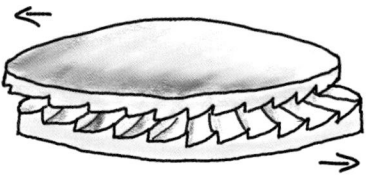 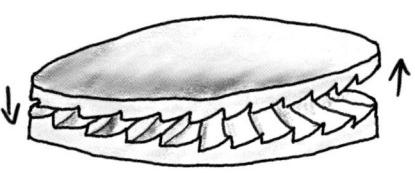

버 정렬 불량 유형

나는 버 정렬이 잘 되었는지 간단하고 신속하게 확인하기 위해 최대한 가늘게 분쇄한 뒤 가루에 손가락을 찍어서 지문이 남는지 확인하는 방법을 쓴다.

인터넷에서 버를 재정렬하는 여러 가지 방법을 찾을 수 있다. 그러나 그라인더 모델에 따라 효율적인 방법이 다르다. 이 책에서는 이런 특정 주제에 대해서는 다루지 않을 것이다. 일부 업체에서는 버 정렬 서비스를 제공한다.

지문이 남을 정도로 미세한 커피 가루

## 3.5 회전 속도

커피 그라인더의 모터 회전 속도는 대개 사전 설정된 값으로 고정되어 있다. 일부 고사양 그라인더는 사용자가 회전 속도를 선택할 수 있다. 회전 속도는 커팅 속도와 충격을 주는 빈도, 커피콩이 버를 빠져나가는 속도에 영향을 미친다. 내 경험으로는 버 간격이 그대로인 경우, 회전 속도를 빠르게 하면 분쇄 입자 크기는 더 작아졌다. 다만 이는 버 형태에 따라 다를 것이다. 저속 회전으로 분쇄를 하면 버의 운동량이 낮아 회전 속도를 유지하는 데 도움이 되지 않기 때문에 모터에 걸리는 부하가 커진다. 또한 분당 처리량 면에서 그라인더의 효율성 또한 줄어든다. 이로 인해 커피콩이 버 사이에 머무르는 시간이 길어지고, 그만큼 더 열을 받는다. 그리고 열은 맛에 나쁜 영향을 미친다. (Klatt 2015)

다음 그림은 Weber Workshops EG-1 v2 그라인더에 SSP 초저미분 버를 달아 구동했을 때 분쇄 회전 속도의 영향을 나타낸 것이다. 회전 속도가 빨라지면 분쇄

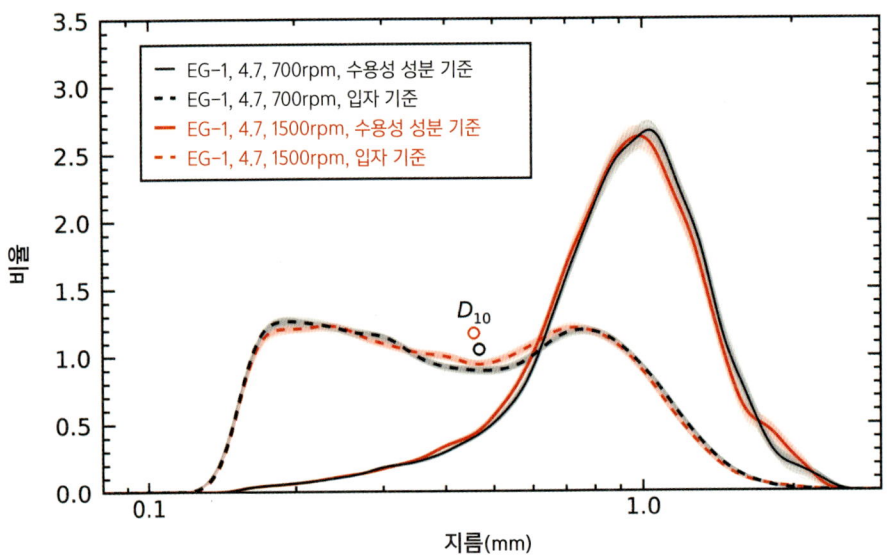

Weber Workshop EG-1에 SSP 초저미분 버를 장착했을 때, 회전 속도에 따른 분쇄 입자 크기 분포. 회전 속도가 높으면 분쇄 품질은 동일해도 평균 입자 크기가 더 작아진다.

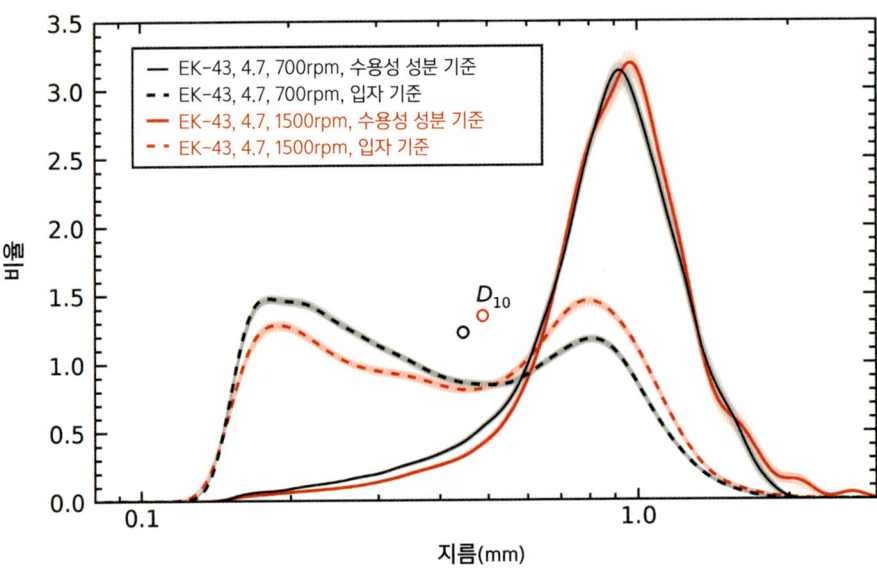

Mahlkönig EK43에 자체 버를 장착하고, 버 사이에 커피콩이 이미 들어 있는 상태에서 구동했을 때, 가변 회전 속도 상태로 분쇄한 입자 크기 분포(붉은색)와 모터가 설정 속도까지 올라온 뒤 커피콩을 투입하고 분쇄한 입자 크기 분포(검은색). 평균 입자 크기가 다르다.

크기가 미세하게 줄어드는 것을 볼 수 있다. 분석 해상도 및 소프트웨어상 한계 때문에(이에 대해서는 11장에서 다룬다.) 이 입자 분포에서는 0.1mm 미만 크기 입자는 확인할 수 없다. 개인적으로는 크기 4.1, 회전 속도 700rpm 세팅한 것과 크기 4.7, 회전 속도 1500rpm 세팅한 결과물을 맛이나 추출 수율로는 구분할 수 없었다. 이는 최소한 위 그라인더와 버 조합에서는 분쇄 크기 0.6 정도면 해당 rpm 차이를 보상할 수 있고, 두 분쇄의 미분 차이로 인한 영향은 크지 않다는 의미다.

회전 속도는 평균 분쇄 크기에 영향을 미치기 때문에 분쇄 작업 중 회전 속도가 균일하지 않으면 결과물의 입자 크기 분포 또한 균일성이 떨어진다. 예를 들어, 커피콩이 이미 버 사이에 들어 있거나 회전에 저항을 가하는 상황이라면, 초반에 분쇄되는 커피콩은 낮은 회전 속도로 분쇄될 것이다. 버의 회전 속도는 최종 속도에 이르기까지 점차 증가하기 때문이다. 이로 인해 분쇄 입자 크기 분포는 더 넓고 더 들쭉날쭉하게 나타날 것이다. 그러므로 가능한 한, 비어 있는 상태에서 그라인더를 가동하고 회전 속도가 안정화된 뒤에 커피를 붓는 것이 좋다.


## 3.6 마모와 길들이기

그라인더의 날은 천천히 마모되고 무뎌져서 마침내는 커피를 커팅하지 못하고 크러싱한다. 이런 그라인더로 분쇄를 하면 미분 발생량은 점차 많아지고 분쇄 입자도 고르지 않게 나온다. 분쇄 크기를 고정했다면 버 날의 간격 또한 조금씩 넓어지므로, 평균 입자 크기를 맞추려면 입자 크기가 조금씩 더 가늘게 나오도록 그라인더를 조정해야 한다. 날 마모는 보통 최적 분쇄 설정치로 커피 음료를 제조했을 때 추출 수율이 점차 떨어지는 것을 보면 알 수 있다. (Rao 2015) 추출 수율 감소를 확인했다면 버의 날을 다시 세우거나(리샤프닝) 버를 교체할 필요가 있다. 버는 대개 커피

4,000-10,000kg를 분쇄했을 때쯤부터 마모되기 시작하지만, 분쇄 크기, 회전 속도, 커피 산지에 따라 마모 속도가 다르다. 버 재질과 코팅 또한 수명에 영향을 미친다. 날은 다시 세우는 시점은 그라인더와 사용자의 특성에 따라 다르다. 그리고 혹시 커피 속에 작은 돌이라도 섞여 있으면 그라인더 날이 손상될 수 있다. 6개월쯤 전에 유명 스페셜티 로스터에서 구입한 원두 봉지에서 결점두를 골라내는 작업을 하다가, 돌을 두 개나 찾았다. 만약 확인 작업을 하지 않았다면 그 돌이 그대로 그라인더로 들어갔을 것이다.

버는 사용 초기에 오히려 역효과가 나타난다. 초반 몇 킬로그램을 분쇄하고 나면 분쇄 효율성과 분쇄 품질이 '오히려 더 좋아진다.' 이는 버의 초기 미세 불량이 마모되어 평탄해지기 때문이다. 이를 길들이기(seasoning, break-in)라고 한다. 제조업체는 완전히 길들이는 데 필요한 커피 양을 제시하지는 않는다. 마모 속도와 마찬가지로 길들이기에 영향을 주는 변수는 다양하다. 경험상 Baratza Forté BG 모델에 54-mm 철제 버를 장착한 경우 5.4kg, Weber Workshops EG-1 v2에 80-mm SSP 초저미분 버를 장착한 경우 10.9kg가 필요했다. Weber 그라인더의 경우 여러 산지의 원두를 테스트 로스팅한 것을 분쇄 크기는 5.0, 회전 속도는 800rpm[4]으로 하고, 입자 크기 분포 샘플링은 부룬디산 Bourbon Buziraguhindwa Remera Shade #2 Lot #BI-2018-901[5](생산 연도 2018)을 약 로스팅해 분쇄 크기 8.5, 회전 속도 700rpm으로 2파운드씩 분쇄해 사용했다. 길들이기 단계별로 2파운드씩 분쇄한 샘플 자료를 사용해 길들이기 중 입자 크기 분포 변화를 확인했다.

버 간격이 같아도 날이 마모되면서 입자 크기는 점차 굵어진다. 그러므로 새로운 버 또는 새로운 그라인더를 설치한 뒤에는 최적 분쇄 입자 크기를 자주 바꾸어

---

4  처음 0.9kg는 분쇄 크기 8.5 에 회전 속도 700, 다음 5.4kg는 회전속도 1000rpm으로 했다. 다만, 실내에서 커피를 대량으로 고속 분쇄하면 유독한 일산화탄소가 발생할 수 있다는 점을 유의하자.

5  https://hub.cropster.com/store/listings/5139

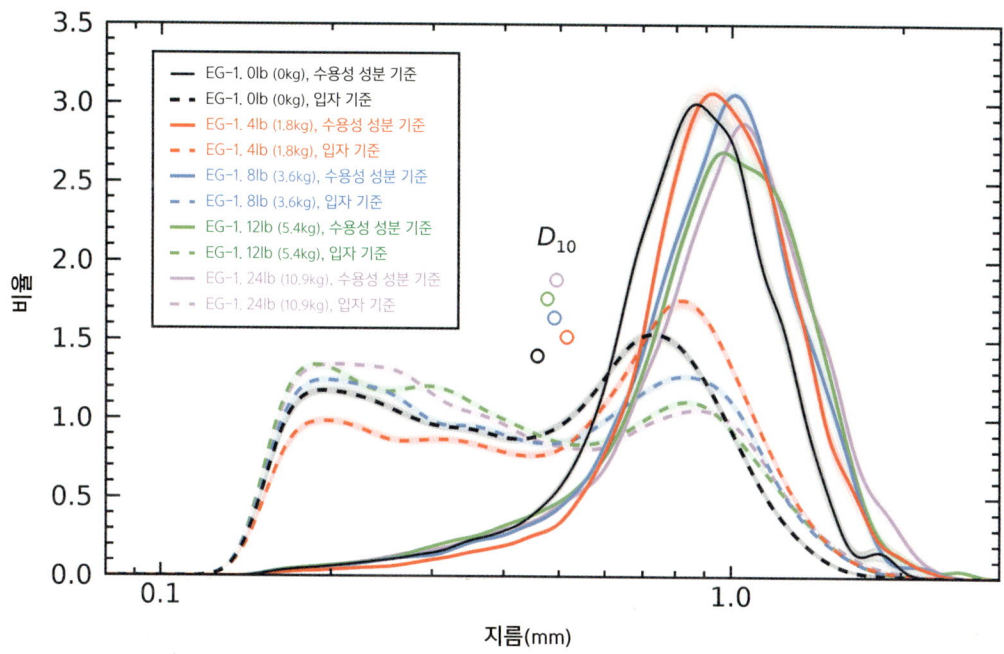

Weber Workshops EG-1 v2 그라인더에 SSP 초저미분 버를 장착하고 분쇄 크기 8.5, 700rpm으로 설정 후 길들이기 작업 동안 입자 크기 분포. 동일 설정에서 길들이기 중 입자 크기 분포가 점차 입자 크기가 굵은 방향으로 이동한다. 버 날의 초기 마모 때문인 것으로 보인다.

주어야 한다. 길들이기를 통해 전체 분쇄 품질이 점차 나아질 것이며, 결국 버의 날이 무뎌지면서 품질이 나빠진다는 점 또한 기억해야 한다. (예: Socratic 2015.12.3)

## 3.7 커피콩 속성

앞에서 언급했듯이, 어떤 그라인더를 사용하든 커피콩이 부스러지는 정도에 따라 미분 발생량에 큰 영향을 미친다. 부스러지기 쉬운 정도에 영향을 미치는 속성은 커피콩의 수분 함량, 로스팅 발현 정도, 재배 고도, 가공 방식, '품종' 등 다양하다. 수

분쇄

분 함량이 높으면 커피콩이 유연하고 미분의 양이 줄어든다. (Klatt 2015) 강 로스팅한 커피는 구조적 완결성이 약해 수분 함량이 낮고 부스러지기 쉽다. 디카페인 공정을 거쳐도 유사한 결과가 나타나는데, 영향 정도는 훨씬 크다. 그러므로 디카페인 커피는 종이 필터가 막히는 현상을 방지하기 위해 더 굵게 분쇄해야 한다.

커피콩 분쇄에 영향을 미치는 다른 속성으로 '온도'가 있다. 물체는 차가울수록 부스러지기 쉽다. 커피 매장은 영업을 하다 보면 점점 기온이 높아지므로, 매장의 커피콩도 점점 유연한 상태가 된다. 그러므로 에스프레소용으로 분쇄할 때는 조금씩 분쇄 크기를 줄여야 추출 시간을 동일하게 맞출 수 있다. (예: Cameron 2016)

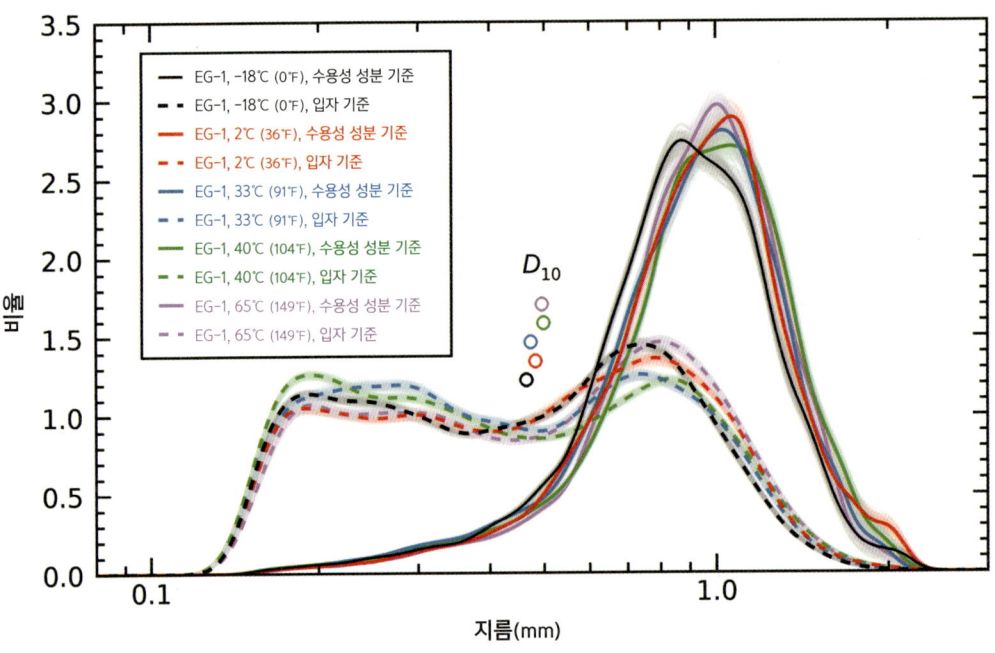

동일한 원두의 온도 변화에 따른 분쇄 입자 크기 분포. 냉동고와 전자레인지를 사용해 온도를 맞추고 근적외선 레이저 온도계를 사용해 분쇄 즉시 온도를 측정했다. 온도와 입자 크기 간 관련성은 명백하지 않지만 냉동 상태의 커피는 약간 더 미세하게 분쇄되었다. 그 편차는 $100\mu m$ 미만으로 보인다.

커피콩을 냉동한 뒤에 분쇄하면 반대로 미분이 더 많이 생성된다. Uman 팀(2016)은 이를 바탕으로, 미분이 많이 발생하면 에스프레소 추출에 적합하므로(예: Illy and Viani 2004 참조) 에스프레소 추출용으로는 분쇄할 때 커피콩의 온도를 낮춰야 한다고 주장했다. 필터 커피 추출에는 미분이 발생하지 '않는' 쪽이 좋다고 본다. 미분은 퍼콜레이션을 방해하고(4장 참조) 필터를 잘 막으며(5장 참조) 필터 커피에서 선호하지 않는 향미 성분을 더한다. (Rao 2017)

커피콩을 필터 커피 제조용으로 분쇄하기 직전에 마이크로웨이브(전자렌지 방식)로 데워서 미분을 줄이는 실험이 몇 건 있다. (Hoffman 2019.8.15) 내 경험으로는 마이크로웨이브 가열은 추출 수율에는 거의 영향을 주지 않았고 맛 또한 별반 차이가 나지 않았다. Klatt(2015) 또한 같은 결론이었다. 예비 실험에서는 커피콩을 가열하거나 데워진 커피콩을 분쇄하는 경우, 화학 반응으로 인해 휘발성 향미 성분이 손상되면서 맛 프로필이 영향을 받을 수 있다고 나왔다. 다만 그 원인은 아직 완전히 밝혀지지 않았다. (Baggenstoss 팀 2010; Klatt 2017)

이는 냉동한 키피로 만든 음료가 더 많은 휘발성 물질을 함유하고 있을 수 있으며, 원칙적으로는 필터 커피 제조용으로 썼을 때 이런 지점 덕분에 미분 발생이라는 단점을 상쇄할 수 있다는 의미다. 그러나 이를 입증하려면 상당히 세심한 관능 분석 실험을 거쳐야 한다. 내 경험으로는 실온 상태로 분쇄하든 냉동 상태로 분쇄하든 다 괜찮았고, 평균 추출 수율이 뚜렷하게 떨어지는 일도 없었다.

실온이 달라진다고(예: 20도에서 35도로) 해서 철제 버가 유의하게 팽창하거나 수축하지는 않는다는 점을 유의하자. 철의 열팽창 계수는 $1.2 \times 10^{-5}$(Callister and Rethwisch 2007, Oberg 팀 2012)이다. 이는 일반적인 9mm 두께의 플랫버가 실온 15도 상승 시 고작 $1.7\mu m$ 팽창한다는 뜻이다. 두 버의 열팽창을 모두 합해도 대부분의 그라인더의 최저 분쇄 설정 단위(대개 $5\text{-}25\mu m$)보다도 작다. 과거 열팽창 개념은 기온이 변하면 분쇄 설정치를 바꿔야 한다는 주장에 대한 그럴 듯한 근거였다. 다만 실제 관찰 결과와는 '정반대' 효과가 나오겠지만 말이다: 온도가 높아져서 버가 팽창하면 버 사이 간격은 '줄어들고' 분쇄 입자 크기는 더 작아지고 추출 시간은 더 길어진다. (von Blittersdorff and Klatt 2017) 정확한 그라인더 설계에 따라서는 모터의 축도 팽창하고, 이것이 버의 간격에 유의한 영향을 미칠 수 있다.

## 3.8 열 관리

커피 그라인더가 달성해야 하는 목표 중 하나는 커피콩과 버의 온도를 높이지 않으면서 좋은 분쇄 효율성과 품질을 내는 것이다. 온도가 높아지지 않는다면 정전기 발생과 커피콩에서 기름이 나오는 것을 방지하고 부정적인 맛이 날 가능성이 줄어든다. (Klatt 2015; Uman 팀 2016) 이를 위해서는 분쇄 표면에서부터 열을 효과적으로 전달하고 분산해 내보낼 수 있는 재질을 사용해서, 모터에서 발생한 열이 점차 버로 전달되는 상황—사용량이 과도할 때 이런 현상이 발생할 수 있다.—을 피해야 한다. 모터와 버를 멀리 떨어지게 설계하면 이런 가능성을 줄일 수 있다. 날의 기하학적 구조를 알맞게 설계하는 것 또한 열 축적을 줄이는 데 도움이 된다. 특히, 특수 세라믹, 합금, 철 재질에 테두리는 얇게 하고 날을 날카롭게 세우면 열 분산에 효과적이다. (Loeza 2015) 당연하겠지만 분쇄 크기가 작을 수록 열이 더 많이 난다. 회전 속도가 빠르면 커피콩이 빨리 이동해 열 축적 시간이 줄어들기 때문에 열이 덜 난다. (Perger 2020; Klatt 2016)

## 3.9 정전기와 뭉침

커피 그라인더 구동 과정에서 발생하는 또 다른 문제는 정전기다. 정전기는 미세한 커피 가루를 뭉치게 하는 원인이다. 입자들이 뭉쳐 있으면 입자 크기 분포가 균일하지 않았을 때처럼 추출 중 물흐름과 추출을 방해한다. 에스프레소 제조를 위해 아주 미세하게 분쇄할 때 이 문제가 더 많이 발생하지만, 상황에 따라서는 굵게 분쇄했을 때도 뭉치는 현

정전기가 발생하면 미분이 뭉칠 수 있다.

상이 일어날 수 있다. 커피 기름 또한 이런 현상을 일으키는 요인 중 하나다. 그러므로 강 로스팅한 커피이거나 분쇄 중 온도가 높을 때 뭉침이 더 많이 일어날 수 있다.

성전기는 해결하기 어렵기로 악명이 높다. 그라인더와 버, 버 코팅, 분쇄된 커피가 담기는 용기의 재질 속성은 커피 가루에 축적되는 정전기 양에 상당한 영향을 미친다. 커피콩과 버 사이 마찰은 분쇄 크기, 커피콩의 단단한 정도, 회전 속도에 따라 다른데, 이 또한 정전기 발생에 영향을 미친다. 작업대의 상판 재질, 바리스타의 옷 재질도 정전기 발생에 영향을 미친다고 한다. (Anderson 2014) 일반적으로 수분은 정전기를 잘 억제한다. 그러므로 수분 함량이 높은 커피콩을 분쇄하거나 습한 환경에서 커피콩을 분쇄하면 정전기 축적을 막을 수 있다. 'Ross Droplet Technique'은 이 점에 기반해 분쇄 직전에 물 몇 방울을 커피에 떨어뜨린다. 다만 이 방식은 에스프레소 제조에서 더 자주 쓰인다. 분쇄 뒤 몇 분간 기다리면 정전기가 사라진다는 언급도 있다. (Anderson 2014) 일부 그라인더 제조업체는 분쇄한 커피를 컵에 담고 흔들어 정전기를 없애는 방법을 권한다. (예: Weber 2020)

## 3.10 체질

입자 크기 분포 곡선을 좁히는 현실적인 방법 중 하나는 커피 가루를 체질하는 것이다. 원하는 크기의 균일한 구멍이 뚫린 체 하나 또는 여러 겹 위에 분쇄 커피를 담고 흔들어 체질한다. 체질이 끝나면 원하는 크기보다 작은 커피 입자는 거의 버리고, 원하는 크기보다 큰 입자는 다시 분쇄하거나 버린다.

체질은 입자 크기 분포를 좁히는 데는 효율적이지만 작업 시간이 몇 분 정도 걸리고 체를 주기적으로 청소해야 하기 때문에 많은 양의 커피를 사용하는 경우에는 너무 번거롭고, 심지어 집에서 하기에도 실용적이지 않다. 재현 가능성도 낮다. 작은 입자, 특히 체 구멍과 크기가 유사한 입자가 남김없이 체 구멍으로 빠져나가게 하려면 아주 강하게 체질을 해야 한다. 길쭉한 입자와 미분이 있으면 작업이 더 어렵다. 길쭉한 입자는 방향을 잘 잡아야 구멍을 빠져나갈 것이고, 미분은 큰 입자에 달라붙는 경향이 있다.

이런 이유 때문에 체질은 완벽하게, 일관되게 할 수 없다. 그러므로 입자 크기 분포는 체질을 얼마나 오래, 얼마나 강하게 했느냐에 따라 달라진다. 또한 초기 입자 크기 분포에 따라 체질로 인해 커피 가루의 상당량이 버려질 수 있다. 이런 경우, 체질은 효율성도 낮고 비용도 많이 들며 환경 친화성도 떨어지는 방법이라고 할 수 있다.

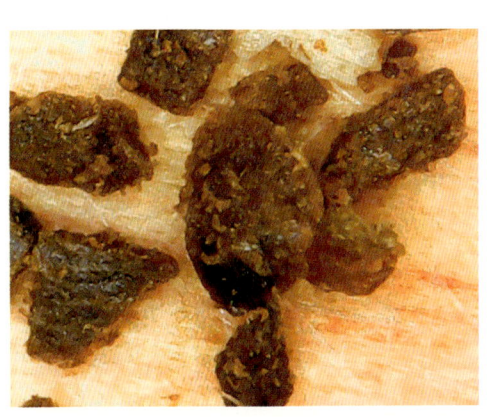

커피 미분이 큰 입자에 달라붙어 효율적인 체질이 되지 않음

특정 체질 방식에 맞춰 커피 제조법을 조정해야 한다는 필요성 때문에 체질은 더 복잡해진다.

일부 커피 전문가들은 추출법에 대한 별도 조정 없이 미분과 볼더를 체질하라고 권한다. 놀랍고도 안타까운 일이다. 입자 크기 분포가 조금이라도 달라지면 최적 분쇄 크기를 알아내기 위해서는 분쇄 설정을 처음부터 다시 시작해야 한다. 볼더를 체질해 걸러냈다면, 최적 분쇄 크기는 더 굵어져야 할 것이고 미분을 제거했다면 물흐름이 크게 바뀔 것이기 때문에 분쇄 크기를 훨씬 가늘게 맞춰야 할 것이다. 이런 일반적인 규칙에 대한 예외라면, 미분이 너무 많이 나오는 특정 커피(일부 에티오피아 커피)의 경우에 미분을 덜어내기 위해 약간 체질하는 것이다.


## 3.11 싱글 도징

상입용 그라인더에는 대개 '호퍼(hopper)'라는 이름의, 다양한 크기의 용기가 포함되어 있다. 커피콩은 이 호퍼에 담겨 있다가 버로 공급된다. 호퍼에 들어 있는 커피콩의 무게 때문에 아래쪽 커피콩이 버로 내려가고, 커피콩이 튀어오르지―'팝콘 현상'―않게 눌러 준다. 위쪽 커피콩에서 가하는 힘은 버로 커피가 공급되는 각도를 조정해 제어한다. 공급 각도가 비스듬할수록 가하는 힘은 줄어든다. 이때 작동하는 힘은 결과물의 입자 크기 분포에 영향을 미칠 수 있다. 이를 제대로 이해하려면 먼저, 커피콩이 두 날 사이로 들어가서 접하는 공간의 크기는 날이 회전할 때 이빨이 맞물리는 정도에 따라 변한다는 점을 기억해야 한다. 날을 정렬했어도 마찬가지다.

커피콩을 밀어주는 힘이 없다면, 알맞은 크기의 공간을 찾아 들어가지 않는 한 커피콩은 튀어오른다. 그러나 힘을 가하면 조금씩 크러싱되면서―그래서 초기 진입 시 더 많이 크러싱되겠지만―분쇄 경로를 찾아 이동한다. 호퍼에 1회 분량만 담아 분쇄할 때 두 가지 가능성이 모두 일어날 수 있다. 처음 들어가는 커피콩은 밀려 들어가고, 마지막에 들어가는 커피콩은 '팝콘 현상'을 겪을 것이다. (커피콩이 버에 들어가기 전 튀어 돌아다니는 현상.) 그 결과, 처음에 들어갈 커피와 마지막에 들어간 커피의 입자 크기는 약간 다를 것이다.

커피 입자가 버 사이 이동 경로 중에 만나 상호 영향을 주고받는다면 일은 더 복잡해진다. 빽빽하게 들어찬 커피 입자가 무작위 충돌하면서 어떤 입자는 남고 어떤 입자는 빨리 빠져나온다. 이로 인해 결과물의 입자 크기 분포가 넓어진다. 이런 효과가 얼마나 큰 영향을 미치는지에 대해 찾아볼 수 있는 공개 자료는 없는 것 같다. 그 외 다음 변수들 또한 커피콩이 그라인더 안에서 튀어 돌아다니는 현상에 영향을 미친다: 분쇄 크기를 작게 하면 버 사이 공간이 줄어든다, 회전 속도를 빨리 한다, 크러싱 단계가 짧은 구조의 버를 쓴다─이런 조건이 모두 팝콘 현상을 일으킬 수 있다.


## 3.12 입자 잔류

대부분의 커피 그라인더에는 일상 사용 중 커피 가루가 끼는 틈, 나사 홈 같은 공간이 있다. 세부 청소를 위해 그라인더를 해체하기 전까지 커피 가루는 이런 공간에 축적된다. 커피 가루가 축적되면 분쇄 중 묵은 냄새가 난다. 이로 인해 남아 있는 소량의 묵은 커피가 분쇄 중 방출되고 새로 분쇄한 커피가 대신 남게 된다. 이런 '입자 잔류'는 특히 커피콩 종류를 자주 바꾸거나 매일 소량 커피를 사용할 때 더 문제가 된다. 처리량이 많은 경우에는 일단 새 커피를 소량 분쇄하면 갓 분쇄된 커피가 묵은 커피를 밀어내므로 커피가 축적되는 공간을 새 커피로 채울 수 있고 오래 묵은 커피 가루로 인한 교차 오염을 줄일 수 있다. 그라인더 작업 결과물 양이 많이 들쭉날쭉해졌다면, 청소가 필요하다는 뜻일 수 있다. (Klatt 2015)

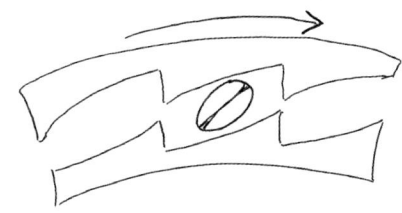

평판형 버가 회전하는 중 커피콩이 버 사이 공간으로 들어가는 모습을 버 중심에서 본 모습이다.
버 사이 간격이 작거나 날이 정렬되지 않았다면 커피콩은 튕겨 나올 것이다.

싱글 도징용 그라인더는 입자 잔류량을 최소화하기 위한 설계를 한 경우가 많다. 예를 들어 내부에 패인 곳이나 돌출된 곳이 없게 가공하거나 나사 홈이 필요 없는 자석식 버 마운트를 사용한다. 싱글 도징과 잔류량 최소화라는 개념은 함께 생각해야 하는 개념이다. 호퍼가 있으면 대체로 입자 잔류 문제가 발생하기 때문이다. 호퍼를 가득 채운 상태에서 그라인더를 가동하다가 멈추면 일부 커피는 버 사이에 끼여 크러싱된 상태로, 다음 번 분쇄 작업 때까지 남아 있다.

나는 종종 커피 업계(커피 커뮤니티)에서 오해의 소지가 있는 실험을 하는 것을 본다. 분쇄 작업 전후 커피를 계량해 잔류량을 측정하는 것이다. 이런 실험이 아예 의미가 없진 않겠지만 직접적인 총 잔류량 측정 방법이라고 할 수 없다. 잔류 커피 가루 중 일부는 새 커피 가루로 교체되어 투입량과 배출량 사이 무게 차이가 뚜렷하지 않기 때문이다. 그라인더에 커피 가루 입자가 남아서 배출량에 약간 편차가 있을 수는 있지만, 그렇다 해도 정확하게 잔류량을 계산하려면 세부 청소 및 수 차례에 걸친 편차 측정(배출량 빼기 투입량)을 통해 그라인더 내부에 커피 가루가 충분히 쌓일 시간을 주어 배출량과 투입량 사이 차이가 나타나도록 해야 한다.

**분쇄**

## 3.13 입자 모양

커피 입자 속성 중 아직까지 자세히 다루지 않은 부분은 입자 모양이다. 커피 입자의 모양은 대체로 동그란 형태와는 거리가 멀다. 커피 입자 모양은 물흐름과 추출역학에 큰 영향을 미친다. 입자 표면적은 같더라도 둥근 입자보다는 길쭉한 입자의 물흐름 경로가 더 길다. 그러므로 직경이 무게 기준 10번째 백분위 입자와 동일한 경우(D10)에 길쭉한 입자의 물흐름이 더 느리다. (Zięba 2017) 길쭉한 입자는 표면 아래쪽 커피 세포 수도 적다. 이는 수용성 성분이 표면으로 이동하는 경로가 짧고,

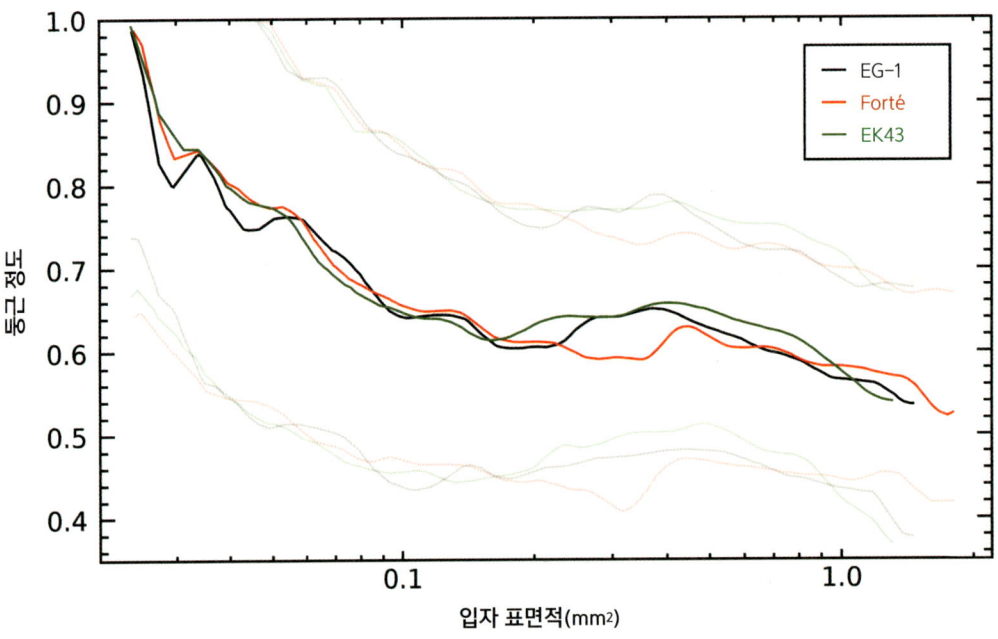

커피 그라인더별 입자 표면적과 평균 입자 모양(진한 선) 및 대표 편차(연한 선) 관계. 둥근 정도는 입자 표면적을 입자를 감쌀 수 있는 가장 작은 구의 표면적으로 나눈 값이다. 둥근 정도가 0이면 스캔 이미지에서 입자가 긴 막대 형이라는 의미이고, 둥근 정도가 1.0이면 입자가 완전한 동그라미라는 의미다. 입자가 굵을수록 대체로 둥근 정도가 떨어지는 편이다. 이 경향은 그라인더별 차이가 크지 않다.

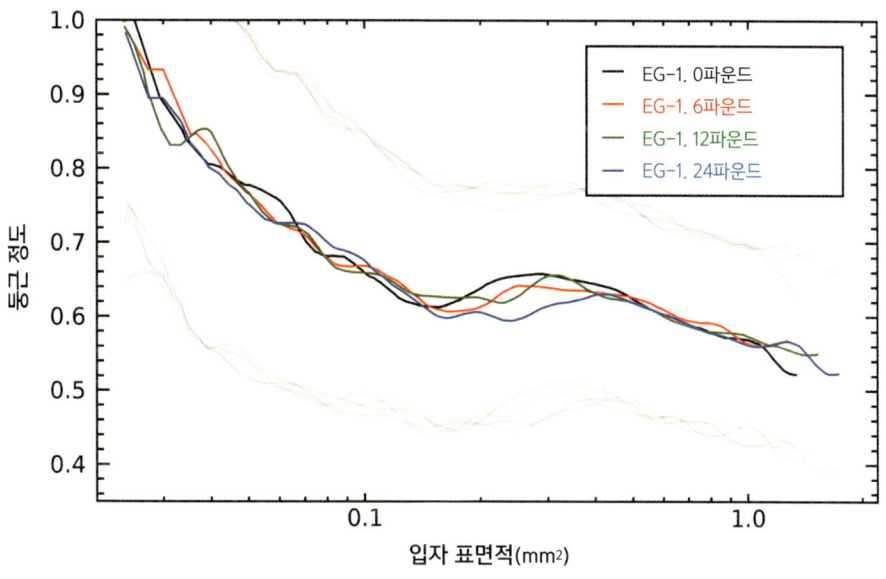

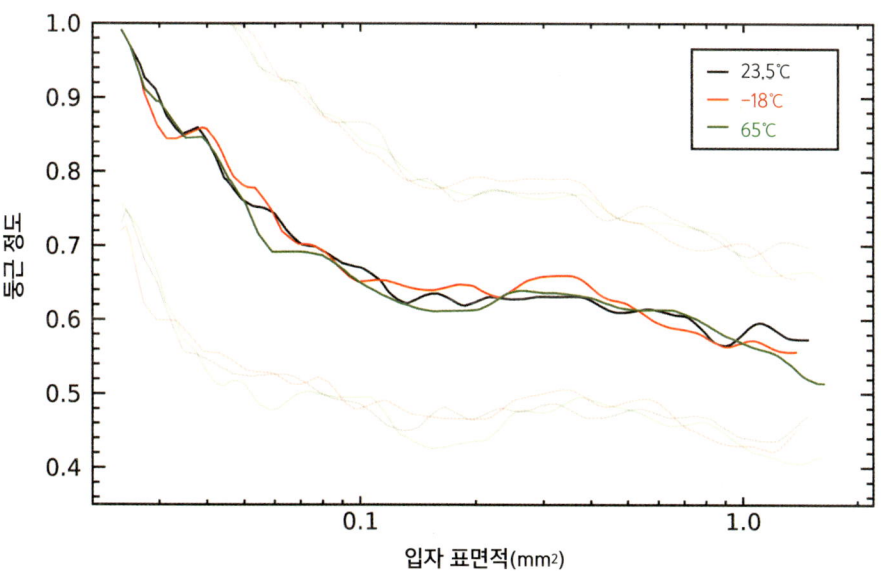

EG-1 v2 그라인더에 SSP 초저미분 버를 장착해 길들이는 동안 분쇄 용량별 입자 크기 모양과, 완전히 길들인 후 온도별 입자 모양. 분쇄 용량별 입자의 둥근 정도는 위 변수 어떤 것과도 강한 관련성이 있어 보이지 않는다.

작은 커피 입자들처럼 향미 프로필에 더 많은 영향을 준다는 의미다.

나는 이미지 스캔 자료와 Grind Size Application를 사용해 입자 모양이 동그란 형태에서 얼마나 벗어났는지 조사했다. 커피 그라인더 모델에 상관 없이 작은 입자는 굵은 입자보다 둥근 모양에 가까웠다. 물론 어느 정도는 스캐너 해상도 문제로 작은 입자들의 모양이 뭉개져 보이기 때문일 수 있다. 그러나 잘 보이는 쪽(픽셀 1개 수준보다 큰 이미지) 및 굵은 입자(표면적이 0.1 mm2 초과)에서도 그런 경향이 뚜렷하게 나타났다. 입자 크기가 클수록 모양은 동그랗지 않았다. 이는 Corrochano 팀 (2015)의 연구와 일치한다.

나는 크기 대 입자 모양에 대한 곡선이 로스팅 정도, 산지, 품종, 커피콩의 온도와 무관하다는 점을 발견했다. EG-1 v2 그라인더를 길들이는 동안에도 더 나아지지 않았다. 또한 커피콩의 온도나 회전속도, 분쇄 용량을 약간 바꾸는 것 또한 영향을 미치지 못했다.

# CHAPTER 4

# 퍼콜레이션

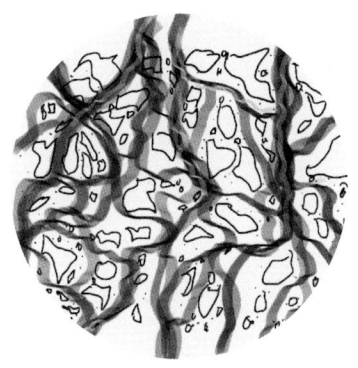

퍼콜레이션은 액체를 다공성 매질에 통과시키는 작용이다. 예를 들어 커피 위로 물을 부을 때, 빗물이 흙 속으로 들어갈 때, 퍼콜레이션이 일어난다. 이러한 현상을 설명하기 위해 개발된 수학 중 일부는 전염병 확산에서 네트워크 보안에 이르기까지 다양한 다른 상황에도 적용되는 것으로 밝혀졌다(예: Yang 팀 2013).

푸어 오버 방식 커피에서 퍼콜레이션의 큰 장점은 깔끔한 맛을 내는 데 효율적인 여과법이라는 것이다. 여과와 추출이 계속 일어나며, 농축된 물에 비해 추출 효율이 높은 맑은 물이 주전자에서 계속 공급된다. 다른 추출, 예를 들어 에스프레소 제조는 음료 제조 시간이 분 단위가 아니라 수십 초인 만큼 추출 효율성이 장점이지만 대신 비용이 많이 든다. 퍼콜레이션은 복잡한 현상으로, 잘못될 가능성이 다분하며, 이로 인해 추출이 고르게 되지 않을 때도 많다. 그 결과 커피층의 일부 좁은 영역에서는 떫고 쓰고 거친 맛을 내는 성분까지 빠져나오고, 다른 넓은 영역에서는 과소 추출이 일어나면, 맛은 전반적으로 연한데 불쾌한 맛이 도드라지는 음료가 만들어진다.

이 장에서 우리는 퍼콜레이션의 물리학을 커피 브루잉에 어떻게 적용할 수 있는지, 그리고 그것이 고른 흐름과 균일한 추출에 대해 무엇을 가르쳐 줄 수 있는지 구체적으로 살펴본다. 여과와 막힘, 프리인퓨전의 중요성, 커피층이 탭핑과 진동에 반응하는 모습을 살피고, 이들을 이용해 프리인퓨전과 '채널링'을 더 잘 이해하며, 퍼콜레이션을 잘 제어하고 재현하는 방법을 찾을 것이다. 물흐름은 끝없는 주의가 필요한 핵심 개념이다. 안정적이며 고른 물흐름은 퍼콜레이션으로 좋은 커피를 만들기 위한 중요 과제이자 목표다.

## 4.1 Darcy 법칙

Darcy 법칙은 퍼콜레이션 물리학을 이해하는 첫걸음이다. 이 법칙은 그림에서처럼 원통형 용기에 분쇄한 커피 가루 같은 다공성 매질이 들어 있을 때, 유체가 이를 통과하는 방식을 설명하는 데 사용한다.

Darcy 법칙을 식으로 표현하면 다음과 같다.

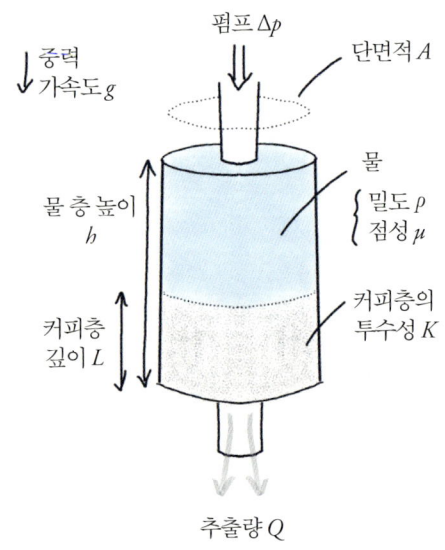

Darcy 법칙 관련 용어의 시각 표현

$$Q = \frac{kA}{\mu L}\left(\rho g h - \Delta p\right)$$

이 식의 의미를 이해하려면 먼저 식 속의 문자로 표현된 변수를 정의해야 한다. $Q$는 Darcy 법칙으로 산출되는 값으로, 배출되는 양을 의미한다. 원통형 바닥으로 빠져나오는 유체의 시간당 용량 값이다. 커피의 경우, 드리퍼에서 빠져나오는 커피의 추출량이다. 변수 $k$는 투수성이다. 이는 커피층 고유 속성으로 커피층이 물을 통과하는 정도를 말한다. 대개 분쇄 입자 크기와 커피층을 얼마나 압축했는가가 이를 결정한다. $A$는 원통형 드리퍼의 단면적이다. $\mu$는 유체 속성 중 점성이다.[1] $L$은 커피층의 깊이다.

괄호 안의 항은 모두 물을 아래쪽 다공성 매질로 밀어내는 힘을 나타낸다. 앞부분에서 $\rho$는 물의 질량 밀도, $g$는 지구 중력 가속도, $h$는 드리퍼 내 물의 높이다. 종합하면 물 자체의 무게가 아래로 누르는 힘이 된다. 뒷부분에서 $\Delta p$는 펌프가 드리퍼 위에서 밀거나 드리퍼 아래에서 빨아들이거나 해서 일어나는 압력 강하를 나타낸다. 나는 $\Delta p$항이 기계적 압력 강하만을 의미한다고 했지만 관습적으로는 $\rho g h$항도 $\Delta p$항의 정의에 들어간다고 보고 이를 생략한다. $\Delta p$항은 마이너스 기호가 붙는데, 이 또한 관습적으로 붙이는 기호로서, 위에서 아래 방향으로 압력을 가하는 만큼 추출량 $Q$를 높인다는 의미다. 대부분의 필터 커피에서는 물이 커피층을 통과하는 데 작용하는 힘은 오직 중력뿐이므로 이 경우 $\Delta p$항은 0이다.

Darcy의 법칙은 모든 순간에 적용된다는 것을 깨닫는 것이 중요하다. 커피가 추출 기구에서 떨어지고 물줄기가 줄어들며 물이 식어감에 따라 Darcy의 법칙 오른쪽에 있는 변수들은 시간이 지남에 따라 변하게 된다. 그리고 이 변화는 시간에

---

1 이를 동적 점성, 절대 점성이라고도 한다. 점성은 경우에 따라서는 유체의 치밀한 정도를 나타내는 데에도 사용되는데, 이 경우는 변형에 저항하는 정도를 의미한다.

따른 커피 추출량, $Q$의 변화로 이어진다.

기본적으로 Darcy 법칙으로 다음과 같은 내용을 알 수 있다.

- 커피층의 투과성이 높으면(분쇄 입자가 굵거나, 탬핑이 약할 경우) 추출은 빨라진다.
- 용기가 넓을수록 초당 추출량은 많아진다.
- 유체의 점성이 높을수록 추출은 느려진다.
- 커피층이 두꺼우면 추출이 느려진다.
- 유체 밀도가 높으면 추출이 빨라진다.
- 물의 높이가 높으면 추출이 빨라진다.

구체적인 예를 들어보자면, V60 드리퍼에 물을 가득 채우면 물 높이는 8cm로서 하방 압력은 0.008기압이다. 에스프레소 머신이 가하는 압력이 보통 9기압이므로 그에 비해 1000분의 1정도인 셈이다. 이것만 보더라도 중력을 이용하는 추출에서 분쇄 입자가 훨씬 굵어야 투수성 $K$를 훨씬 크게 만들 수 있다는 것과 이를 통해 적절한 추출 시간을 만들 수 있다는 것을 알 수 있다.

중력을 이용하는 추출 상황 (즉, $\Delta p = 0$)에서 투수성 대신 '투수계수' $K$값을 사용하기도 한다. 이때 다음과 같이 변환한다.

$$K = \frac{k\rho g}{\mu} = \frac{1}{R}$$

$K$의 역수 값은 '투수저항계수' $R$이라 부른다. 내가 보기에 투수저항계수는 커피층이 물흐름에 작용하는 저항 정도를 나타낸다는 점에서 표현하기가 좀 더 수월하다. 그러므로 이 책에서는 투수저항계수를 자주 언급할 것이다. 다만 어떤 경우든 투수

저항계수의 역수는 바로 투수계수가 된다. 중력이 작용하는 추출에서 투수저항계수에 대한 정의는 Darcy 법칙을 약간 간단하게 고쳐 나타낼 수 있다.

$$Q = \frac{Ah}{RL}$$

Darcy 법칙을 손보는 것만으로도 아주 재미있는 내용을 배울 수 있다. 드립 커피 부문에서 Darcy 법칙을 투수성 k를 사용해 나타내면 식을 다음과 같이 변형할 수 있다.

$$Q = \frac{kAgh}{\nu L}$$

$\nu$값은 수력학에서 자주 사용하는 용어인 동점도(kinematic viscosity)를 나타낸다. 나는 물의 점성 $\mu$와 밀도 $\rho$를 소합해 이 수치에 적용했다.

$$\nu = \frac{\mu}{\rho}$$

이 식은 다음과 같은 점에서 유용하다. 물의 점성 $\mu$와 물의 밀도 $\rho$는 모두 온도에 따라 달라진다: 두 값 모두 온도가 높아지면 수치가 낮아지는데, 유량에 미치는 영향은 반대다: 밀도가 낮아지면 그만큼 아래 방향으로 누르는 힘이 줄어들기 때문에 추출은 느려진다. 반대로 점성이 낮아지면 추출은 빨라진다. 그러므로, 두 영향을 $\nu$라는 개념으로 결합하면 이 상충하는 영향 중 어느 쪽이 우위인지 알 수 있다. 그리고 물의 동점도 $\nu$가 온도에 따라 어떻게 변하는지를 다룬 연구 자료는 차고 넘친다.

다음 그림에서 보듯, 물 온도가 높아지면 점성 $\mu$ 감소가 밀도 $\rho$ 감소를 완전히 입도하고, 이에 따라 동역학 $\nu$는 감소한다. 즉, 물 온도가 높을수록 추출은 빨라진다. 그 영향은 절대 무시할 수준이 아니다. 바리스타들은 대개 80도에서 95도 사이

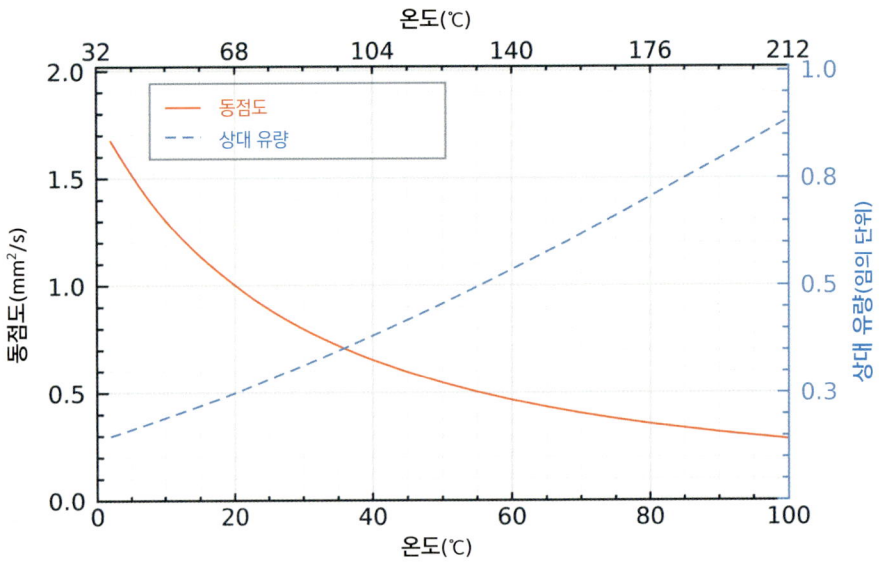

온도에 따른 물의 동점도(붉은색 실선)와 Darcy 법칙에 따른 유량 변화(푸른색 점선)

온도의 물로 추출을 하는데 가장 높은 온도일 때 유속은 최대 20%까지 빨라진다. 이제 Darcy 법칙은 실생활에 바로 적용할 수 있는 지침을 제공한다: 추출용 물의 온도가 낮으면 점성이 커져 물흐름이 느려지므로, 이를 보상하려면 커피를 굵게 분쇄해야 한다.

"적은 양의 커피를 사용하면서 동일한 유량을 유지하려면 더 가늘게 분쇄해야 한다"는 커피업계에서 이미 잘 알려진 사실에 대해서도 Darcy 법칙은 우리에게 가르침을 줄 수 있다. 정확하게는, 커피층의 깊이 $L$은 커피 양 및 드리퍼의 형태에 따라 다르다. 다만 간략하게 이야기하자면, V60 같은 원뿔형 드리퍼는 일반적인 사용량 정도(10g 초과)에는 그다지 큰 영향을 받지 않기 때문에 활용도가 더 좋다.

Darcy의 법칙은 우리가 처한 상황에 대한 몇 가지 특정 가정에 의존하기 때문에 몇 가지 제한이 있다.

○ **드리퍼 모양**: Darcy 법칙에서는 드리퍼가 원통형이라고 가정한다. 이것이 난이도는 가장 낮은데, 다양한 드리퍼의 기하학적 구조에 맞춰 Darcy 법칙을 쓰려면 수학의 한 분야인 미분을 적용해야 하기 때문이다. 그 상세 내용은 본문이 아닌 부록 편에서 언급할 것이다. 일단은, Darcy 법칙은 드리퍼의 기하학적 구조에 맞춰 전개할 수 있다는 것만 알아 두자.

○ **난류**: 커피층을 지나는 물흐름이 너무 빨라서 난류[2]가 발생할 정도라면, 유량은 Darcy 법칙에서 예견한 정도보다 느려진다. 이는 마치, 커피층에 '난류 마찰'이라는 투수저항계수가 새로 더해진 것과 같다. 다만, 이 정도 효과가 나타나려면 물기둥의 높이가 1킬로미터는 되어야 한다. 그러므로 필터 커피에서는 전혀 걱정할 필요가 없다. 에스프레소 추출조차도 커피층 내에 난류가 일어날 정도의 압력은 나오지 않는다. (예: Ellero and Navarini 2019) 주의할 것으로, 물이 난류를 일으키며 커피층에 닿는 것과 커피층 안에서 난류가 발생하는 것은 다르다. 커피층 안에서 난류가 발생한 경우에만 유량이 느려질 것이다.

○ **미분 이동**: Darcy 법칙에서는 커피층 내 입자가 고정되어 있고 완벽히 안정적이라고 가정한다. 실제 상황은 그렇지 않다. 커다란 입자 사이의 평균 공극 크기보다 작은 미분은 물흐름에 이끌려 커피층 아래쪽 공극 또는 종이 필터의 구멍을 막아 버린다. (예: Yang 2016 참조)

○ **채널링**: 물을 매우 빠르게 부으면 커피 입자들이 크기를 막론하고 움직이고 커피층에 구멍이 패인다. 겉으로 보기에는 커피층이 평평하고 변화가 없는 것처럼 보이는 경우라도 물흐름이 빠르면 커피층 내부의 물흐름이 빨라지면서 커피 입자들이 움직여 채널(channel, 물길), 즉 물흐름이 빠른 영역이 나타

---

2  흐름이 프랙탈과 비슷한 형태로 복잡해지는 것을 말한다. 이에 대해서는 6장에서 상세히 소개한다.

난다. 공극 변화와 관련한 유사 문제에 대해 Rosti 팀(2020)의 연구가 있다.

○ **커피층 압착:** 커피층의 상단과 하단 사이에 존재하는 압력차를 압력 강하라 부른다. 그 원인은 펌프 혹은 물의 높이일 수 있는데 이로 인해 커피층이 눌리고 일시적으로 공극률이 줄어들어 투수성이 낮아진다. 에스프레소 추출에서는 이것이 중요할 것이다. 그러나 필터 커피에서는 이 영향이 뚜렷이 드러난 자료는 본 적이 없다. 물 무게로 인한 압력 강하 변화는 공극률에 영향을 미칠 만큼 중요하지 않은 것 같다. 커피층 압착은 미분 이동과는 달리 회복될 수 있다. 압력 강하가 줄어들면 공극은 다시 원래 수치로 돌아온다. 이 효과는 에어로프레스 플런저를 더 세게 누를 때 갑자기 커피층이 저항을 갖게 되는 이유를 설명해 준다.

○ **바이패스 흐름:** 물이 커피층을 '우회(bypass, 바이패스)'할 수 있는 길을 찾았다면, 실제 유량은 Darcy 법칙으로 예견한 것보다 훨씬 빠를 것이다. 7장에서 살펴겠지만 원뿔형 드리퍼는 바이패스 흐름이 나올 가능성이 크다. 물길이 어디에서 우회하는지, 투수 계수가 우회 물길에 어떤 영향을 미치는지를 알면 유량 예측을 정정하기 위해 다시 Darcy 법칙을 적용할 수 있다.

이런 현상이 나타난다 해도 그중 일부는 커피층의 투수성 $k$값을 시간 값에 따라 바꿔 주면 Darcy 법칙으로 처리할 수 있다. 채널링과 바이패스 흐름은 $k$값이 커지고, 미분 이동과 난류, 커피층 압착은 $k$값이 작아진다. 일부 변화(예: 채널링, 미분 이동)는 되돌릴 수 없다. 즉 채널링을 줄이기 위해 '드리퍼를 돌려 준다'거나, 미분을 다시 끌어올리기 위해 위쪽 방향으로 압력 강하를 일으키는 등 커피층에 외부로부터의 변형이 가해지지 않는한 이미 발생한 변화들은 사라지지 않는다.

Darcy 법칙을 적용해 커피층의 투수저항계수를 예견할 때도 어려운 점이 있다. 분쇄한 커피의 입자 크기 분포를 정확히 알면 투수저항계수를 계산할 수 있다고 생각하겠지만, 그렇게 간단하지 않다. 3장에서 그 이유 두 가지를 간단히 언급했다. 첫 번째는 커피 입자의 모양 또한 투수저항계수에 영향을 미친다는 것이다. 입자 모양이 길쭉할수록 동일 표면적에서 물이 지나는 길이가 더 길어지기 때문에 물 흐름은 느려지고 투수저항계수는 커진다. (Zięba 2017) 커피 입자 표면의 거친 정도는 모양이 불규칙한 것으로 간주할 수 있다. 입자가 더 거칠수록 투수저항계수도 높아진다.

두 번째, 입자 크기 분포는 커피 입자의 크기에 대한 정보다. 그런데 물흐름을 결정짓는 것은 입자가 아닌 입자 사이의 공간 분포다. 그러므로 입자 크기 분포를 뒤집어 공극 크기 분포를 알아야 하는데, 여기에는 입자가 압축된 정도가 영향을 미치기 때문에 현실적으로는 매우 어렵다. 분쇄 커피가 헐겁게 쌓여 있다면 필터 커피를 만들 때처럼 입자 간 공극 크기는 클 것이다. 그러나 에스프레소 머신의 포타 필터에 담을 때는 단단하게 압축할 것이므로 공극 크기는 작을 것이다. 결국 입자 크기 분포를 투수저항계수로 변환하려면 입자 모양과 표면의 거친 정도 분포도 알아야 하고, 커피층의 압축 정도도 알아야 한다. 수식에 이를 반영하려면 거의 악몽이 될 것이다.

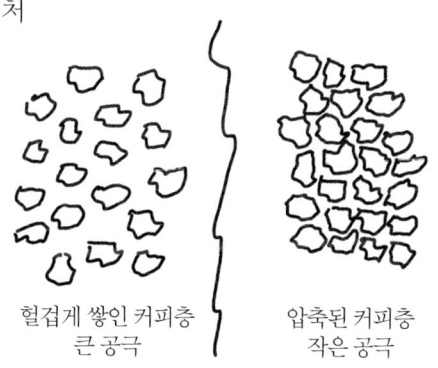

헐겁게 쌓인 커피층
큰 공극

압축된 커피층
작은 공극

입자 크기가 적당하지만 공극 크기가 다른
커피층의 개략도

변수 대부분이 복잡하고 정확히 측정하기 어렵다. 따라서 수리 과학에서는 컴퓨터 시뮬레이션이나 실험 근사치를 주로 사용하는데 이것들은 사용하는 특정 재료와 분쇄 방식에 따라 달라질 수 있다.

## 4.2 총 추출 시간

Darcy 법칙을 보면 추출 시간에 영향을 미치는 요인들을 한눈에 파악할 수 있다. 평균적으로 배출이 빠르면 분명 추출 시간은 짧다. 실제로 이보다는 약간 더 복잡하지만, 아래와 같은 상황을 가정한다면 추출 시간에 영향을 미치는 주요 변수를 직관적으로 이해할 수 있을 것이다. 원통형 드리퍼에 커피층 교반이 거의 일어나지 않도록 주의해서 물을 한 번에 다 붓고 이 상태로 퍼콜레이션이 끝날 때까지 기다린다고 가정하자.

초반에는 물의 높이가 높아 커피층을 누르는 무게가 무거워서 물이 빨리 흐를

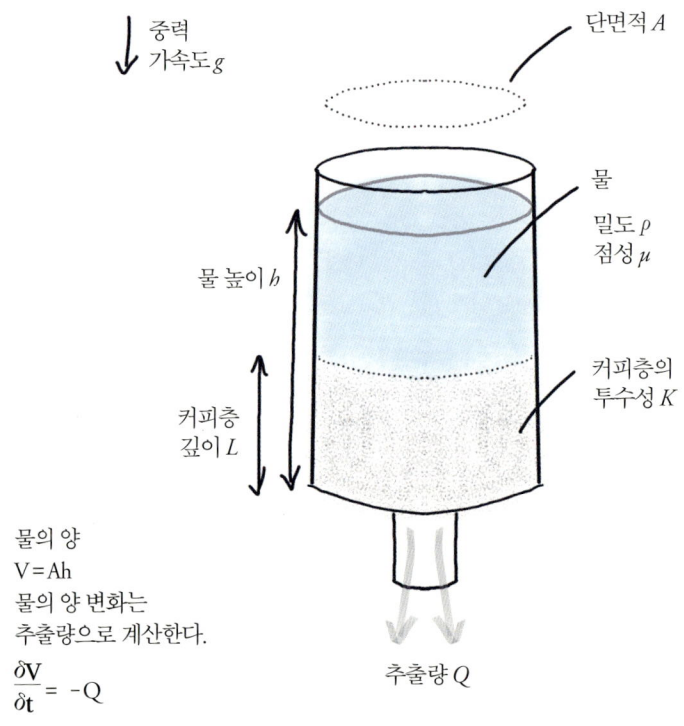

중력
가속도 $g$

단면적 $A$

물
밀도 $\rho$
점성 $\mu$

물 높이 $h$

커피층의
투수성 $K$

커피층
깊이 $L$

물의 양
$V = Ah$
물의 양 변화는
추출량으로 계산한다.
$$\frac{\delta V}{\delta t} = -Q$$

추출량 $Q$

원통형 드리퍼에서 중력에 의해 커피가 빠져나가는 개략도

것이다. 커피액이 빠져나가면서 물의 높이는 낮아지고 모든 물이 빠져나갈 때까지 유량은 줄어들 것이다. 시간대별 Darcy 법칙을 풀면 물의 높이 $h$와 유량 $Q$가 시간에 따라 어떻게 달라지는지 확인할 수 있다.[3]

$$h(t) = h_0 \exp\left(-\frac{kg}{\nu L}t\right) \qquad Q(t) = Q_0 \exp\left(-\frac{kg}{\nu L}t\right)$$

당연하겠지만 두 식 모두 Darcy 법칙에서 흔히 볼 수 있는 항을 여럿 달고 있다. $Q_0$과 $h_0$은 추출 시작 시점의 유량과 물의 높이다. 이들은 Darcy 법칙으로 서로 연결되어 있다. $t$는 시간이다. 두 수식 모두 시간이 지남에 따라 기하급수적으로 감소하는 양을 나타낸다. 이것은 예상했던 일이다. 물 높이가 감소함에 따라 유량이 줄어들기 때문이다.

그러나 지금까시 불이 완전히 떨어지는 시점이 아니라 물이 얼마나 빨리 줄어들었는지에 대해서만 알고 있었기 때문에 총 추출 시간 계산을 완료하지 못했다. 추출이 끝나는 시점을 물의 높이와 커피층의 높이가 정확히 같은 시점($h = L$)으로 잡아 보자. 이는 커피층 위로 물이 전혀 보이지 않을 때다. 위 제약 조건을 두고 앞의 식을 $h(t)$에 관해 풀면 총 추출 시간 $T$[4]은 다음과 같이 나타난다.

$$T = L\frac{\nu}{kg} \ln\left(R\frac{\rho_c}{\rho_w}\right)$$

위 식에서 ln은 '자연로그'이며 $\rho_c$, $\rho_w$는 각각 커피와 물의 전체 밀도를 의미한다. $R$은 해당 커피 음료의 '추출비'다. 예를 들어 커피 20g에 물 320g을 사용하면 $R$은 16

---

3  계산식 설명은 부록에 있다.

4  유도식은 부록에서 소개한다.

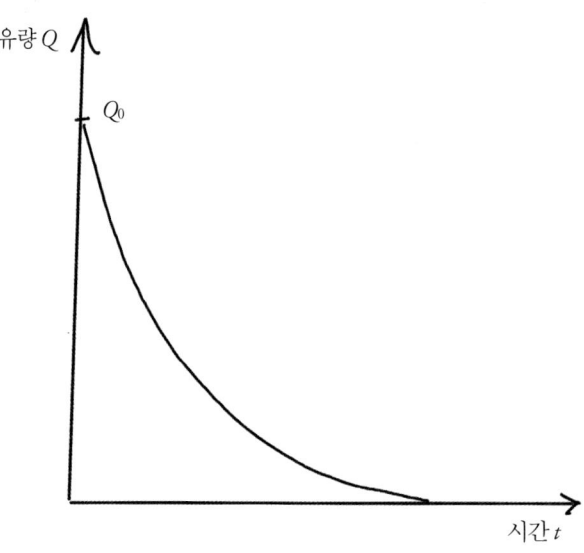

유량 $Q$ ↑
$Q_0$
시간 $t$

원통형 드리퍼에서 Darcy 법칙에 따른, 예측 시간 대 유량

이다. 이 식을 사용하면 유용한 정보가 몇 가지 나오는데, 먼저, 물의 점성이 크면
(온도가 낮으면 점성이 크다) 총 추출 시간은 길어지고 $v$값은 커진다. 또한, 굵게 분쇄
하거나 또는 커피층을 헐겁게 하면 투수성 $k$값이 높아지고 추출 시간은 짧아진다.
만약 달에서 추출한다면(중력 가속도 $g$가 작다) 추출 시간이 더 길어질 것이다—이것
을 지금 바로 써먹을 수는 없지만!

다음은 더 흥미롭다. 커피층 면적 $A$는 위 식에 없다! 우리의 직관과는 달리, 드
리퍼의 폭을 바꾸는 것은 추출 시간에는 영향을 미치지 않는다. 다만 전제는 커피
층 $L$의 깊이가 같다는 것이다. 여기서 커피층의 깊이에 관한 재미있는 지점이 드러
난다. 커피 용량이 아니라 커피층의 깊이야말로 물이 모두 내려가는 시간을 직접적
으로 제어하는 진정 중요한 변수다. 이 점 때문에, 커피 용량 차이가 음료에 영향을
미치는가의 문제도 커피층의 깊이로 바꾸어 생각하는 것이 더 유용하다. Rao(2008;

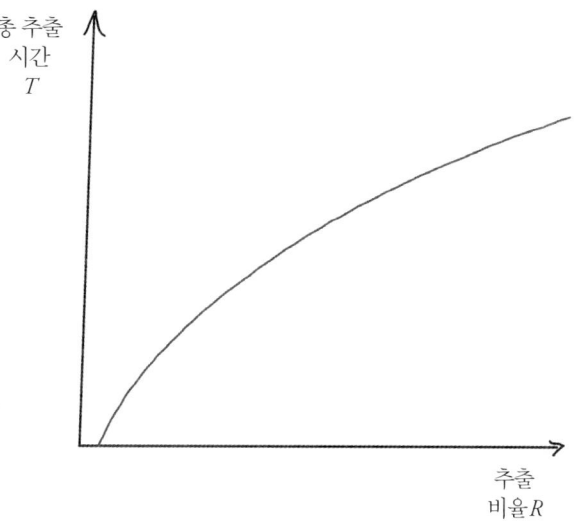

총 추출
시간
$T$

추출
비율 $R$

원통형 드리퍼에서 Darcy 법칙에 따른, 추출 비율이 총 추출 시간에 미치는 영향

2016) 또한, 이를 포함한 여러 가지 이유로 커피층의 깊이가 매우 중요하다는 것을 발견했다. 커피층의 깊이에 대해서는 채널링과 미분 이동과 관련해 이후에 다시 다루겠다. 그렇다면, 원통형 드리퍼에 대한 흥미로운 부분은 밝혀졌다: 드리퍼의 폭에 따라 적절한 커피 용량이 결정된다. 물 온도, 분쇄도 및 기타 매개변수가 고정된 상태라면 커피 용량만으로 원하는 추출 시간이 나오기 때문이다.

추출 비율 $R$도 중요도는 덜하지만 추출 시간에 영향을 미치는 변수다. 이전 수식에서 $R$값은 로그 함수 안에 있는데, 이는 위 그래프에서 보듯 $R$값이 변하더라도 $T$값은 천천히 달라진다는 것을 의미한다.

이는 아래와 같은 상황을 생각하면 바로 이해할 수 있다. 물을 원래 계획했던 것보다 더 붓는다면 모든 물이 빠져나가는 시간은 더 걸리겠지만 초기 물흐름 또한 더 빠를 것이다. 둘을 합하면 $R$값이 총 추출 시간에 미치는 영향은 작을 수밖에 없다. 여기서는 물을 한 번에 드리퍼에 다 붓는다고 가정했다는 것에 유의하자. 드리퍼 크기 때문에 물의 양이 제한된다면, 추출비 $R$이 물이 모두 빠져나오는 시간에 미치는 영향은 훨씬 커진다.

　V60 같은 원뿔형 드리퍼에 적용하면 상황이 좀 더 복잡해진다. 원뿔형 드리퍼에 적용되는 Darcy 법칙 관련 수식과 유도 과정은 부록에 올렸다. 이 식은 긴 편이고 직관성도 떨어지지만 실제로는 위에서 언급한 원통형 드리퍼를 사용한 경우와 크게 다르지는 않다. 주요 차이점 중 하나는 커피층의 깊이가 소량의 커피를 담을 때는 더 급격하게 변하다가 커피 양이 증가함에 따라 매우 천천히 변한다는 것이다. 이는 원뿔형 드리퍼는 (V60 기준으로) 커피 용량이 10그램 이상 정도라면 특정 추출 시간대에 대응하는 용량 폭에 어느 정도 여유가 있다는 것을 의미한다. 물 높이 또한 원뿔형 드리퍼에서는 상대적으로 처음에는 천천히, 다음에는 빠르게 줄어든다. 아래 그림은 이를 나타낸 그래프다.

　여기서 원뿔형 드리퍼의 유량은 원통형 드리퍼와는 다를 것임을 알 수 있다.

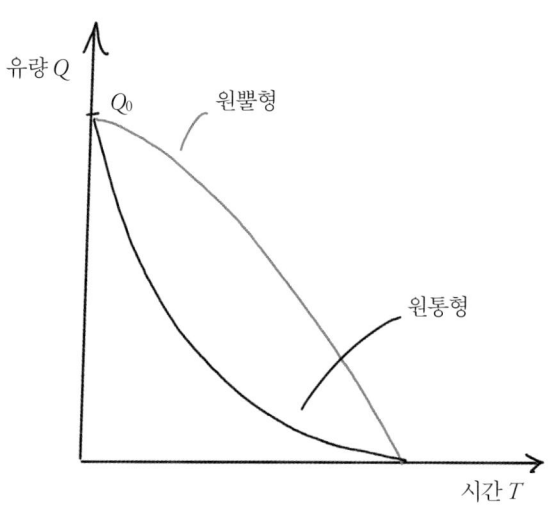

원통형 드리퍼와 원뿔형 드리퍼에서 Darcy 법칙에 따른, 시간에 따른 유량

이에 대해서는 7장의 드리퍼 속성 부분에서 다룰 것이다.

추출용 물의 미네랄 조성은 점성에 영향을 미치지만 그 정도는 미미하다. 극단적인 경수($CaCO_3$ 환산 수 십만 ppm 수준; Ozdemir 팀 2007)가 아니라면 미네랄 조성 때문에 추출 시간이 유의한 영향을 받지는 않는다. 커피 필터는 보통 추출 시간에 영향을 미치지만 그 영향이 큰 경우는 드물다. (다만 필터가 막히는 경우는 예외다.) 이에 대해서는 5장에서 다룬다. 그리고 드리퍼 모양, 예를 들어 드리퍼 벽이나 바닥에 있는 리브는 추출 시간에 큰 영향을 미친다. 이런 요소들은 물이 통과할 수 있는 필터 면적을 제어하며, 경우에 따라서는 물이 커피층을 완전히 우회하게 만들기도 한다. 이에 대해서는 7장에서 다룬다.

아직까지 이야기하지 않은 변수가 하나 남아 있다. 물을 드리퍼에 얼마나 빨리, 얼마나 정확하게 붓느냐는 것인데, 이것은 총 추출 시간에 엄청난 영향을 미친다. 추론하기는 쉽나. 물 붓는 속도가 빠르면 물 높이가 높아지고 추출 시간은 줄어든다. 여러 번 나누어 물을 부으면 물 높이는 평균적으로 낮게 유지될 것이고 추출 시간은 오래 걸릴 것이다. 드리퍼에 물을 부을 때 주전자를 다루는 방법에 따라서 추출 시간을 크게 제어할 수 있고, 커피 슬러리의 평균 온도 또한 영향을 받는다. 물 붓기가 균일하지 않으면 추출 시간 또한 균일하지 않을 것이다. 나는 이 점에서 주전자 사용법에서 가장 중요한 요소가 일정함이라 본다. 주전자에 대한 상세 내용은 6장에서 다룬다.

다만, 이쯤에서 추출 방법에 대해 다른 사람들과 이야기할 때 추출 시간을 비교하는 것이 과연 어떤 의미가 있을지 생각해 보자. 특히, 그라인더가 분쇄 커피의 입자 크기 분포와 입자 형태 분포에 큰 영향을 미친다는 점에 주의하자. 게다가 그라인더는 그대로라도 커피 산지, 수분 함량, 온도 또한 입자 크기 분포에 영향을 미친다. 필터에 커피를 어떻게 담는가에 따라 커피층의 압축 정도에 영향을 미치고 이는 다시 투수저항계수에 영향을 미친다 . 그 외 필터 막힘, 미분 이동, 채널링 등

향후 이야기할 요소들 또한 커피층의 투수저항계수에 영향을 미친다.

또한, 추출의 마지막 시점이 어디인지, 심지어는 추출의 시작이 어디인지도 사람마다 다를 것이다. 이것으로 끝이 아니다. 드리퍼에 물을 얼마나 빨리 붓는지, 몇 번 붓는지, 정확히 어느 시점에 물을 붓기 시작하는지 등은 추출 시간에 큰 영향을 미친다. 특히 물 붓는 시점은 앞에서 언급한 것 중에서 가장 큰 변수기 때문에 아무리 강조해도 지나치지 않다. 분명한 것은, 프리인퓨전 시간을 다르게 하는 것도 총 추출 시간에 영향을 미친다. 이 모든 것을 염두에 둔다면, 모든 변수들을 매우 느슨하게 다루거나 반대로 그것들을 매우 잘 통제된 환경에서 제어하지 않는 한 추출 시간의 정확한 비교가 얼마나 무익한지 깨닫게 될 것이다. 내 경험으로는, 추출 시간 차이를 매번 5초 이내로 맞추는 것보다 용존 고형분 총량(TDS) 차이를 0.01% 이내로 일정하게 맞추는 것이 더 쉬웠다.


## 4.3 프리인퓨전

프리인퓨전은 '뜸들이기'라고도 하는데, 퍼콜레이션 추출에서 고른 물흐름과 추출을 달성하기 위한 필수 단계다. 첫 물방울이 마른 커피층에 닿는 순간, 여러 가지 일이 벌어진다. 물은 커피층의 일부만 적시고, 젖은 부분의 투수저항계수는 크게 줄어든다. 마른 커피 가루는 모래와 비슷해서, 젖은 커피보다 물흐름에 더 저항한다. (예: Yeh, Ye, and Khaleel 2005) 여기에서 퍼콜레이션 이론의 보다 하드코어한 수학이 중요한 역할을 한다. 이 수학 공식들은 커피의 마른 부분이 물에 천천히 젖어가면서, 젖은 커피가 서로 연결되어 물길을 여는 시기와 방법을 정확하게 제시한다. 이 현상을 더 자세히 탐구할 필요는 없을 것이다. (세부 내용은 Stanley 팀 2003 을 참조하기 바란다.) 이 작업에서 우리가 원하는 것은, 물을 많이 부어 추출이 본격적으로 시작

되기 전에 모든 커피 가루가 완전히 포화되는 것, 즉 커피 입자가 젖는 것이다. 커피 입자를 완전히 적시지 못한다면, 물은 몇몇 통로(채널)을 따라서 흘러갈 것이고, 커피층에서 이 특별한 경로는 과잉 추출되고 나머지 부분은 과소 추출될 것이다.

중력은 물을 아래쪽으로 당기고, 물은 가장 저항 이 적은 길을 찾아 아래로 내려간다. 커피층 은 이런 물의 이동에 따라 점차 젖는다. 이 대로라면 물은 아래 방향으로만 이동하겠지 만, 다행히 모세관 현상 덕에 커피층의 모든 방향 으로 물이 퍼질 수 있다. 수건의 맨 아래 부분만 물 에 담가 둬도 점차 위쪽까지 젖는 것도 '모세관 현 상'으로 설명할 수 있다. 이 현상을 이해하려면 먼 저 부착력과 응집력을 알아야 한다. 응집력은 물 분

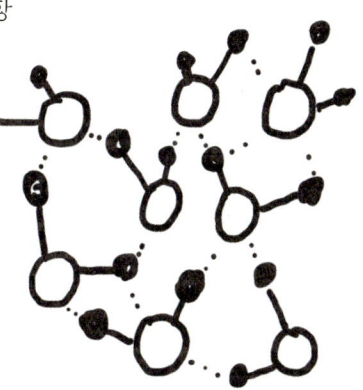

물분자의 개략도.
수소결합(점선)을 나타냈다.

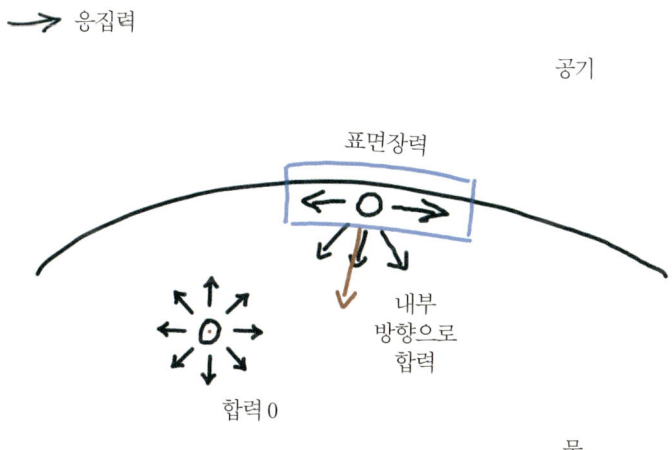

물/공기 계면에서의 표면장력 개략도. 각 물 분자(검은색 원)에는 응집력(검은색 화살표)이 이웃 물 분자 방향으로는 작용하지만 공기 분자 방향으로는 응집력이 작용하지 않는다. 그 결과, 계면에서 상당히 아래쪽 물 분자가 받는 합력은 0이지만, 계면 인근의 물분자는 안으로 향하는 힘을 받는다. 표면을 따라 반대되는 힘과 상쇄하는 힘은 양쪽 끝에서 당기는 끈과 유사한 장력을 만들어 낸다.

퍼콜레이션

자들 사이의 인력을 의미한다. 2장에서 물 분자는 극성을 띠며, 수소 원자 둘 주변으로는 약한 양전하, 산소 원자 주변으로는 약한 음전하를 띤다고 했다. 이 덕분에 이웃한 물 분자끼리 전하가 반대인 쪽으로 이끌려 배열되는, 소위 수소 결합이 일어난다. 부착력도 유사한 현상이지만 이것은 물 분자와 기타 물질 사이에 일어난다. 말하자면 응집력은 물질 스스로의 부착력인 셈이다. 응집력이 부착보다 훨씬 강한 상황, 예를 들어 공기에 노출되는 물 표면에서는 물 분자는 공기 분자보다는 다른 물 분자에 더 이끌리는데, 이 경우 물은 표면이 마치 탄력 있는 막으로 덮인 모양이 된다. 이런 현상을 표면장력이라 부른다. 이는 부착력과 응집력의 직접적인 결과다. 물방울이 만들어지는 것 또한 이 때문이다.

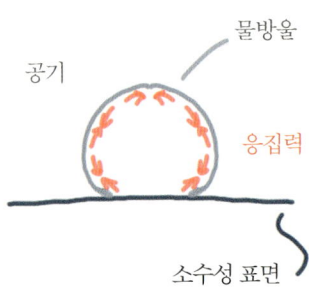

소수성 표면, 즉 물과 거의 붙지 않는 표면에서 물의 응집력에 의한 물방울 맺힘

모세관 현상 또한 부착력과 응집력 때문이다. 그리고 모세관 현상은 프리인퓨전에서 중요한 역할을 한다. 물(다른 모든 액체 포함)을 물이 달라붙는 소재로 된 좁은 관에 넣으면, 부착력과 응집력의 작용으로 물이 당겨져서 관을 타고 높게 올라간다. 부착력과 응집력이 충분히 강하다면 모세관 현상 때문에 물은 중력과 반대 방향으로 움직일 수도 있다.

모세관 현상으로 인해 물은 커피층을 적셔 나가면서 심지어 수평으로도 퍼지기 시작한다. 이런 과정은 커피층 내 존재하는 드라이 포켓으로 인한 초기 채널들을 제거해서 물길을 균일하게 만드는 데도 도움을 준다. 하지만 이보다 훨씬 더 중요한 것은, 모세관 현상 덕분에 물이 커피 입자 속으로 들어갈 수 있다는 점이다. 1장에서 보았듯이, 이야말로 커피의 수용성 성분을 녹여 입자 표면으로 끌어내는 데 필요한 핵심 단계다. 물이 커피 입자 속으로 들어가지 못한다면, 접촉한 커피 세포에서 커피 성분을 효율적으로 추출하기란 거의 불가능할 것이다.

커피 세포에 있는 여러 구멍을 통해 물이 들어오면 로스팅 중 생성된, 커피 세포에 들어 있던 이산화탄소는 다른 구멍으로 밀려나온다. 물이 마른 상태의 커피 입자와 접촉할 때마다 이런 디개싱(degassing)이 일어나고, 커피 슬러리에서 거품이 일기 시작한다. 총 알칼리도(2장 참조)가 높으면 프리인퓨전 중 거품이 더 많이 생긴다. 탄산수소염이 커피 속 산성 물질과 반응하면서 생성되는 물질 중 하나가 이산화탄소이기 때문이다. Hoffman(2019.6.22)은 경수를 사용하면 기품이 더 많이 발생한다[5]고 했

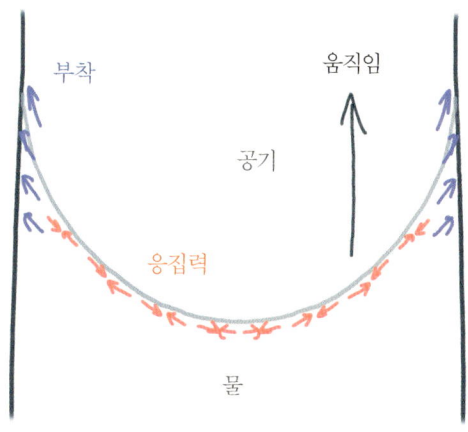

물이 관 속에서 위로 움직이는 모세관 현상. 물이 관 벽에 붙으면서 위쪽 방향으로 가는 힘이 생기고, 이로 인해 관 벽 근처의 물은 위쪽으로 올라와 있다. 물의 응집력 덕분에 수면 중앙부가 따라 올라간다.

는데, 그 이유가 이것이다. 즉, 경수는 프리인퓨전 효율성을 높이지는 못하고 대신 이산화탄소를 더 많이 발생시키는 것 같다. 강 로스팅한 커피, 고속 로스팅한 커피, 갓 로스팅한 커피는 커피 세포 내에 이산화탄소가 더 많이, 압축된 상태로 들어 있다. (예: Smrke 팀 2018) 이런 커피들을 사용하면 프리인퓨전 중 기체 발생량이 많아진다. 그러므로 프리인퓨전하면서 교반을 많이 해야 한다.

프리인퓨전 단계가 잘 진행되면 다음 번 물 붓기 작업 전에 커피층 대부분이 젖고, 프리인퓨전이 끝난 뒤 거품은 더 이상 발생하지 않는다. 프리인퓨전 이후에도 거품이 상당량 올라온다면, 더 효율적인 프리인퓨전을 할 수 있도록 솜씨를 연마해야 할 필요가 있다는 의미다. 프리인퓨전 이후 발생하는 이산화탄소 거품은 좋은 현상이 아니다. 커피층 어딘가가 여전히 젖지 않았으며, 그 부분의 추출 수율이

---

5  경수는 미네랄 함량이 많아서 총 경도가 높고, 총 알칼리도 또한 높은 경향이 있다.

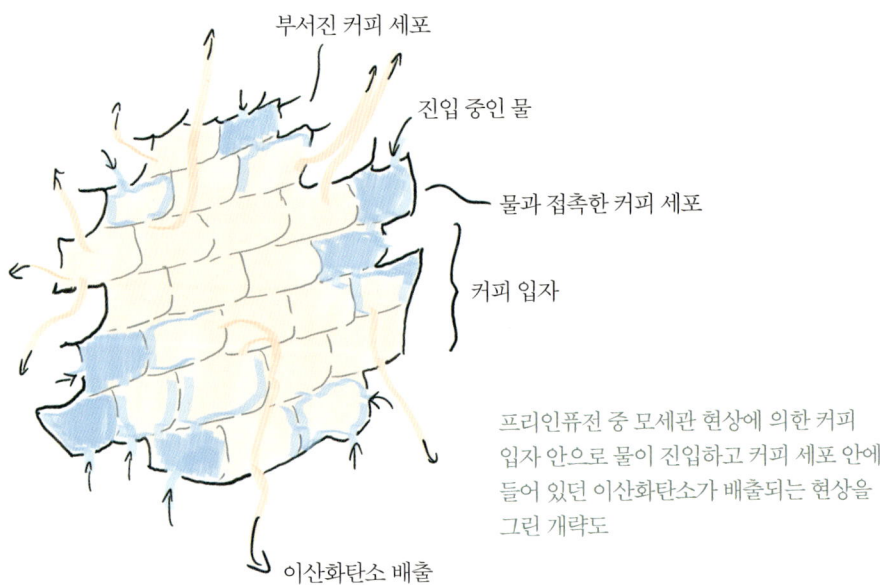

부서진 커피 세포

진입 중인 물

물과 접촉한 커피 세포

커피 입자

이산화탄소 배출

프리인퓨전 중 모세관 현상에 의한 커피 입자 안으로 물이 진입하고 커피 세포 안에 들어 있던 이산화탄소가 배출되는 현상을 그린 개략도

다른 영역에 비해 낮을 것이라는 의미이기도 하고, 거품이 위쪽으로 올라오면서 일부 영역에서 물길을 만들면서 투수저항계수를 크게 떨어뜨린다는 의미이기도 하다. (Hunt and Manga 2003) 물은 저항이 낮은 물길로 주로 흐를 것이고, 추출 불균형은 심화될 것이다.

침지식 추출에서는 프리인퓨전은 아무 장점이 없다. 침지식에서는 추출 전체가 프리인퓨전에 해당한다. 다만, 모든 커피 입자가 동시에 추출되기 시작한다는 점에서, 초기에 짧게 교반하는 것은 도움이 될 수 있다. 나는 대부분의 침지 추출 작업에 교반이 좋은 방법이라고 생각한다. 넓적한 물체(예: 스푼, 주걱)로 앞뒤로 저어주면 회전을 능가하는 상당한 난류가 발생한다. 인퓨전 중 마른 커피 가루 덩이가 생길 수 있는데, 난류는 매우 효과적으로 이것들을 깨뜨린다.

프리인퓨전 중 커피층에서 물의 이동을 담당하는 모세관 현상의 속도는 Lucas-Washburn 식을 따른다. (Hanzic, Kosec, and Anželc 2010)

$$l = \kappa\sqrt{t}$$

여기서 $l$은 물이 $t$시간 동안 이동하는 거리다. $\kappa$는 다공성 매질의 모세관 계수다. 앞에서 언급한 내용을 보면 예상할 수 있겠지만, 모세관 계수는 매질의 공극 크기 $r$과 물의 표면장력 $\gamma$, 물의 점성 $\mu$에 따라 다르다. (Yang 팀 2019)

$$\kappa = \sqrt{\frac{r\gamma}{2\mu}}$$

모세관 현상에 의한 물 이동은 다음 그림처럼 나타낼 수 있다.

분쇄 크기가 어떻든, 커피 입자 사이의 공극은 커피 세포를 연결하는 입자 내부 구멍보다 훨씬 크다. 그러므로 물이 마른 커피층에서 퍼지는 속도는 커피 입자 내부에서 퍼져나가는 속도보다 훨씬 빠르다. 특히 분쇄 입자가 큰 경우 물의 이동 거리가 길기 때문에, 커피 입자의 중심부까지 물이 완전히 채워지려면 대개 몇 분 정도는 걸린다. 약 로스팅한 커피는 세포 사이 뚫린 구멍이 더 작아서(예: Oliveros 팀

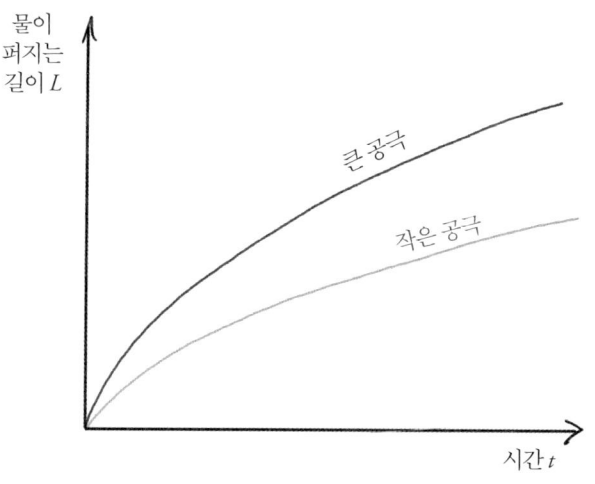

공극 크기가 다른 경우 모세관 현상에 따른 시간 대 물이 퍼지는 길이

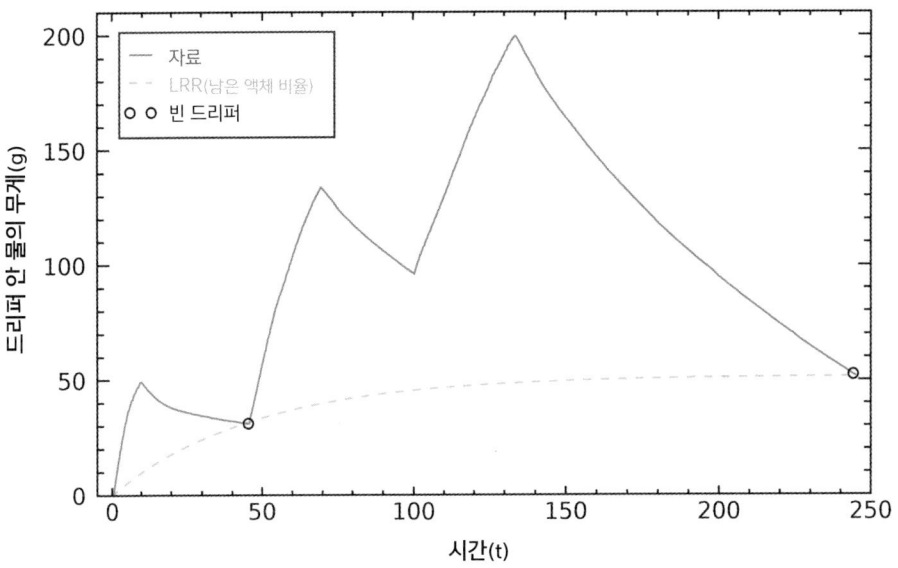

일반 추출 중 시간 대 V60 드리퍼 속 물의 무게. 물 층은 단 두 번 커피층 아래로 내려간다.
(동그라미) 이는 해당 시점에서만 커피층에 들어 있는 물 무게를 읽을 수 있다는 것을 의미한다.
LRR(잔류 액체 비율) 진행 접근선을 점선으로 그렸다.

2017 and Schenker 팀 2000) 물의 이동 속도가 느리다. 커피 입자의 느린 물 흡수는 11
장에서 더 설명하기로 한다.

　위 그림에서 보듯, 잔류 액체 비율(liquid retained ration, LRR)[6]은 2분이 지나서야
최종 수치에 도달한다. 커피층 내부에 들어 있는 물의 양은 물을 붓는 동작과 다음
동작 사이, 커피층 위로 남은 물이 없을 때만 짧게 측정할 수 있다. 실험 자료를 봤을
때, 커피 입자가 물을 흡수하는 속도는 입자 크기(굵은 입자일수록 느림)의 영향을 많
이 받는다. 그러나 최종 LRR 값은 분쇄 입자 크기와 그렇게 유의한 관계는 아니다.[7]

　뜸을 2분에서 5분 정도 들이면 일부 커피의 품질이 더 좋아진다는 것은 아마

---

6　1장에서 커피층에 남아 있는 물의 무게 총량을 사용한 커피 무게 총량으로 나눈 값으로 정의했다.

이 때문이 아닐까 한다. (예: Motoyoshi 2019) 다만 이것이 완벽한 해결책은 아닌 것 같다. 물이 커피층에 떨어진 프리인퓨전 단계의 처음 몇 초 이후로는, 커피 입자 사이에 남아 있던 물만 잠재적으로 흡수될 수 있다. 이렇게 물이 추가로 공급되지 않는 상황이 커피 흡수 과정을 느리게 만드는지 여부는 불분명하다. 특히 흡수율에 대한 신뢰할 만한 데이터가 부족하기 때문이다. 다만 내 경험으로는 일부 약 로스팅 커피의 경우, 프리인퓨전을 2-3분 정도 했을 때, 일반적인 45초 프리인퓨전 상황 대비 추출 수율이 최대 1% 정도 높아졌고, 그만큼 커피 맛도 나아졌다.

하지만 강 로스팅 경우에는 추출 수율이 나아지지 않았다. 프리인퓨전이 길면

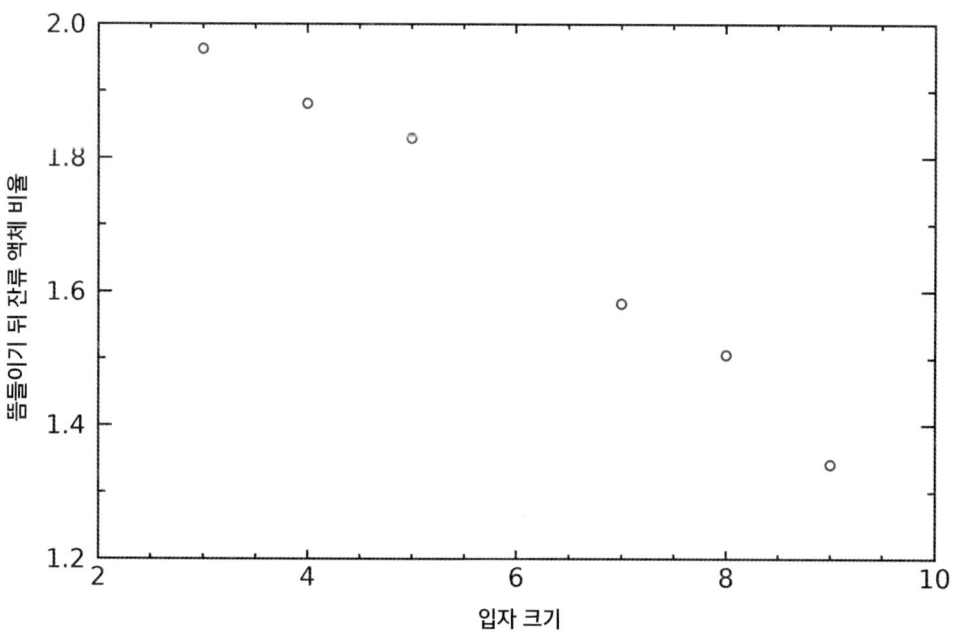

입자 크기에 대한, 45초 동안 뜸을 들인 뒤 잔류 액체 비율. 입자 크기에 관계 없이 모든 음료의 최종 잔류 액체 비율은 2.6±0.1이다.

---

7   이 수치는 내가 가진 그라인더, 버에만 해당할 수도 있다. EG-1 v2 그라인더, SSP 초저미분 버를 사용했다.

쓴맛과 거친 맛이 나왔다. 이는 강 로스팅한 커피의 경우, 세포 내 구멍이 더 커서 물을 완전히 흡수하는 데 그만큼 많은 시간이 필요하지 않기 때문일 것이다. 오히려 프리인퓨전이 너무 길면 입자 크기나 혼합액의 온도, 추출 시간, 다른 추출 변수가 그대로인 상황에서 맛에 좋지 않은, 확산 속도가 느린 성분까지 추출될 수 있다.

　나는 프리인퓨전 중 모든 커피 입자가 물을 완전히 흡수하는 것이 바람직하다고 본다. 물을 완전히 흡수해야 가장 큰 입자의 중심부까지, 모든 커피 세포에서 가능한 빨리 추출을 할 수 있다. 주 퍼콜레이션 단계는 45초부터 시작인데 흡수는 2분이 지나서야 완료된다면, 중심부 커피 세포의 상당 부분은 과소 추출될 것이고, 좋지 않은 향미 프로필이 음료에 들어가고 많은 수용성 커피 성분이 버려질 것이다.

　흡수 정도를 정확히 측정하기란 매우 어렵다. 이를 위해서는 물을 천천히 부어 커피 입자 사이의 공간을 채운 뒤 마침내 여분의 물이 아래로 떨어질 때까지 오랜 시간 기다려야 한다. 필터 커피를 프리인퓨전하는 동안 흡수가 잘 되게 하는 기법에 대해 몇 가지 가설을 세울 수 있지만, 확실히 아직 많은 연구가 필요하다. 거기다, 흡수가 잘 진행됐다고 해서 맛이 항상 더 좋을 것이란 보장도 없다. 내 생각에는 첫 프리인퓨전 단계는 물 대 커피 비율을 2:1로, 다음은 긴 시간 동안 매우 천천히, 몇 번에 나눠서 물을 부으면 주 퍼콜레이션 단계 전에 모든 커피 입자가 물을 완전히 흡수하게 할 수 있다.

　하지만 뜸 들이는 동안 추출비를 3:1-4:1까지 하지 않는다면 위 작업을 진행하기는 비교적 어렵다. 왜냐하면 3:1-4:1은 주 추출 단계를 진행하기엔 남은 물이 부족하다는 의미이기 때문이다. 내 경험으로는 위 기법은 아주 약 로스팅한 커피의 경우에만 추출 수율과 맛 개선 효과가 있었다. 뜸을 오래 들일 수 있게 물흐름을 제어하는 스위치가 있다면 모든 커피 입자를 물로 제대로 채울 수 있을 것이다. 그러나 이 방법은 필터 막힘을 피하기 어렵다. 물흐름이 없는 상황에서 큰 입자는 위로 떠버리고 미분은 아래로 내려가 필터를 막을 수 있다. 이 경우 많은 실험이 필요하다.

물의 조성을 바꾸어 모세관 현상에 의한 이동 속도를 높이는 것도 실용적이지 않다. 모세관 계수를 높이려면 경도가 엄청나게 높아야 한다. (칼슘 경도가 $CaCO_3$ 환산 대략 20만 ppm이면 표면장력이 10% 높아진다. Michaud 2016) 이 정도 경수는 문제가 상당하다. 커피콩 내부의 이산화탄소 함량 변화는 미미할 정도의 영향만 있다. 대기압과 커피 슬러리의 온도 환경에서 물-이산화탄소 간 표면장력이나 물-공기 간 표면장력은 거의 차이가 없기 때문이다. (Georgiadis 팀 2010; Nielsen, Bourg, and Sposito 2012; Vargaftik, Volkov, and Voljak 1983) 그러나 커피 입자 속 이산화탄소가 가압 상태로 존재한다면 물 흡수가 느려질 수 있다. Darcy 법칙을 커피 세포 내부로 연결되는 구멍을 통과하는 물에 적용하면, 뜸을 들이는 환경이 밀봉되어 있을 때 절대압력을 높이면 흡수 속도를 높일 수 있다. 그러나 기술적으로 구현하기가 쉽지 않고, 이후 폭발 문제가 일어날 가능성이 다분하다.

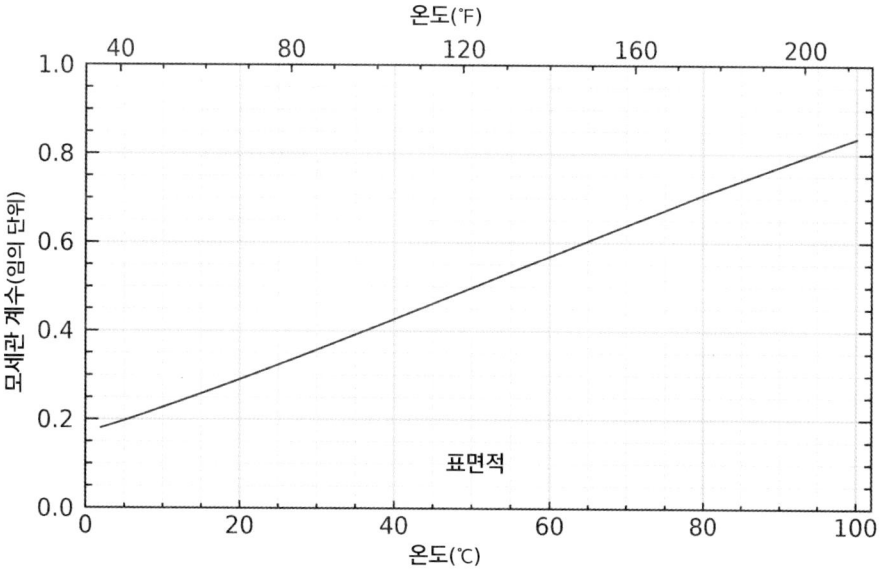

물 온도와 모세관 계수. 물이 온도가 높으면 물의 표면장력은 약간 줄어들지만 점성은 크게 줄어들기 때문에 모세관 계수는 높아진다. 그로 인해 다공성 매질에 대한 모세관 효과는 보다 활발해진다.

물 온도가 높으면 점성이 떨어지고 표면장력도 약간 줄어들면서 모세관 계수가 커진다. 그러므로 가능한 한 뜨거운 물을 사용하는 것이 흡수 속도 증가에 도움이 될 수 있다. 앞에서 언급한 Lucas-Washburn 식을 따르면, 프리인퓨전 중 커피 슬러리 온도를 75도에서 88도로 높이면 흡수 속도는 최대 15% 높일 수 있다. 커피 가루를 예열하는 것도 뜸 들이는 중 슬러리 온도를 높이는 한 방법이 될 수 있다. 다만 이 경우는 커피 향 손실 위험이 있다.

프리인퓨전 중 일어나는 또 다른 현상이 있다. 바로 커피 입자가 부푸는 것이다. 커피 입자는 물을 흡수하면 부풀어 오르고, 이로 인해 커피층은 둥근 형태, 즉 돔 형을 이룬다. 커피를 많이 사용할수록 이 현상이 뚜렷한데, 이는 순전히 기하학적 이유 때문이다.[8] 그렇긴 하지만, 나는 이 부풀어 오르는 현상 또한 커피 입자의 물 흡수가 얼마나 빨리 진행되었는지를 시각적으로 평가할 수 있는 방법이라 생각한다. 커피층이 부풀어 오르면 커피층 내 공극이 줄어들어 투수저항계수가 약간 커질 가능성이 있다. (Aksu, Bazilevskaya, and Karpyn 2015). 어떤 경우에는 커피층이 부풀면서 진흙 같은 상태가 되는데 주전자 물줄기만으로도 쉽게 무너져 내린다. 커피층에 고루 물을 부어 충분히 교반이 되도록 한 뒤에 드리퍼를 돌려 주는 것은 채널 생성을 억제하는 좋은 전략이다. 투수저항계수가 커지므로 추출 시간은 약간 길어지지만 분쇄 입자 크기를 굵게, 물 붓기를 빠르게 또는 붓는 횟수를 줄이면 해결된다.

스페셜티 커피 업계에는 원뿔형 드리퍼의 프리인퓨전 효율을 높이는 방법으로 커피층에 '둥지 모양'으로 홈을 파는 방법이 널리 알려져 있다. 옴폭 들어간 둥지 가운데에 먼저 물을 부어 커피층 바닥까지 빠르게 적신 뒤 주변부를 따라 고르게, 커피층 표면을 덮으며 물을 붓는다. 경험상 이 기법은 프리인퓨전 단계의 효율성을 높여주었다. 보통 둥지형으로 홈을 파지 않으면, 너무 많은 물이 떨어지기 전에(너

---

8  원뿔형 드리퍼에는 중심부에 커피가 더 많으므로 부풀어 오를 커피 또한 더 많다.

무 많은 물을 붓지 않는 한) 커피층 바닥까지 충분히 적시기 어렵고 모세관 현상을 통한 물의 이동도 다소 줄어든다. 유량 제어 스위치가 달린 드리퍼라면 이 방법은 그다지 소용없을 것이다. (뜸 들이는 동안 흐름이 완전히 막힌다.) 예상외로, 바닥이 평평한 드리퍼(플랫 바텀)를 쓸 때도 둥지 모양으로 홈을 파는 것이 유용하다. 이 경우에도 커피층의 바닥까지 빨리 적실 수 있기 때문이다. 마른 커피층에 둥지 모양을 동일한 형태로 파는 것이 아주 쉬운 건 아니다. 젓가락으로 커피층 가운데 부분을 돌려 주면 대략 모양은 나오지만 가운데 부분이 너무 얕아지기 때문에 채널이 발생할 위험이 있다. Malherbe(2020)는 스푼을 뒤집어 동그란 부분 위로 커피 가루를 부어 다른 조작 없이 둥지 모양을 만드는 방법을 소개했다. 내 경험상 그냥 손가락을 돌려서 둥지 모양을 만들어도 추출 결과는 일정하게 나왔다.

프리인퓨전 중 드리퍼를 잡고 작은 원을 그리며 회전을 시켜서, 커피층을 돌리는 방식은 James Hoffman이 처음 소개했고 이후 Rao(2008, 2010)가 대중화했다. 이 방식은 물을 수평 방향으로 움직여 마른 부위가 빨리 젖게 하고, 커피층 내 입자 위치를 재정렬해 채널을 없앤다. 특히 커피층에 둥지 모양 홈을 팠거나 커피층이 물을 먹고 부풀어 돔 형이 됐을 때, 주 추출 단계로 가기 전에 커피층을 평평하게 만드는 효과도 있다. 커피층을 돌리면 채널이 없어지기 때문에 프리인퓨전뿐만 아니라 이후 주 추출 단계에서도 고른 흐름을 만드는 방법으로 유용하다. 실험실용 셰이커를 쓴다면 정밀하고 동일하게 돌릴 수는 있겠지만, 커피 슬러리가 가득한 상태에서 자칫 결과물 향상 효과보다 오히려 물이 커피층을 우회하거나 커피층 옆면으로 과잉 추출을 유발할 위험이 있다.

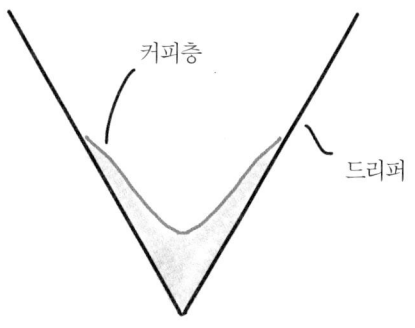

커피층

드리퍼

프리인퓨전 중 커피가 바닥까지 빠르게 젖도록 하려면 둥지 모양이 유용하다.

## 4.4 이동

미분 이동은 토양 또는 필터의 투과성을 떨어뜨리는 현상으로 많이 연구되었지만 (예: Moffat 2002) 커피 추출과 관련해 언급된 경우는 드물다. 미분 이동은 Petracco and Liverani(1993)가 관찰했던 에스프레소 추출에서 일정 압력을 몇 초 동안 가했을 때 커피 픽의 저항이 점차 커지는 현상의 원인이다. Cappuccio and Liverani(1999)는

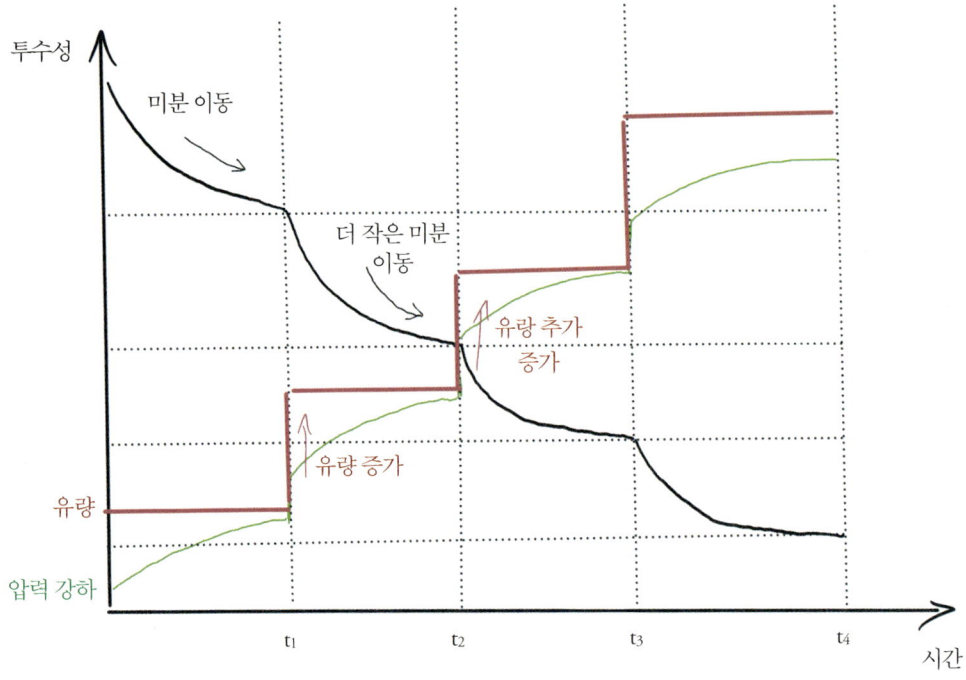

미분이 있는 다공성 매질에서 투수성(검은색 선)의 시간 변화. 펌프 압력(녹색 선)은 일정한 유량(빨간색 선)을 유지하도록 조정된 다음 네 단계에 걸쳐 유량을 증가시키기 위해 갑자기 증가한다. 첫 번째 단계의 낮은 압력은 비교적 적은 유량을 가져오는데 이때 다공성 매질의 입자 사이 일부 영역에서 물흐름이 생기고 미분 중 가장 큰 것들만 쓸려 내려간다. 이 미분들이 다공성 매질 아래 부분에 모이면서 투수성이 줄어든다. 그러므로 유량을 유지하기 위해서는 더 높은 압력이 필요하다. 더 이상 미분이 이동하지 않는 경우 투수성은 안정적이다. 하지만 펌프가 갑자기 압력을 더 많이 높이면 유량은 커지고, 일부 영역에서 물흐름이 많아지면서 보다 작은 미분들이 이탈할 정도로 지렛대 효과가 세지고 투수성은 다시 줄어든다. 이 작은 미분들이 고갈되고 투수성이 안정될 때까지 이는 계속된다. 유량이 늘어날 때마다 더 작은 미분들이 이동하기 시작하고 그로 인해 투수성은 더 떨어진다.

펌프 압력이 커질수록 흐름 감소 또한 더 뚜렷해지는 것을 관찰했다.

이런 관찰 결과는 미분 이동에 대한 기하학 문헌과 일치한다. 예를 들어, Ochi and Vernoux(1998)는 토양층에 일정하게 물을 흘려 보낼 때 투수성이 점차 줄어들다 안정화되며, 그 원인이 미분 이동 때문이라는 것을 증명했다. 여기서는 모든 미분이 제자리를 벗어나 투과 매질의 깊은 곳에 자리잡았다. 펌프 압력을 높여 물흐름을 늘리자, 새로운 유형의 미분이 이동하기 시작했고, 이로 인해 투수성은 다시 줄어들다 안정적으로 변했다. 앞에서 부분 그림으로 이 현상을 나타냈다.

물흐름이 빨라지면 추가로 미분이 이동하는 이유는 단순하지만 직관적이지는 않다. 핵심은 모든 미분은 언제든 물흐름을 타고 이동할 수 있다는 것이다. 추출 시

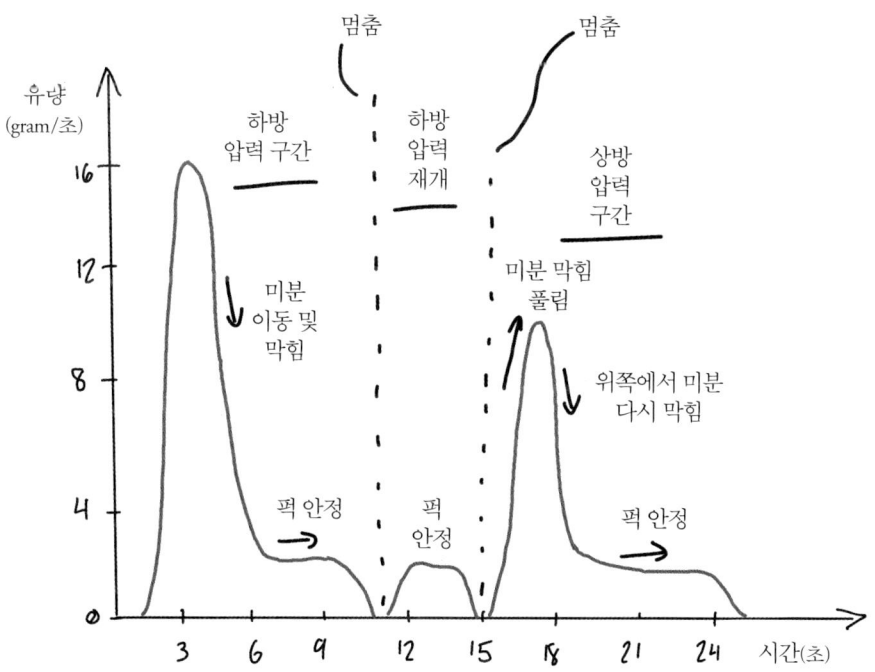

Petracco and Liverani(1993)의 실험은 펌프 방향을 바꾸면 투수성 감소를 약간 회복할 수 있음을 입증했다. 이는 투수성의 변화가 미분의 이동과 정착 때문이라는 증거다.

퍼콜레이션

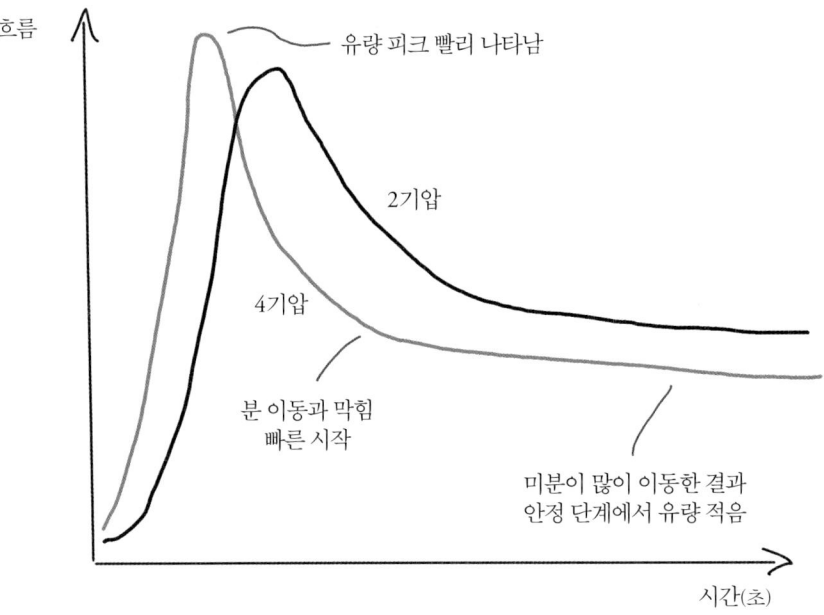

압력이 다를 때 시간에 따른 유량 변화(Cappuccio and Liverani 1999). 펌프 압이 높으면 미분이 많이 이동해 퍽의 투수저항계수가 커지고 유량은 적어진다. 압력이 커지면 이로 인해 커피층이 압착되면서 미분 이동뿐만 아니라 투수저항계수도 커진다.

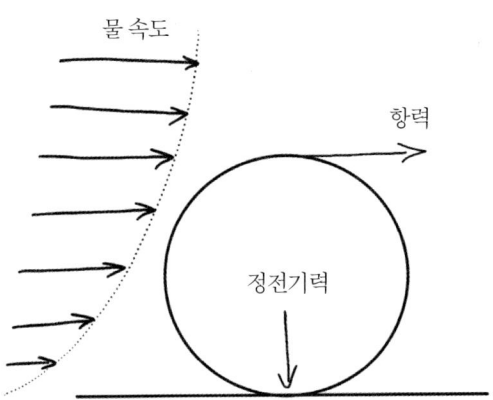

커피 미분(동그라미)이 큰 입자의 표면(수평선)에 정전기력으로 붙어 있다. 물 속도(왼쪽 화살표)가 입자에 항력을 가해 지렛대처럼 작용해 미분을 떨어뜨린다.

작 시에 미분은 대개 더 크고 모양이 균일하지 않은 커피 입자 사이에 끼거나 정전기 때문에 큰 입자들 표면에 달라붙어 있다. 물흐름이 이 미분들을 끌고 가려면 그 정전기의 힘보다 커야 한다. 옆 페이지 그림은 이 상황을 이해할 수 있는 스케치다.

물흐름이 미는 힘은, 큰 입자 표면에 달라붙어 있는 커피 미분에 지렛대처럼 작용한다. 미분이 클수록 지렛대도 더 큰 힘을 내기 때문에 물흐름에 끌려갈 가능성이 더 크다. 물론 미분이 커피 입자 사이의 공간을 통과할 수 있을 만큼 작아야 계속 이동할 수 있다. 달리 표현한다면 "미분이 작을수록 물흐름을 더 잘 비껴가거나 더 잘 버틴다." 반지름 $r$인 미분을 끄는 힘 $F_d$는 다음과 같이 나타낸다.

$$F_\mathrm{d} = u\mu r$$

여기서 $u$는 공구 중심에서의 물흐름이며 $\mu$는 물의 점성이다.

투수성 부분에서 언급했듯이, 물흐름이 느릴 때는 커다란 미분만 끌려간다. 물흐름 속도가 빨라지면 작은 미분이 이동할 수 있고, 투수성은 더 낮아진다. 흥미로운 의견으로, Bergendahl and Grasso(2003)는 물 온도를 높이면 미분과 커다란 입자 사이의 정전기력이 감소한다고 한다. 추출 온도가 높으면 미분 이동이 많아질 수 있다는 의미다. 다만, 이 영향이 어느 정도인지에 대해서는 커피 추출 관련 실험 자료가 필요하다.

미분을 끄는 힘에 대한 식에서 추론할 수 있는 것 한 가지는 채널이 발생하는 영역에서는 미분이 물흐름을 타고 더 많이 이동할 수 있다는 점이다. 채널 내부의 물흐름은 훨씬 빠르기 때문이다.

다음으로 미분 이동을 이해하고자 할 때 중요한 점은 물흐름에 의해 떨어져 나온 미분이 어떤 일을 겪는가이다. 커피 제조에서는 두 가지 결과가 나올 수 있다. 첫 번째, 미분이 더 이상 지나갈 수 없는 공극에 걸린다. (예: Yang 2016) 두 번째, 미분이 모든 경로를 통과해서 커피 음료에 도달한다. 첫 번째 상황은 커피층의 상당히 아래쪽에서(미분이 다른 두 커피 입자 사이에 갇힘) 또는 종이 필터에서(미분이 지나가기에 너무 작은 필터 구멍에 잡힘) 일어난다. Ochi and Vernoux(1998)의 관찰에서처럼 두 경우 모두 추출 중의 투수성은 감소한다. 두 번째 상황은 커피 미분이 음료까지 도달하므로 바디와 마우스필은 더 묵직하지만 투명도는 낮은 탁한 음료를 만든다.

여기서, 커피층의 일부 영역에서 미분을 움직이는 영역 물흐름 $u$는 Darcy 법칙과 관련해서 언급한 커피액의 추출량 $Q$와는 다른 개념이란 점을 인식해야 한다. 배출량 또는 추출량 $Q$는 정해진 시간 동안 빠져나오는 물의 총량을 의미한다. 이에 비해 일부 영역에서의 물흐름 $u$는 물이 커피층 안에서 얼마나 빨리 이동하느냐를 의미한다. $u$와 $Q$는 다음과 같이 나타낼 수 있다.

$$u = \frac{Q}{A\varphi}$$

여기서 $A$는 드리퍼의 단면적이다. $\varphi$는 커피층의 다공성 또는 공극률을 나타낸다. 공극률은 물을 드리퍼에 붓기 전 전체 부피에 대한 공극 부피의 비율이다. 커피층을 압축하면 빈 공간이 줄어드는 만큼 공극률은 줄어든다.

커피 없이 물만 흐르는 원통을 생각해 보자. 이 상황은 물이 흐르기 전 빈 공간만 존재하므로 다공성 100%으로 $\varphi = 1$에 해당한다. 따라서, 평균 물흐름 $u(\text{m/s})$에 단면적 $A(\text{m}^2)$를 곱하면 추출량 $Q(\text{m}^3/\text{s})$가 나오는 이유를 쉽게 알 수 있다. 표면의 모든 영역이 물흐름을 담당하는 작은 관인 셈이므로 이들의 합은 총 추출량 $Q$가 된다. 그에 비해 원통 안에 커피가 들어간다면, 공극률 $\varphi$는 0에서 1사이가 될 것이다. 총 추출량 $Q$에 관여하는 유효 단면적 $A$가 작아진 상태이므로 동일한 $Q$값을 얻으려면 물이 더 빨리 흘러야 한다.

다시 Darcy 식을 이용해, 각 영역 물흐름 $u$를 다른 변수의 식으로 표현해 보자.

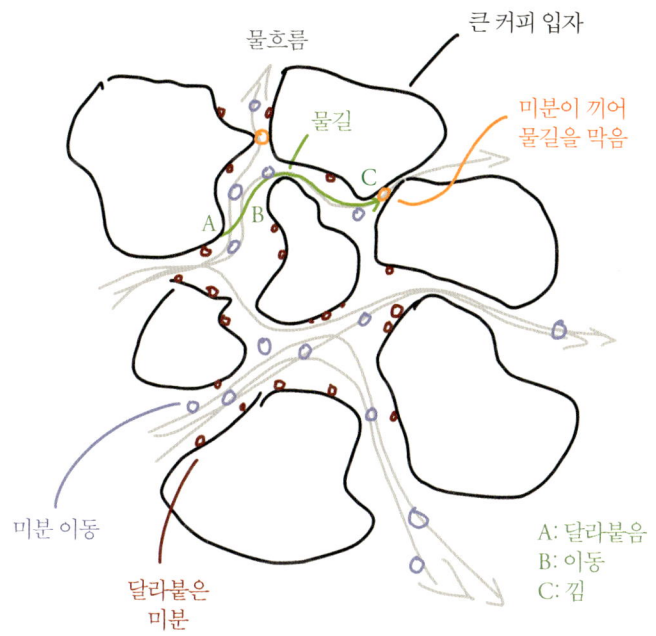

물흐름

큰 커피 입자

물길

미분이 끼어
물길을 막음

C

A

B

미분 이동

달라붙은
미분

A: 달라붙음
B: 이동
C: 낌

미분 이동 중 단계별 개략도. 물흐름(회색)이 강하지 않아서 가장 작은 미분(붉은색)은 보다 큰 커피 입자(검은색)에 달라붙어 떨어지지 않는 상태이다. 보다 큰 미분(보라색)은 떨어져 물흐름을 타고 이동하며, 일부(귤색)는 자기 크기보다 작은 공극에 붙어 물흐름을 막고 전체 투수성을 떨어뜨린다. 일반적인 미분 이동 경로는 녹색으로, 세 가지 과정(A-B-C)을 거친다.

물흐름 $u$가 클수록 이동할 수 있는 미분 수가 더 늘어난다는 것을 유념하자.

$$u = \frac{k}{\varphi \mu L} \left( \rho g h - \Delta p \right)$$

이제, 영역 물흐름에 영향을 미치는 변수가 나왔다. 그러나 이 식에는 투수 계수 $k$ 와 공극률 $\varphi$가 모두 들어 있어 약간 애매모호하다. 커피층의 공극이 더 많다면 그 부피도 커질 것이다. 공극과 부피는 공극률을 구하는 식의 분자와 분모인 만큼, 물 흐름에 미치는 영향에 상호 경쟁하며, 그런 만큼 영역 물흐름 물흐름이 어떤 영향을 받을지는 알 수 없다. 그러므로 좀 더 깊이 파고들어, 영역 물흐름에 어떤 요소가 너 많이 영향을 미치는지 확인해야 한다.

앞에서 언급했듯, 투수성 $k$는 분쇄 입자 크기, 커피층의 패킹, 입자의 모양에

퍼콜레이션

따라 다르다. 3장에서 언급했듯이 $k$값을 기본 원리에서 계산하기란 실용적이지 않으므로 과학자들은 $k$값을 계산할 때 실험 추정치 또는 컴퓨터 시뮬레이션에 의존한다. 투수성이 입자 크기 분포에서 10번째 백분위($D_{10}$)의 제곱과 관련 있다는 점도 보았다. (Anderson 팀 2007; Hazen 1911)

$$k = f_{\mathrm{sp}} \left( D_{10} \right)^2$$

그러므로 투수성은 $D_{10}$값의 제곱에 입자 크기와 패킹 정도에 따라 다른 미지수의 곱(여기서는 $f_{\mathrm{sp}}$)으로 구한다. 입자 모양과 패킹이 고정된 상태로 입자 크기만 바꾸면, 위 식을 통해 투수성의 변화도 예측할 수 있다.

다음 유용한 추정치 또한 실험 자료에서 얻을 수 있다. 학자들은 관찰 자료를 바탕으로 투수성 $k$를 공극률 $\varphi$에 대한 함수로 나타내는 여러 식을 제시했다. (예: Hommel, Coltman, and Class 2018) 이 중 넓은 범위에서 들어맞는다고 보이는 식은 거듭제곱 기반이다.

$$k = f_{\mathrm{sd}} \varphi^{\eta}$$

여기서 $f_{\mathrm{sd}}$는 입자의 모양과 지름에 따라 달라지는 수다. $\eta$는 '에타'라는 그리스 문자로서, 다공성 물질의 고유 속성을 의미한다. 재질에 따라 $\eta$값은 2에서 20 초과까지다. (Bernabé and Evans 2003) 숫자가 클수록 공극률이 변할 때 투수 계수가 더 크게 변한다. 가장 많이 사용하는 수치는 $\eta = 3$이다. (Bear 1988) 이 식을 다공성과 입자 크기가 각각 투수 계수에 미치는 영향을 나타내는 식에 대입하면 다음과 같다.

$$k = f_{\mathrm{s}} \left( D_{10} \right)^2 \varphi^{\eta}$$

이 식에서 모르는 수치는 $f_s$ 인데 이는 커피 입자의 모양 분포에 따라 다르다. 이를 제외하면, 투수 계수가 입자 크기에 따라서($D_{10}$), 다공성에 따라($\varphi\eta$) 변한다는 것이 명확히 드러난다. 참 많이 돌아왔는데, 조금만 더 참아보자. 이제 $k$에 대한 식을 Darcy 식에 넣으면 다음과 같은 식이 나타난다.

$$u = \frac{f_s D_{10}^2 \varphi^{\eta-1}}{\mu L}\left(\rho g h - \Delta p\right)$$

이 식은 기괴하고 복잡하게 생겼지만 엄청난 내용이 들어 있다. 막연하긴 하지만 미분 이동 문제를 악화 또는 감소시키는 요인이 드러난다. $\eta$의 제곱값은 항상 2보다 크기 때문에 $\varphi$의 값이 클수록 분모에서 $\varphi$가 증가하는 것보다 분자에서 $k$가 더 많이 증가한다는 사실을 이미 알 수 있다. 이 방정식은 다른 것들도 알려준다 (Aharonov, Tenthorcy, and Scholz 1998; Colón, Oelkers, and Schott 2004).

- 커피층의 상단과 히단에 작용하는 압력 차이(압력 강하)가 크면 미분 이동이 많아진다. 압력 강하가 기계적인 것이든($\Delta p$) 물 높이가 아주 높기 때문이든 ($h$) 미분 이동이 많아진다. 그러나, 펌프에 의한 압력 강하는 중력에 의한 흐름 대비 수백 내지 수천 배 강하다는 것을 유념하자.
- 공극률($\varphi$)이 높은 커피층은 미분 이동 가능성이 더 크다. 현실적으로 $\eta$의 제곱 값은 항상 2보다 크므로, $\eta-1$의 제곱은 항상 양수이며 다공성에 대한 영역 물흐름의 의존도는 감소하지 않는다. 식의 다른 변수가 일정할 때 커피를 압착하거나 탬핑하면 공극률($\varphi$)이 줄어들기 때문에 미분 이동도 줄어든다. 이는 에스프레소 제조에서 탬핑(압력 강하 $\Delta p$가 매우 큰 상황이다)은 미분 이동 감소와 관계가 있음을 의미한다.
- 다른 조건이 일정할 때 커피층 깊이 $L$이 얕을수록 미분 이동 가능성이 크다.

유량이 훨씬 빨라질 것이기 때문이다.

- 물의 점성은 부분 영역 물흐름에 영향을 주지만 영역 물흐름을 미분이 받는 항력과 연결하는 방정식에도 관여한다. (예: Yang 2016, equation A-1) 그러므로 물의 점성이 미분 이동에 미치는 영향은 한계가 있다.

일반화하면, 기계적 흡입 또는 펌프 압력을 가하면 커피 추출에서 예상보다 많은 미분 이동이 일어난다는 점을 기억하자. 이렇게 되면 탁한 음료가 되거나 경우에 따라서는 필터가 막힌다. 에어로프레스 추출을 예로 들면, 피스톤을 강하게 누를수록 추출되는 음료는 더 탁하다. 이는 맛에 뚜렷한 영향을 미친다. 다만 취향에 따라서는 탁한 음료가 나쁘다고 볼 수는 없다.

영역 물흐름 $u$에 관한 식은 다른 변수 모두가 일정하고 변수 하나만 바꾸는 상황에서 자신의 직관을 살피는 데 유용하다. 예를 들어, 공극을 줄이기 위해 탬핑을 해도 분쇄 입자 크기를 크게 해서 동일 추출 수율로 추출했다면 결과물이 어떨지는 확실하지 않다. 이를 알려면 소위 독립 변수가 들어가는 다른 식을 연계해야 하는데, 여기서는 다루지 않는다. Koekemoer and Luckos(2015)는 입자 크기 분포가 넓어지면 커피층은 약간 더 패킹되며, 이 때문에 미분 발생량은 더 많아도 미분 이동은 줄어들 수 있다고 한다.

위 개념 설명용으로 Matt Perger가 내린 알롱쥬(allongés) 샷을 생각해 보자. 이 샷은 커피를 에스프레소와 푸어 오버의 중간 정도로 분쇄한 다음 탬핑, 뉴테이팅[9] 하며, 바닥에는 에어로프레스용 종이 필터를 사용하고 Decent 에스프레소 머신을 flow mode로 맞추어(지속적으로 압력을 조정해 추출량을 항상 1g/s 로 함) 전 추출 과정에서 압력 강하가 1기압 미만이 되게 한다. 이 실험의 목표는 일반 푸어 오버 조건

---

9  탬핑 중 탬퍼를 돌리며 위아래로 움직여 일반 탬핑보다 커피 픽을 더 많이 압착한다.

Decent 에스프레소 머신으로 뽑은 알롱주(allongé) 샷으로, 굵게 분쇄한 커피가루에 매우 낮은 압력을 가해 유량을 1g/s로 유지해 추출했다. 에어로프레스 필터를 에스프레소 바스켓 바닥에 두어 미분과 기름을 걸렀으며, 종이 아래는 금속망을 깔아 종이 필터에 고른 흐름이 일어나게 했다. 그 결과, 음료는 일반적인 중력이 작동하는 푸어 오버보다 훨씬 더 탁했는데, 이는 압력을 약하게 했다 해도 중력보다는 훨씬 강하므로 가장 작은 미분까지 종이 필터를 통과해 빠져나오기 때문이다.

을 재현하는 것이다. Perger는 종이 필터 아래에 금속망을 깔아서 물이 바스켓 구멍 위쪽 부분만이 아닌 필터 면 전체를 통과하게 했다. 이 결과물은 손으로 내린 어떤 커피 음료보다도 더 닥했는데, 중력을 이용하는 추출에서 유효 압력 강하가 0.008 기압 미만이라는 점을 생각하면 놀랍지 않다. 이 정도로 낮은 수치를 신뢰성 있게 유지하는 에스프레소 머신 펌프는 없다.

## 4.5 흐름의 균일성

물이 커피층을 얼마나 고르게 흐르느냐는 커피 입자의 추출 균일성을 결정짓는다는 점에서 중요하다. 퍼콜레이션 관점에서 고른 물흐름을 확보하기는 일반적으로 어렵다. 왜냐하면 첫째, 입자 크기가 고르지 않을 때 물은 저항이 가장 낮은 경로인 굵은 입자 근처로 움직이려 한다. 이 경로를 통해서 물은 구불구불하게 흐르

왼쪽은 커피층 내 입자가 고르게 퍼져 있고 물흐름이 전체적으로 균일한 데 비해 오른쪽은 균일하지 않다. 푸른색에서, 녹색, 노란색, 붉은색으로 갈수록 물흐름 속도는 빨라진다. 위 일러스트는 Ahmadi and Sefidvash(2018)의 자료에 기반한다.

지 않고 곧게 아래쪽으로 이어질 수 있다. (Ahmadi and Sefidvash 2018, Holzbecher and Oehlmann 2012)

둘째, 고르지 않고 헐거운 다공성 매질에 대한 컴퓨터 시뮬레이션에서 유체는 흐름 속도가 빠를수록 더 균일하게 흐르는 것으로 나타났다. 이러한 효과는 유체 속도가 과도해 난류를 발생시키기 훨씬 전의 속도 영역에서 일어났다. (Stanley 팀 2003) 이 저자들의 데이터를 V60 추출의 매개변수에 적용하면 오른쪽 페이지 그림과 같이 상당한 물의 흐름을 받는 커피층의 비율을 볼 수 있다.

미분 이동으로 종이 필터나 커피층이 막히면 이 효과가 악화될 수 있다. 막힘 현상이 있으면 흐름이 줄어들고 물이 저항이 낮은 경로를 찾아가면서 물흐름의 균일성이 크게 떨어진다. (예: Dapp and Müser 2016) 문제를 복잡하게 하는 것은 영역적으로 너무 빨라진 물흐름이, 느슨한 커피층의 입자들을 이동시켜 더 큰 구멍과 더 작은 투수저항계수를 가진 특정 영역을 만든다는 것이다. 이로 인해 더 많은 물이 흐르면서 더 많은 커피 입자들이 이동해 큰 채널이 생성되는 폭주 효과가 발생할

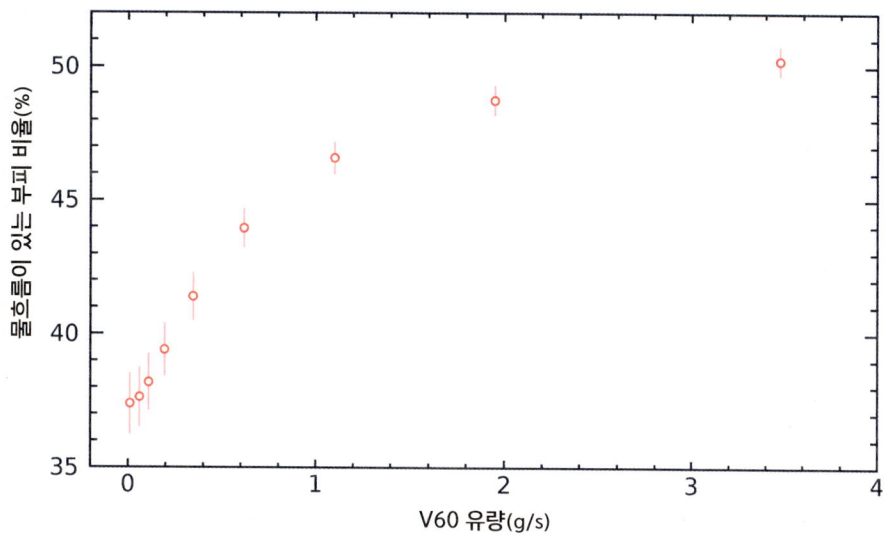

V60 유량 대비 일정 수준 이상의 물이 흐르는 커피층의 비율. 이 그래프는 Stanley 팀(2013)의 자료를 일반적인 V60 설정에 맞춘 것이다.

수 있다. Rosti 팀(2020)은 구멍의 탄성 변형에 의한 채널 발생을 설명하는 제한 모델을 만들었다. 여기서는 입자가 이동하지는 않되 변형된다고 가정했다. 실제로는 미세하게 분쇄할 때 채널링이 더 많이 일어난다. 이는 그만큼 커피층의 투수성이 떨어지기 때문이다. 물흐름에 대한 저항이 커지므로 커피층에 채널이 만들어지기만 하면 그쪽으로 흐를 가능성이 커지는 것이다.

이것이 커피를 더 미세하게 분쇄해도 추출 수율이 정비례로 높아지지 않는 이유일 것이다. 채널 또는 미분 이동이 없이 고정된 커피층에 완벽한 물흐름을 가정한 단순 모델에서도 이를 예측할 수 있다. (Cameron 팀 2020) 나 또한 V60 드리퍼 일곱 개에 분쇄 크기를 5⁻미크론 단계로 10가지 사이즈로 해서 추출해 이를 확인했다.

동일하게, 커피 슬러리 위로 떨어지는 물줄기 또한 커피층 표면을 파헤칠 수 있고, 물흐름이 큰 넓은 채널을 만들 수 있다. 커피층이 얇다면 표면에서 일어나는

퍼콜레이션

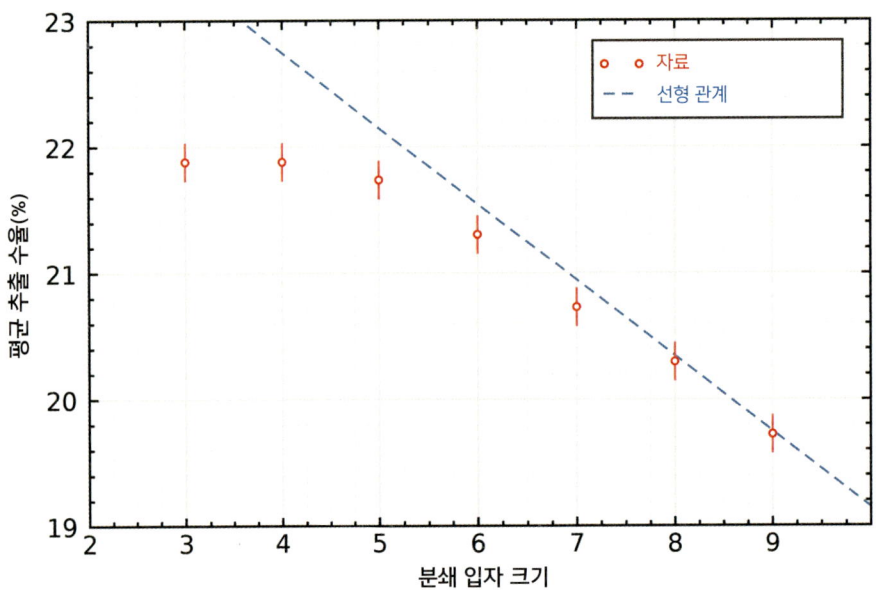

Heart사에서 로스팅한 Ethiopia Worka Sakaro를 V60으로 추출(11장에서 언급한 추출 제조법 사용)했을 때 입자 크기 대 평균 추출 수율. 나는 보통 분쇄 설정값을 7.0으로 한다. 이 설정값에서 평균 추출 수율은 분쇄 입자가 굵을 때 나타나는 선형 예측에서 벗어나기 시작한다.

아주 작은 움직임이라도 투수성에 큰 영향을 미쳐 물이 쉽게 흐르고 커다란 채널이 만들어질 수 있으므로 더 영향을 받을 수 있다. 이런 문제를 피하려면 커피층의 두께가 최소한 3cm는 되어야 한다. (Rao 2008) 커피층이 고르지 않거나 채널이 생기는 문제들은 모두 물을 부을 때마다 드리퍼를 살살 돌려 주면 줄일 수 있다. 드리퍼를 돌리면 커피층이 평탄해지고 커피 입자가 섞이면서 생성 중인 채널이 막힌다.

대단한 영향을 주는 것은 아니지만, 드리퍼가 기울어져 있으면 물이 커피층 한쪽으로만 흘러갈 수 있다. 그러므로 중력 방향의 물흐름을 이용하는 추출을 할 때는 작업대가 수평인지 확인해야 한다. 흐름 불균일로 인한 다른 문제는 앞에서 언급했던 프리인퓨전 문제 또는 특이한 드리퍼 형태로 인해 일어난다. 일부 상황에서는 물이 커피층을 우회하거나 상단부를 부분적으로만 통과할 때, 고르지 않은 추출의 주요 원인이 될 수 있다. 이에 대해서는 7장에서 논의할 것이다. Moroney 팀 (2019)은 교반과 커피층 바깥으로 발생하는 우회 현상이 없는 이상적인 상황에서 원통형 드리퍼는 커피층 표면 전체에서 유속이 일정하기 때문에 더 고른 추출이 일어난다는 점을 증명했다.

원뿔형 드리퍼는 사정이 다르지만 이 또한 커피층 전체에서 고른 추출이 일어난다. 직관적으로 이해되지 않는 부분인데, 원통형 드리퍼를 생각해 보면 커피층의 바닥으로 내려갈수록 커피액은 농축되는 대신 추출 잠재력은 떨어진다. 원뿔형 드리퍼에서는 커피층의 바닥에서는 물흐름이 더 빨라지므로 추출 잠재력 감소를 약간은 보완한다. 원뿔형 드리퍼가 커피층 전체에서 완벽하게 균일한 추출을 할 수 있도록 설계되었다고 해도, 각 층에서 추출되는 정확한 향미 프로파일은 다를 수 있다. 더 농축된 물을 더 많이 사용하면 다른 프로파일의 화학 물질을 추출하는 데

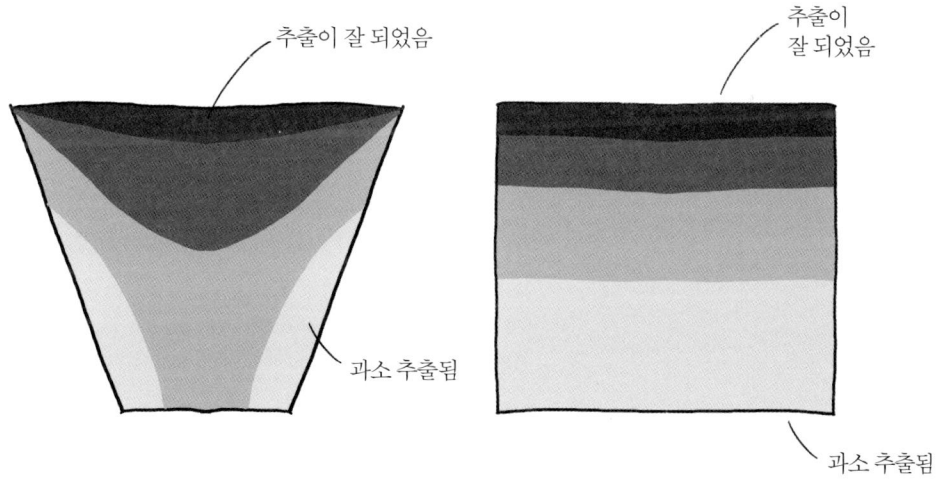

원뿔형과 원통형 드리퍼에서 추출이 끝난 시점에서 위치별 추출 상태 지도. 커피층 밖이나 필터로 우회한 물은 없다고 가성한다. 원뿔형 드리퍼는 수평 방향으로 추출 균일성은 덜하지만 바닥층 추출이 약간 더 좋아서 전체 균일성은 높다. 그러나 실제로는 우회하는 물 또는 종이 필터의 막힘 문제로 이러한 장점이 감소하는 경우가 많다. Moroney 팀 (2019)의 시뮬레이션을 근거로 그렸다.

여전히 유리하기 때문이다. 두 경우 모두, 공간적으로 균일한 추출을 위해서는 교반이 효과적이다.


## 4.6 태핑과 진동

헐겁게 쌓인 다공성 매질에 미치는 진동의 영향력은 놀랄 만큼 크다. Knight, Jaeger, and Nagel(1993)은 건조한 구체를 담은 용기를 반복해 두드려 진동을 일으키면 입자가 마찰에 의해 순환 형태로 이동한다는 것을 증명했다. 물이 있으면 점성 때문에 효과가 줄어들지만, 커피 슬러리 내 커피 입자 구조를 바꾸는 현상은 모두 미분 이동 잠재력, 나아가서는 채널 형성 잠재력이 있다. 태핑이 입자의 순환 흐름 방향에 미치는 영향은 드리퍼 벽의 각도 및 잠재적으로는 진동 주파수, 입자 모양, 관련된 물질의 마찰 속성에 따라 다르다.

    오른쪽 개략도 그림에서는 태핑에 의해 입자가 드리퍼 벽을 따라 움직이는 약한 흐름을 볼 수 있다. 물이 없는 조건에서 이 흐름보다 굵은 입자는 끌려가지 않으며, 순환 흐름의 방향에 따라서 커피층 표면 또는 바닥에 머무른다. 그러나 물이 있을 경우에는 부력을 비롯한 다른 힘이 작용하면서 입자 크기에 따라서 표면으로 올라가는 것들이 나타난다. 교반이 잘 되면 추출 후반에 커피 슬러리 표면에 채프가 모이는데, 바로 이런 이유 때문이다.

    이런 진동 개념은 건조한 커피층을 입자 크기별로 분리하고 싶을 때 의도적으로 적용할 수 있다. 다만, 체질할 때와 마찬가지로, 동일하게 체계적으로 반복하기는 어렵다.

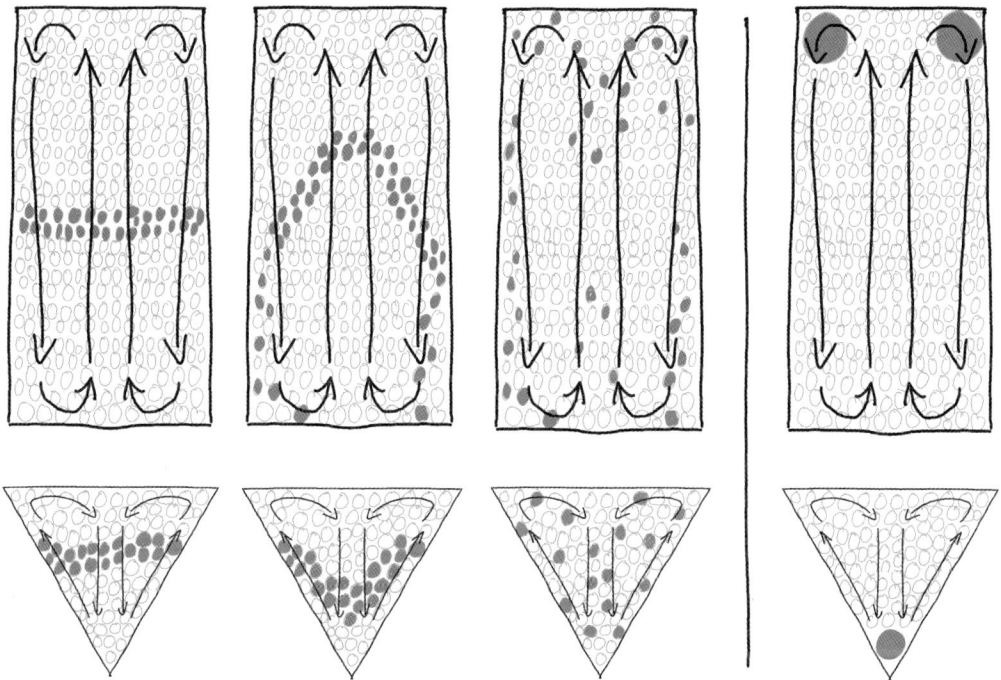

원통형 용기와 원뿔형 용기를 반복해 두드릴 경우 건조 상태의 구체가 보여주는 순환 흐름
개략도. 왼쪽 세 개의 그림에서 색깔이 다른 구체들이 시간이 지나면서 이동하는 모습을 확인할
수 있다. 원통형 용기의 흐름 방향은 원뿔형 용기와는 반대다. 가장 오른쪽 그림은 평균 입자
크기보다 훨씬 큰 입자가 너무 큰 몸집 때문에 벽을 따라 이동하는 흐름을 따라가지 못하고 용기
벽면에 잡혀 있는 모습이다. 흐름 방향에 따라, 큰 입자들은 원통형 용기에서는 위쪽에, 원뿔형
용기에서는 아래쪽에 머물게 된다.

# CHAPTER 5

# 필터

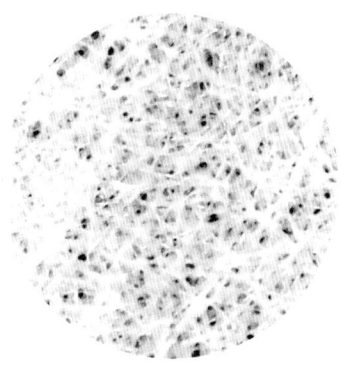

커피 추출에서 필터의 역할은 크다. 필터는 커피 입자가 음료에 닿지 않게 하고 물이 커피층을 빠르고 균일하게 통과하게 한다. 이 장에서는 여러 가지 커피 필터 및 각 필터의 고유한 속성을 살피고, 이들이 퍼콜레이션과 최종 커피 음료에 어떻게 영향을 미치는지 살핀다.

## 5.1 그 자체로 필터 역할을 하는 커피층

커피 필터 속성을 다루기 전에, 중력을 이용한 추출에서 커피층은 미분이 빠지지 않게 해서 깔끔한 음료를 생성하는 최고의 필터라는 점을 기억하자. 미분을 잡아 두는 것에 대해서는 4장에서 다루긴 했지만, 여기서 에어로프레스를 사용해 간단한 실험을 할까 한다. 아마도 위 내용이 더 명확히 드러날 것이다.

이 실험은 에어로프레스 기구만 있으면 누구나 해볼 수 있다. 에어로프레스와 아주 가늘게 분쇄한 커피를 준비하고, 기본 에어로프레스 제조법에 따라 커피 음료를 만든다. 이 커피는 다음 작업을 하는 동안 식혀 둔다. 두 번째 작업에서는 제조법을 바꾼다. 플런저(피스톤)을 눌러야 하는 시점에, 플런저를 빼낸 다음 챔버(에어로프레스 몸통, 실린더)에서 잔으로 커피액을 붓는다. 커피 가루는 최대한 잔으로 따르지 않도록 한다. 슬러리가 매우 뜨거울 수 있으니 화상을 입지 않도록 조심한다. 충분히 붓고 나면, 에어로프레스를 세척하고, 새 종이 필터를 끼운 뒤, 잔에 받아 두었던 슬러리를 다시 챔버로 붓고, 휘저은 뒤, 플런저를 끼워 천천히 누른다. 이렇게 나온 음료를 15분간 식힌 뒤 처음 만들었던 음료와 비교한다. 두 음료는 같은 모양의 잔

동일한 커피를 사용한 에어로프레스 여과 실험 결과물. 왼쪽 음료는 에어로프레스에 커피를 침지 추출한 뒤 부은 것을 깨끗한 종이 필터로 거른 것이다. 오른쪽 음료는 보통 방식대로 커피층과 필터로 걸러낸 것이다. 왼쪽 음료는 커피층으로 여과하는 단계가 없어 훨씬 탁하다. 사진: Andreas Corcaci

에 담는 것이 좋다.

왼쪽 페이지 사진은 친구인 Andreas Corcaci가 위 실험 과정에 따라 만든 결과물이다. 두 번째 만든 음료(사진 왼쪽)는 상당히 탁해 보이는데 그 원인은 미분과 콜로이드(비수용성 고체가 떠다니는 것) 때문이다. 이런 성분 때문에 약간 주황색 느낌이 든다. 이유는 퍼콜레이션 단계가 없었기 때문이다. 커피층과 종이 필터를 모두 이용하는 퍼콜레이션이 아니라 여기서는 종이 필터만 커피 슬러리 정제에 쓰였다. 침지 방식으로 만든 커피 음료를 V60 필터로 거르든, 훨씬 더 두꺼운 케멕스 필터로 거르든 투명도가 그리 나아지지 않는 원인도 이것이다. 4장에서 언급했지만, 커피 음료의 투명도를 높이려면 압력을 약하게 가하는 것(이상적으로는 중력만 적용되도록 하는 것)이 좋은 전략이다. 어떤 필터를 고르느냐 또한 영향을 미치긴 하지만, 음료의 투명도 면에서 필터의 중요도는 상대적으로 낮다. 이 실험을 할 때는 에어로프레스를 가능한 한 천천히 누른다. 그렇지 않으면 두 음료 모두 탁하게 만들어져서, 이 실험이 입증하고자 하는 커피층의 영향을 확인할 수 없다.

## 5.2 유량

물이 커피층을 통과하는 속도는 어느 정도 필터 속성을 따른다. 필터 두께가 얇거나 구멍 크기가 크면 물이 더 빨리 통과한다. 미처 모르고 있었을 수도 있는데, 커피 필터는 종이 섬유 사이로 작은 구멍이 가득한, 또 다른 다공성 매질이며 이 점에서 커피층과 유사하다. 그러므로 다행스럽게도 4장에서 살폈던 대부분의 개념들은 커피 필터에도 바로 적용할 수 있다. 예를 들어, Darcy 법칙을 이용해 커피 필터에서 벌어지는 현상들을 살필 수 있다. 커피 없이, 필터만 있는 상황에서 물이 중력에 의해 흘러간다면, 유량은 다음과 같이 계산할 수 있다.

$$Q = \frac{k_f A_f g h}{\nu L_f}$$

여기서 필터 자체 속성은 투수계수 $k_f$, 두께 $L_f$, 면적 $A_f$다. 단면적을 커피층(일반적인 Darcy 법칙에서처럼 $A$)과 필터(위 식에서 $A_f$)를 달리 잡기에 얼핏 놀랄 수 있다. 이는 물이 통과하는 종이 필터의 면적은 필터나 드리퍼 모양에 따라 커피층의 단면적과는 다르게 나오기 때문이다. 이에 대해서는 7장의 특이한 드리퍼와 관련해 살필 것이다. Darcy 법칙 관련 다른 항목은 4장을 참조하기 바란다.

여기서, 일부 독자는 커피 필터에 관한 Darcy 법칙이 커피층 항목에서 공부했던 것과 어떻게 상호 작용할지 궁금할 수 있다. 이것은 물리학의 근본적인 법칙으로 결정된다. 퍼콜레이션이 일어나는 모든 층(커피와 필터)에서 일어나는 압력 강하는 각 층별 압력 강하의 합이다. 그리고 유량 $Q$는 모든 층에서 같아야 한다. 커피 제조에 사용하는 압력 정도로 물이 압축되지 않기 때문이다. (예: Kantzas, Bryan, and Taheri 2016 참조) 이 유도식은 부록에 달아 두었는데, 결과적으로는 다음과 같은 Darcy 유사 식이 탄생한다:

$$Q = \frac{g h}{\nu} \left( \frac{L_f}{k_f A_f} + \frac{L_c}{k_c A_c} \right)^{-1}$$

여기서 커피층의 속성은 투수 계수 $k_c$, 두께 $L_c$, 단면적 $A_c$이다. 일반적인 커피층에 비해 커피 필터는 두께는 훨씬 얇고 구멍 크기는 더 작다. 그러나 두께 차이가 압도적이기 때문에 종합하면 물흐름에 대한 커피 필터의 저항력은 커피층보다는 약하다. 그러므로 필터 표면적 $A_f$ 값이 드리퍼 모양 때문에 크게 줄어들지 않는 한 투수 저항계수는 약간만 커진다. 개념을 식으로 표현하는 것은 그다지 아름다운 방법은 아니므로 옆 페이지에 그래프를 그렸다. 다른 변수 수치는 내가 쓰는 V60에서 보통

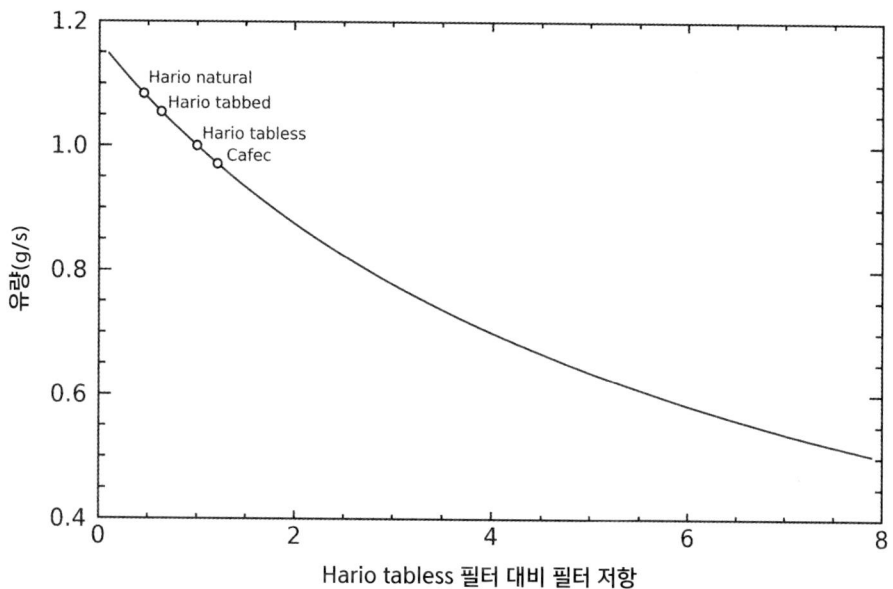

필터의 투수저항계수에 따른 유량을 Hario tabless 필터의 저항력(여기서 필터 저항력 표준값을 10으로 잡았다.)과 비교했다. 가로축은 Hario tabless 필터와의 상대 값이므로 단위가 없다.

나타나는 값으로 하고, 여러 필터 저항에 대해 유량 $Q$ 값을 그렸다.

위에서 보듯, 커피 필터를 바꾼다고 해서 유량이 크게 변하지는 않는다. 필터 모델별로 두께나 구멍 크기가 엄청나게 차이가 나지는 않기 때문이다. 그에 비해 필터 면적을 줄이면 그 저항이 상당히 커질 수 있다. 나는 이에 기반해 그래프 연장선을 그렸다. 예를 들어, 에어로프레스 커버 아랫면 구멍들의 총 면적은 필터 면적의 1/3 정도다. 이는 장애물이 없는 상태 대비 투수저항계수가 세 배 더 크다는 뜻이다. 물론, 필터가 막혔을 때는 상황이 완전히 달라진다는 것을 유의해야 한다. 이 수치는 필터가 막히지 않는다는 것을 가정한 것이다. 이 장 후반에 이에 대해 논의할 것이다.

필터가 물흐름을 투과하는 정도는 구멍 크기와 단위 면적당 구멍 수에 따라 다

필터

Hario tabless 필터(왼쪽), Hario tabbed 필터(오른쪽)

르다. Hagen-Poiseuille 등식이 이를 설명한다. 이 식은 물이 난류 없이 단면적 $A$, 길이 $L$인 단일 원통형 구멍을 통과할 때 유량을 계산한다.

$$Q = \frac{A^2}{8\pi\mu L}\left(\rho g h - \Delta p\right)$$

식 구조는 Darcy 법칙과 매우 유사하지만, 면적 값에 비례가 아닌 면적 값 제곱에 비례한다는 점이 다르다. 이는 물이 작은 구멍보다는 큰 구멍 가운데로 훨씬 빨리 빠져나간다는 사실에 근거한다. 그러므로 면적이 큰(2$A$) 구멍 하나를 낸 쪽이 면적이 작은 구멍 둘을 낸($A$+$A$=2$A$) 쪽 대비 유량이 더 크다.

　다공성 물질의 면적을 두 배로 늘리면 유량이 두 배만 늘어나는 이유는 Darcy 법칙 때문이다. 면적을 두 배 키운다고 각 구멍을 통과하는 물흐름이 두 배 빨라지

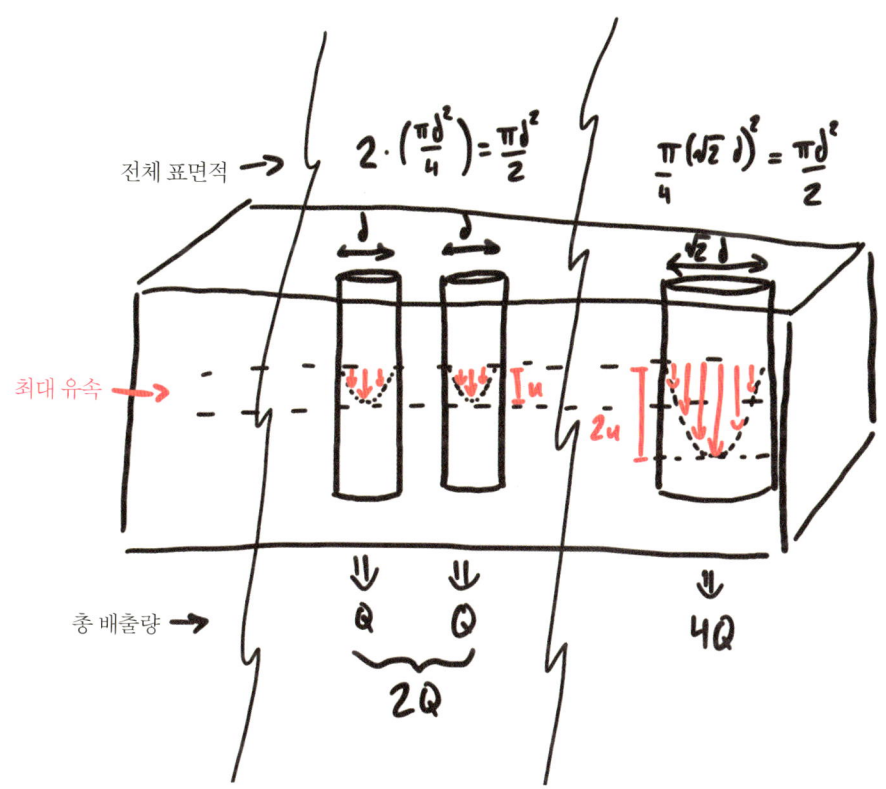

전체 표면적 →
$$2 \cdot \left(\frac{\pi d^2}{4}\right) = \frac{\pi d^2}{2}$$

$$\frac{\pi}{4}(\sqrt{2} d)^2 = \frac{\pi d^2}{2}$$

최대 유속 →

$1u$

$2u$

총 배출량 →

$Q$   $Q$

$2Q$

$4Q$

구멍의 표면적은 같으나 작은 구멍 두 개와 큰 구멍 한 개를 빠져나오는 유량에 내한 개략도.
구멍의 표면적 합은 동일하다 해도, 구멍이 큰 쪽에서 물이 더 빨리(붉은색 화살표) 흐르기에, 작은
구멍 두 개를 합한 것보다 배출량이 두 배 많다.

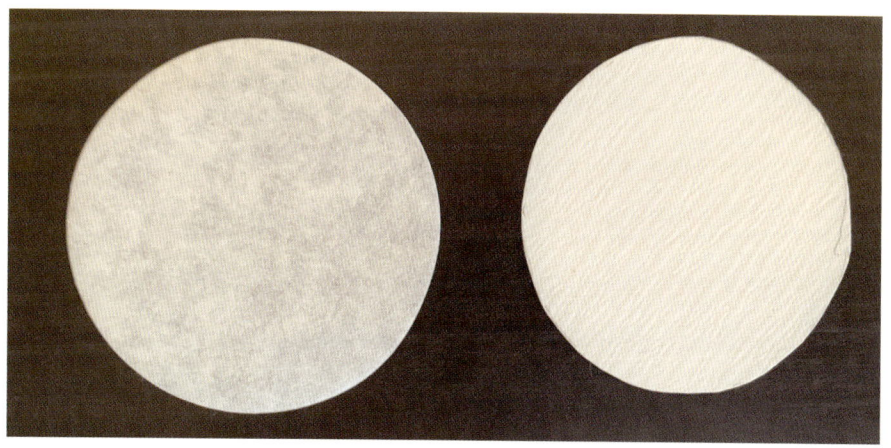

매끈한 에어로프레스 필터(왼쪽)과 크레이핑 처리한 Whatman Grade 113 필터(오른쪽)

지는 않는다. 물이 흐를 수 있는 구멍 양만 두 배 늘어날 뿐이다. 단순화해서, 모든 구멍이 원형으로 곧게 나 있는 필터가 있다고 생각해 보자. 필터의 전체 표면($A_f$)에 걸쳐 단면적 $A_p$당 구멍이 동일하게 나 있다. 이때 Hagen-Poiseuille 식을 쓰면 필터의 투수성을 확인할 수 있다.

$$k_f = \frac{\eta_f A_f A_p}{8\pi}$$

여기서 $\eta_f$는 필터 단위 면적당 구멍 수이다. 실제로는 필터 구멍은 거의 원형이 아니다. 그렇기에 정확한 투수성을 구하기가 어렵다. (Ghanbarian, Hunt, and Daigle 2016) 그렇긴 해도 위 식을 통해 단위 면적당 구멍이 많거나 구멍 크기가 크면 필터의 투수성이 커진다는 것을 알 수 있다.

물의 필터 투과 속도를 높이는 멋진 비법이 하나 있다. 바로 필터 표면에 잔주름을 넣어 울퉁불퉁하게 만드는 것이다. 이를 크레이핑(creping)이라 하는데, 필터의 표면적 $A_f$를 효율적으로 넓혀 그만큼 투수성을 높인다. 많은 커피 필터들 표면에 크레이핑 처리가 되어 있는 이유 중 하나가 이것이다.

## 5.3 여과

커피 필터의 주 사용 용도는 커피층이 새나가지 않도록 해서 커피 음료와 분리하는 것이다. 이 목적에서는 상대적으로 굵은 커피 입자가 빠져나오지 않게 하는 정도면 충분하다; 앞에서 언급했듯이 훨씬 작은 입자를 잡아 주는 역할은 이 굵은 입자들이 해 주기 때문이다. 다만 경우에 따라 커피층이 필터 역할을 효과적으로 하지 못하고 미분이 커피 필터로 이동하는 상황이 발생한다. 이런 미분이 필터에 도달하면 다음 두 가지 현상이 일어날 수 있다. 하나는 미분이 필터를 빠져나오면서 음료가 탁해지는 것이고, 다른 하나는 미분이 필터를 막는 것이다.

　　아주아주 작은 입자를 필터가 막을 수 있느냐는 대부분 필터의 구멍 크기와 균일성에 달려 있다. 이쪽은 답을 내기 쉬운 편인데, 구멍 크기가 작을수록, 균일할수록 미분을 막는 효율성은 더 크다. 그렇지만 그만큼 필터의 투수계수는 떨어지고, 물흐름도 느려진다.

## 5.4 미분을 막는 용량과 막힘

커피 필터는 커피층 아래로 이동하는 미분을 거를 수 있다. 바리스타가 투명한 음료를 만들고 싶다면 바람직한 현상이겠지만, 이 때문에 다른 큰 문제, 즉 필터 막힘이 일어난다. 필터를 통과하려는 커피 입자가 필터의 여러 구멍 중 한 곳에 갇히면서 필터를 막는다. 4장의 미분 이동 관련 글을 기억하면 도움이 될 텐데, 미분이 커피 입자에서 떨어져 나와 물의 흐름을 타고 이동한 뒤, 커피층 아래쪽의 커피 입자 또는 종이 섬유에 잡히기도 한다는 내용이었다. 이때 미분은 정전기력을 받아 커피 입자 또는 종이 섬유의 겉면에 달라붙거나, 입자 또는 섬유의 거친 표면 중 패인 부분에 자리잡거나, 미분보다 작은 크기의 구멍을 막는다.

　　커피 필터를 지나가는 물흐름 총량을 보면 커피 필터가 막혀서 물흐름이 나빠지기 전까지 미분을 잡아 둘 수 있는 양을 짐작할 수 있다. 이 양을 필터의 미분을 막는 용량으로 표현한다. 필터의 처리 용량은 미분을 막는 용량을 결정하는데, 이는 다음과 같이 나타낼 수 있다.

$$V_f = A_f L_f$$

필터가 미분을 막는 용량에 대해 우리가 알아야 하는 거의 모든 것은 이 식에서 바로 나온다. 필터가 두꺼우면 미분을 막는 용량도 많아지고 막힘에도 강하다.[1] (예: Sparks and Chase 2016) 그러나 앞에서 언급했듯이 그만큼 투수저항계수가 높아지고 필터를 사전 헹굼하기도 어려워진다. 미분을 막는 용량을 늘리는 다른 방법은 필터 표면을 크레이핑하는 등 유효 필터 표면적을 넓히는 것이다. 원통형 드리퍼의 폭을 크게 키우면 미분을 막는 용량도 커진다고 생각할 수 있지만, 그다지 좋은 해법은 아니다. 드리퍼가 넓으면 커피층 높이를 그대로 유지하면서 다른 퍼콜레이션 문제를 피하기 위해서는 더 많은 커피를 담아야 한다. 그러면 커피에서 필터로 빠져나오는 미분 양도 그만큼 더 늘어나기 마련이다. 크레이핑한 필터가 특유의 모습을 하는 이유 중 하나는 이 때문이다: 크레이핑한 필터는 커피층의 높이나 표면적은 변화 없이 필터 면적만 넓힌 것이다. 그 외에, 필터의 미분을 막는 용량을 키울 수 있는 효과적인 방법이 두 가지 있는데, 하나는 필터를 막는 장애물을 모두 없애서 유효한 필터 표면을 최대화하는 것이고, 다른 하나는 필터 두께를 키우는 것이다.

옆면을 접은 주름 필터는 실험실과 커피 제조에도 흔히 사용한다. 필터 표면적을 최대로 키우면서 필터 벽면을 견고하게 만들어 처지지 않도록 한다. 화학 연구에서 용액을 거를 때 주름 필터는 매우 유용하다. 그러나 내 생각엔 주름 필터는 커피 퍼콜레이션 용으로는 그다지 훌륭하지 않은 것 같다. 물이 주름 필터의 접힌 부분으로 통과한다면, 이는 곧 커피층

주름 필터

---

1  https://www.simada.eo.il/images/filters/
   Whatman_filter_paper_guide_en.pdf 를
   참조하기 바란다.

을 완전히 통과하지는 않았다는 뜻이니 바람직한 추출이 아니다. 이 점 때문에, 주름을 잡으면 사실상 이용하고 싶지 않은 영역의 유효 필터 표면적을 넓힐 뿐이다. 실험실에서 농축액을 거를 때는 별 문제가 없는데, 이는 대개 추출과 분리를 나눠 진행하기 때문이다. 또한 필터에 주름을 잡으면, 특히 원래 두꺼운 필터의 경우 더 많이 두터워진다. 그만큼 종이 맛을 빼기 위해서 많이 헹구어야 한다. 또한 커피층 일부는 주름에 가려지므로 커피층 표면에 고르게 물을 붓기가 어렵다. 물을 붓다 실수로 주름 바깥쪽으로 물을 붓게 되면, 그 물은 커피층을 전혀 만나지 못한 채 음료로 들어갈 것이다.

미분에 의한 필터 막힘은 알맞은 음료 비율에 도달하기 전에 물흐름이 멈출 수 있다는 뜻이므로 단순히 넘길 문제가 아니다. 더군다나, 필터의 모든 부분이 동시에 막히는 일은 거의 없다는 점을 생각한다면 이는 매우 심각한 문제다. 위쪽에서 든 커피층 안에서든 매우 고르지 않은 물흐름을 일으켜 고르지 않은 추출을 초래할 수 있다. (예: Dapp and Müser 2016) 이로 인해 음료는 거칠고 떫은맛이 나면서 원래 나왔어야 할 복합적인 맛 프로필이 완전히 가려질 수 있다. 나는 필터가 막히면(유량이 1g/s 이하로 떨어졌을 때) 바로 추출을 멈춘 뒤, 물을 커피 서버에 바로 부어 농도를 맞출 것을 권한다. 이렇게 하면 대개는 과소 추출이 되지만, 거칠거나 떫은맛이 나는 것보다는 낫다.

중력을 사용하는 퍼콜레이션에서는 미분 이동이 그렇게까지 심하지 않은 편이지만, 그래도 필터 막힘은 일어난다. 그라인더 또는 특정 유형의 커피 원두가 더 많은 양의 미분을 생성하는 경우에 필터 막힘이 발생할 가능성이 더 높다. 필터 막힘을 줄일 수 있는 전략 중 하나는 유효 필터 표면적 대 커피 사용량 비를 키우는 것이다. 이 비율이 커지면, 커피 미분에 막히지 않은 필터 구멍도 더 많아진다. 또는 사용하는 커피의 양을 줄이면 그만큼 필터를 막을 미분 양이 줄어들기 때문에 비율을 쉽게 높일 수 있다. 필터 막힘을 피하는 다른 방법으로는 굵은 분쇄, 필터 용량이 큰 크레이핑한 필터나 두꺼운 종이 필터 사용하기, 커피가 물을 머금어 부풀었을 때 미분이 종이 필터 벽면에 붙도록 드리퍼를 잡고 커피 슬러리를 넓게 돌리기, 필터에 붙어 있는 미분이 떨어지지 않도록 필터 벽에 직접 물을 붓지 않기, 종이 필터가 드리퍼 디자인 때문에 부분적으로 막히지 않게 하기, 입자 크기 분포가 균일하게 나오는 그라인더를 사용하기, 미분을 체질하기 등이 있다. 2020년 미국 커피 챔피언십에서 Onix Coffee Roasters의 Lance Hedrick은 종이 필터 위에 금속제 콘형 필터를 올려, 추출 중간쯤 커피층을 들어 올린 뒤 종이 필터를 새것으로 바꾸고 추출을 계속하는 방식을 선보였다. 이 또한 유효 필터 표면적을 극대화하는 방법이다.


## 5.5 젖은 상태에서 강도


젖은 상태의 필터 강도는 또 다른 필터 속성이기는 하지만 커피 추출 면에서 중요도는 크지 않다. 이것은 젖은 필터가 찢어지기 전까지 견딜 수 있는 차압의 정도를 나타낸다. 대개는 종이 필터에 적용되지만, 중력을 이용해 추출하는 경우 종이 필터가 찢어지는 경우는 드물다. 이 속성의 중요도가 높아지는 경우는 에스프레소 바스켓 또는 Büchner funnel에 종이 필터를 쓰는 경우다. 다만 이 경우라도 대개는 필터 위의 커피층이 필터가 견뎌야 할 압력 하중을 줄여 준다. 예를 들어, 에스프레소 머신에서 9기압에 달하는 압력 하중은 종이 필터만 받는 것이 아니다. 대부분의 압력 하중은 커피층이 대신 받는다. 젖은 상태에서 종이 필터의 강도를 높이는 방법으로 두께를 더 두껍게 방법, 합성 수지로 필터를 강화하는 방법들이 시도된 바 있다.

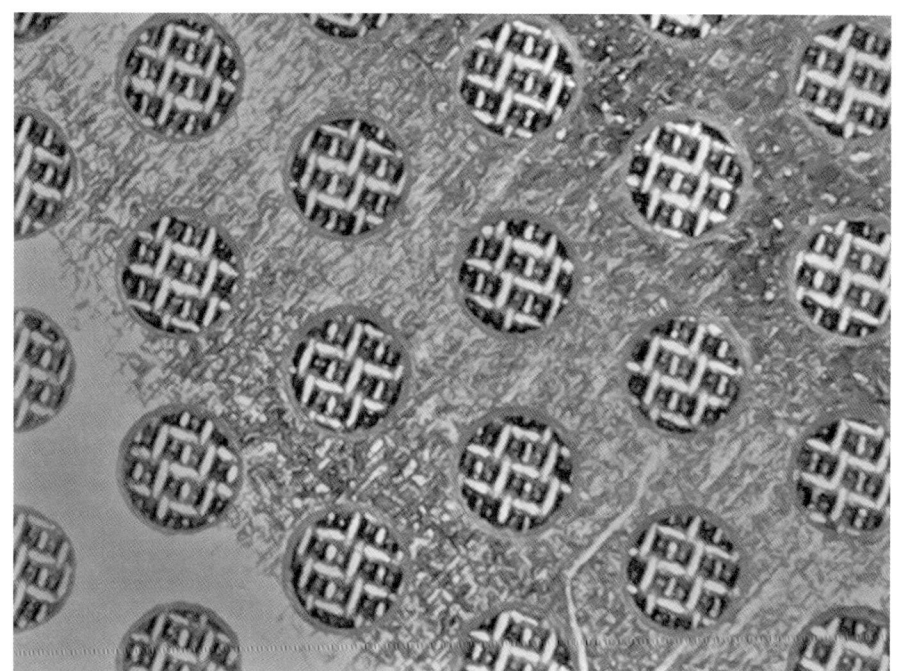

V60용 Osaka 금속 필터의 현미경 사진. 이미지 크기는 43.2×28.8mm이며 해상도는 픽셀당 67.6$\mu m$이다. 이 장에서 소개하는 필터의 현미경 사진은 모두 같은 크기, 같은 해상도이다.

## 5.6 소재

커피 필터 소재는 반드시 주의를 기울여야 한다. 금속 필터는 대개 구멍이 매우 크고, 때문에 물흐름이 매우 빠르며 기름이나 미분은 거의 거르지 못한다. 이 필터를 쓰면 추출 시간은 훨씬 빨라지며 음료는 바디와 비수용성 고체 함량이 매우 높아진다.

종이 필터는 대개 흐름이 느리다. 종이 필터는 두께에 따라 다르지만 커피 오일을 일부 흡수하고 커피층에서 빠져나오는 미분도 일부 잡아낸다. 커피 추출용으로 나온 종이 필터 대부분은 구멍 크기 분포가 거의 비슷하다. 종이 필터의 경우 구멍 크기는 종이의 미세한 섬유소 간 간격이다.

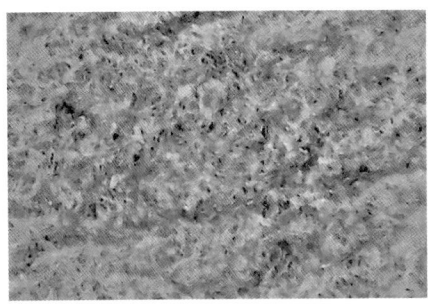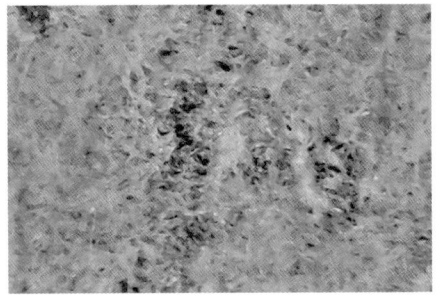

Hario V60 tabless 종이 필터, 버전 VCF-02-40W(왼쪽), 최근의 tabbed 필터, 버전 VCF-02-100W(오른쪽). 평균 구멍 크기는 비슷하지만, 오리지날(tabless) 필터가 필터 표면 전체적으로 구멍이 균일하다. 오리지날 tabless 필터는 내부 크레이핑 처리도 되어 있다. (사진으로 확인 가능)

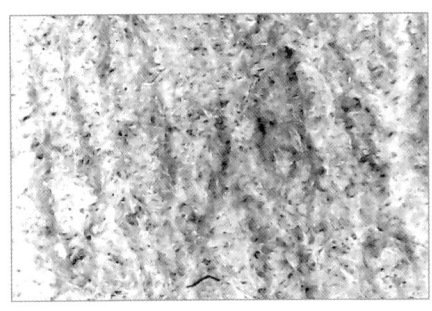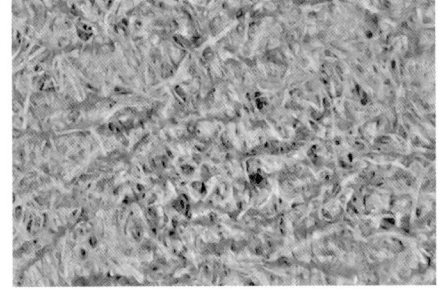

Hario V60 natural(표백하지 않음) tabless 종이 필터 VCF-02-40M(왼쪽)과 Hario V60 natural tabbed 종이 필터 VCF-02-100M(오른쪽). 표백하지 않은 필터는 오리지널 버전의 구조를 더 많이 유지하지만, 완벽하게 헹구지 않으면 커피에서 마분지 맛이 난다.

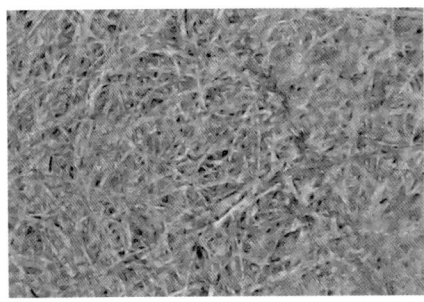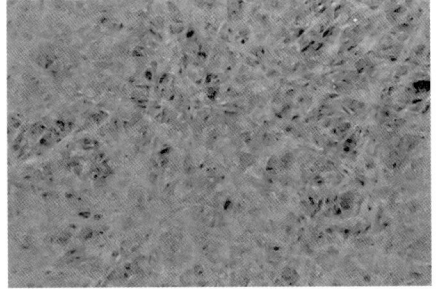

Chemex natural(표백하지 않음) FSU-100 종이 필터(왼쪽)와 Chemex 표백 FC-100 종이 필터(오른쪽). 여기서도 표백하지 않은 쪽의 섬유가 더 잘 보인다.

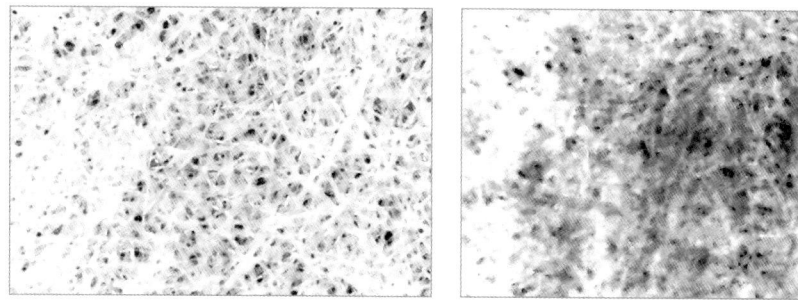

Sibarist 종이 필터(왼쪽)과 Cafec universal AC4-100W V60 종이 필터(오른쪽). Sibarist 필터는 다른 모든 푸어 오버용 종이 필터보다도 구멍 수가 많다.

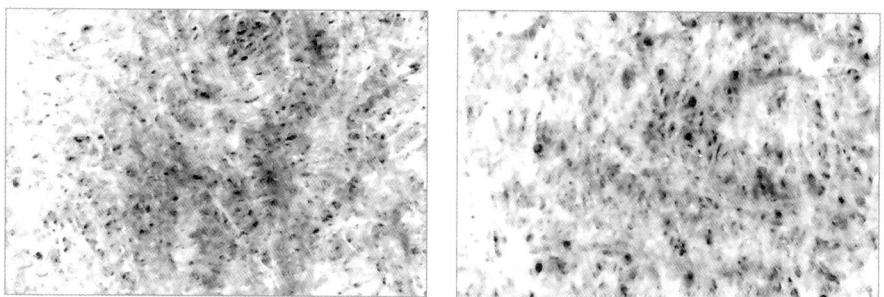

Cafec 기본형 종이 필터(왼쪽). 노란 포장에 'Cafec white paper filters'라고 적힌 제품이다. Cafec dark roast DC4-100 종이 필터(오른쪽). Cafec 설명에 따르면 다크 로스트 필터는 초기 유량은 높이고 추출 중에는 커피 미분으로 구멍이 막히면서 유량이 줄어들도록 설계했다고 한다.

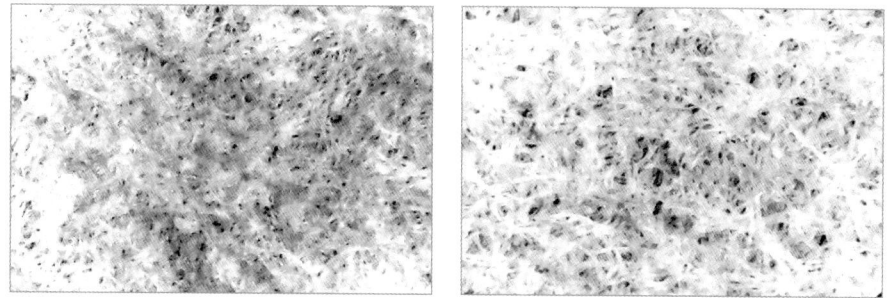

Cafec medium roast MC4-100 종이 필터(왼쪽). Cafec light roast LC4-100W 종이 필터(오른쪽). Cafec 설명에 따르면 미디엄 로스트 필터는 막힘에 더 잘 버틸 수 있어 유량이 일정하도록, 라이트 로스트 필터는 낮은 유량용으로 설계했다고 한다.

현미경 사진에 이어, 현미경 사진 분석(이에 대해서는 11장에서 자세히 설명)으로 얻은 필터의 구멍 크기 분포를 총 필터 표면에 대한 기여도 그래프로 나타냈다.

　아래 사진에서는 푸어 오버용 종이 필터 대부분은 전체 표면 기여도 면에서 구멍 크기는 같다는 점이 드러난다. 다만 일부 모델은 구멍 크기 분포가 약간 더 넓다. 일부 모델의 구멍 수가 좀 더 많다는 것도 확인할 수 있다.

　위 분포를 정규화한 그래프(아래)에서는 특히 크기 분포 폭 차이를 확인할 수 있다.

　표백한 필터는 대체로 구멍이 균일하다. 그러나 이것이 흐름과 맛의 균일성에 유의한 영향을 미치는지는 명백하지 않다. 그로 인한 흐름의 불균일성은 위쪽 커피

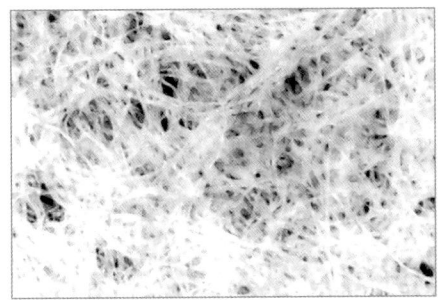

No brand(@_no_brand) 종이 필터(왼쪽), Kalita 종이 필터(오른쪽). No brand 필터에는 섬유가 빽빽하고 불투명한 둥근 자국이 있는데 그런 부분에는 구멍이 없는 것 같다.

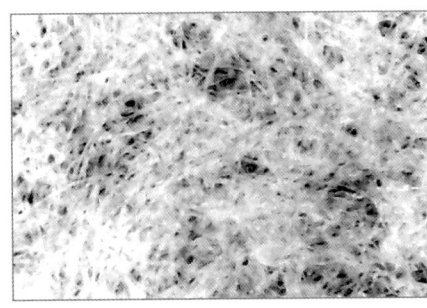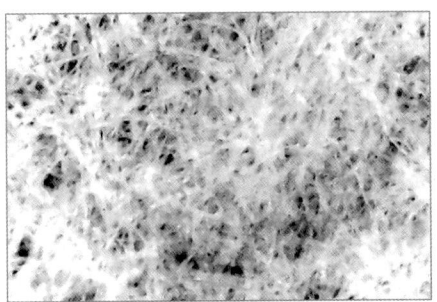

Fellow Stagg X 종이 필터(왼쪽), Fellow Stagg XF 종이 필터(오른쪽). 같은 이름의 드리퍼용 필터다.

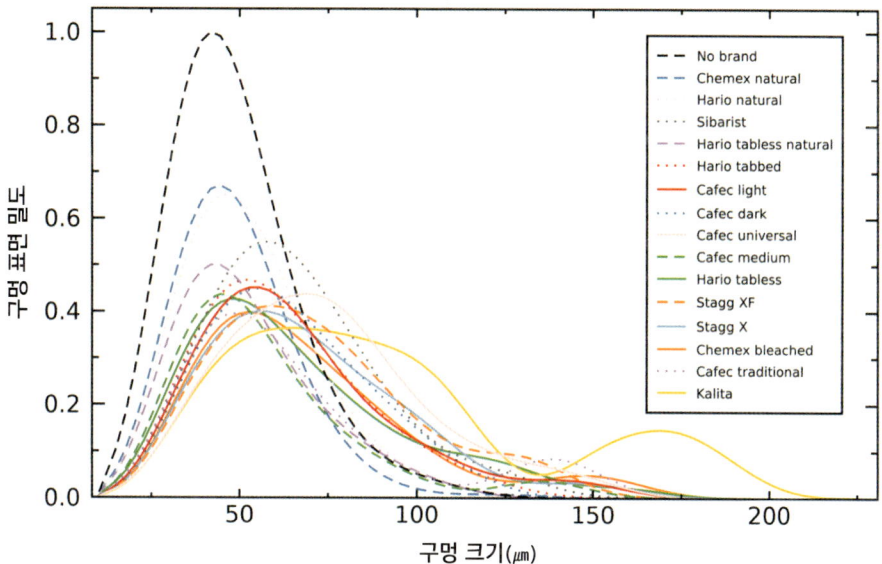

푸어 오버용 종이 필터별 구멍 크기당 전체 표면적 기여도. 대부분 분포 피크는 약 45-50μm이지만, 표백하지 않은 필터는 평균적으로 구멍 크기 분포기 좁고 구멍 크기 또한 약간 작다.

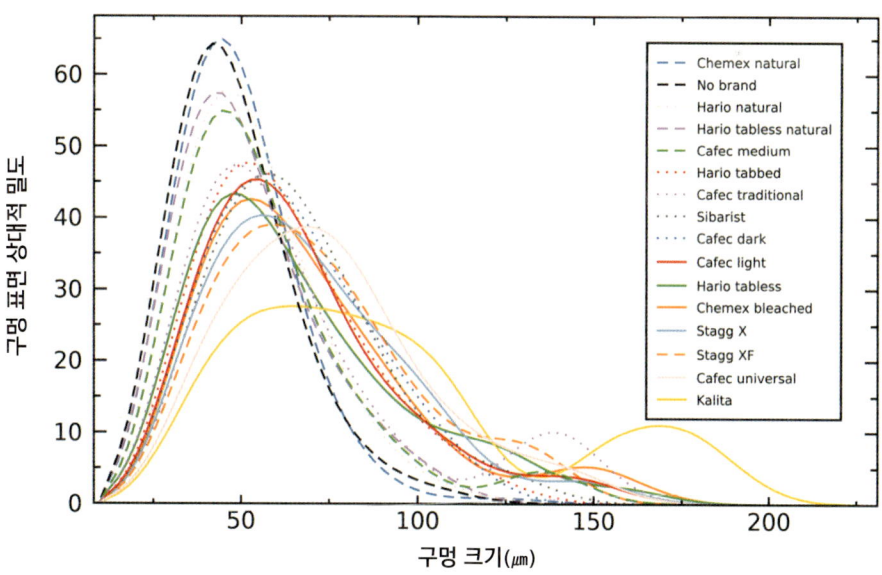

푸어 오버용 종이 필터별 구멍 크기당 상대 표면적 기여도. 정규 분포 처리를 통해 구멍 크기 분포가 좁은 필터를 확인할 수 있다.

층 몇 밀리미터 정도까지만 영향을 줄 것으로 보이기 때문이다. 구멍 크기가 다를 때도 일반적으로 그 정도 차이가 난다.

나는 Delter press의 바닥에 둥글게 자른 필터를 놓고, 커피 가루를 담지 않았을 때 종이 필터별 평균 유량을 측정했다. 먼저 필터를 실온(25도)의 물로 미리 헹군 다음, 실온의 물을 부었다. 두 개의 저울로 실시간 유량을 측정했다. Darcy 법칙을 역으로 적용해 필터의 투수성을 두께로 나눈 값을 구하고(이를 $\beta$값이라 하자.) 그 중앙값과 중앙값에 대한 절대 편차를 각각 결과 수치 및 측정 오차로 잡았다. 이 $\beta$값은 다음 그림에 나타냈다.

나는 이 측정치를 쉬운 단위로 나타내기 위해, Delter press의 실린더에 물이 1cm 높이로 들어 있을 때 유량을 다음 그림에 표시했다.

이 유량은 필터 막힘과는 관계가 없다. 이 유량은 각 필터의 두께와 구멍 크기 분포가 조합된 결과다. 이를 더 자세히 나타내기 위해 나는 디카페인 커피(Lüna Coffee에서 판매한 Kenya Lenanan AB Juicebox) 2g을 일반 V60용으로 분쇄해 각 필터에 담아 다시 실험했다. 해당 $\beta$값 및 이를 바탕으로 계산한 유량은 이전 수치에 비해 크게 줄어들었다. 이는 일부 구멍이 미분으로 막혔음을 의미한다.

이 결과들은 Cafec에서 제시한 제조업체 명세와 일치한다. 해당 명세에서는 추출 전체 과정에서 높은 유량을 지속할 수 있도록 중 로스팅용 종이 필터를 설계했다고 말한다. 확실히 해당 제품은 분쇄 커피가 있을 때 유량이 가장 빠른 종이 필터에 속했다.

주의 깊은 사람이라면 커피를 넣은 후 유량 값의 필터 순위가 달라졌다는 것을 눈치챘을 것이다. 이는 모든 필터가 동일하게 막히는 것은 아니기 때문이다. 나는 이를 더 자세히 확인하기 위해, Hario의 표백 tabless 필터 몇 겹에 해당하는가로 환산했다. 필터 1겹마다 커피 2g 만큼의 투수저항계수가 늘어나는 것과 같다.

앞에서 언급했듯이 필터가 막히는 것은 공극 분포와 두께 모두와 관련 있다.

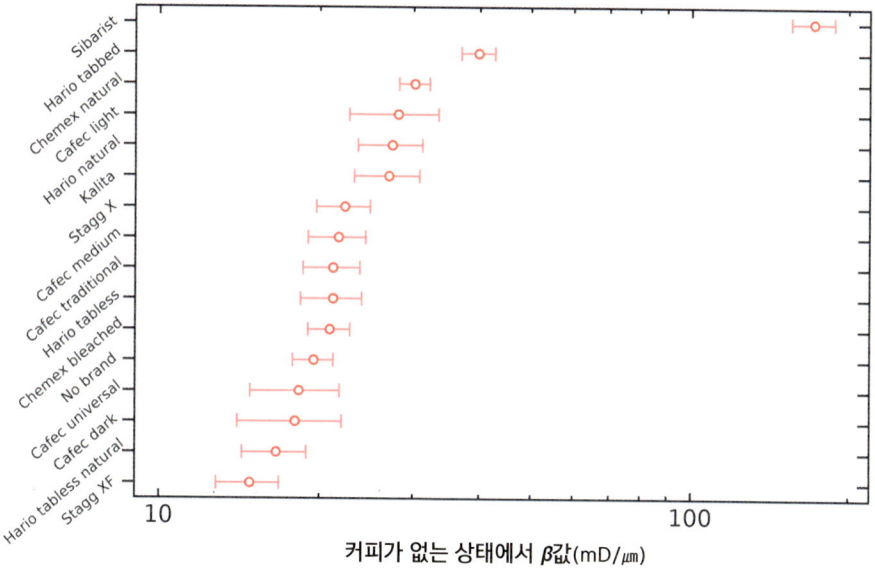

커피가 없는 상태에서 β값(mD/μm)

투수성을 여기서 분석한 모든 종이 필터 두께(β)로 나눈 값을 분석했다. 단위는 mDarcy/μm이다. β값이 크면 해당 필터는 드리퍼 내 물 양과 노출된 필터 면적이 동일할 때 흐름이 빠르다는 의미다.

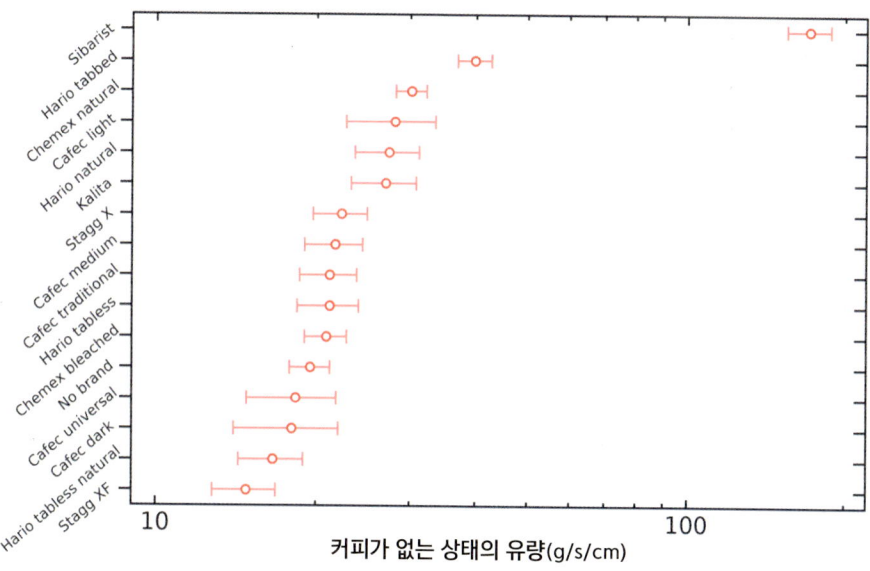

커피가 없는 상태의 유량(g/s/cm)

Delter press에서 물의 높이(cm)당 유량

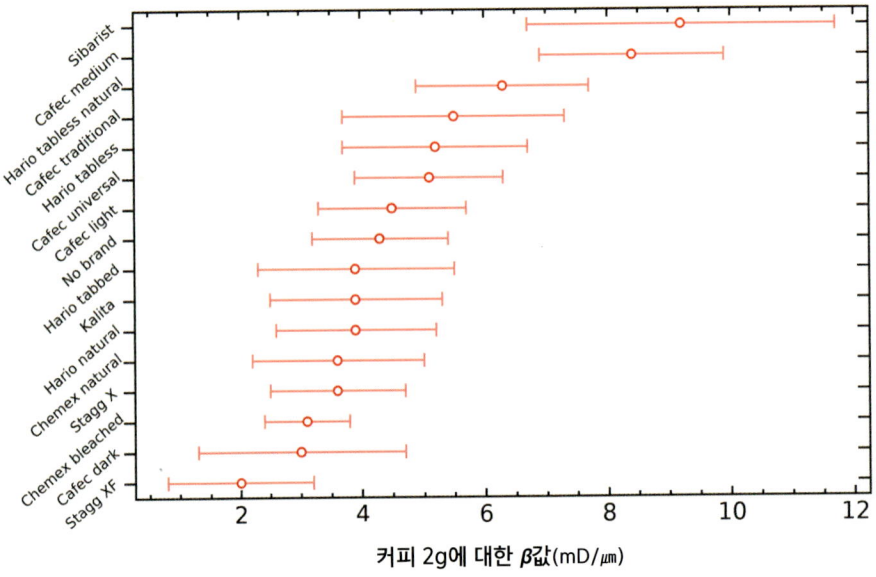

커피 2g에 대한 *β*값(mD/㎛)

디카페인 커피 2g을 넣은 뒤 투수성을 종이 필터 두께(*β*)로 나눈 값

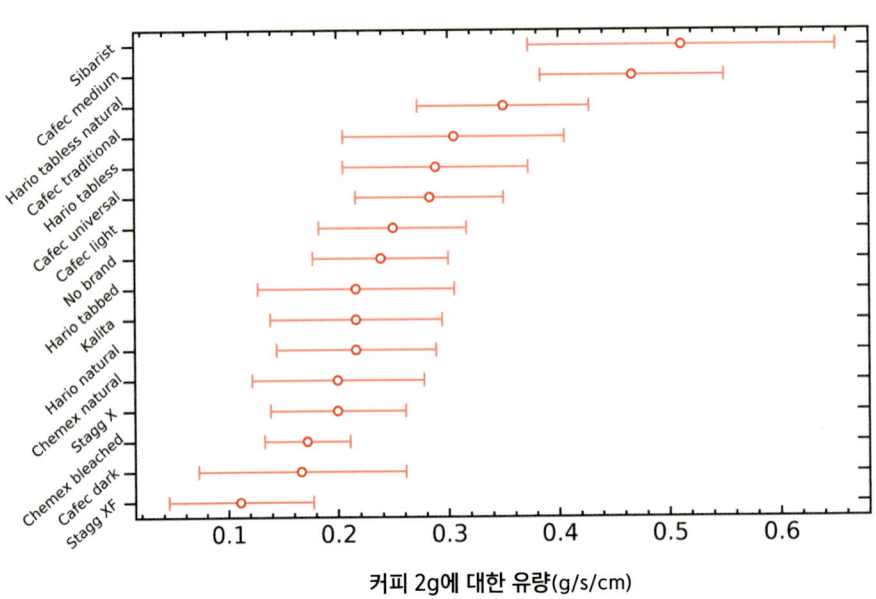

커피 2g에 대한 유량(g/s/cm)

디카페인 커피 2g을 넣은 뒤 물의 높이(cm)당 유량

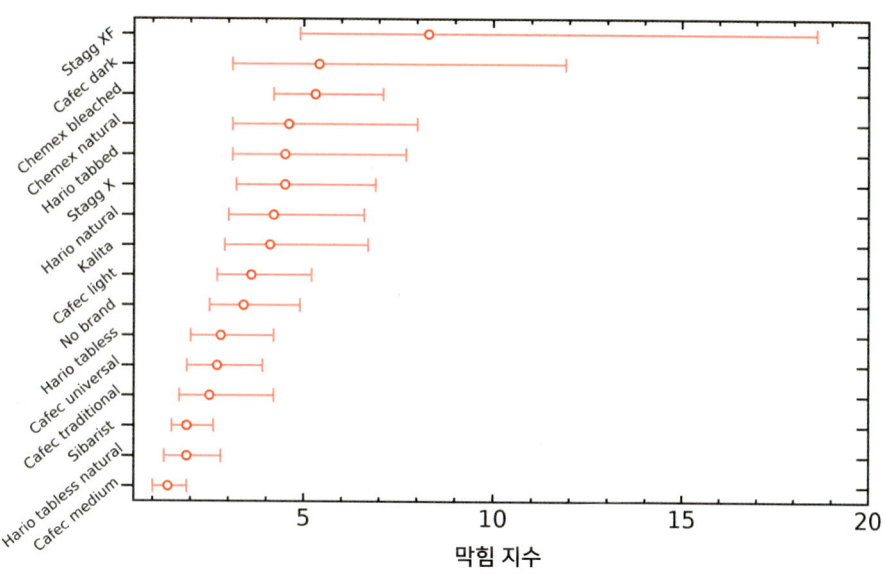

여러 푸어 오버용 종이 필터의 막힘 지수

Cafec의 강 로스팅용 필터는 흥미롭게도 가장 잘 막혔다. 이는 추출 후반에 추출액 흐름을 느리게 하기 위해 제조업체가 의도한 것이다.

각 필터의 두께는 $20\mu m$ 해상도의 디지털 캘리퍼로 쟀다. 캘리퍼로 측정할 때 종이 필터가 눌릴 수 있으니, 아주 조심스럽게, 최소 30번 이상 반복 측정해 신뢰도 있는 평균값과 오차 값을 구했다.

Stagg X 및 XF 등 일부 필터는 만져 보면 두꺼운 것 같지만 실제로는 푸어 오버용 종이 필터 중 가장 얇은 축에 속한다는 점에 주목하자. 다른 필터보다 뻣뻣해서 두께감이 달라 보인 것이다.

종이 필터의 구성 속성과 관련한 마지막 특징으로, 나는 위의 두께 값과 현미경 이미지를 사용하여 Sampson-Poiseuille 방정식을 통해 얻은 각 특정 이미지에서 예상되는 유량을 계산했다.[2] 그리고 이 예측한 흐름이 동일한 종이 필터의 이미지

필터

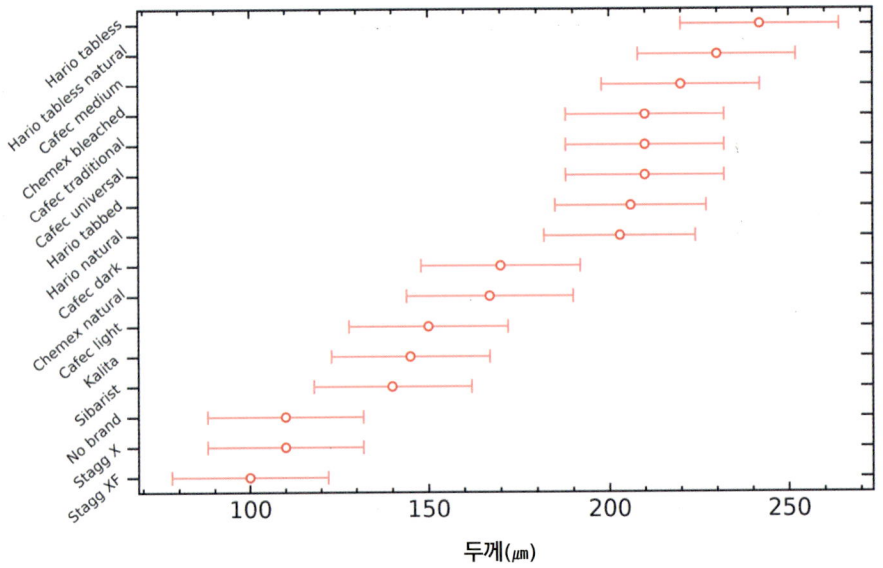

푸어 오버용 종이 필터의 두께

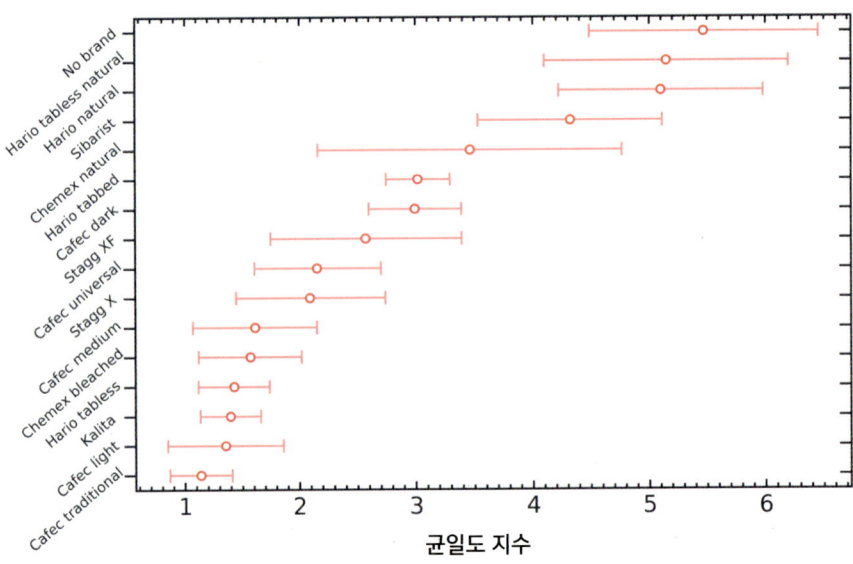

푸어 오버용 종이 필터의 균일도 지수. 필터 표면 전체에 구멍이 얼마나 고르게 분포하는지
보여준다.

별로 어떻게 달라지는지를 계산했다. 예상 유량을 평균 유량으로 나눈 편차 값으로 커피 표면 전체에 구멍이 얼마나 고르게 나 있는지를 측정할 수 있다. 이것은 구멍 크기의 균일성과는 다른 개념이다. 나는 이 수치의 역수 값을 균일도 지수로 택했다. 균일도 지수가 크면 필터 구멍이 필터 전 표면에 걸쳐 균일하게 분포한 것이다. 옆 그림에 해당 결과를 나타냈다.

　　종이 필터에서 표백은 또 다른 중요 속성이다. 천연 종이 필터 색상은 갈색인데 이 색소를 제거할 때는 염소나 산소를 사용한다. 이 표백 작업으로 마분지 또는 종이 느낌의 맛은 크게 줄어든다. 그래서 나는 종이 냄새를 피할 수 있는 방법으로, 필터를 뜨거운 물로 미리 헹구거나 표백한 필터를 사용할 것을 권한다. 표백 필터 중 몇몇 제품은 마분지 향미가 거의 전혀 나지 않지만, 모든 흰색 필터가 다 그렇지는 않다. 두꺼울수록, 클수록 필터는 더 많은 물로 헹궈야 한다. 표백하지 않은 필터라면 훨씬 더 많은 물로 헹궈야 한다. Rao(2010)가 권했듯, 종이 필터를 헹군 다음 뜨거운 물에 5분간 담가 두었다가 식힌 뒤 물맛을 보면 필터 사전 헹굼이 적절하게 됐는지 확인할 수 있다. 나는 작업자가 실제로 향미를 감지할 수 있도록, 이 작업을 블라인드 테스트로 해보기를 권한다. 그리고 필터를 담그지 않은 물이 든 잔도 별도로 준비해 비교 검증하는 것이 좋다.

　　사전 헹굼 효과를 확인하기 위해 나는 Hario SWITCH immersion dripper[3]에 마른 상태의 필터를 얹고 끓는 온도에 가까운 증류수 200.0g를 넣은 다음, 온도가 내려가지 않게 코르크 뚜껑을 덮고 3분 기다린 뒤 스위치를 열고 물을 도기 잔에 따랐다. 도기 잔에 뚜껑을 덮은 다음 물을 27도까지 식힌 뒤, 전기 전도 측정기를 사

---

2　여기서는 구멍이 원형이며 일렬로 나 있다고 가정한다. 실제로는 그렇지는 않지만 이 정도로도 유효한 초기 추산치는 구할 수 있다.

3　Hario V60과 비슷한 기기로서 사용자가 스위치를 돌려 물흐름을 열거나 막을 수 있다.

용해 물의 용존 고형분 총량(TDS)을 쟀다. 내가 테스트한 4개의 필터 중 Cafec 범용 필터와 Hario natural 필터에서만 극소량의 용존 고형물을 검출할 수 있었다.

- Hario tabbed bleached VCF-02-100W: 0 ppm

- Hario tabless bleached VCF-02-40W: 0 ppm

- Cafec universal bleached AC4-100W: 1 ppm

- Hario natural VCF-02-100M: 5 ppm

위에서 너무 다양한 측정값을 제시했기 때문에, 이번에는 다음에 나올 대부분을 포괄할 수 있는 두 개의 수치를 만들어 볼까 한다. 다음 그림에서 첫 번째 수치는 필터 두께로 가로축($x$축)을 나타낸다. 두 번째 수치는 필터 균일도 지수다.

두 번째 그림은 제법 흥미롭다. 여기서 대부분의 천연 필터들이 표면의 구멍 분포 및 구멍 크기 분포(이는 앞에서 언급했음) 면에서 우수하다는 점을 확인할 수 있다. 다만 이 특성이 전체 커피층을 지나는 물흐름 균일성에 얼마나 영향을 미치는지는 명확하지 않은 반면, 천연 필터를 쓰면 커피에서 마분지 맛이 난다는 점은 분명하다.

천 필터도 있다. 그러나 솔직히 말해 사용하기 곤란한 수준이다. 금속 필터에 필적할 만큼 유량이 빠르고 탁한 음료가 만들어진다. 다만 커피 기름을 일부 흡수한다는 점이 다를 뿐이다. 처음엔 매력적이겠지만 필터에 기름이 축적되면서 산화되므로 산패한 느낌이 나고 음료에도 영향을 준다. 사용하자마자 필터를 세척해서 말리지 않으면 박테리아나 곰팡이가 생겨 오래된 걸레 냄새가 날 수 있다. 그 맛은 상상에 맡기기로 한다.

사이폰 추출기구에는 천 필터를 쓰는 경우가 많다. 그러나 종이 필터를 끼울 수 있는 어댑터도 따로 판매한다. 나는 사이폰에 종이 필터를 사용할 것을 강력하

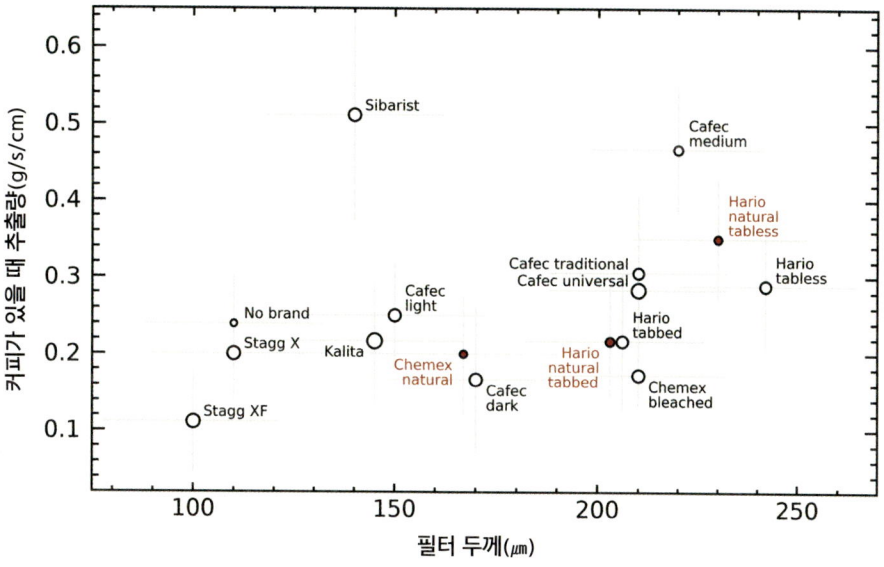

여기서 언급한 모든 푸어 오버용 종이 필터의 속성 요약. 동그라미 크기는 50$\mu$m보다 크기가 큰 구멍의 비율이다. (필터 두께를 고려했을 때 음료의 바디를 나타내는 대표값) 동그라미 색상은 필터의 표백 유무이다. (표백: 흰색, 표백하지 않음: 브라운색) 내가 매일 사용하는 Hario tabless 필터는 두껍고 미분이 있어도 좋은 유량을 유지한다.

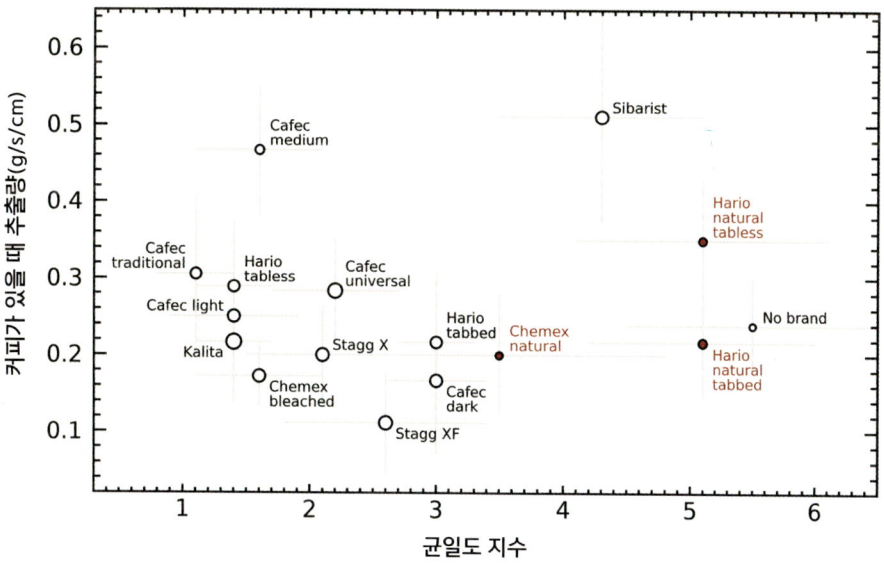

여기서 언급한 모든 푸어 오버용 종이 필터의 또 다른 속성 요약. 동그라미 크기는 50$\mu$m보다 크기가 큰 구멍의 비율이며 동그라미 색상은 필터의 표백 유무이다. (표백: 흰색, 표백하지 않음: 브라운색) 표백하지 않은 필터는 필터 표면 전체적으로 구멍의 균일성이 좋다.

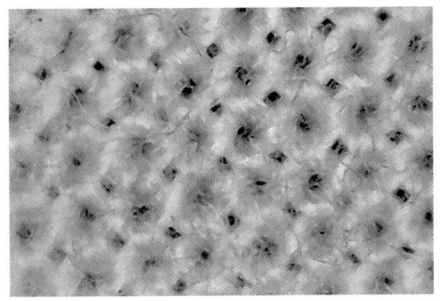

Hario 사이폰 천 필터(왼쪽)과 V60-02 'CoffeeSock' 천 필터(오른쪽)

게 권한다. 굳이 천 필터를 쓰고 싶다면 최소한 열두 개쯤 마련한 다음 사용하자마자 빨아서 봉투에 담아 냉동고에 보관한다. 준비한 필터를 한 번씩 사용했으면 모아서 무향 세제(옥시클린 등)를 넣은 물에 삶아야 한다. 세제 맛을 완전히 없애려면 깨끗한 물로 두 번 이상 다시 삶은 뒤 바로 널어서 말린다. 이 정도만 봐도 느낌이 오겠지만, 전혀 실용적이지 않다. 특히 습한 환경이라면 더욱 그렇다.

# CHAPTER 6

# 주전자와 교반

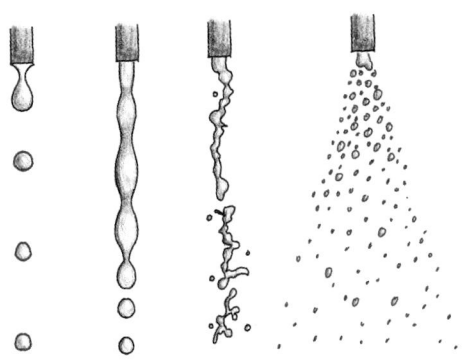

주전자도 커피 추출 중 영향을 미치지만 그라인더만큼 영향력이 크지는 않다. 그렇긴 하지만, 좀 더 좋은 주전자를 쓰면 슬러리에 물이 정밀하게 분산되도록 제어할 수 있다. 일관된 추출 품질을 위해서 이 역시 중요하다. 또한 추출 시간과 교반 제어력도 높일 수 있다. 그 외에도 열 효율, 물 용량, 소음 등도 주전자를 고를 때 고려할 만한 가치가 있는 특성들이다. 다만 여기서는 추출의 기술적 관점에 집중할 것이다. 이 장에서는 먼저 주전자가 추출에 어떤 영향을 미치는지 이해하는 데 도움이 되는 몇 가지 기본 물리학을 살펴보려고 한다. 이를 통해 주전자를 가장 잘 선택하고 사용하는 방법을 위한 심층적인 이해를 얻을 수 있을 것이다.

## 6.1 티팟 효과

일반적인 형태의 주전자는 물이 나오는 주둥이의 지름이 넓어서 양을 제어하면서 물을 붓기 어렵다. 자칫하다간 물이 주둥이에서 나와 물길을 만들며 떨어지는 것이 아니라 주둥이 또는 주전자 벽면을 타고 흘러내린다. 물 분자와 주전자 재질 사이에는 서로 달라붙으려는 힘이 작용하기 때문에, 물을 충분히 빠른 속도로 붓지 않으면 물은 주전자 표면을 타고 흐를 수 있다. 아래에 티팟 효과에 대해 이해할 수 있는 그림을 참고하자.

티팟 효과를 줄이는 방법이 몇 가지 있다. 구스넥(거위 목)이라 부르는, 얇고 길쭉하면서 적절한 형태의 주둥이를 가진 주전자를 쓰면 아주 천천히 물을 붓지 않는 한 이런 현상을 줄일 수 있다. 그렇지만 현재 티팟 효과를 없앨 수 있는 최고의 방법

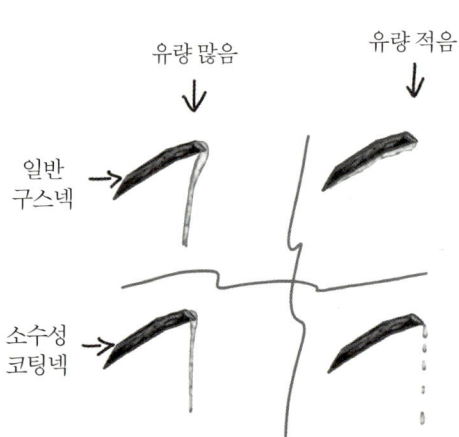

티팟 효과(위)와 소수 코팅으로 티팟 효과를 줄이는 일러스트(아래)

소수성 코팅을 한 구스넥 주전자에 물방울이 맺혀 있다. 4장에서 언급한 물의 응집력과 부착력 개념을 기억한다면, 주전자에 소수성 코팅하면 물과 주전자 사이 부착력이 사라져 물 분자가 이웃 물 분자와 응집해(서로 끌어당김) 물방울을 맺는다는 점을 떠올릴 것이다.

은 구스넥 주둥이 끄트머리에 소수성 물질을 코팅해 마찰력을 완전히 없애는 것이다. (Duez 팀 2010). 내가 알기로는 현재 이 기술을 적용한 주전자는 Fellow의 푸어 오버용 주전자뿐이다. 이 주전자를 쓰면 아주 천천히 부어도, 아주 작은 물방울이 떨어지는 정도까지는 티팟 효과가 전혀 나타나지 않는다. 다음 사진은 구스넥 주둥이 끄트머리에 물방울이 맺힌 모습이다. 이는 구스넥 주둥이 외피가 소수성 물질 코팅이 되어 있음을 의미한다.

## 6.2 분열 길이

티팟 효과가 없다 해도 물을 붓는 속도와 상관없이 물을 균일하게 부을 수 있는 주전자는 없다. 주둥이 끝에 아주 작은 문제라도 있으면 물길 맨 윗줄기부터 모양이 뒤틀린다. 물에 작용하는 표면장력[1]으로 물길 표면은 중심부로 끌어당기는 힘을 받는데, 그 힘은 위치별 곡률에 따라 다르다. 물은 아래로 떨어질수록 끌어당기는 힘을 받아 뒤틀리는 정도가 더욱 커진다. 이것은 유체역학적 불안정성의 한 예이며, 작은 결함이 크게 증폭되는 광범위한 물리적 현상이다. 이 원리는 목성 표면의 구름 패턴, 초신성 폭발에 따른 가스 충격, 연기에 의해 형성된 패턴을 포함한 수많은 아름다운 유체의 움직임을 만들어 내기도 한다.

물길이 점차 뒤틀리는 것은 플라토-레일리 불안정성 때문이다. 겉으로 보기에는 이 때문에 물길 표면은 아래로 갈수록 파형이 커지는 물결 모양을 이룬다. 물결 크기가 물길만큼 커지면, 물길은 마침내 물방울로 분리된다.

---

[1] 물의 표면장력은 4장에서 언급했듯이 물 분자 사이의 응집력이 물 분자와 주변 공기와의 부착력보다 크기 때문에 나타난다

주전자와 교반

Rayleigh-Taylor 유체역학적 불안정성 일러스트. 연기가 공기 중으로 퍼질 때 흔히 볼 수 있는 형태인데, 이는 유체역학적 불안정성 때문이다. (van Heerwaarden 2014의 시뮬레이션 기반)

물길이 물방울로 분리되는 지점까지의 길이를 분열 길이[2]라고 한다. (예: Nath Mishra 2018) 이 개념은 커피 추출에서 중요하다. 주전자의 구스넥 주둥이가 두께가 주어졌을 때, 이 특유의 불안정성은 특정 유량 범위, 즉 일정 범위의 물을 붓는 양에서만 나타난다. 이 특정 범위 내에서 분열 길이는 물 붓는 속도가 빠를수록 길다. 물을 아주 천천히 부으면 물은 주둥이에서 나오자마자 물방울처럼 떨어진다. 이때 유효 분열 길이는 0이다. 반대로 물을 아주 빨리 부으면 기술적으로는 '바람이 들어간 상태(wind-induced)', 또는 극단적으로는 분무 상태라 부르는 새로운 불안정화 현상이 나타난다.

플라토-레일리 불안정성 일러스트. 물줄기가 길이 $L$만큼 내려온 뒤 분열한다.

---

2  분열 길이는 일관성 길이라 부르기도 한다.

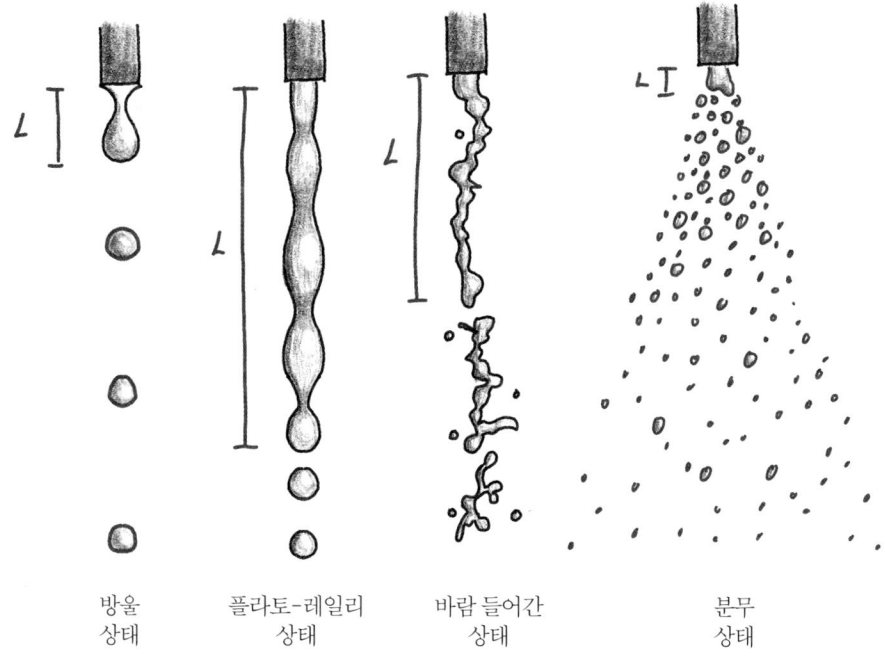

방울
상태

플라토-레일리
상태

바람 들어간
상태

분무
상태

유속 변화(느림-빠름)에 따른 물흐름 일러스트. 분열 길이는 $L$이다. 이 개략도는 Bertola and Brenn(2019)자료를 따랐다.

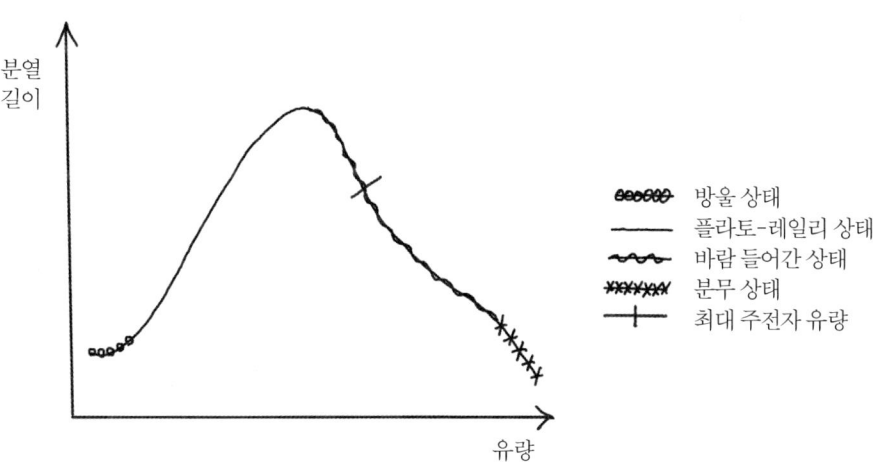

분열
길이

유량

방울 상태
플라토-레일리 상태
바람 들어간 상태
분무 상태
최대 주전자 유량

주전자 유량에 따른 분열 길이 및 각 흐름 상태를 나타냈다. 일반적인 푸어 오버용 주전자의 최대 유량 위치에 수직선을 그었다.

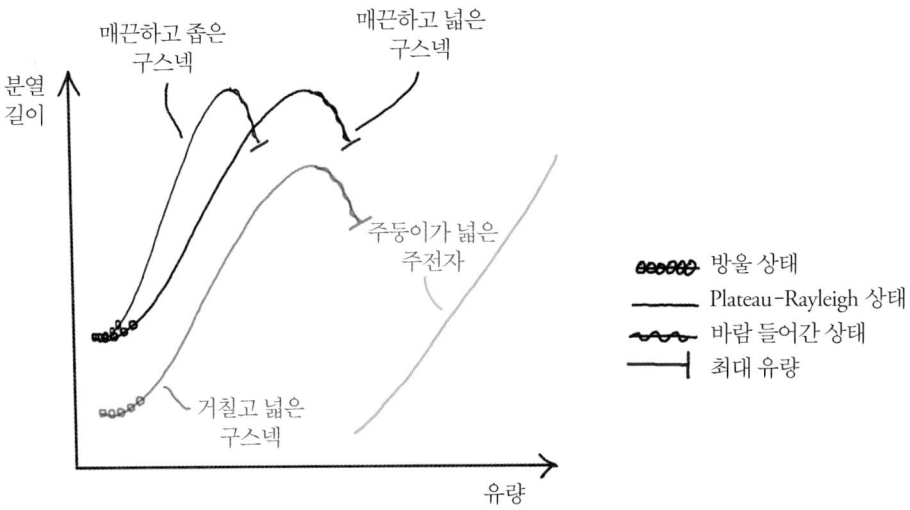

구스넥의 매끈한 정도와 주둥이 지름이 분열 길이에 미치는 영향을 나타냈다. 주전자 최대 유량에서 끊었다.

그림에서 설명하듯이 두 가지 모두 분열 길이는 짧다.

주전자에서 분무 상태가 일어나는 경우는 본 적이 없다. 왜냐하면 주전자에 들어 있는 물 무게가 많지 않아서 유량도 한계가 있기 때문이다. 하지만 물을 최대로 부으면 바람 들어간 상태까지는 일어나는 것 같다. 그림으로 물을 붓는 양과 분열 길이 간 관계를 나타냈다.

Brewista Artisan, Fellow Stagg EKG 등의 정밀 주전자는 구스넥 주둥이가 가늘어서 물을 천천히 부을 때 분열 길이가 가장 길게 나온다. 그에 비해, Bonavita 등 주둥이가 굵은 주전자는 물을 빨리 부을 때 분열 길이가 가장 길게 나온다. 즉, 주둥이의 지름을 바꾸면 유량 대 분열 길이 좌표에서 그래프가 수평 방향으로 늘어나거나 줄어든다. 한편, 구스넥 주둥이 끝을 매끈하게 가공하면 대체로 분열 길이가 늘어난다. 이는 스프레이 코팅 작업과 관련해 공학자들이 많이 연구한 분야다. (예: Jadidi,

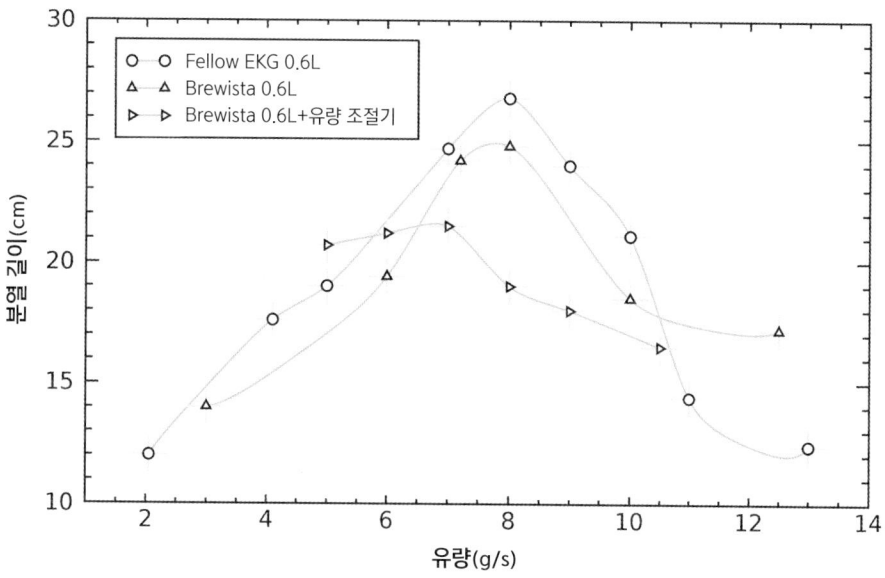

Fellow Stagg EKG 0.6L과 Brewista Artisan 0.6L 주전자에 실온의 물을 담았을 때 유량 대 분열 길이.
Brewista 는 유량 조절기 장착 유무를 구분했다.

Moghtadernejad, and Dolatabadi 2015) 그림에서 구스넥 주둥이 지름과 매끈한 정도가
좌표에서 미치는 영향을 나타냈다.

　　나는 Stagg EKG 0.6리터 용량 주전자와 Brewista Artisan 0.6리터 용량 주전자
를 사용해 이 관련성에 대해 실험했다. Brewista 쪽은 별도로 주둥이 지름을 5.5mm
에서 4.0mm로 줄여주는 유량 조절기를 꽂은 상태와 뺀 상태를 구분해 실험했다.
실온 상태의 물을 유속을 바꿔 가며 부었다. Acaia Pearl S 저울로 유량을 재고, 물이
후두둑 튀는 소리가 들리는 정확한 위치가 나올 때까지 붓는 위치를 점차 높여 갔
다. 물이 튀는 소리가 들리면 물 붓기를 멈추고, 구스넥 주둥이 끝 높이와 슬러리 높
이를 잰 뒤, 두 높이의 차를 구해 분열 길이를 계산했다.

　　그 결과는 다른 물리학 문헌과 매우 잘 들어맞았다. 물이 방울로 떨어지는 단계

주전자와 교반

에서부터 '바람 들어간 상태' 단계에 이르기까지 다 들어맞았다. Stagg EKG는 물줄기가 더 매끈했는데 이는 구스넥 주둥이 끝 모양 및 끝의 매끈한 정도가 영향을 미치기 때문이었다. Brewista의 경우 유량 조절기는 분열 길이가 최대인 상황에서 최적 유량을 줄였지만, 다른 한편으로는 분열 길이 최대치 또한 줄였다. 각 주전자에서 사용 가능한 유량은 Stagg EKG 0.6리터 주전자가 초당 1-18g, Brewista Artisan 0.6리터 주전자는 유량 조절기가 없을 때 초당 2-35g, 유량 조절기를 꽂은 경우 2-15g였다. 다만 물 온도가 높은 경우 분열 길이는 줄어든다는 점을 주의하기 바란다.

여기까지 보면서, 커피 추출에서 이게 어떤 의미가 있는지 궁금해졌을 것이다. 이것이 중요한 이유는, 물줄기의 정확한 모양이 커피 슬러리에 어느 정도의 교반을 할 수 있는지, 그 교반이 어느 깊이까지 들어가는지를 결정하기 때문이다.

## 6.3 교반

커피 추출에서 교반의 효과를 설명하기 위해서는 Melodrip처럼 모든 교반을 실질적으로 제거할 수 있는 기구를 사용하는 것이 유용하다. 이 기구에는 작은 구멍이 여러 개 있어서 주전자에서 나온 물줄기를 분산하고 각 구멍에서 나오는 유량을 줄임으로써 분열 길이를 0으로 만든다. 물줄기 교반을 없앤 결과, 커피층의 모양이 흐트러지거나 손상되지 않았지만 다른 변수가 그대로인 경우 평균 추출 수율이 상당히 감소했다.

이 기구를 사용할 때는 교반 효과를 볼 수 없기 때문에, 물을 여러 번 붓거나 입자 크기를 훨씬 가늘게 분쇄한다. 그럼에도 그 결과물은 굵게 분쇄하고 교반을 해서 추출한 음료와 확연히 다를 것이다. 붓는 횟수를 늘리면 열 손실 때문에 커피 슬러리의 온도가 낮아진다. 가늘게 분쇄하면 물흐름을 고르게 하기가 어렵다. 또한 1

장에서 보았듯이 평균 수율이 동일하더라도 물 온도가 다르거나 분쇄 크기가 다르면 음료 향미 프로필이 완전히 달라질 수 있다. 그러므로 교반을 할 것인가 하지 않을 것인가는 비록 간접적인 인자라고 해도 음료 프로필에 상당히 극적인 영향을 미친다는 것을 예상할 수 있다.

그래서, '교반은 더 많이 추출하게 해 주는 과정'이다. 왜냐하면 교반이 슬러리 내부에서 흐름 패턴의 복잡한 네트워크라고 할 만한 난류를 전면적으로 생성하기 때문이다. 앞에서 Rayleigh-Taylor 불안정성을 묘사한 그림을 살펴봤는데, 이는 난류 흐름의 한 예시다. 이 그림의 어떤 부분이든 확대해 본다면, 마치 수학의 프랙탈처럼 비슷한 모습의 또 다른 복잡한 모양이 드러날 것이다. 실제로 난류가 일어난다는 것은 물이 교반 중인 커피층 내에서 커피 입자의 대소를 막론하고 그 사이를 효율적으로 흘러간다는 의미다. 난류는 모든 커피 입자가 과소 추출되지 않게 보장한다. 나아가, 난류가 일어나면 화학 성분이 입자에서 빠져나와 커피 슬러리로 이동하는 속도가 크게 빨라진다. 두 효과로 인해 커피층 내 교반이 일어나는 영역에서 추출은 빠르고 고르게 일어난다.

손으로 물을 직접 붓는 경우, 커피층 맨 아래까지 교반이 일어나는 경우는 드물다. 윗부분만 교반과 고른 추출이 일어난다. 그렇다고 교반이 항상 좋은 것은 아니다. 커피 입자를 띄워 올리면 당연히 미분 이동도 많아지고, 그로 인해 필터가 막히거나 음료의 투명도가 떨어질 수 있다. 다만 내 경험으로는 아주 강한 교반에 더해 채널링까지 있는 경우(예: 주둥이가 넓은 주전자를 사용했을 때) 또는 미분이 특히 많은 경우에만 이런 현상이 발생

Melodrip은 주전자 물줄기를 깨트려 물방울 상태로 강제 변환하고 커피 슬러리에 가해지는 교반을 크게 줄인다.
사진: Dylan Siemens, Elika Leftee

197 　　　　　　　　　　　　　　　　　　　주전자와 교반

했다. 그러므로, 비교적 입자 크기 분포가 균일하고, 필터가 두꺼워서 미분을 충분히 감당할 수 있는 용량이라면, 교반을 가능한 한 많이 하는 것이 좋다. (필터의 용량에 대해서는 5장에서 상세히 다룸)

## 6.4 물줄기가 커피 슬러리에 미치는 영향

교반을 제어하는 방법을 알기 위해서는 가만히 있는 물 웅덩이(우리의 경우, 커피 슬러리)에 물줄기가 미치는 영향을 이해해야 한다. 난류가 커피 슬러리에 미치는 영향을 결정짓는 핵심 요소 한 가지는 슬러리 표면과 접촉하는 지점의 물줄기 모양, 특히 그 불균일성이다. 부드러운 물줄기는 슬러리를 거의 흐트러뜨리지 않고 내부로 파고들어 약간의 난류와 함께 슬러리 내부 깊숙이 도달하는 강한 물길을 생성한다. 다만 바닥에서부터 표면으로, 물이 떨어진 지점 주위로 여러 갈래로 올라오면서 커피 입자 일부가 떠오르지만, 그렇다고 입자가 낱낱이 분리되지는 않는다. 물줄기가 강하면 그 운동량으로 커피층이 움푹 패일 수도 있는데, 이때 드리퍼를 수평으로 돌리면서 크게 파인 홈을 없애 주지 않으면 이후에 문제가 될 수 있다.

과학자들은 수력 발전 댐의 안정성과 내구력을 높이는 일환으로 물이 고속으로 떨어질 때 패이는 현상을 설명하는 세부 물리 모델을 몇 가지 제시했다. (예: Bollaert 2002; Bollaert and Schleiss 2003) 이 연구들의 결론 중 일부는 다음 글처럼 직관적이다: 물줄기가 슬러리에 도달하는 지점에 물줄기가 굵고 그 속도가 빠를수록 바닥으로 가려는 운동량은 더 크며, 그만큼 패이는 구멍도 더 크다. 그에 비해 다른 몇 가지 결론은 또 다른 통찰을 보여주지만 직관적으로 와닿지는 않는다: 물줄기가 물웅덩이 표면에 닿을 때 물줄기에 공기가 많이 들어 있을수록 그 물줄기는 바닥에 닿기 전에 운동량을 많이 잃게 되고, 그만큼 패이는 구멍 크기는 줄어든다. (예: Duarte, Pinheiro, and Schleiss 2016 참조) 이는 물이 끌고 들어가는 공기방울은 물보다 밀도가 낮아 물 속에서는 상승하려는 부력이 있고, 그 때문에 물흐름을 느리게 만들기 때문이다.

공기방울은 부력을 받긴 하지만 아래로 떨어지는 물과의 마찰 때문에 잠시 동안 아래로 이끌린다. 이 때문에 물흐름은 제법 느려지고 난류는 더 많이 일어나며 슬러리 아래로 파고드는 깊이는 줄어든다. 물흐름은 아래로 갈수록 공기방울과 주변에 머물러 있는 물과의 마찰력에 의해 조금씩 약해진다. 마침내 아래 방향의 힘이 부력보다 약해지면 공기방울은 위로 떠밀려 올라간다. 그러므로 공기방울이 커피 슬러리를 파고드는 깊이는 우리가 어느 깊이까지 의미 있는 난류를 만들 수 있었는지를 나타내는 유용한 시각 도구다. 앞선 논의에서 이런 난류는 커피 추출에서는 '교반'이라 설명했다. 난류는 커피 입자를 불규칙적으로 떠올리면서 효율적으로 분리해 주고 추출을 고르게 해 주기 때문에 바람직하다.

난류 교반으로도 커피층에 구멍이 패일 수 있다. 다만 이 경우 구멍은 넓게 파이는 경향이 있는데, 이런 경우 슬러리를 돌려 주거나, 물을 슬러리 표면 주변부로

나선 모양 　　　　　　　　　　꽃 모양

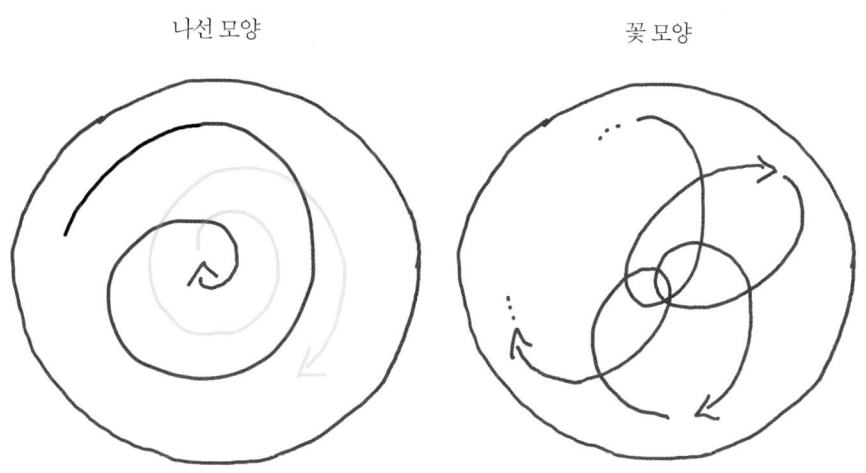

표면에 물을 골고루 붓는 데 도움이 되는 패턴 예시

나누어 부어 주면 쉽게 메울 수 있다. 커피 업계에서 사용하는 물 붓는 방식은 다양하지만, 나는 물을 슬러리 표면에 비교적 골고루 부어 줄 수 있고, 물줄기가 분열할 정도로 한 번에 너무 많이 들이붓지 않는 한, 물 붓는 방법에 어떤 정답이 있고 그것이 커피 제조에 중요한 영향을 미친다는 말은 믿지 않는다. 그러므로 나는 가능한 쉬운 물 붓기를, 별 생각 없이 되풀이할 수 있으면서도 슬러리 표면을 골고루 적셔 줄 수 있는 물 붓기 방식을 추천한다. 개인적으로는 꽃 모양 또는 나선 모양 물 붓기를 좋아한다.

이제 주전자 물줄기로 달성해야 할 목표를 설정했다: 물줄기가 슬러리로 들어가 난류를 많이 일으키고 커피층을 많이 교반시키기 위해, 물 부을 때 공기가 조금 들어가는 것이 좋다. 또한 난류가 일어나는 깊이를 제어할 수 있어야 한다. 이것을 이해하는 데 플런징 제트 리액터(plunging jet reactor, 하방 제트 반응기)라는, 세상에 그런 게 있었나 싶은 과학 기구가 도움이 된다. 이 화학 반응기는 액체와 기체의 화학 반응을 가능한 한 빠르게 일으키는 데 사용한다. 원래 액체와 기체는 밀도 차가 너무 커 상호 반응이 잘 일어나지 않고 두 층으로 나뉘어서 좁은 계면에서만 접촉한다. 그러므로 유체 일부를 고속 분사(jet)해 액체층으로 파고들도록 제어하면, 일부 기체 방울이 액체 속으로 들어가고, 이 방식으로 액체와 기체의 표면적이 크게 늘어나 화학 반응 속도도 최대로 높일 수 있다. (예: Haraldsson 2000; McKeogh and Ervine 1981; Yin 팀 2018) 물

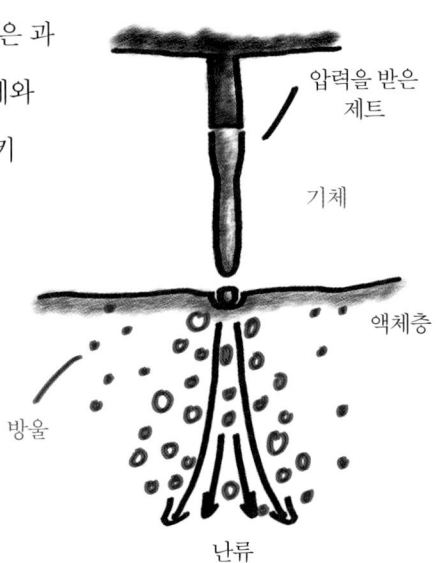

플런징 제트 리액터의 개략도. 압력을 받은 유체가 제트 형태로 액체에 방출되면 주변 기체를 끌고 들어가며, 이로 인해 액체와 기체 사이 화학 반응이 촉진된다.

론 여기서도 공기방울은 난류를 일으키기 때문에 이에 대한 최적 변수 제어도 연구 대상이다. 그리고 이런 자료는 커피 추출 최적화에 그대로 적용할 수 있다!

Qu 팀(2011)은 실험 자료를 바탕으로 상세한 플런징 제트 충격 모델을 구축해 여러 변수를 확인했는데, 그중 하나는 공기방울이 물 웅덩이에 어느 깊이까지 들어갈 수 있는가였다. 이 연구에서 밝혀낸 특히 흥미로운 한 가지 사실은, 물 붓는 위치를 계속 높인다고 해서 교반 깊이가 점점 깊어지는 것은 아니라는 점이다. 오히려, 주어진 구스넥 및 유량에 대해 교반 깊이를 최대화하는 특정 높이가 있으며, 이 보다 더 높거나 더 낮은 곳에서 부을 경우, 교반을 감소시키거나 슬러리 표면에만 교반을 일으킨다.

이는 물 붓는 높이에 따라 적용되는 기제가 다르다는 점으로 설명할 수 있다.

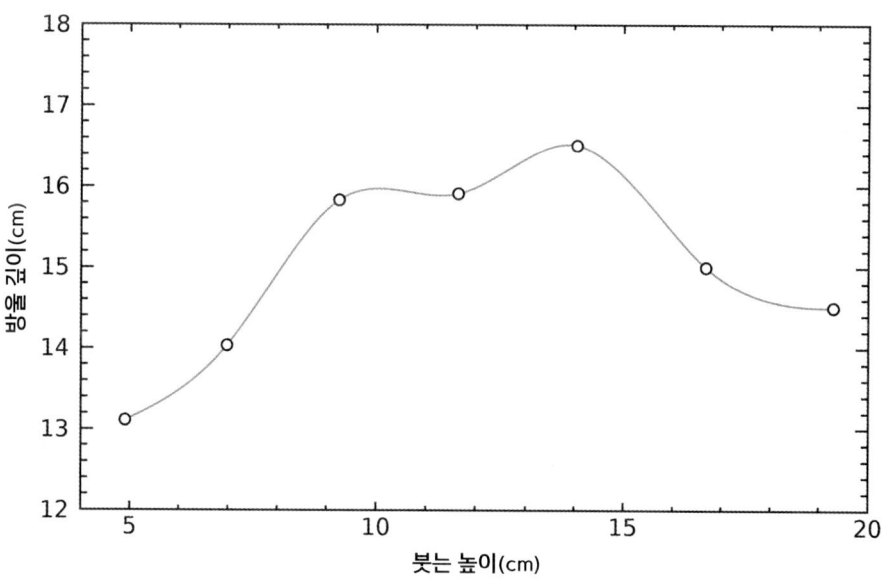

Qu 팀(2011)이 측정한, 플런징 제트를 물에 적용했을 때 붓는 높이에 대한 공기방울의 깊이. 최대 깊이는 제트의 분열 길이가 물 표면보다 약간 아래인 경우이다. 이보다 붓는 높이가 낮으면 전체 교반이 줄어들고, 붓는 높이가 높으면 교반 깊이가 얕아진다.

낮은 높이에서 부을 때, 슬러리에 부딪히는 물길은 부드럽고, 끌려 들어가는 공기는 거의 없다. 이 경우는 슬러리에 큰 흐름을 일으키고 커피층에 구멍이 파이더라도 난류 생성에는 크게 기여하지 못한다. 반대로 높은 곳에서 부을 때는 물이 떨어지는 시간이 긴 만큼 물길이 크게 떨릴 수 있고, 그만큼 슬러리 표면에 부딪힐 때 움직임이 더 불규칙하다. 물길이 거칠어지면서 표면이 변형되고 에어 포켓이 많이 생기면서, 결국 물길이 슬러리에 부딪힐 때 공기가 훨씬 많이 끌려 들어간다. 이로 인해 아래로 내려가려는 운동량은 줄어들고, 물길은 아주 넓고도 얕게 분산된다. (McKeogh and Ervine 1981; Shonibare and Wardle 2015) 극단적으로는 물길이 물방울 형태가 되어 슬러리에 닿을 수 있다. 이때는 교반력이 크게 줄어든다. (예: Guilizzoni, Santini, and Fest-Santini 2019)

커피를 추출할 때, 물길과 슬러리 표면이 부딪히는 위치에 물길에 분열 현상이 일어나는 높이보다 아주 약간 낮은 높이에서 물을 부을 때 교반이 가장 깊은 곳에서 일어난다. 물이 튀는 소리가 나므로 어느 높이가 맞는지 알기는 쉽다. 교반이 가장 크게 일어나는 높이를 확인할 때는, 먼저 자신에게 알맞은 유량을 선택한 뒤, 먼저 낮은 높이에서 붓기 시작해, 물이 약간씩 튀는 소리가 날 때까지 높이를 올린 다음, 다시 살짝 높이를 내리는 것이 유용하다. 이 위치가 슬러리에 교반을 가능한 많이 일으키는 높이이다.

이제 주전자를 사용해 일정한 유량으로 부을 때 교반을 최대화하는 방법까지는 알았다. 그러나 슬러리에 교반을 일으킬 때 주전자가 어떤 영향을 주는지는 아직 살피지 않았다. 앞에서 본 것은 구스넥 주둥이 끝이 부드럽게 가공된 것이 물줄기 분열 길이가 더 길고, 구스넥 주둥이가 넓으면 유량이 많을 때 분열 길이가 가장 길다는 것이었다. 또한, 분열 길이가 가장 길어지는 유량은 주전자 종류별로 다르다는 것도 확인했다. 이 모든 경우를 막론하고, 물줄기 분열 위치가 슬러리 표면 바로 아래쪽이 되도록 물 붓는 높이를 맞추면 된다. 이 말은, 만약 자기 주전자의 물

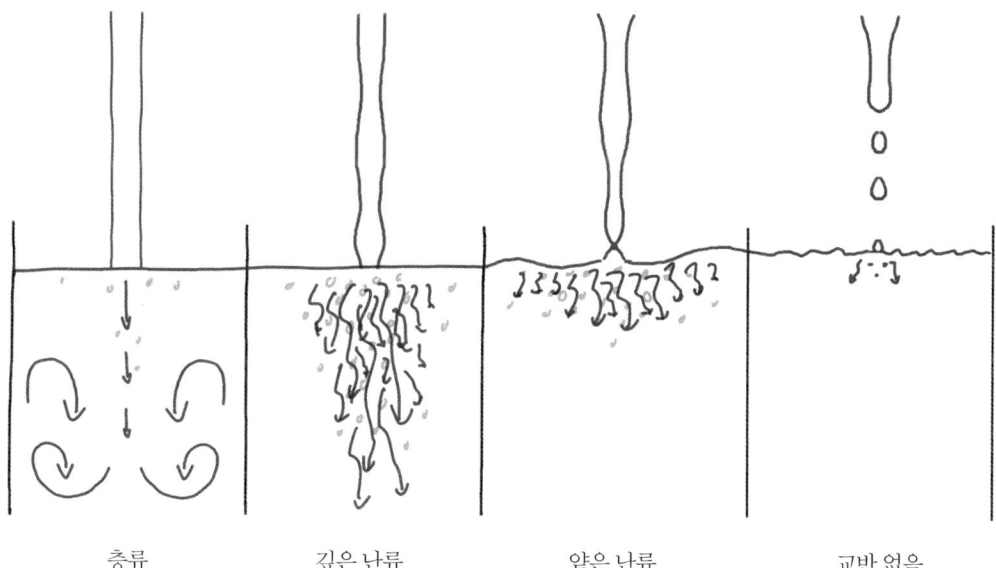

층류         깊은 난류         얕은 난류         교반 없음

붓는 높이에 따른 분열 길이와 교반 형태

줄기 분열 길이가 가장 긴 유량을 선택했나면 붓는 위치는 가장 높게, 유량을 그보다 많게 또는 적게 한다면 붓는 위치는 더 낮게 하면 된다는 것을 의미한다. 구스넥 주둥이가 부드러운 주전자를 쓴다면 좀 더 높은 곳에서 부어야 그만큼 커피층에 더 많은 난류를 일으킬 수 있다.

그렇지만, 물줄기 분열 위치가 슬러리 표면 바로 아래가 되도록 주전자 높이를 조정했다 쳐도, 앞으로 언급할 변수 상황에 따라서 교반 정도는 달라질 수 있다. 높은 곳에서 부으면 떨어지는 시간이 더 걸리고 그만큼 중력을 받아 가속되기 때문에 슬러리에 더 빠른 속도로 부딪힌다. 이는 다음 식으로 나타낼 수 있다:

$$v_{\text{land}} = \sqrt{v_{\text{kettle}} + 2gL}$$

여기서 $V_{land}$는 물줄기가 슬러리에 닿을 때 속도이며, $V_{kettle}$은 주전자를 벗어날 때 속도다. g는 지구의 중력 가속도(9.8m/s2)이며 $L$은 구스넥 주둥이 끝에서 슬러리 표면까지의 거리, 간단히 말하면 높이다. 예를 들어, 슬러리 바로 위에서 물을 붓는 것에 비해 슬러리에서 10cm 위에서 물을 부으면 물줄기 속도는 초당 1.4m 더 빠르다. Baylar and Emiroglu(2004)는 이러한 효과가 있음을 실험으로 보였다. 아래 그래프는 물줄기 속도와 물줄기의 형태에 따라 거품이 슬러리에 얼마나 파고드는지 보여준다.

그러므로, 물줄기 분열 위치가 모두 슬러리 표면 바로 아래 있더라도 주전자 높이가 높은 쪽이 교반을 더 많이 일으킨다. 달리 말하면, 구스넥 주둥이가 매끈한 쪽은 물줄기 분열 위치가 훨씬 긴 만큼, 슬러리에서 난류가 더 많이 발생할 수 있다.

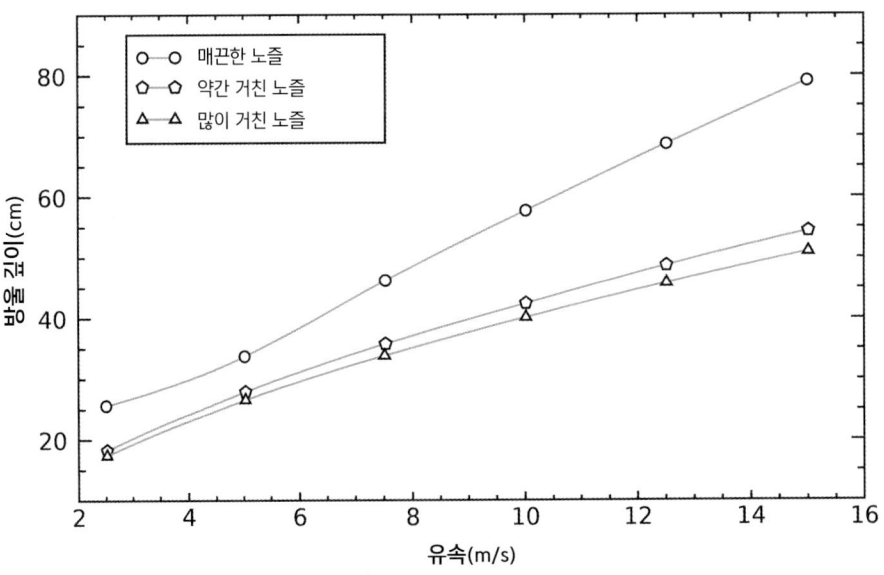

Baylar and Emiroglu(2004)의 실험 측정값에서 물줄기가 매끈하거나 유속이 빠르면 교반이 더 깊게 일어남을 알 수 있다. 모든 측정값은 고정 높이에서 얻었다. 연구진은 고정 높이에서 유속을 높이기 위해 압력을 높였는데, 일반 푸어 오버 주전자로는 이 정도 압력과 유속은 낼 수 없다.

다만 여기서 미묘한 관계성을 이해해야 한다: 물을 무작정 높은 곳에서 붓는다고 교반이 잘 되는 것은 아니다! 너무 높은 곳에서 부으면 물줄기는 슬러리에 도착하기 전에 깨질 것이고, 그러면 오히려 교반은 얕게 일어나 커피층이나 추출에는 별다른 영향을 주지 못할 것이다. 더 높은 곳에서 부으면서 교반도 많이 하려면 물줄기가 더 오래 깨지지 않고 유지되어야 한다.

유량이 적다면 구스넥 주둥이가 좁을수록 분열 길이가 더 길다. 유량이 많으면 그 반대다. 그러므로 자신이 선호하는 유량에 맞는 주전자를 사용하는 것, 아니면 유량 조절기[3]를 꽂는 것이 중요하다. 구스넥 주둥이가 가늘면 추출 시간을 길게, 슬러리가 교반되는 시간을 길게 할 수 있다. 유량이 적으므로 추출이 안정적이고 재현하기도 쉽다.[4] 역으로, 구스넥 주둥이가 크면 최적 유량 및 붓는 높이에서 더 깊은 곳까지 교반을 일으킨다.

구스넥 주둥이 끝이 극단적으로 작은 유형을 생각하면, 아마 주전자 몸체 하나에 구스넥 주둥이는 여러 개인 것, 또는 구스넥 끄트머리에 스프레이 헤드가 있어 가는 물줄기가 몇 줄기 나오게 하는 형태를 생각할 수 있다. 이론적으로는 기능하셨지만, 일반적인 주전자가 지니고 있는 기본적인 한계가 발목을 잡을 것이다: 물을 주전자 밖으로 내보내는 힘은 물 자체 무게뿐이라는 점이다. 물이 나가는 힘은 중력에 의한 것인데, 구멍 여러 개면 이 힘이 나눠지면서 물길이 너무 약해진다. 그러면 물길은 물방울이 떨어지는 수준 정도가 될 것이고, 교반은 일어나지 못한다. 거의 Melodrip 추출과 유사한 상황이다. 이런 문제를 해결하려면 좀 무시무시한 주전자를 써야 한다. 물이 들어 있는 용기를 가압해 쏘아내는 것이다. (별일이야 있겠는가?)

---

3  주전자 구스넥 주둥이 입구에 끼워 넣는 작은 기구다. Mandritech의 '핸드 드립 워터 밸브 셋' 등 구스넥 끄트머리 바깥쪽에 설치하는 기구도 있는데, 이런 유형은 물줄기 분열 길이가 극도로 줄어들 수 있어서 사용을 피하는 것이 좋다.

4  일부 푸어 오버용 주전자 모델은 손잡이에 무게추가 달려 있어 안정적으로 붓기가 쉽다.

Decent의 에스프레소 머신은 독창적인 방식으로 이 문제를 해결했다. 이 머신 포타 필터에 스프레이 헤드 어댑터를 끼워 사용하면 원리상 가압형 주전자가 된다. 에스프레소 머신의 압력은 중력보다 훨씬 강하지만, 이를 여러 물줄기로 나누다 보니 푸어 오버에 사용할 수 있는 물줄기가 나오

Decent 에스프레소 머신의 푸어 오버 스프레이 헤드

는 것이다. Rao(2020.2.4.)는 통상의 푸어 오버에 비해 Decent의 스프레이 헤드를 사용하면 추출 수율이 높다는 사실을 발견했는데, 위와 같은 가동 방식이 이를 설명할 수 있을 것이다; 즉, 가압된 물줄기는 슬러리 표면 아래 매우 깊은 곳까지 교반을 일으킬 수 있다. Qu 팀(2011)이 고안한 실험 관계식에서 교반 깊이 $d_{ag}$는 물줄기가 슬러리에 닿는 순간의 속력 $V_{land}$ 및 구멍 크기 $S_0$에 비례한다.

$$d_{ag} \propto \left(v_{land}\right)^{0.78} \left(s_0\right)^{0.67}$$

이 식에서 구멍 크기보다는 속력의 영향이 조금 더 크다는 점을 알 수 있다. 그러므로 동일 유량 조건에서 구멍 수가 많으면 구멍 수 $N$의 증가 또는 추출 유량 $Q$의 증가로 좀 더 깊은 곳까지 교반이 일어난다.

$$d_{ag} \propto Q^{0.58} N^{0.23}$$

즉, 구멍 10개짜리 스프레이 헤드를 쓰면 구멍 3개짜리 스프레이 헤드를 쓰는 것보

떠다니는 입자

여러 물줄기

난류

여러 개의 가늘고 가압된 기체 또는 액체 흐름들이 다공성 매질을 유체처럼 움직이기 시작하는
지점까지 교반하는 유동층 그림

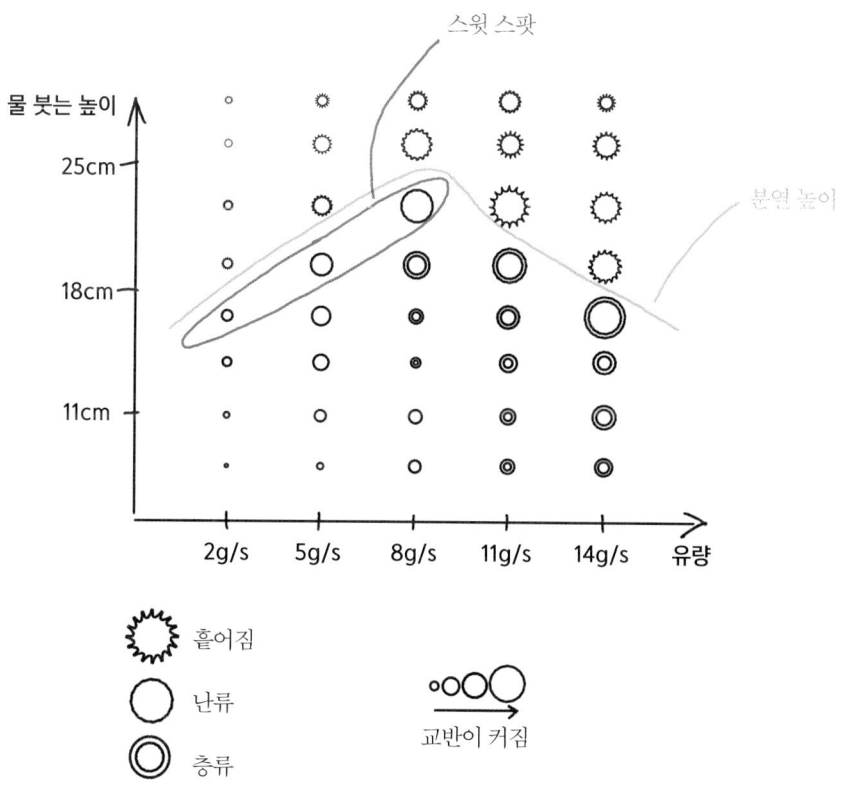

푸어 오버 설정에서, 유속과 붓는 높이 조합에 따른 여러 상태 및 커피 슬러리의 교반 정도.
Stagg EKG 주전자의 분열 길이는 회색 실선으로, 내가 주로 사용하는 스윗 스팟 영역은 둥글게
표시했다. 나는 주전자의 분열 길이보다 약간 낮은 높이에서 부으며, 유속은 분열 길이가 최대일
때와 같거나 작게 한다.

다 교반 깊이는 27% 더 깊어진다. 다만 최적 물줄기 수를 계산할 때 열 손실을 고려해야 한다. 물줄기를 너무 많이 나누면, 각각의 물줄기가 너무 가늘어 부피당 공기에 노출되는 표면적이 커지고, 물줄기가 떨어지면서 주변 공기에 열을 더 많이 뺏긴다. 가압 상태의 물줄기는, 스프레이 헤드에서 커피 슬러리까지의 거리는 물줄기가 슬러리 표면에 도달할 때의 속도에는 그리 큰 도움이 되지 않는다는 점도 유념해야 한다. 물줄기가 빠져나올 때의 속도에 비해 물줄기가 떨어지는 중 작용하는 중력 가속의 영향은 무시할 수준이기 때문이다. 그러므로 여기서는 분열 길이와 열 손실을 고려하는 편이 더 중요하다.

　가압된 물줄기가 커피 슬러리에 고르게 퍼져 있는 상태는 화학 엔지니어링에서 많이 사용하는 유동층 개념과 유사하다. (Crowe 2005) 좀 멋지게 표현하자면, 유동층은 모래더미를 액체처럼 만들고 사람이 마치 물속인 양 그 속을 헤엄칠 수 있

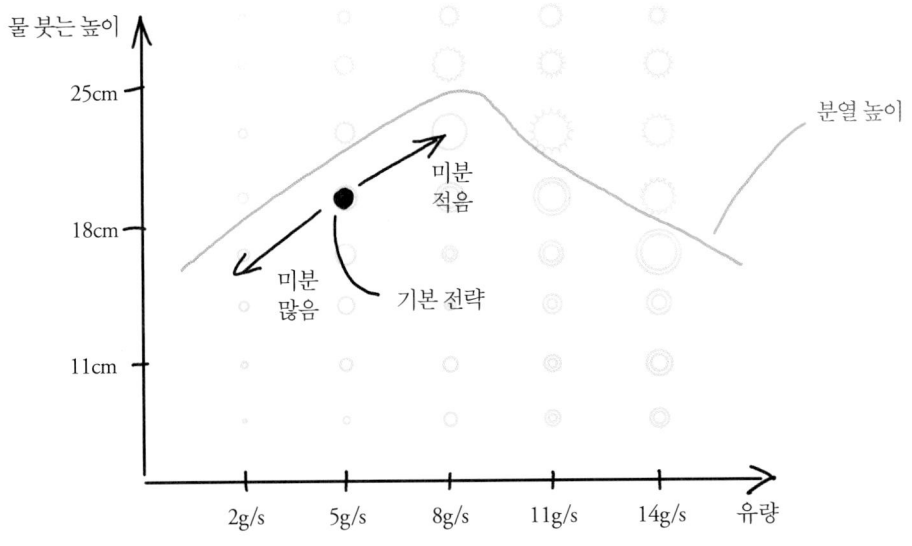

내가 스윗 스팟 안에서 미분 양에 따라 물 붓는 전략. 미분이 많은 커피는 필터가 막힐 가능성이 크기 때문에 추출 중 교반이 덜 일어나게 붓는다.

게 한다. (Rober 2017) 고른 커피 추출이 가능하다는 점에서 이것은 혁신적인 커피 추출 기술이 될 수 있다. 다만 커피층을 완전히 유동층으로 만들면 가압된 물흐름을 닫았을 때 커피층이 얼마나 빨리 가라앉는가에 따라 다르긴 하지만, 커피층 자체의 여과 효율은 떨어진다. 또한 입자 크기 분포가 아주 균일하지 않다면 미분 이동 때문에 필터가 막히는 문제도 나타날 것이다. 이런 단점들은 두껍고 효율성 높은 필터를 사용하거나 세척한 모래 같은 비수용성 다공성 재질을 커피층 아래 깔면 줄일 수 있다.

여기에서 설명한 것을 요약하는 의미로 내 개인 세팅(커피 22g, V60, Stagg EKG 주전자)에서 유량과 물 붓는 높이 사이의 관계를 그래프로 그렸다. 스윗 스팟은 내가 사용하는 유량 및 붓는 높이로서, 커피가 막히는 정도에 따라서 이들 중 하나를 고른다. 이를 단순화한 것이 왼쪽 그림인데, 여기서 스윗 스팟에 해당하는 부분을

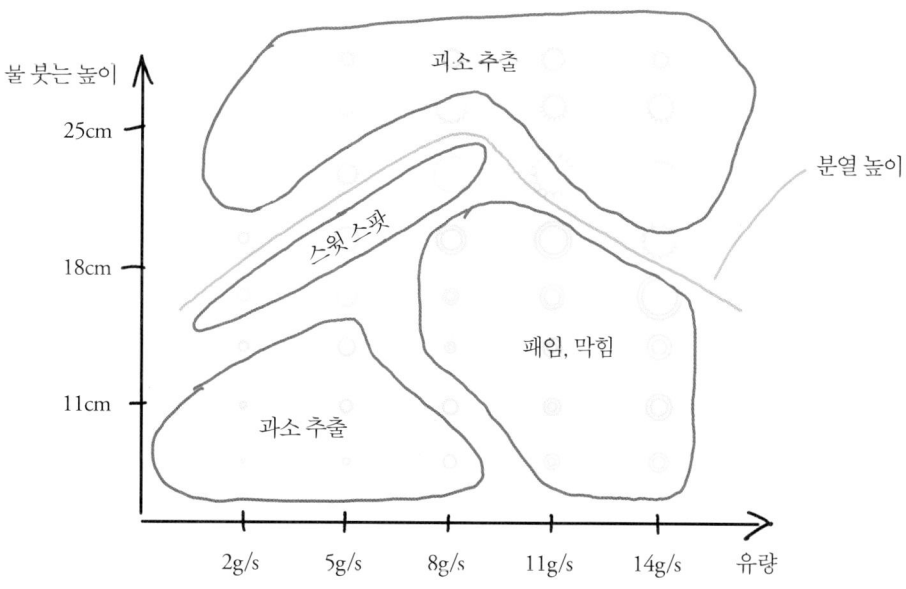

유량과 붓는 높이가 스윗 스팟 영역과 매우 다를 경우 어떤 문제들이 일어나는지 그렸다.

주시하자. 마지막 그림은 유량과 붓는 높이 조합에서 일어날 수 있는 문제를 보여
준다.

## 6.5 열 보존

주전자의 기능 중에서 한 가지 더 중요한 것은 커피 제조 중 온도를 안정적으로 유
지하는 능력이다. 설정한 온도를 유지하는 장치가 달린 주전자도 많지만, 일부 제
품은 들었다 본체에 내려놓을 때마다 버튼을 다시 누르지 않으면 물이 식어 버린
다. 최소 한 번 정도는 별도 온도계를 사용해 주전자에 표시된 온도가 신뢰할 만한

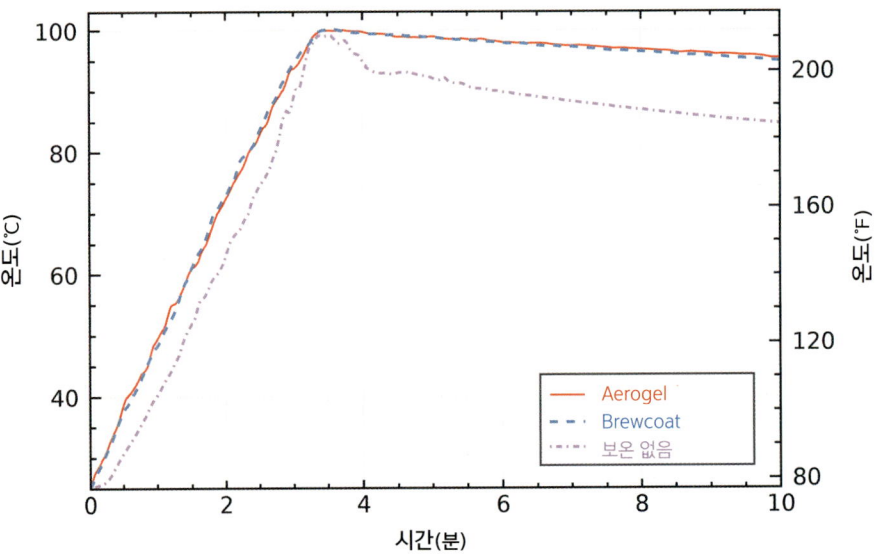

0.6L 용량의 Brewista Artisan kettle에 여러 보온재를 감싼 경우 가열 및 보온 효율. 어떤 종류건
보온재를 쓰면 목표 온도에 도달하기까지 필요한 에너지를 줄이고, 특히 95도 이상 온도에서
온도를 더 안정적으로 유지한다.

지, 설정한 온도가 얼마나 안정적으로 유지되는지 확인해 보자. 섭씨 100도 안팎의 높은 온도일 때, 공기와 물의 온도차가 크면 열 전달이 더 빠르기 때문에 온도가 빨리 떨어진다. 즉, 끓는점에 가까운 온도로 커피를 추출할 때는 더욱 주전자의 열 보존력이 중요하다.

일반적으로 주전자는 크기가 클수록 열을 더 잘 보존한다. 같은 정도로 온도를 떨어뜨린다면 물의 질량이 더 큰 쪽에서 열이 더 많이 빠져나가야 하기 때문이다. 그렇지만 주전자가 무거우면 다루기가 어렵고, 그런 만큼 물 붓기 안정성이나 유량 재현 가능성이 떨어진다. 일부 제조업체(예: Brewcoat)는 주전자 모델별로, 온도 안정성을 높여 주는 보온 커버 솔루션을 제공하는데, 특히 용량이 작은 정밀 주전자의 경우 더 유용하다. 두께는 얇지만 에어로젤 블랭킷[5] 또한 단열 효과가 있다. 그렇지

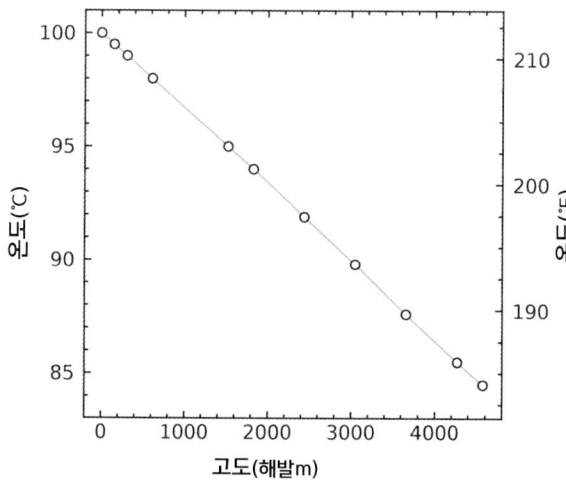

고도별 물이 끓는 온도. 미국 해양대기청 자료

| 고도 | | 끓는점 | |
|---|---|---|---|
| (m) | (feet) | (°C) | (°F) |
| 0 | 0 | 100.0 | 212.0 |
| 150 | 500 | 99.5 | 211.1 |
| 305 | 1,000 | 99.0 | 210.2 |
| 610 | 2,000 | 98.0 | 208.4 |
| 1,524 | 5,000 | 95.0 | 203.0 |
| 1,829 | 6,000 | 94.0 | 201.1 |
| 2,438 | 8,000 | 91.9 | 97.4 |
| 3,048 | 10,000 | 89.8 | 193.6 |
| 3,658 | 12,000 | 87.6 | 189.8 |
| 4,267 | 14,000 | 85.5 | 185.9 |
| 4,572 | 15,000 | 84.5 | 184.1 |

주전자와 교반

만 작업할 때 손가락에 흰 가루가 묻는 경향이 있다.

추출 온도를 정할 때 한 가지 더 고려할 것은, 커피 음료를 제조하는 장소의 고도다. 물은 고지대로 갈수록 (대기압이 낮으므로) 100도보다 낮은 온도에서 끓는다. 그러므로 목표 온도를 해당 지역의 끓는점보다 높은 온도로 설정해서는 안 된다. 앞 페이지에 첨부한 그림과 표는 미국 해양대기청(National Oceanic and Atmospheric Administration, NOAA)에서 제공하는 끓는점이다.

주전자 온도 설정 시 고려할 점은 7장과 10장의 드리퍼 특징 및 추출 기법 항목에서 다룰 것이다. 추출 기기에 따라 다르지만 "대개 슬러리의 온도는 주전자 속 물 온도보다 훨씬 낮다." 이는 추출 온도를 설정할 때는 주전자뿐만 아니라 다른 추출 기기에서의 열 손실 또한 고려해야 한다는 것을 의미한다.

---

5  에어로젤 블랭킷은 매우 가볍고 공극이 많은 에어로젤 알갱이를 주입한 유연성 있는 담요다. 에어로젤은 열전도율이 매우 낮으며 여러 특이 성질을 갖고 있다.

CHAPTER 7

# 드리퍼

지난 몇 년 사이 모양과 재질, 제조법 면에서 다양한 브루잉용 커피 드리퍼가 등장했다. 그중에서도 V60, 에어로프레스, Kalita Wave 등이 널리 쓰인다. 그러나 이들이 왜 널리 사용되는지, 커피 추출에 어떤 영향을 미치는지에 대해서는 알려진 내용이 적다. 이번 장에서는 커피 드리퍼의 주요 속성들이 추출에 미치는 영향을 살피고, 현재 사용 가능한 드리퍼의 속성을 평가할 것이다.

## 7.1 유효 필터 표면적

대부분의 브루잉용 커피 드리퍼는 종이 필터를 사용한다. 5장에서 살펴봤듯이, 종

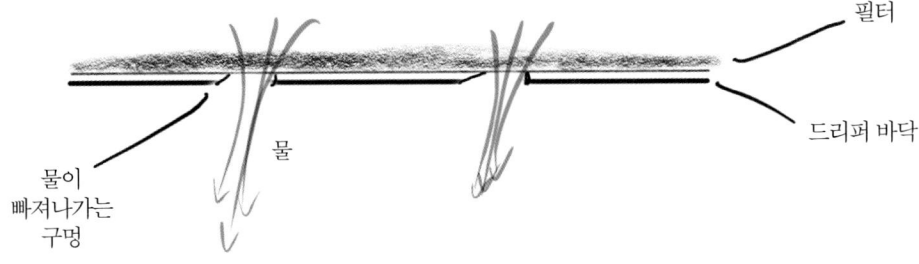

필터

드리퍼 바닥

물

물이
빠져나가는
구멍

커피 필터가 드리퍼 구멍을 제외하고는 바닥에 달라붙은 상태를 나타내는 개략도. 이 상태에서
물이 필터를 통과하는 유효 표면적은 크게 줄어든다.

이 필터는 커피층을 지탱하면서 안정적이고 균일한 물흐름을 이루는 데 중요한 역
할을 한다. 드리퍼 모양은 물이 흐를 수 있는 유효 필터 표면적에 영향을 미치므로
필터 성능과 큰 상관 관계가 있다. 예를 들어, 필터가 매끈한 천공형 바닥에 달라붙
으면 드리퍼 구멍이 난 쪽으로만 물이 흐를 수 있으므로 유효 필터 표면적은 크게
줄고 유량은 적어지며, 미분을 막을 수 있는 용량이 줄어들기 때문에 필터가 막힐
가능성은 크게 높아진다.[1] 유효 필터 표면적을 키우는 방법 중 하나는 드리퍼 바닥
에 리브(Rib)를 만들거나 차 거름망을 필터와 드리퍼 사이에 끼우는 것이다. 이러면
필터가 들어올려져 물이 필터의 전체 면으로 통과한 뒤 드리퍼의 출구 구멍으로 빠
져나갈 것이다.

---

1  5장에서 미분을 막는 용량은 필터가 막히기 전까지 흡수할 수 있는 미분의 양에 해당한다고 한 부분
   을 기억하자.

## 7.2 기하학적 구조

커피 드리퍼에서 가장 중요하면서도 제일 먼저 눈에 띄는 모습은 구조다. 요즘 가장 많이 사용하는 드리퍼들은 대개 바닥이 평평한 쪽(플랫 바텀)과 원뿔형(코니컬)의 두 부류 중 하나에 속한다. 원뿔형은 원뿔 모양의 필터와 함께 사용하는데, 원통형 드리퍼에 비해 커피를 소량 사용해도 깊이가 더 깊다. 또한, 커피 사용량이 10g보다 많을 경우, 커피양을 조금 더 넣는다고 해서 커피층의 깊이가 크게 달라지지 않는다. 이는 드리퍼의 활용 폭을 넓힌다.

4장에서 언급했듯이, Moroney 팀(2019)은 교반이 없고 커피층을 우회하는 물도 없는 상황에서 원뿔형과 바닥이 평평한 드리퍼 사이 추출의 공간적 균일성은 다

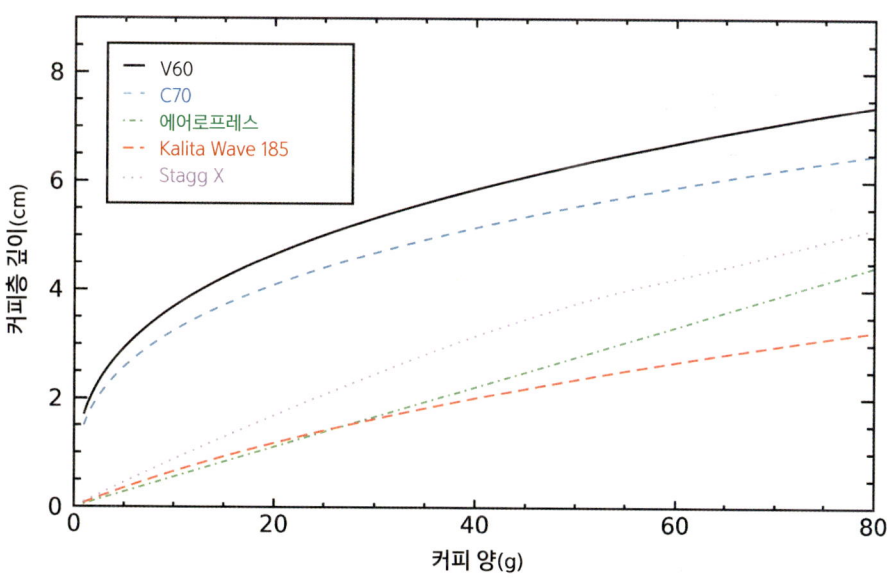

드리퍼마다 커피 양에 따른 커피층의 깊이는 다르다. 커피 양이 많으면 바닥이 평평한 드리퍼가 원뿔형 드리퍼보다 성능이 좋다.

드리퍼

르다고 말한다. 바닥이 평평한 드리퍼는 수평 방향으로는 추출이 균일한 반면 깊이 방향으로는 균일성이 많이 떨어진다. 이는 아래쪽 커피층과 만나는 커피액은 언제나 농도가 높기 때문이다. 원뿔형 드리퍼는 바닥으로 갈수록 커피 입자를 지나는 물이 더 많아지므로 이런 현상이 약간 보완된다.

그렇지만 원뿔형 드리퍼 또한 해결해야 하는 부분이 있다. 드리퍼의 벽이 매끈해 필터가 완전히 붙어 버리면, 유효 필터 표면적은 물이 떨어지는 구멍과 나란한 부분으로 한정된다. 그러면 유효 필터 표면적이 전체 커피 부피 대비 너무 작아지며, 필터가 막힐 가능성도 크다. 이런 위험을 줄이기 위해 필터 벽에 리브를 만들어 유효 필터 표면적을 크게 늘리는 방법이 있다. 그러나 이렇게 하면 물 일부가 커피층 전부를 통과하기 전에 필터 쪽으로 빠져나올 수 있다. 흔히 '바이패스'라 부르는 상황이 발생하는 것이다.


## 7.3 물흐름과 바이패스

드리퍼를 통과하는 물흐름을 제약하는 것은 바닥의 구멍 수와 종이 필터가 드리퍼 표면에 붙어 있는지 여부다. 앞에서 언급했듯이, 필터가 드리퍼에 달라붙으면 유효 필터 표면적은 크게 줄어들고 유량은 감소하며 필터는 막힐 위험이 있다. 그러므로 필터가 구멍에서 떨어져 유효 필터 표면적을 최대화할 수 있도록 드리퍼 바닥에 돌출된 부분을 만드는 것이 중요하다. 이 경우, 드리퍼를 통과하는 흐름을 제약하는 것은 대개 커피의 분쇄 크기 또는 드리퍼의 바닥 구멍 수(구멍이 매우 작을 경우)다.

드리퍼 벽을 따라 리브가 있어서 필터와 벽 사이에 공간이 있는 원뿔형 드리퍼도 물 일부가 완전히 바이패스하거나 커피층을 부분적으로만 통과해 나올 수 있어서 물흐름이 빨라질 수 있다. 바닥이 평평한 드리퍼 또한 정도가 약하긴 하지만, 주

름 필터가 드리퍼 벽에 밀착되지 않았거
나 물이 커피층 위로 높이 올라갈 경우 바
이패스가 발생하면서 물흐름이 빨라질 수 있
다. 물이 커피층을 완전히 바이패스할 경우, 음료
의 농도는 낮아질 것이다. 바이패스로 인해 평균 추
출 수율 또한 내려갈 수 있다. 이는 퍼콜레이션 중 커
피의 수용성 성분을 추출하는 실제 용제로서 사용된 물
양이 줄어들기 때문이다. 평균 추출 수율과 커피 농도
만 목표치를 유지할 수만 있다면 커피층을 완전히 우회
하는 것도 큰 문제는 아니다. '완전한' 바이패스는 원뿔형
드리퍼를 사용하고 커피층 위로 물이 높이 올라갈 경우 많이 일어난다.

완전
바이패스

일부
바이패스

완전 추출

그리고 물이 커피층을 부분적으로 우회하는 경우, 한 가지 중요한 문제가 발생
할 수 있다. V60처럼 벽에 리브가 있는 원뿔형 드리퍼에서 이런 현상이 일어날 수
있으며, 특히 거피층의 투수저항계수가 높은 경우 확률이 높다. 물 일부가 커피층
의 윗부분만을 통과한 후 필터를 빠져나가 드리퍼의 리브(Rib)를 따라 내려가다 드
리퍼 구멍으로 빠져나간다. 이렇게 되면, 커피의 바닥층은 위층에 비해 과소 추출
되어 평균 추출 수율이 낮아지는 것은 물론이고, 맛 프로필도 달라진다. 바닥이 평
평한 드리퍼를 사용해 만든 커피가 추출 수율이 약간 더 높고 단맛도 더 나는 주된
원인은 이것이 아닐까 싶다.

필터를 끼운 투명 플라스틱 V60를 물로 채우면 바이패스를 눈으로 관찰할 수
있다. 그러나 물이 얼마나 많이 우회하는지 또는 정확히 어디서 필터를 벗어나는지
눈으로는 확인하기 어렵다. 나는 V60처럼 리브가 있는 원뿔형 드리퍼의 바이패스
양이 상당하다는 것을 확인했는데, 그 바탕이 된 자료는 11장에서 설명할 예정이
다. 원뿔형 드리퍼용으로 수정한 Darcy 법칙과 비교했을 때 교반을 전혀 하지 않았

드리퍼

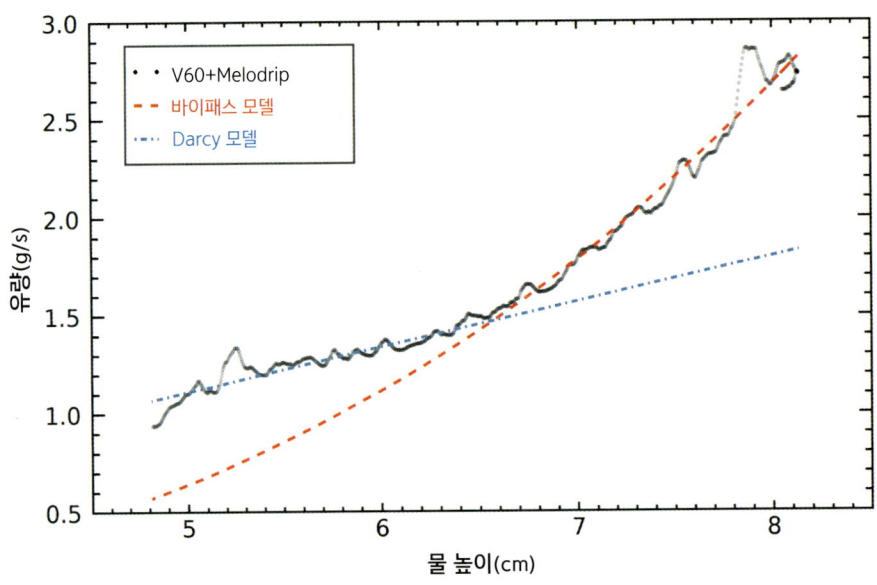

교반 없이 마지막 물 붓기 직후 물 높이에 따른 유량. 물 높이가 6cm를 넘어설 경우 물흐름은 Darcy 법칙에 의한 예측 수치보다 훨씬 빨라져, 원뿔형 필터를 드리퍼 벽 없이 사용해 물이 자유로이 흐르는 모델과 같은 모습이다. 물 높이가 낮으면 유량은 Darcy 법칙을 따른다. 이는 이 상황에서는 바이패스 양이 거의 무시할 정도라는 의미이다. 나는 모든 V60 추출에서 이런 영향이 일관되게 나타나는지는 확인하지 않았다. 다만 바이패스는 무작위로 발생하는 것 같은데, 이는 물 높이, 커피층의 투수저항계수, 드리퍼에 필터가 자리잡은 형태와 사전 헹굼 방식에 따라 영향을 받는 것 같다.

을 때에도 기록한 자료와 전혀 맞지 않는 경우가 있었다. Darcy 법칙[2]은 V60의 경우 물 높이와 유량이 정비례한다고 예견했다. 그런데 실제로는 물 높이가 높을수록 유량은 예측치에 비해 훨씬 많았다.

 커피를 둘러싼 물의 바이패스는 예측 가능한 방식으로 발생하지 않는다. 바이패스한 물의 경로는 필터 외부와 드리퍼 벽의 리브 사이에 임의로 연결 및 단절될

---

2  원뿔형 드리퍼용으로 수정한 것이다.

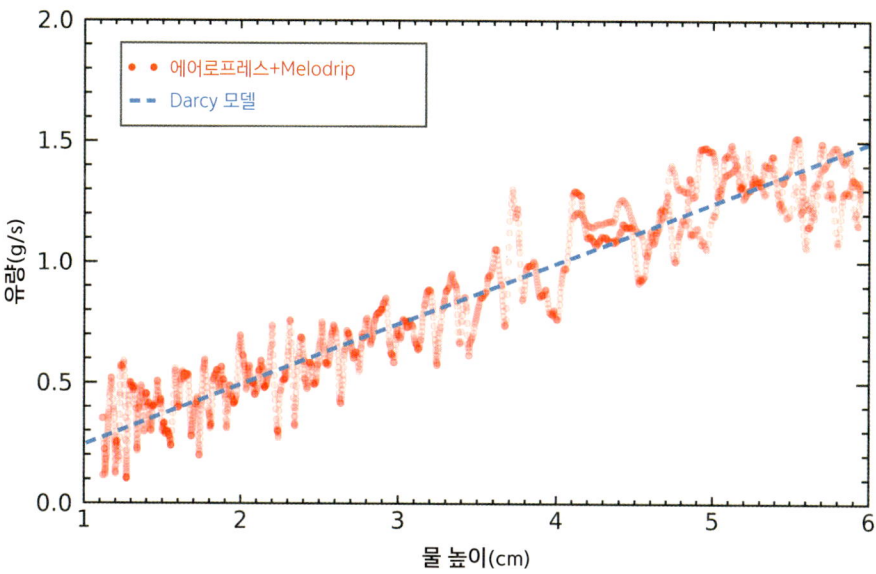

에어로프레스를 중력식 드리퍼처럼 사용했을 때 바닥층에서 물 높이와 유량과의 관계. 커피층에 가해지는 교반을 가능한 줄이기 위해 Melodrip을 사용했다. 흐름은 변하지만 전반적으로 Darcy법칙을 따른다. 이는 물 높이와 유량 사이 비례관계가 있음을 의미한다.

수 있기 때문에 추출 중 또는 추출 도중에 바이패스한 물의 흐름은 크게 변할 수 있습니다. 필터가 드리퍼 벽에 제대로 달라붙으면—예를 들어, 필터를 가압 수돗물로 완전히 헹군 뒤 그대로 두었다면 바이패스 발생 가능성은 조금 떨어진다. 그러나 커피 슬러리 가운데만 물을 붓는다고 해서 바이패스가 줄어드는 것은 절대 아니다.

에어로프레스를 중력식 드리퍼처럼 사용할 경우 바닥 부분에서 바이패스 효과는 일어나지 않는다. 위 그림은 물 높이에 따른 Darcy 법칙 예측치를 나타냈다. 여기서 커피층 바닥을 우회하는 물이 없음을 알 수 있다. 위 그림은 물 높이에 따른 Darcy 법칙의 예측과 일치하는 유량을 보여주며, 이는 커피층을 우회하는 물이 없음을 나타낸다.

드리퍼

## 7.4 보온

드리퍼가 추출에 미치는 가장 큰 영향 중 하나는 슬러리를 보온하는 능력이다. 여기에는 열용량[3]과 열전도율이라는 두 가지 물질 속성이 관계한다. 이에 대해 설명하기 전에, 열전달 물리학과 관련해 일상적인 경험에서 우리가 가지기 쉬운 혼란스러운 생각을 제거하는 것이 유용할 것이다.

우리가 어떤 물체를 만져서 차갑다 또는 따뜻하다고 느끼는 것은 그 물체 자체의 온도를 느끼는 것이 아니다. 오히려 그 물체가 얼마나 빨리 피부에 열을 전달하는지 혹은 피부로부터 열을 빼앗아 가는지를 느끼는 것이다. 뜨거운 물체는 열을 빨리 내보내는 성향이 있지만, 이 또한 물체의 열전도율에 따라서 다르다. 열 전도성이 뛰어난 물체는 열을 빨리 전달하고, 피부와 물체 사이의 온도차를 가장 크게 느끼게 한다.

물리학의 근본 원리 중 하나는 접촉한 두 물체는 궁극적으로 온도가 같아진다는 것이다. 물체의 열전도율이 높으면 열 교환이 빨리 이루어지므로 열평형 속도 또한 빠르다. 열평형을 향해 천천히 진행하면서 열은 항상 더 따뜻한 물체에서 더 차가운 물체로 흐른다. 그러므로 내열성을 갖고 있는 고무와 금속을 한 조각씩 오븐에 넣어 한 시간 가열하면, 둘 다 같은 온도로 올라가겠지만 우리가 손으로 만졌을 때 어떤 것이 더 뜨겁게 느껴질지는 쉽게 짐작할 수 있을 것이다. 온도가 같더라도 금속의 열전도율이 훨씬 높기 때문에 손가락에 화상을 입을 것이다. 냉동고에 넣는 경우도 마찬가지다. 냉동고 속 플라스틱 물질보다는 금속 물질이 더 차갑게 느껴질 것이다.

이제 열전도에 대해 잘 이해하게 되었으니 열용량으로 넘어가자. 열전달의 또

---

3 물체의 열용량은 온도를 1도 올릴 때 필요한 열의 양이다.

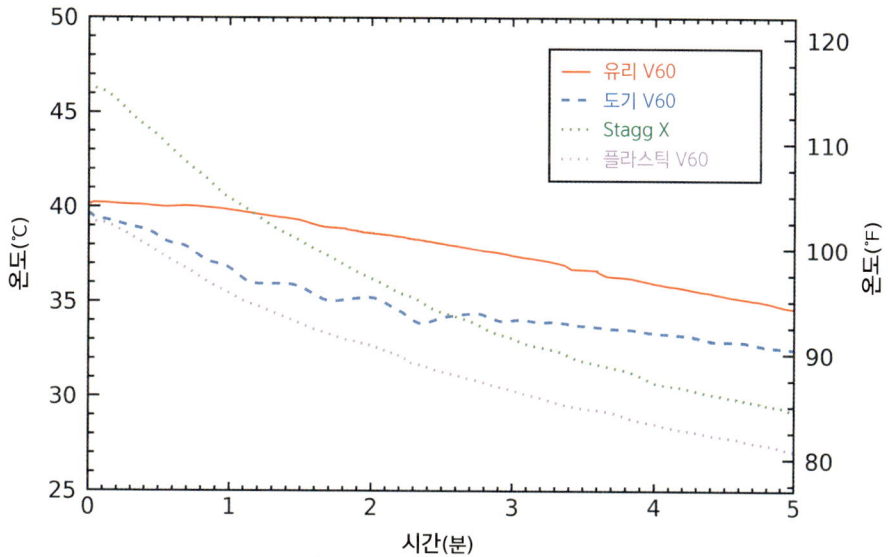

99도의 물을 유량 8g/s로 15초간 부어 예열한 드리퍼(커피가 없는 상태)의 온도. 열용량이 낮은 드리퍼는 예열 후 빠르게 식을 것이다.

다른 측면은 다소 놀라울 수 있다. 각 물질의 온도를 같은 정도로 올리는 데 필요한 열의 양은 다 다르다. 보다 큰 분자로 이뤄진 물질은 더 작은 분자로 이뤄진 물질보다 같은 온도 상승을 위해 보통 더 많은 열을 저장해야 한다. 그래서 금속은 필요한 열이 매우 작다.[4] 무거운 물체는 가열할 분자가 더 많으므로 열용량이 더 크다.

위 설명으로 드리퍼 재질에 따라서 커피 슬러리의 온도가 어떤 식으로 영향을 받는지 알 수 있다. 뜨거운 물을 드리퍼에 부으면, 드리퍼의 초기 온도는 예열을 한 상태라 해도 물 온도보다 많이 낮을 것이다. 위 그림은 드리퍼를 예열했을 때 열용량에 따라 다르긴 하지만 그 효과가 얼마나 짧게 유지되는지를 보여준다.

---

4 그 이유는 금속의 전자가 매우 특이하게 행동하기 때문이다. 이들은 다른 물질에 비해 훨씬 자유롭게 움직일 수 있다. 그래서 금속의 전자는 진동, 움직임, 전기를 멀리까지 매우 효율적으로 전달하고 금속의 열전도성과 전기 전도성을 향상시킨다.

드리퍼

뜨거운 물을 차가운 드리퍼에 부으면 물에서 드리퍼로 즉시 열 이동이 시작된다. 열 이동은 드리퍼와 물이 같은 온도가 될 때까지 계속된다. 드리퍼의 열용량이 크면, 열평형에 도달하기까지 물에서 더 많은 열을 빼앗아야 할 것이고, 물과 드리퍼 모두 더 낮은 온도에서 안정화될 것이다. 금속처럼 열전도성이 큰 물질이라면 순식간에 안정화가 가능할 것이다.

일단 온도 균형이 이뤄지면, 전도성이 높은 드리퍼는 이제 열전도 방식으로 주변 공기에 열을 전달하기 시작한다. 이 열전달은 비교적 느리긴 하지만(공기의 열전도율은 그리 크지 않다) 드리퍼의 열전도성이 큰 경우 더 중요하다. 이 열전달은 커피 슬러리로부터 다시 열을 빼앗아간다. 커피 슬러리의 표면에서 물이 증발하면서 열을 일부 잃는다. 보온 뚜껑을 덮어도 별 차이는 없다. 어차피 물을 부을 때마다 보온 뚜껑을 열어야 하기 때문이다.

드리퍼가 커피 슬러리에서 얼마나 열을 많이 빼앗는지 알 수 있는 일반적인 두 가지 방법이 있다. 무겁고, 추출 중 만지기 힘들 정도로 뜨거워지는 드리퍼들은 커피 슬러리에서 열을 많이 빼앗는다. 가장 심한 것은 도기와 유리다. 둘 다 무겁고 열전도성이 크다. 금속 드리퍼는 열전도성은 크지만 아주 가벼워서 특히 추출 초반에는 열을 많이 뺏지 않는다. 플라스틱 드리퍼는 대체로 가벼울 '뿐만 아니라' 보온성이 있다. 그래서 커피 슬러리 온도가 가장 높다. 드물지만, 드리퍼 벽을 진공 단열 처리한 제품은 보온성이 훨씬 좋다. 이것은 우리가 앞에서 플라스틱 V60과 진공 단열 처리한 Stagg 드리퍼가 예열 효과를 더 빨리 잃는 것을 보았기 때문에 생각하는 것과 다를 수가 있다. 하지만 이 두 가지 드리퍼는 실온에서도 예열한 세라믹 또는 유리 드리퍼에 비해 물의 열을 덜 빼앗는다.

도기나 유리 드리퍼가 항상 나쁘다는 것은 아니다. 다만, (1) 주전자 온도는 실제 추출 중인 온도를 반영하지 '않는다'는 것, (2) 보온성이 많이 떨어지는 물질일수록 물을 붓는 중 온도 변동이 훨씬 크다는 점을 기억해야 한다. 개인적으로는 강 로

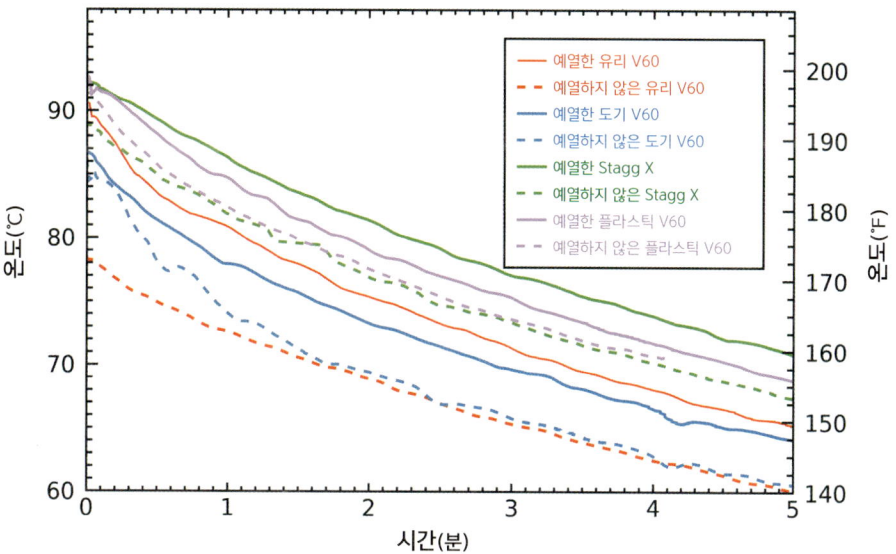

99도로 가열한 주전자에서 물 100g을 재질이 다른 드리퍼에 부었을 때 물 온도. 실선은 앞의 표와 같이 예열한 드리퍼이며, 점선은 실온(22.5도)에 둔 드리퍼이다. 보온성이 좋고 열용량이 적은 드리퍼의 커피 슬러리 온도가 더 높고 시간에 따른 온도 안정성이 더 좋다.

스팅을 제외하면 안정적이고 높은 온도 프로필로 만든 음료를 선호한다.

나는 가끔 커피 전문가들이 에어로프레스와 V60로 커피를 추출할 때 같은 온도로 하라고 권하는 것을 본다. 그러나 에어로프레스는—특히 플런저를 얹은 상황이면 더욱—보온성이 높아 주전자 온도와 거의 비슷한 온도로 추출할 수 있는 데 비해 V60은 커피 슬러리에 물이 떨어지는 즉시 5도 정도 온도가 내려간다는 점에서, 이런 권유는 이상해 보인다. Melodrip처럼, 물과 접촉하는 별도의 기구를 사용한다면 이런 도구를 예열하고 물 붓는 사이마다 다시 뜨거운 물에 넣어 덥혀주지 않는 이상 커피 슬러리 온도는 더욱 많이 내려간다.

내 경험상, 거칠거나 쓴맛 같은 부정적인 영향을 받을 정도로, 커피 슬러리 온도가 높은 상태로(96도 이상) 추출이 가능한 드리퍼는 에어로프레스처럼 단열이 잘

드리퍼

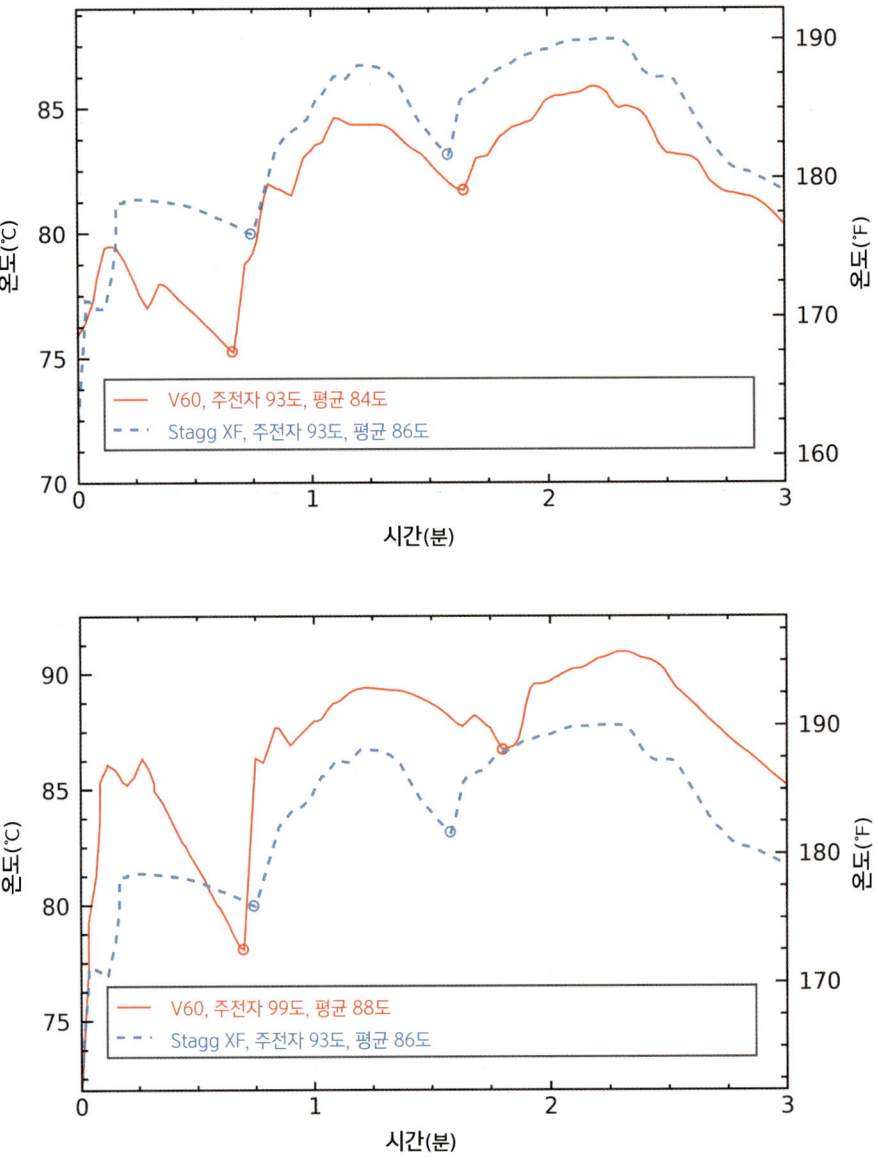

45초간 뜸 들인 후 두 번 물 붓기를 한 푸어 오버 추출의 커피 슬러리 온도. 동그라미는 물 붓기를 시작하는 시점.

위쪽: 같은 온도의 물을 부었지만, 플라스틱 V60(붉은색 실선)은 진공 단열 방식의 Stagg XF(푸른색 점선)에 비해 커피 슬러리 온도가 낮다.

아래쪽: 커피 슬러리 온도차를 보상하기 위해 Stagg XF쪽 주전자 온도를 낮게 설정할 경우, 커피 슬러리의 평균 온도는 약간 더 낮지만 온도 프로필은 더 안정적이다.

되는 제품들뿐이었다. 사이폰도 여기에 해당하는데, 지속적으로 열을 가할 수 있어 열손실을 보상할 수 있기 때문이다. 나는 V60이나 다른 푸어 오버 드리퍼를 사용할 때는 끓는점에 가까운 온도(99도)로 추출한다. 구스넥처럼 주둥이가 가는 주전자에서 불안정한 증기가 나올 수 있기 때문에 100도까지 가열하지는 않는다. 10장에서는 이런 기본 규칙에 예외인, 강 로스팅 커피 추출에 관해 언급할 것이다.

## 7.5 드리퍼-서버 밀봉

드물지만, 드리퍼를 서버 위에 올렸을 때 완벽히 밀봉되는 경우가 있다. 이렇게 되면 서버 안에 있는 공기가 갇혀서 나갈 곳이 없기 때문에, 커피 슬러리에서 커피액이 떨어질수록 공기가 압축되고 서버 내 공기 압력이 점점 커진다. 이는 퍼콜레이션 추출의 흐름을 유도하는 대기압 강하를 줄이거나 제거함으로써 브루잉 속도를 급속하게 늦출 수 있다. 이런 상황이 일어날 수 있나는 점을 항상 기억해야 한다. 케멕스(Chemex)는 드리퍼와 서버가 한 몸체로 되어 있어서 이런 문제로 특히 악명 높다. 공기가 빠져나갈 수 있는 유일한 곳은 주둥이뿐이다. 즉 필터가 무너져 주둥이 쪽을 막으면 물흐름이 바로 막힐 수 있다. 케멕스 필터의 유효 표면적이 작아지면 상황은 더욱 악화된다.

## 7.6 드리퍼 예시

바리스타의 복적에 따라 장점 혹은 단점으로 볼 수 있는 몇 가지 유명 드리퍼의 특수 기능 및 특징을 나열했다.

드리퍼

## Hario V60

원뿔형의 작은 드리퍼로 플라스틱, 유리, 도기 등 재질이 다양하다. 벽 각도는 60도이며 벽을 따라 리브가 있다.

추출법과 분쇄 크기, 필터, 리브 두께에 따라 다르지만 커피층 주변으로 물이 상당량 우회할 수 있다. 바이패스 때문에 평균 추출 수율과 추출 균일성이 떨어질 수 있다.

- 도기와 유리 V60는 보온성이 좋은 플라스틱 V60에 비해 커피 슬러리 온도가 낮고 불안정하다.
- 원뿔형 모양 덕분에 최적 커피 용량 면에서 융통성이 있다.
- 다양한 종이 필터를 사용할 수 있어 더욱 활용도가 높다.
- 커피 사용량에 비해 유효 필터 표면적이 가장 넓을 것이다. 그래서 커피 미분을 잘 잡아주기 때문에 투명도가 높은 음료를 만들고 필터 막힘을 방지하기에 좋다.
- V60 받침대의 모양이 원형이라 커피 슬러리가 든 상태에서 돌리기가 편하다.

## Fellow Stagg X, XF

소형 사이즈인 Stagg X, 대형 사이즈인 Stagg XF가 있다. 진공 단열 처리되어 있는 몸체에 벽은 경사가 있고 바닥은 좁고 평평하다. 바닥이 평평한 주름 종이 필터를 사용한다. 드리퍼 바닥에 얕은 리브가 있어 필터와 밀착되지 않게 한다. 작은 구멍이 10개 있어서 물흐름에 제약이 있다.

- 내가 사용해 본 푸어 오버용 드리퍼 중 열 안정성이 가장 뛰어나다. 커피 슬

러리 온도가 높은 상태에서 추출할 수 있어, 쓴맛이 나지 않도록 커피를 약 로스팅할 경우 평균 추출 수율이 살짝 높다. 강 로스팅에서도 커피 슬러리 온도를 안정적으로 잡을 수 있다.

- 필터가 무너져 드리퍼 구멍에 달라붙지 않는 한 유량은 비교적 많은 편이다. 그러나 바닥의 리브가 매우 얕기 때문에 조심하지 않으면 필터가 쉽게 무너진다. 필터를 헹굴 때 필터를 살짝 들어올려, 위와 같은 문제가 발생하지 않도록 주의한다. 또는 식품용 실리콘 링이나 차 거름망을 잘라서 드리퍼 바닥에 놓으면 이 문제를 예방할 수 있다.

- 주름 필터 자체에 문제가 있다. 주름 사이에 일부 커피 입자가 갇힐 수 있고, 필터 바깥쪽으로 물을 붓지 않도록 조심해야 한다.

- 드리퍼 벽의 경사가 급한 편이므로 물을 필터 안쪽에 부을 때 바이패스 문제는 비교적 적다. 같은 이유로, 커피층을 부분적으로만 통과하는 바이패스도 많이 일어나지는 않을 것이다. 이 드리퍼가 평균 추출 수율이 약간 더 높고 단맛이 뚜렷한 이유는 이 점도 한몫을 하는 것 같다.

- V60 종이 필터를 적셔서 드리퍼에 맞는 모양으로 끼워서 사용할 수 있다. 이 경우 커피층 위로 공간이 많이 남기 때문에 주름 필터를 쓸 때 발생하는 문제를 피할 수 있다. 대신 필터를 얼마나 정확히 드리퍼에 끼워 넣느냐, 특히 드리퍼 바닥 구멍을 막는 정도에 따라 물흐름에 영향을 미친다. 경험상 평균적으로 음료 품질은 더 좋았지만 재현성은 떨어졌다. V60 필터를 사용하고 원형 차 거름망을 바닥에 깔았을 때 결과가 매우 좋았다.

- 드리퍼 아래쪽에 탈부착 가능한 작은 고무 패드가 달려 있다. 고무 패드를 그대로 두면 드리퍼를 돌리기가 거의 불가능하다. 이걸 떼면 드리퍼를 돌리기엔 좋지만 어디에 올리는가에 따라 회전할 때 불안정할 수 있다. 고무 패드를 단 상태로 V60 모델의 받침대를 사용하는 것도 방법이다. 예를 들어

Hario Olivewood base 모델 위에 올리면 이런 문제가 완전히 해소되고 V60 만큼 드리퍼를 돌리기 편하다.

- 이 드리퍼는 투입하는 커피 용량이 달라지면 커피층 깊이가 크게 변하기 때문에 최적의 커피 용량 면에서 봤을 때 원뿔형 드리퍼보다 약간 활용도가 떨어진다.

## Chemex

일체형 유리 드리퍼로 원뿔형 드리퍼 부분과 유리 서버 부분이 붙어 있는 제품이다. 이 드리퍼 벽에는 리브가 없어서 필터가 유리에 밀착된다. 그래서 유효 필터 표면적이 매우 작다.

- 필터가 드리퍼 벽에 붙어 있으므로 주둥이 쪽 말고는 물의 바이패스 문제가 적다.
- 전용 필터가 아주 두꺼워서 커피 오일과 미분을 잘 걸러주지만 유량은 적다.
- 필터가 두껍지만 유효 필터 표면적이 작기 때문에 막히기 쉽다. 특히 주둥이 쪽 필터가 무너져 길을 막으면 잘 막힌다. 이 경우, 드리퍼와 서버 사이가 밀봉되므로 미분이 없더라도 물흐름이 완전히 막힌다.
- 유리는 보온성이 좋지 않다. 그러므로 커피 슬러리 온도는 더 낮고 덜 안정적이다.
- 드리퍼가 원뿔형이므로 최적 커피 용량 면에서 융통성이 있다.
- 케멕스를 돌리려면 드리퍼와 서버가 일체형이어서 돌리기가 좀 불편하다.
- 전체적으로 유량이 적어 V60보다 굵게 분쇄해야 한다.

## Origami

얇은 도기로 만들어졌으며 주름 필터 모양의 원뿔형 드리퍼다. 바닥 구멍은 V60보다 크다. 도기 V60과 비슷하지만 몇 가지 차이점이 있다.

- 드리퍼 바닥의 구멍은 V60의 구멍보다 커서 일반적으로 유량이 더 많다.
- 드리퍼 받침대 부분이 사용하기 불편하다. 특히 커피 슬러리가 든 채로 돌릴 때 드리퍼가 미끄러지기 쉽다. 그래서 일부 홈 바리스타들은 직접 드리퍼 베이스를 제작하기도 한다.
- 무게가 가볍다. 따라서 커피 슬러리 온도가 도기 V60만큼 많이 떨어지지는 않는다. 그러나 도기는 열 전도성이 있으므로 플라스틱 드리퍼보다는 커피 슬러리 온도가 빨리 내려간다. 원뿔형 필터를 쓴다면 필터와 드리퍼 사이 접촉이 많지 않으므로 열손실은 줄지만 바이패스는 늘어난다.
- 최적 커피 용량 면에서는 V60만큼 융통성이 있다.

## Kalita Wave 155

바닥이 평평한 드리퍼. 스테인리스스틸 재질이며 바닥에 세 개의 리브와 세 개의 구멍이 있다. 벽은 살짝 기울기가 있고 칼리타의 주름 필터를 쓴다.

- 바닥이 평평하고 벽의 경사 때문에 바이패스 가능성은 낮다.
- 바닥에 작은 구멍이 세 개 있어 다른 드리퍼들에 비해 유량이 적다.
- 스테인리스 스틸은 열용량이 작아 초반 커피 슬러리의 온도를 약간 떨어뜨린다. 그러나 열전도성이 매우 커서 커피 슬러리의 온도가 빨리 식을 수 있다. 주름 필터를 쓰면 주름 사이에 열전도성이 낮은 공기층이 생기므로 이런 문제를 줄일 수 있다.

드리퍼

- 칼리타의 주름 종이 필터는 Stagg 모델에서 언급했듯이 자체에 문제가 있다.
- 이 드리퍼는 최적 커피 용량 면에서 V60만큼은 융통성이 없다. 투입하는 커피 용량에 따라 커피층 깊이가 크게 달라지기 때문이다. 다만 벽 경사가 어느 정도는 완충한다.

## C70

V60과 유사한데 벽 경사가 70도로 더 가파르다. 즉, 최적 커피 용량은 약간 더 크고 사용 가능한 용량 범위는 약간 더 좁아진다.

## Lilydrip

작은 원뿔 모양의 도기 제품. V60 드리퍼 바닥에 얹어 커피층의 모양을 바꿀 수 있다. 내 경험으로는 평균 추출 수율이나 맛이 크게 변하지는 않지만 뜸들이기가 효율적으로 진행되며 커피에 둥지 모양의 홈을 팔 필요가 없다. 하지만 드리퍼에 이 기구를 꽂으려면 필터를 뒤집어 모양을 만들어 줘야 하는데, 이 과정이 좀 번거롭다. 예열도 잘 해야 한다. 열용량이 큰 편이라 예열이 잘 되지 않으면 커피 슬러리의 초반 온도가 많이 낮아진다. 기구의 각도와 솟아오른 정도에 따라서 물흐름과 바이패스가 달라진다. 물을 둥글게 붓게 되기 때문에, 커피 슬러리 표면에 물을 균일하게 붓는 데 도움이 된다.

# CHAPTER 8

# 신선도

커피 원두는 본래 변질하기 쉽다. 이 점이 매번 동일하게 좋은 커피를 제조하기 어렵게 만드는 주요 장애물 중 하나다. 경험했겠지만, 오래된 커피는 대부분 향미가 좋지 않은 쪽으로 변한다. 이 장에서는 이런 변화를 일으키는 몇몇 요인, 커피의 신선도에 영향을 미치는 요소, 최고의 맛을 유지하는 방법에 대해 살펴볼 것이다. 커피 신선도 분야를 연구하는 취리히 대학교 응용 과학부의 Coffee Excellence Center 연구소에서 더 많은 정보를 찾아보길 권한다.

## 8.1 이산화탄소

커피 로스팅 과정에서 커피콩 속의 화학 반응으로 이산화탄소가 다량 생성된다. 대부분은 커피콩 내부에 가압 상태로 갇혀 있다. 갇혀 있는 이산화탄소의 양과 압력은 로스팅 프로필에 따라 다르다. 고속, 강 로스팅인 경우 이산화탄소가 더 많이 발생하며 기체 방출 속도도 더 빠르다. (Smrke 팀 2018) 이산화탄소는 필터 커피의 맛에 직접적인 영향은 미치진 않지만, 추출 과정에서 부정적으로 작용할 수는 있다. 이산화탄소는 에스프레소의 크레마 생성에도 관여하는데, 크레마는 보기에는 아름답지만 맛이 꼭 좋다고 할 수 없다. (Hoffman 2009) 시간이 지나면서, 커피에 있던 이산화탄소가 천천히 바깥으로 배출된다. 오래된 커피는 고르게 추출하기 쉽고 에스프레소로 만들었을 때 크레마 양이 적다는 뜻이다. 이산화탄소 배출은 커피의 신선도를 정량적으로 측정할 때 유용하다. (예: Smrke 팀 2018) 이산화탄소가 실제 유용한 역할을 하는 경우도 있는데, 원 웨이 밸브가 달린 포장 봉지 속에서 산소를 몰아내고 커피콩 주변을 이산화탄소가 둘러싼다. 산소와 달리 이산화탄소는 커피콩 내 성분과 화학 반응을 하지 않기 때문에 커피를 보호하는 역할을 한다. 우리가 이산화탄소를 '불활성 기체'라고 부르는 이유가 이것이다.

## 8.2 향기

커피의 향을 만드는 일부 화학 성분은 이산화탄소처럼 휘발성이 있어서 시간이 지나면서 점점 커피콩 밖으로 빠져나온다. 휘발성 성분은 처음에는 커피 기름에 들어 있거나 커피콩의 내부 세포벽에 흡착[1]되어 있다가 기체 형태로 빠져나온다. 그 속도는 온도와 커피콩 내부와 외부 환경 사이의 압력 차이에 따라 다르다. 수분 또한 향기 성분이 밖으로 풀려 나오는 속도에 상당한 영향을 미친다. (Anese, Manzocco, and Nicolli 2006)

각 향기 성분은 빠져나오는 속도가 저마다 달라서, 커피는 시간이 지나면 천천히 맛과 향이 변한다. (예: Marin 팀 2008) 이런 향미 프로필 변화는 단기적으로는 반드시 부정적이라 볼 수 없지만, 장기적으로는 좋지 않다. 향기의 강도도 당연히 떨어진다. 때문에 로스팅 방식이 다를 경우 맛이 가장 좋은 시점도 다 다르다. (예: Smrke 2020) 강 로스팅한 커피는 내부 구멍이 크기 때문에 향기를 빨리 잃는 경향이 있다. (Schenker 팀 2000)


## 8.3 커피 기름

커피 기름은 원래는 커피콩 내부에 있다가 모세관 현상에 의해 표면으로 천천히 이동한다. 이를 '오일 스웨팅'이라고 한다. 모세관 현상에 대해서는 4장의 뜸들이기 단계 중 물이 커피 입자 내부에 도달하는 부분에서 설명했다. 이와 동일한 현상의 작용으로 커피 기름은 커피콩 표면으로 이동하며, 로스팅 중 커피콩 내부에 축적된 압력의 도움을 받는다. (Folmer 2017) 커피 기름은 물보다 점성이 훨씬 높고 원두의 표면까지 이동하는 경로는 분쇄한 커피 입자의 표면까지 이동하는 경로보다 길기 때문에, 오일 스웨팅은 로스팅 정도에 따라 몇 분 정도가 아닌 며칠, 길게는 몇 개월까지 걸린다. 강 로스팅한 커피, 디카페인 커피는 속도가 더 빠르다. 노출된 커피 기름은 주변 공기의 산소와 반응해(예: Smrke 팀 2018) 불쾌한 산패 맛을 낼 수 있다. 커피 기름이 커피콩 표면에 보이기 시작하면, 산화되기 쉬운 상태로 볼 수 있다.

---

1  벽에 얇은 필름 같은 고체 상태로 붙어 있다.

신선도

보통 신선한 커피는 기름기가 없는 것처럼 보이지만 사람 눈에 보이지 않을뿐 현미경으로 보면 하루만 지나도 작은 기름 방울이 커피콩 표면에 나타난다. (Schenker 팀 2000)


## 8.4 커피 신선도의 적

지금까지 커피가 신선도를 잃어가는 일부 과정에 대해 이야기했다. 이제 커피가 신선도를 잃는 속도를 빠르게 또는 느리게 하는 요소를 확인할 차례다. 커피 신선도를 망치는 원인 다섯 가지는 다음과 같다.

- 시간
- 열
- 수분
- 산소
- 자외선

시간은 가장 명백한 요인이다. 시간이 오래 지나면 대부분의 향기가 빠지고 기름이 밖으로 새어 나와 산화되며 묵은내가 날 것이다. 열은 여러 면에서 시간과 유사하다. 커피콩을 데우면 기체가 빠져나가는 속도가 빨라지고 화학 반응이 가속화되며 커피콩의 점성이 낮아져 기름은 더 빨리 커피콩 표면으로 이동한다. 수분과 산소는 커피콩 내부 화학 성분과 반응해 신선도에 타격을 줄 수 있다. 특히 수분은 향기 손실을 촉진한다. (Anese, Manzocco, and Nicolli 2006; Cardelli and Labuza 2000) 그러나 몇몇 흥미로운 예비 실험에서는 수분을 제어하며 노출시켰을 때, 다소 주관적이지만 커피콩 맛에 긍정적인 영향을 주기도 했다. (Hoffman 2020.1,20:4,28) 자외선에 장기간 노출되면 단백질을 손상시키거나 오일의 산화를 촉진하여 커피 및 기타 식품의 안정성에 해로운 화학 반응을 촉진할 수 있다. (Csapó 팀 2019)

## 8.5 보존 전략

커피의 신선도에 해가 되는 요인을 확인한 만큼, 이제 커피의 최적 향미 프로필을 오래 보존할 전략을 세울 수 있다. 대부분의 경우, 가장 확실한 보존법은 커피콩을 포장하는 것이다. 많은 로스터가 밀폐 재질의 봉지를 채택하고, 원 웨이 밸브를 사용해 커피콩에서 기체가 빠져나오면서 생기는 내부 압력으로 인한 포장 손상을 예방한다. 일부 로스터는 봉지를 밀봉하기 전에 수분과 산소를 완전히 제거하기 위해 불활성 기체를 채워 넣기도 한다. 원 웨이 밸브가 있고 커피를 로스팅 직후 바로 포장한다면 커피에서 나오는 이산화탄소만으로도 동일한 효과를 얻을 수 있다. 다만 원 웨이 밸브는 향기까지 내보낼 수 있으므로 이상적인 해법은 아니다. 원칙적으로는 불활성 기체를 채워 넣고 밀봉하는 것이 신선도를 더 오래 지킬 수 있는 방법이다. 그러나 봉지를 처음 개봉할 때, 즉 밀봉을 풀면 그 시점부터 커피콩은 수분과 산소에 더 취약해진다. 원 웨이 밸브 없이 이산화탄소만으로는 수분과 산소를 몰아낼 수 없기 때문이다.

커피를 품질 좋은 봉지에 담고 밀봉을 풀지 않는다면 놀랄 만큼 오랜 시간 동안 신선도를 유지할 수 있다. 예를 들어, 나는 같은 로스터가 로스팅한 동일한 커피로 이제 막 포장한 커피와 포장한 지 3개월 된 커피를 블라인드 테스트했는데 그 둘을 구분하지 못했다. 결과를 보고 처음엔 놀랐지만 내가 원두란 자고로 빨리 '나빠진다'라는 고정관념에 너무 사로잡혀 있었다는 생각이 들었다. 실제로 커피 봉지를

신선도

여러 번 개봉한다면 원두는 빨리 나빠진다. 이론적으로, 고품질 봉지는 밀봉만 유지된다면 커피를 잘 보존할 수 있는 훌륭한 수단이다. 초기의 이산화탄소 방출이 커피 포장 내부를 불활성 기체로 채우는 역할을 하기 때문이다. 그러나 커피 봉지를 매번 개봉할 때마다 수분과 산소가 새로 들어올 것이고, 이미 이런 것들을 내보낼 만큼의 이산화탄소는 더 이상 남아 있지 않을 것이다.

불활성 기체 충전 용기는 스페셜티 와인 가게에서도 찾아볼 수 있다. 봉지를 밀봉하기 직전 산소와 수분을 제거해 에이징을 느리게 하는 수단으로 사용한다. 그러나 이 방식은 비용이 많이 든다. 그러므로 비싼 커피콩을 오랫동안 보존해야 하는 상황일 때만 권한다.

보존을 어렵게 하는 또 다른 요인은 커피를 사용할수록 용기 내부의 헤드스페이스가 점점 커진다는 것이다. 헤드스페이스가 커지면 커피콩에 좋지 않은 산소와 수분이 더 많아질 수 있다는 의미이며, 원 웨이 밸브가 없어서 내부 압력이 올라가 이산화탄소와 향기의 방출 속도를 억제하기 전에, 이산화탄소와 향기가 빠져나올 수 있는 공간이 늘어난다는 의미이다. 이 점 때문에 견고한 재질의 모양이 있는 용기보다는 유연한 재질의 봉지가 더 낫다. 봉지는 헤드스페이스를 줄여 공기를 밀어낼 수 있다.

이런 이유로, 일부 제조업체는 헤드스페이스를 없앨 수 있도록, 피스톤과 비슷한 구조의 위아래로 움직이는 뚜껑 달린 용기에 커피를 담아 보관하는 방식을 제시했다. (예: Airscape 캐니스터) 이 방식은 봉지와 유사한 효과가 있다. Fellow Atmos 제품은 한 단계 더 나아가, 약한 진공 환경을 만들어 용기 내 산소와 수분 함량을 줄이는 밸브 장치를 더했다. 이 방식에서는 산화와 수분 피해는 천천히 진행되겠지만 기체 방출 속도는 빨라질 것이다. 특히 커피 양이 줄어 헤드스페이스가 커질수록 기체 방출 속도는 더 빨라질 것이다. 더 간단하면서 확실한 효과가 있는 방법은 커피 포장을 열자마자 1회 분량씩 계량해서 딱 맞는 용량의 작은 용기에 담는 것이다.

이렇게 하면 각각의 커피가 단 한 번만 공기와 수분에 노출된다. Weber Workshops 은 1회 분량 전용 저장 용기를 고안했다. 이 저장 용기에는 원 웨이 밸브가 달려 있어서, 처음 용기에 넣는 시점에 커피가 충분히 신선하다면 커피에서 방출되는 이산화탄소를 통해 산소와 수분을 밀어낼 수 있다.

매우 일반적이지 않은 방법이지만, 불활성 기체를 가압 주입한 용기에 커피를 보관할 수도 있다. 이렇게 하면 이산화탄소와 향기 방출을 크게 줄일 수 있다. (Illy and Viani 2004) 원칙적으로 이 방식은 가장 효율적인 보존 전략 중 하나로서, 특히 냉동 보관과 연계하면 효과가 좋다. 그러나 펌프, 가압탱크에 불활성 기체까지 사용해야 하므로 실제 구현하기는 매우 어렵다. 비용이 많이 드는 방식이며, 용기 파손을 막을 수 있는 튼튼한 소재를 사용해야 한다.

진공 밀봉 포장은 몇 개월 정도 유통 기한을 늘릴 수 있는 좋은 해법이다. 그러나 이 방식 역시 비용이 너무 많이 든다. 딱딱한 재질의 포장보다는 유연한 재질의 포장을 사용하는 것이 좋다. 그렇지 않으면 진공을 만드는 과정에서 헤드스페이스로 인한 부정적인 효과를 가중시켜 점차 커피 향기가 뽑혀 나올 수 있다. 커피를 봉지에 넣고 진공 처리하는 경우, 외부 대기압이 봉지를 누르고 봉지가 다시 커피콩을 누른다. 이로 인해 커피콩의 기체 방출은 느려지고 수분 및 산소와 접촉하지 않게 된다.

그러나 진공 밀봉 과정에서 진공 상태를 만드는 비교적 짧은 순간, 일부 향기까지 빨아들일 수 있다. 때문에 커피콩을 진공 밀봉하는 작업은 여러 번 하지 않는 것이 좋다. 체임버형 진공 밀봉기는 가격은 비싸지만 훨씬 강한 진공 환경을 만들기 때문에 저렴한 FoodSaver® 제품보다 보존 기간을 늘릴 수 있다. 나는 몇 년간 비교적 저렴한 진공 포장 기기를 사용했는데, 이 방식은 분명 커피의 장기 보존 효과가 있다. 그러나 가끔 진공 포장할 때 충분히 감지 가능할 정도의 향기 손실을 느낄 수 있었다. 에티오피아 커피에서 이런 현상을 가장 많이 느꼈는데, 아마도 감지할

신선도

수 있는 휘발성 향기를 더 많이 가지고 있기 때문인 것 같다.

냉동은 커피의 신선도를 오래 유지할 수 있는 가장 확실하면서 강력한 방법이다. 제대로만 한다면 커피 신선도를 최대 1년 또는 그 이상 지킬 수 있다. 그러나 냉동은 커피콩을 높은 수분 환경에 노출시킬 수 있으므로 반드시 조심스럽게 진행해야 한다. 냉동고를 열 때마다 습기 많은 공기가 들어와서 냉동고 내부 표면에 급속히 응축된다. 이로 인해 대부분의 플라스틱 용기와 Ziploc® 봉지를 포함해, 제대로 밀봉되지 않은 모든 곳에 얼음 결정층이 생긴다. 커피 봉지에 사용하는 원 웨이 밸브 안에는 얇은 오일막이 있는데, 낮은 온도에서는 성질이 크게 변해서 냉동고 같은 추운 환경에서는 제대로 기능하지 못한다. Weber Workshops 저장고의 실리콘 돔 등 다른 방식의 원 웨이 밸브는 영하에서도 작동한다.

냉동고에서 꺼낸 커피콩은 포장에 따라 다르긴 하지만 몇 시간 정도 차가운 상태을 유지한다. 이렇게 차가운 상태에서 공기에 노출하면 일부 수분이 표면에 즉시 응축한다. 커피를 즉시 분쇄해 추출한다면 문제가 되지는 않는다. 그러나 이렇게 수분이 늘어난 상태로 방치한다면 품질이 급속히 나빠진다. 냉동한 커피는 반드시 조심해서 다뤄야 한다는 의미다. 커피콩은 완전히 밀봉해야 하며, 바로 사용할 커피를 제외하고는 차가운 상태에서 공기에 노출해서는 안 된다. 냉동은 커피콩의 내부 구조에는 영향을 미치지 않는 것으로 보이지만, 반복해서 냉동했을 때 커피에 어떤 나쁜 영향을 미치는가에 대한 자료는 아직 본 적이 없다.

3장에서 논의한 바와 같이 아직 차가운 커피콩을 갈면 맛에 유익한 영향을 미치는 것 같다(예: Uman et al. 2016). 그렇게 하면 약간 더 많은 미분(크기가 100$\mu$m 미만)이 생성될 수 있다. 미분은 퍼콜레이션 품질을 저하시킬 수 있다. 하지만 내 경험에 따르면 냉동 원두를 분쇄하면 분쇄 중 커피 향을 더 잘 보존하기 때문에 여전히 필터 커피의 품질이 향상되는 것 같다.

열이 커피의 적이라고 앞에서도 언급했다. 그러나 커피 용기를 열에서 가능한 멀리 둬야 한다는 것은 얼마든지 반복해서 말할 가치가 있다. Labuza 팀(2001)은 동일 포장이라도 22도에서 보관할 경우 커피의 보존 기간이 21주인 반면, 35도 환경에서는 16주로 보존 기간이 줄어들 수 있다고 계산했다. (Illy and Viani 2004 도 참조하기 바란다.)

산소 흡착제와 건조제는 건조 식품 보존에 많이 사용된다. 산소 흡착제는 보통 작은 봉지 형태인데, 안에는 철 가루와 산소 포집을 활성화하는 여러 성분이 들어 있다. 나는 산소 흡착제를 몇 개월간 사용했는데, 이것이 특히 실온에서 보관할 때 커피 향기에 영향을 미치기 시작한다는 것을 알고 나서 사용을 멈췄다. Yam(2009)은 일부 산소 흡착제에 철가루의 산소 포집을 돕기 위해 보습제가 들어 있으며, 이 성분은 이산화탄소가 많은 환경에서는 산소 대신 이산화탄소를 선택 흡수할 수도 있다고 한다. 이런 식으로 커피의 향기 성분과 반응하면 연쇄적으로 2차 반응이 일어나 커피 음료 맛에 나쁜 영향을 미칠 수도 있다. 건조제에는 대개 구슬 모양의 실리카 물질이 들어 있다. 이 물질은 다공성 구조로서 내부 표면적이 아주 넓어 수분을 내부에 흡착시킨다. 그런데 이 물질 또한 커피 향기를 흡착하고 헤드스페이스를 비워 기체 방출을 촉진한다면 문제가 될 가능성이 있다.

그렇다면 커피의 신선도를 유지할 수 있는 이 모든 전략을 실행할 가장 좋은 방법이 무엇인지 궁금할 것이다. 이는 사용자의 습관, 사용하는 커피의 가격, 기대하는 커피 보관 기간 및 기타 많은 요소에 따라 다르다. 그러므로 이 장에서 제시한 지식을 바탕으로 자기 필요에 맞는 맞춤 해법을 짜는 것이 좋다. 가정용이라면 아래 권장 사항이 참고하면 좋을 것이다: 3개 이상의 커피 제품을 받았다면, 모두를 한 번에 개봉하지 않는 것이 좋다. 순서대로 마실 수 있다면 각 봉지의 신선도는 더 많이 유지될 것이다. 또한 커피를 열, 빛, 수분에서 되도록 멀리 떨어뜨려 보관하자.

나는 커피를 부엌 찬장 중 낮은 위치의 어두운 곳, 오븐이나 열이 나오는 냉장고 압축기와 멀리 떨어진 곳에 둔다. 커피는 원래 포장에 1주 정도 둔 뒤 개봉한다. 손이 건조한 상태인지 확인한 뒤 개봉하고, 커피를 꺼낼 때는 스푼을 사용한다. 이산화탄소는 공기보다 약간 무거우므로, 이 방식이 산소와 수분으로부터 커피를 보호하기에 더 효과적이다. 커피 봉투를 닫을 때는 반드시 내부의 공기를 다 밀어낸다. 커피를 개봉 후 몇 주 이상 보관해야 한다면 개봉하자마자 작은 봉지 또는 Webers 저장 용기에 소분한다. 커피를 몇 개월 동안 보관할 경우에는 1회 분량씩 나누거나 그보다 좀 큰 봉지에 담아 진공 밀봉하고 냉동고에 보관한다. 봉지는 언제나 고품질의 새 봉지를 사용하며 Ziploc 형식의 튼튼한 잠금 장치가 있고 원 웨이 밸브 외에는 전체적으로 밀봉 상태가 좋은, 나보다도 더 신중한 로스터가 쓰는 제품과 유사한 것을 쓴다. 종이 봉투 등 품질이 열악한 용기에 담겨 온 커피는 무조건 이런 방식으로 보관한다.

# CHAPTER 9

# 로스팅, 떼루아, 품종, 수확 후 가공

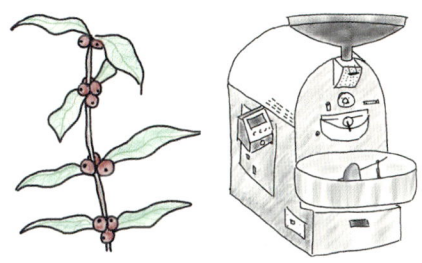

지금까지 우리는 분쇄 추출하는 커피콩이 모두 같다고 가정했다. 그러나 현실은 완전히 다르다. 산지가 다르고 품종이 다르면 속성이 다르며 맛 프로필이 다르다. 평균 추출 수율도 다를 것이다. 이 장에서는 커피콩의 속성에 따른 차이점들을 요약하고 그에 맞게 추출하는 방법에 대해 설명한다. 커피 품종과 가공, 로스팅에 대해 깊게 파고들지는 않을 것이다. 이 주제에 대한 자세한 내용을 알고 싶다면 Bekele and Hill(2018), Brown(2018), Hoffman(2014), Rao(2014), Rao(2020)의 책을 읽어 보길 권한다.

이 장에서는 커피 품종, 산지, 로스팅 정도, 가공 방식이 커피 추출에 미치는 영향 중 몇 가지 실용적인 내용을 다룬다. 이 관찰 내용들은 최근 스페셜티 커피 업계의 생두 바이어들이 선정한 커피들에 기반한 것으로, 현재 선호하는 트렌드의 영향을 많이 받았다. 로스팅 방식, 생두 가공 방식에 대한 상세한 내용, 경작 방식, 로스터와 소비자의 취향은 시간에 따라서 변하기 마련이다. 그러므로 위 관찰 내용은 여러 이유에 따라 언젠가는 사실과 다른 이야기가 될 수도 있다.

게다가 앞에서 언급한 요소들은 서로 복잡하게 얽혀 있다. 예를 들어, 산지별로 경작이나 가공법은 다르다. 그러므로 여기서 이야기하는 상호 연관성으로는 커피콩의 어떤 요소가 커피 음료에서 관찰되는 어떤 결과를 가져왔다고 단정지을 수 없다. 하지만 나 같은 스페셜티 커피 소비자들에게 지금 바로 활용할 수 있지만 아마도 10년 이후에는 유효하지 않을 가이드 정도는 제공할 수 있다. 몇 가지 커피 품종의 평균 추출 수율이 높다거나 분쇄 중 미분이 많이 나온다고 할 때, 그 원인이 경작법 때문인지 유전적 차이 때문인지 모른다 해도, 경작법이나 로스팅이 크게 바뀌지 않는 한, 그 커피의 추출법을 유용한 방향으로 조정하는 것은 가능할 것이다.


## 9.1 분쇄, 투수저항계수, 막힘


3장에서는 그라인더에 따른 입자별 크기 분포 차이에 대해 알아보고, 이것이 맛 프로필과 푸어 오버 추출의 물흐름에 미치는 영향에 대해 논의했다. 4장에서는 미분이 커피층 바닥 또는 종이 필터를 부분적으로 막을 수 있고 이로 인해 균일한 추출이 되지 않아 거칠고 떫은맛이 날 수 있다는 것을 알아보았다. 그라인더나 버의 기하학적 구조를 바꾸는 것보다는 덜하지만 커피콩의 속성도 최종 입자 크기 분포에 영향을 미칠 수 있다는 점을 간략히 다뤘다.

분쇄와 관련 있는 커피콩 속성으로는 커피콩의 온도, 부스러지기 쉬운 정도(즉 얼마나 쉽게 부서지는가), 밀도, 단단함, 수분 함량이 있다. 이 수치들 모두 커피콩 커팅 또는 크러싱 정도 및 분쇄 중 열 전달에 영향을 미칠 수 있다. 이런 영향을 측정하기는 어렵지만, 그라인더 설정을 고정하고 커피콩 종류 또는 로스팅 정도에 따라 반응하는 방식을 특성화할 수 있다. 이를 위해, 나는 EG-1 v2 그라인더에 SSP 초저미분 버[1]를 장착하고 설정값을 동일하게 맞춘 뒤 몇 가지 종류의 커피콩을 냉동고에서 꺼낸 즉시 분쇄했다.

아래 그림에서 나타나듯, 목표 크기의 피크는 모든 커피에서 대략 비슷했다. 그러나 정확한 모양과 폭은 차이가 있었는데, 그 이유는 확실하지 않다. 실험 샘플량이 많지 않아 불확실성이 있기 때문이다. 볼더(boulders) 양은 아주 약간 편차가 있고, 커피 미분의 양은 조금 더 차이가 있다. 흥미로운 것은 $D_{10}$, 즉 커피층을 통과하

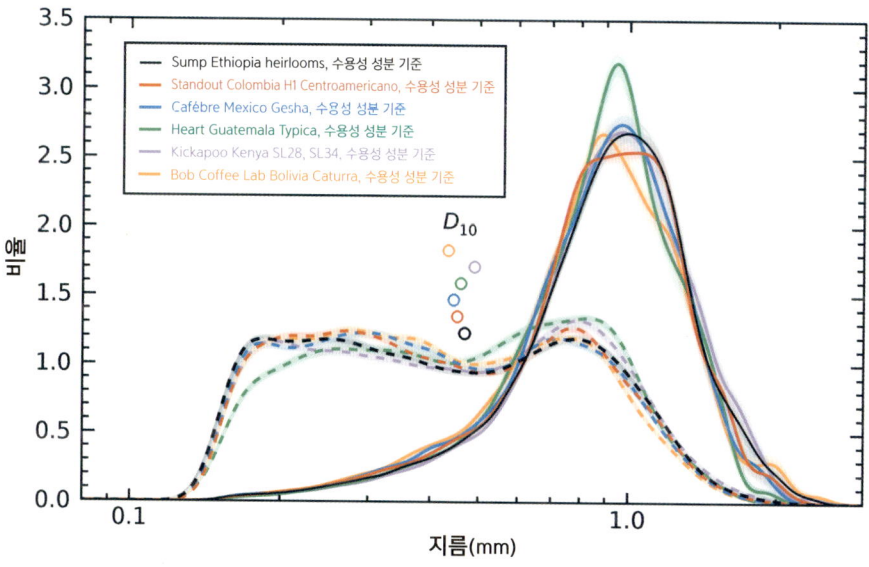

EG-1 v2 그라인더에 SSP 초저미분 버를 장착해 여러 냉동 상태의 커피를 분쇄한 뒤 얻은 입자 크기 분포. 점선은 각 크기별 입자 수이며, 실선은 총 수용성 성분에 대한 상대 기여도다. $D_{10}$값은 동그라미로 나타냈으며, 특정 입자 크기 분포에 따른 커피층 투과성과 관련 있다.

---

1  아래 그래프에서 그라인더의 영점은 3장에서와는 다르다. 여기서 분쇄 크기 설정값 4.7은 버 간격 320$\mu m$인데, 3장에서 대응하는 분쇄 크기 설정값은 7.0이다.

는 유량과 관련 있는 값이 상당히 다르다는 것이다. 그렇다고 모든 $D_{10}$ 값에 맞춰 분쇄 크기를 조정해야 한다는 의미는 아니다. 왜냐하면 내 분석에서 $100\,\mu m$보다 작은 미분을 확인할 수 없었고 분쇄 크기를 변경하면 물의 유속과 조금 다른 방식으로 맛 프로파일에 영향을 미치기 때문이다. 즉, 커피콩이 다르면 맛이 가장 잘 나오는 추출 시간이 다를 수 있다. 그러나 추출 시간을 동일하게 잡으려면 분쇄 입자 크기를 그에 맞춰야 한다. 이는 에스프레소 제조에서 이미 널리 쓰이고 있는 기법이다. 그래프상의 분쇄 수치보다 미세하게 분쇄했을 때 맛이 더 좋은 커피는 거의 없었다. 다만 이는 개인 취향의 문제일 수 있고, 특정 그라인더와 버 또한 영향을 미쳤을 수 있다.

내 커피 기록지의 V60 추출 자료 416건 중에서(커피 종류는 총 192개이며 분쇄 설정이 같고 추출 방식이 완전히 동일) 주의 깊게 샘플을 선정해 조사했더니, 실제로 산지가 다르면 추출 시간이 다른 편이었다.

산지가 다르면 대체로 입자 크기 분포가 다르다는 점이 그 이유일 것이다. 에티오피아 커피는 미분이 많이 나오므로 추출 시간이 길어지고 필터가 막힐 가능성이 크다. 이것은 아마도 에티오피아 생두가 수분 함량이 적어서 원두도 수분 함량이 적고 부스러지기 쉽기 때문일 것이다. 그런데 단단하기로는 에티오피아 생두와 케냐 생두 모두 다른 커피에 비해 단단하다. 나는 이를 Shore D 경도계로 7개 생두 종의 표면 경도를 측정해서 확인했다.

측정 자료가 충분하지는 않지만, 이 점에서 에티오피아 커피의 추출 시간이 긴 것은 커피가 단단하기 때문은 아닌 것 같다. 케냐 커피는 그렇게 추출 시간이 길지 않기 때문이다. 전반적으로 에티오피아 커피콩이 작다는 점 또한 위 관찰 결과를 설명할 수 있는 가설이다.

생각해 볼 다른 중요한 요소는 로스트 프로필이다. 나는 이를 확인하기 위해 로스팅 정도가 다른 커피 두 종류(Cafébre의 약 로스팅 Mexican Gesha, Rabbit Hole

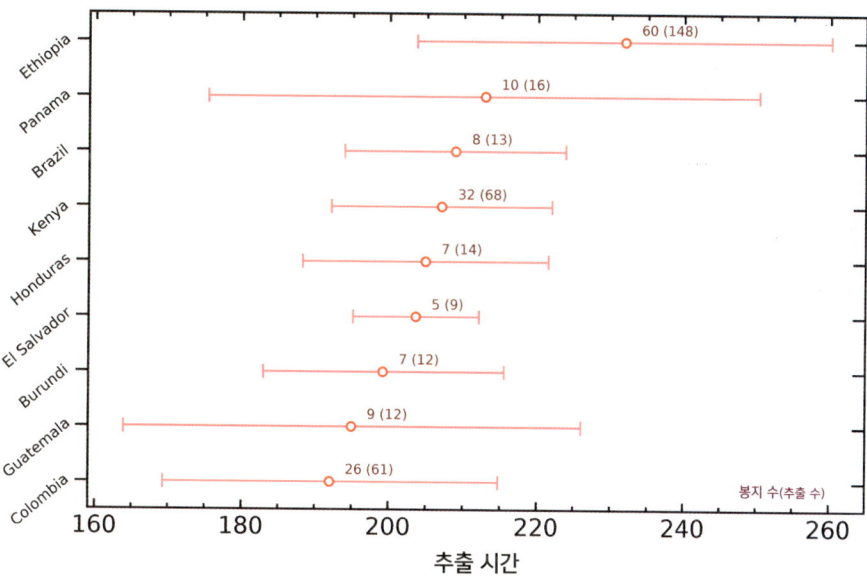

산지별로 커피 평균 추출 시간과 편차 값. 관련성이 약간 나타난다. 다른 종류와 가장 동떨어진 것은 추출 시간 증가 및 막힘이 자주 일어나는 에티오피아 커피다.

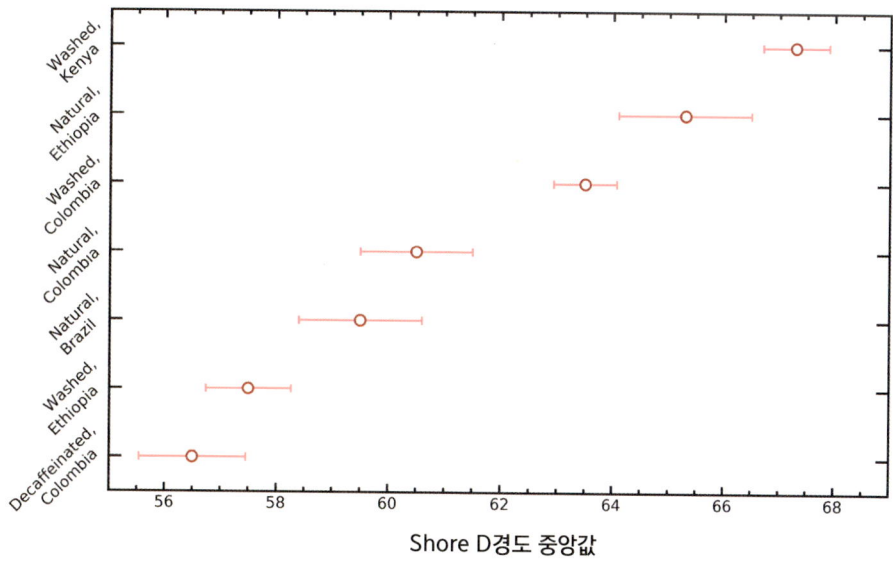

산지별 생두의 평균 경도. 수치가 크면 표면 경도가 더 높다.

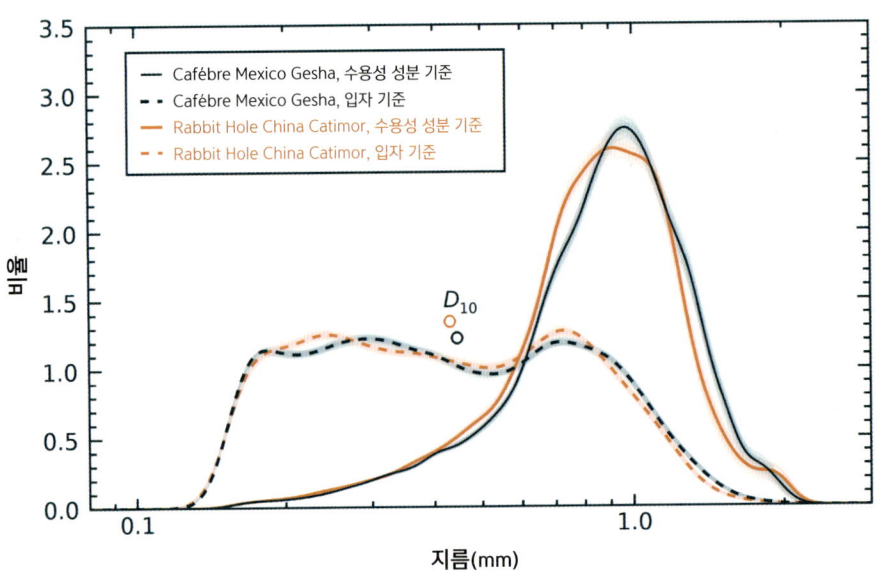

약 로스팅한 멕시코 게이샤와 강 로스팅한 중국 까띠모르의 입자 크기 분포

Roasters의 강 로스팅한 Chinese Catimor)의 입자 크기 분포를 측정했다.

커피의 부스러지기 쉬운 정도를 이야기할 때 예측할 수 있었듯이, 로스팅 정도가 높은 중국 까띠모르가 미분이 더 많고 목표 피크에서의 입자 크기 또한 약간 작았다. 로스팅 차이를 나타낼 수 있도록, 멕시코 게이샤는 주전자 물 온도를 99도로, 중국 까띠모르는 쓴맛이 나오지 않도록 90도로 맞추어 추출했다.

반사계로 원두 색상을 측정한 (이에 대해서는 11장에서 설명한다.) 133개 커피에 대한 추출 기록에서는 강 로스팅 커피의 추출 시간이 길다는 증거가 없었다. 오히려 관련성은 반대로 나타났는데, 그 이유는 확실하지 않다. 어쩌면 남미산 커피 등 약간 덜 단단한 커피가 강 로스팅된 경우가 많기 때문일 수도 있다.

아래 그림에서는 빛 반사량이 적은 강 로스팅 커피가 로스팅 발현이 많이 되었음을 확인할 수 있다. 상세 내용은 11장에서 언급한다. 수퍼마켓에서 구입한 프

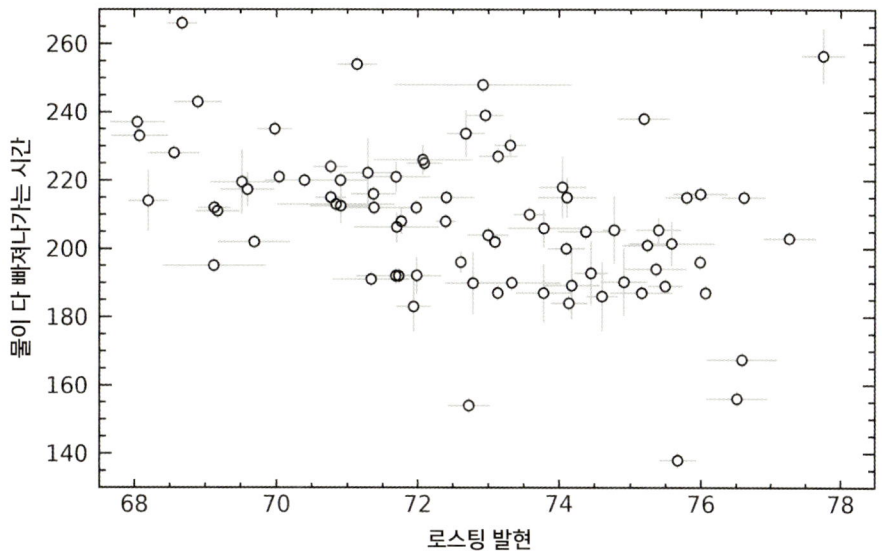

커피콩의 색상을 기준으로 로스팅 발현 정도에 따른 물이 빠져나가는 평균 시간을 개별 제품별로
묶어 나타냈다. 가로축에서 강 로스팅한 커피는 오른쪽에, 약 로스팅한 커피는 왼쪽에 있다.
강 로스팅 커피의 추출이 더 빠른 것을 볼 수 있다.

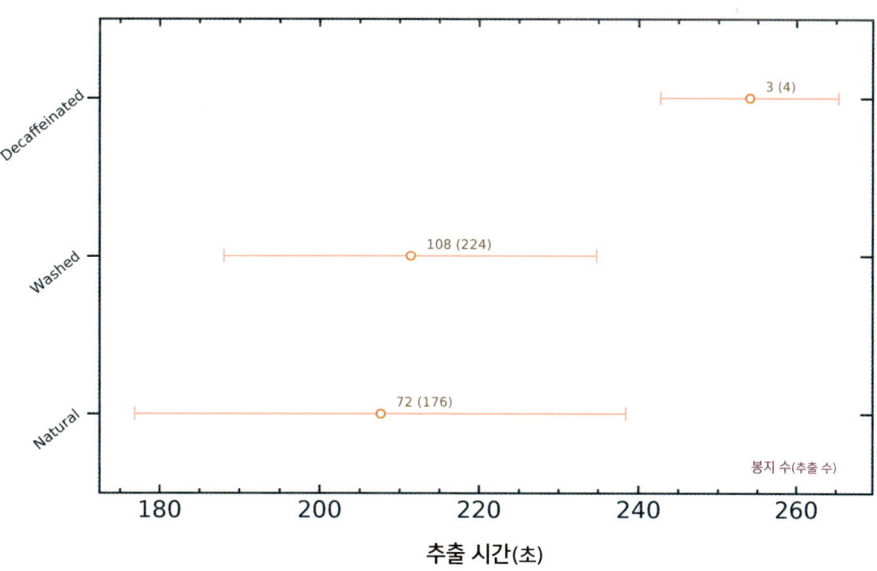

가공 방식별로 묶었을 때 평균 추출 시간의 평균과 표준편차. 수세식과 건식은 큰 차이가 없다.
그에 비해 디카페인 커피는 분쇄 설정이 동일하더라도 추출 시간이 뚜렷이 더 길다.

렌치 로스트 제품은 로스팅 발현 수치가 85%였으며, 노르딕 약 로스팅 제품은 65-70%선이었다.

디카페인 커피는 매우 잘 부스러지며 미분 양이 특히 많아서 분쇄 크기를 더 굵게 조절하지 않으면 추출 시간이 더 길고 물흐름이 막힐 수 있다. 커피 추출 기록지 자료를 처리법에 따라 분류한 결과, 디카페인 커피는 수세 및 건식 가공한 커피보다 추출 시간이 길었다. 수세 커피와 건식 커피는 추출 시간으로는 유의한 차이가 없었다.

아래는 일반 및 디카페인 케냐 커피에 대한 입자 크기 분포다. 디카페인 커피는 확실히 미분이 더 많고, 볼더도 더 많다. $D_{10}$값(3장에서 설명한)은 더 작으며, 이 때문에 추출 속도는 더 느릴 것으로 예측된다.

Hoffman(2020.4.28)은 커피콩을 습기가 많은 환경에 두면 V60으로 추출할 때

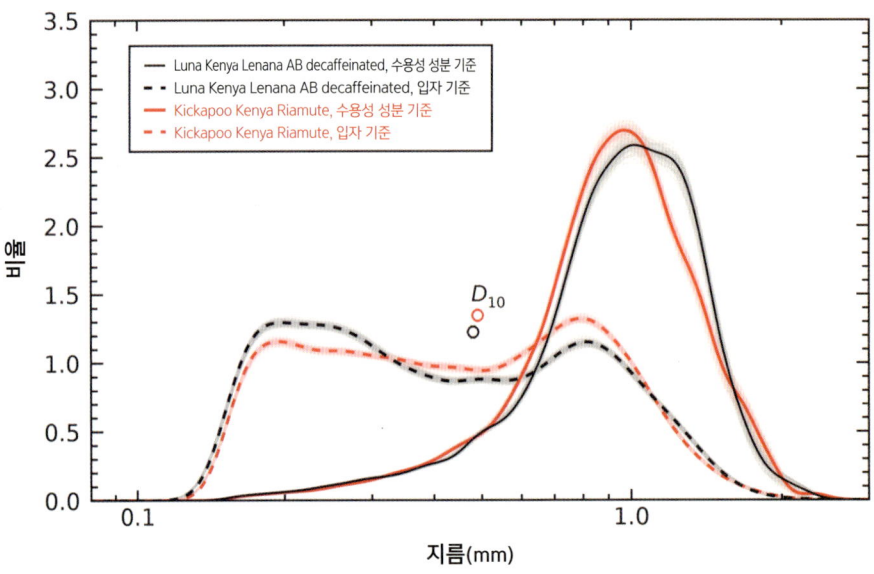

분쇄 설정이 동일한 일반 및 디카페인 케냐 커피의 입자 크기 분포. 디카페인 커피는 미분과 볼더(boulders)가 모두 더 많은데, 이는 디카페인 커피 추출이 더 느린 이유를 설명해 준다.

추출 시간이 짧아진다고 말한다. 이는 연성 커피가 분쇄 중 미분이 적게 나온다는 또 다른 사례일지도 모른다.


## 9.2 가용 수용성 성분

매일 마시는 커피를 굴절계를 사용해 농도를 재고 평균 추출 수율을 계산해 본다면, 커피콩이 다르면 추출법이 같고, 추출 시간이 그다지 차이가 나지 않음에도, 평균 추출 수율이 매우 다르다는 것을 알게 된다. 이는 한편으로는 커피층의 투수저항계수에 영향을 미치지 않는 선에서 입자 크기 분포가 다르기 때문일 것이다. 그러나 이를 설명할 수 있는 가장 큰 요인은 각 커피콩들이 가지고 있는 고유한 특성이 아닐까 한다.

내가 생각하는 가설은 크게 두 가지인데, 굴절계를 사용해 간접적으로 측정하기보다는 용존 고형분 총량(TDS)의 식섭 측정 방법인 탈수 실험으로 평가할 수 있다. 첫 번째 가설은 내가 보기에 좀 더 가능성이 있는데, 커피가 다르면 수용성 성분 조성이 다르다는 사실이다. 두 번째 가설은 특정 커피 유형의 다른 화학 조성이 커피 굴절률이 용존 고형분 총량으로 반영되는 방식에 변화를 가져온다는 것이다. 이는 일부 특정 커피가 실제 용존 고형분 총량에 대한 우리의 추정을 다른 방식으로 편향시킨다는 것을 의미하며, 반드시 일부 커피가 실제 더 진한 추출을 만든다는 것을 의미하지는 않는다. V60 추출 자료에서 평균 추출 수율을 조사하면 이러한 변화가 매우 명확하게 나타난다.

위 그림에서 나타나듯, 케냐, 부룬디를 비롯한 아프리카 커피는 중남미 커피에 비해 평균 추출 수율이 높다. 나는 최근에 아주 분명한 사례를 경험했다. Lüna의 Kenya SL28, SL34 Waturi AB커피를 1:17 비율로 푸어 오버한 커피 음료의 농도는

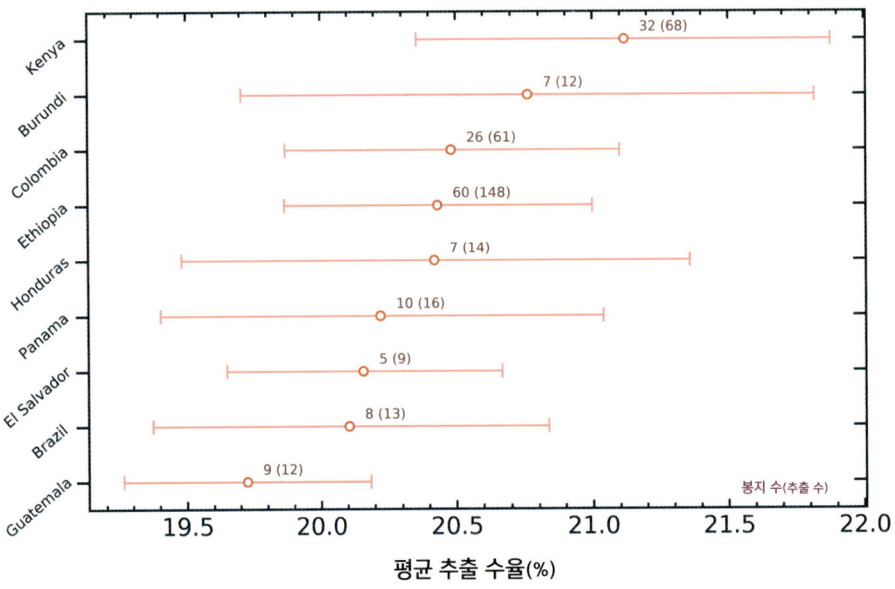

V60로 동일하게 제조한 산지별 평균 추출 수율의 평균과 대표 범위(표준편차)

TDS값 1.70%였다. Standout Coffee Roasters의 파나마산 무산소 발효 Los Lajones Catuaí는 TDS값이 1.36%였다. 두 커피 모두 동일하게 추출했는데 맛있고 로스팅이 좋았다.

　　재배 고도를 기준으로 자료를 조사했더니 결과가 반대로 나왔고, 이는 의미가 있었다. 그래프에서 몇 가지 예외 값에 눈이 가지 않도록 점 밀도에 따라 크게 원을 그렸다. 푸른 선은 자료에서 공분산 값 $1\sigma, 2\sigma, 3\sigma$을 나타낸다.[2] 고도와 평균 추출 수율에 대한 Pearson 상관 관계 계수 25.6% 을 설명할 만한 기제 하나는 커피 열매

---

2　각 선은 상관 관계를 기준으로 한 타원으로, 타원의 종횡비는 방향별로 펼쳐진 정도를 나타낸다. 공분산 등고선은 각각 정규분포에서 자료 범위의 39%, 86%, 98.9%를 나타낸다. 통계에 익숙한 독자라면 수치가 정확히 나타난다는 점에 놀라움을 느낄 것이다. 1차원상의 일반적인 수치는 68%, 95%, 99.7%이다.

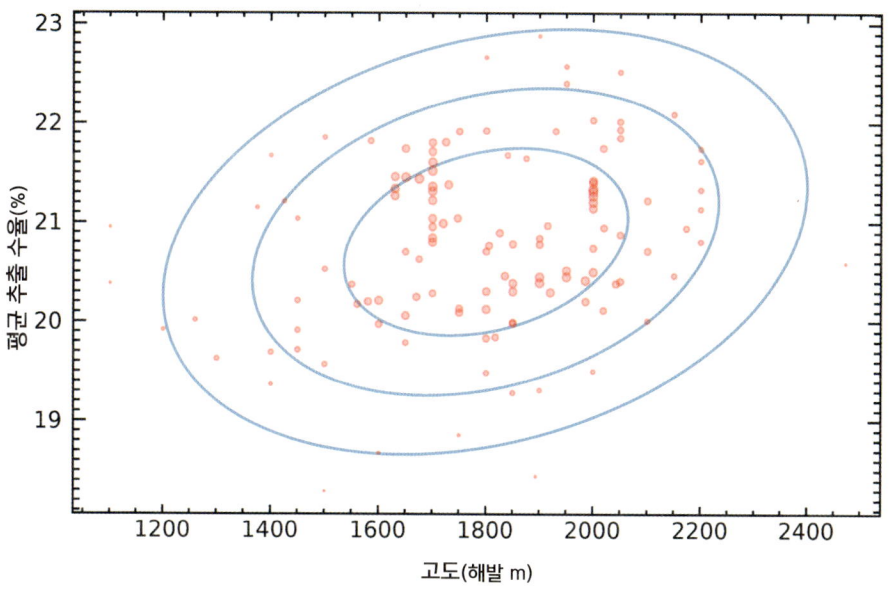

평균 추출 수율과 재배 고도와의 관계

가 더 시원한, 고시대 환경에서 영양소를 더 많이 축적한다는 것이다. (Vaast 팀 2006; Worku 팀 2018) 이것이 커피콩 간 평균 추출 수율 차이의 주요 원인이라면 첫 번째 가설이 입증된다. 즉 굴절계 보정을 교란하는 화학 조성 문제가 아니라, 어떤 커피 콩은 다른 커피콩보다 수용성 화학 성분이 더 많다는 것이다.

다음 페이지 그림에서처럼 평균 추출 수율이 특정 커피 품종(커피포장에 적힌 대로[3])의 영향을 받는다는 것 또한 흥미롭다.

지난 커피 추출 기록을 바탕으로, 로스팅 발현 정도에 따른 평균 추출 수율을 살핀 결과 또한 흥미로웠다. 다음 페이지의 그래프를 보면 명확한 상관관계를 볼 수 있다. 일반적으로 생각하는 것과는 달리, 강 로스팅한 커피는 평균 추출 수율이

---

3  품종을 하나 이상 기입한 경우 각 카테고리마다 추가했다.

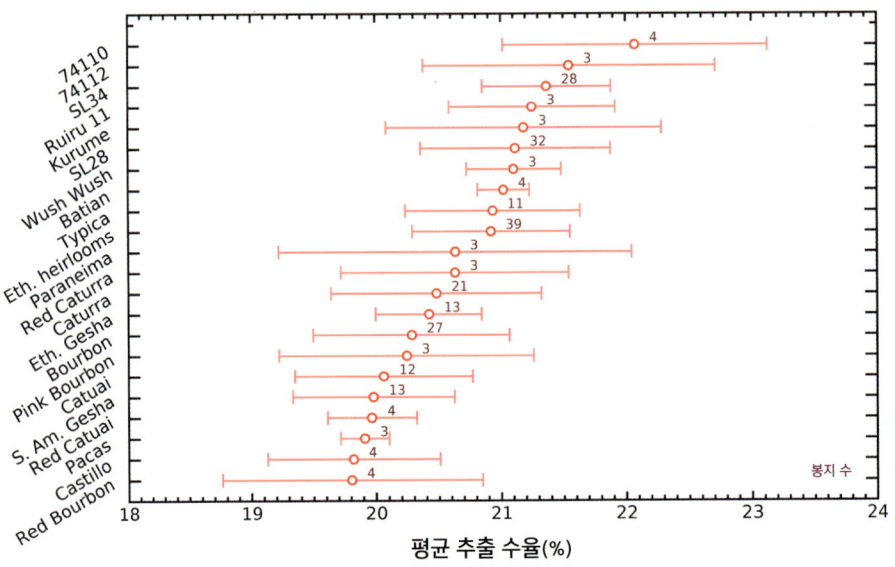

V60로 동일하게 제조한 품종별 평균 추출 수율의 평균과 대표 범위(표준편차)

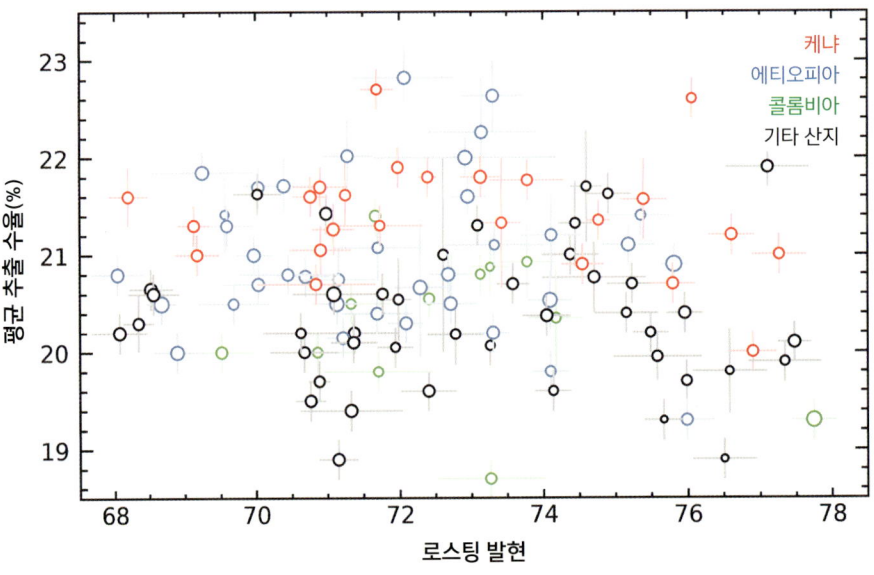

로스팅 발현 정도에 따른 평균 추출 수율의 평균과 표준편차. 각 동그라미는 커피 봉지 하나를
의미한다. 색상은 산지를 나타내며, 크기는 추출 시간을 의미한다. 여기서 강 로스팅한 커피는
산지나 추출 시간과는 무관하게 평균 추출 수율이 낮다는 점을 알 수 있다.

낮아 보였다. 각 커피 산지마다 이러한 경향이 있었다. 이제 짐작하겠지만, 강 로스팅한 커피가 평균적으로 추출 시간이 짧다는 것이 한 이유일 수 있다. 그러나 추출 시간이 미치는 영향은 적은 것 같다. 추출 시간 범위를 3분에서 3분 30초까지로 제한해도 결과는 동일했다. 나는 Andy Kyres가 같은 커피를 사용해 다른 설정으로 로스팅한 여섯 배치의 원두 색상과 평균 추출 수율을 측정했다.

이 그래프에서도 동일한 상관관계가 나타났다. 강 로스팅한 커피는 평균 추출 수율이 낮았다. 흥미롭게도, 가장 약 로스팅한 커피 또한 평균 추출 수율이 낮았다. 이런 추출 경향은 추출 시간이 매우 짧은 에스프레소에서 다르게 나타날 수 있다. 강 로스팅한 커피는 커피 세포 사이 공극이 큰데, 이는 커피 입자 속에서 확산을 가

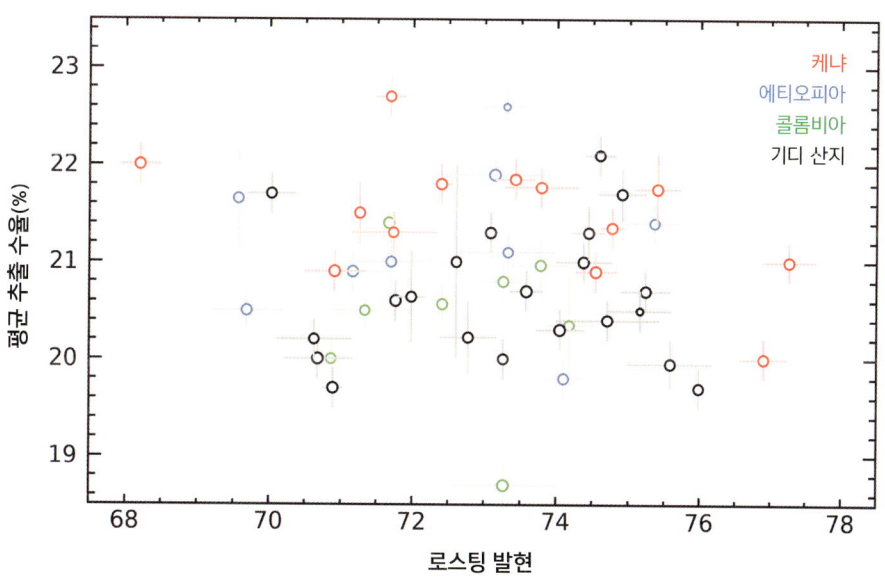

커피콩 색상으로 측정한 로스팅 발현 정도에 따른 평균 추출 수율의 평균과 표준편차. 각 동그라미는 커피 봉지 하나를 의미한다. 색상은 산지를 나타내며, 크기는 추출 시간을 의미한다. 추출 시간이 3분 00초에서 3분 30초 사이인 경우만 고려했다. 여기서 강 로스팅한 커피는 평균 추출 수율이 낮다는 점을 알 수 있다.

로스팅, 떼루아, 품종, 수확 후 가공

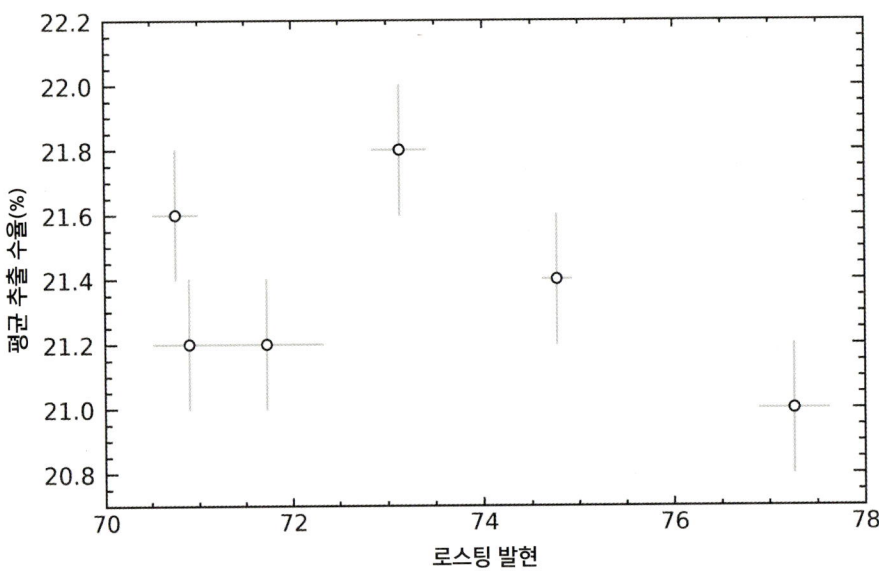

로스팅 발현 정도가 다른 케냐산 Kii AA 커피의 평균 추출 수율. Andy Kyres가 로스팅했다.

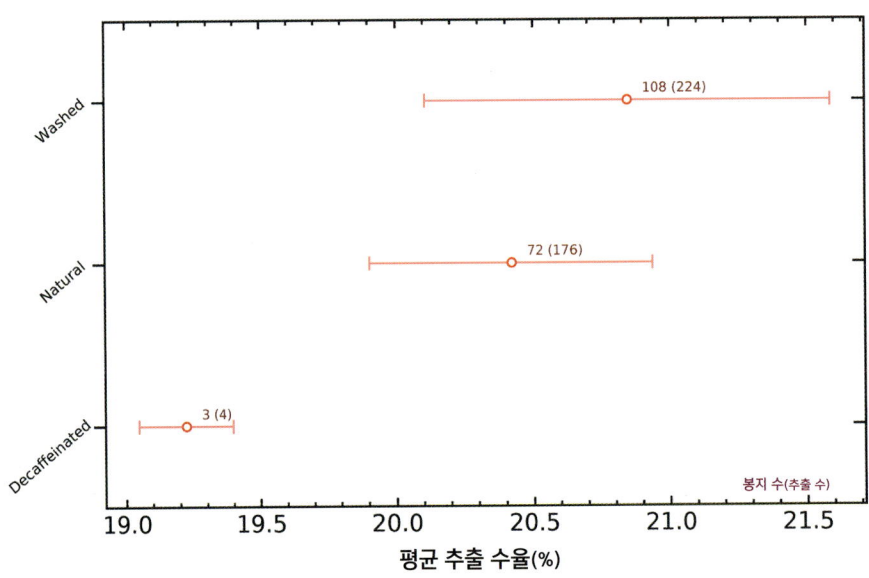

가공방식별 평균 추출 수율의 평균과 표준편차. 건식 커피는 평균치가 약간 더 낮으며, 디카페인 커피는 평균 추출 수율이 크게 낮다.

속화하고 수용성 성분이 커피 입자 표면으로 빨리 이동함으로써 전통 에스프레소 제조법에서 충분한 추출 수율이 나오게 하는 중요한 요인이다. 그러므로 다른 추출법을 사용해 실험한다면 결과가 다를 수 있다.

　　현재까지는 디카페인 커피가 가용 수용성 성분이 가장 적다. 디카페인 커피 처리 공정 중 화학 성분 중 일부(이상적으로는 카페인이 대부분이어야 함)를 제거하기 때문에 이는 그렇게 놀라운 일이 아니다. 옆 페이지 커피 추출 기록 자료에서 이런 모습을 뚜렷하게 볼 수 있다.

## 9.3 맛 프로필

커피 품종, 산지, 가공방식이 다를 때 드러나는 가장 뚜렷하면서도 중요한 차이는 맛 프로필이다. 일부 특수한 커피 품종, 예를 들어 케냐 SL28, 에티오피아 게이샤는 레드 커런트와 베리, 복숭아 느낌에 꽃 향 같은 특유의 향미로 커피 업계에서 유명하다. 나는 Firstbloom 어플리케이션에 사용자와 로스터가 입력한 커피 1500종의 맛 프로필을 분석하고 맛 항목별로 분류했다. 그 결과, 품종이나 가공방식에 따라서 몇 가지 맛 차이가 뚜렷하게 나타났다. 시각화 자료에서, 각 하위 범주는 해당 커피를 설명할 때 맛 속성이 얼마나 자주 언급되는지, 그 빈도에 따라 크기에 차이를 두고 표현했다. 이렇게 만든 '플레이버 휠'을 일부 소개한다.

플레이버 휠 — 품종별

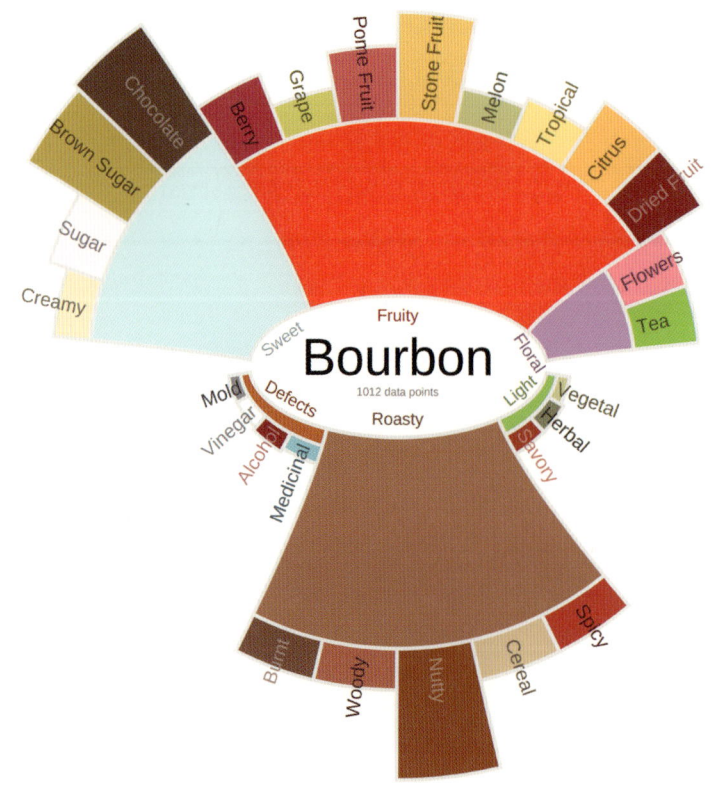

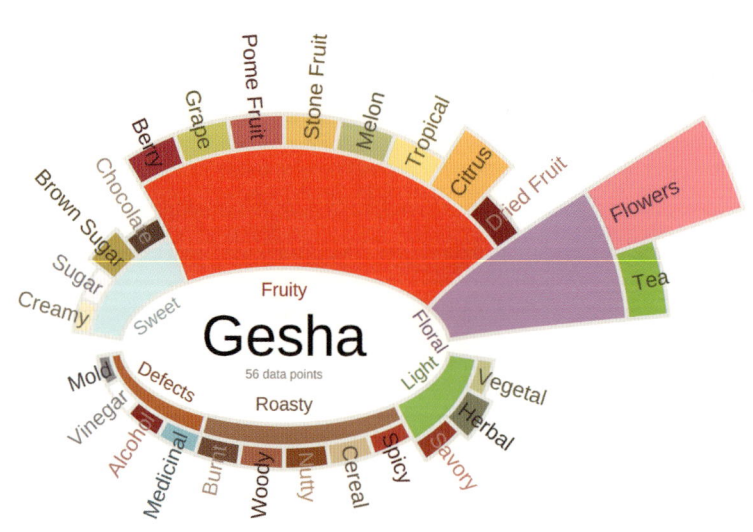

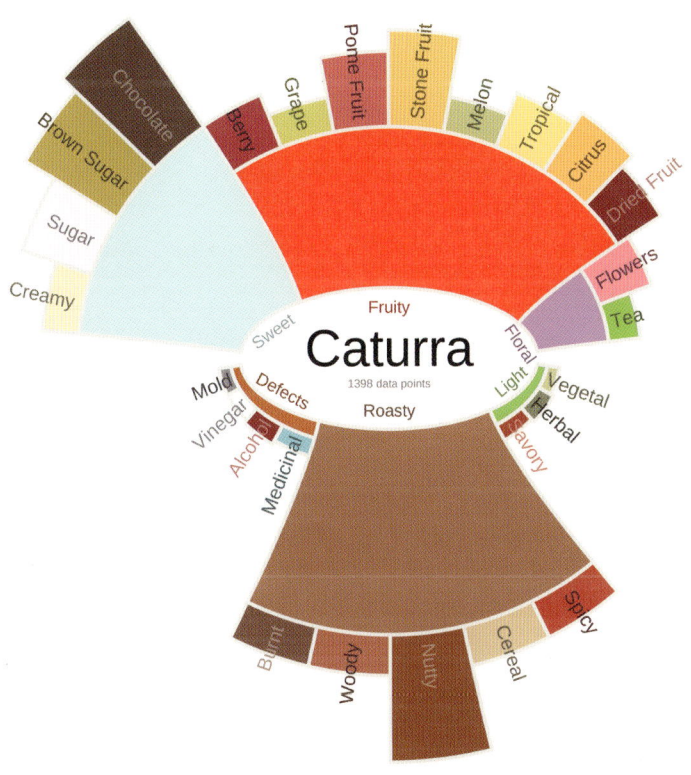

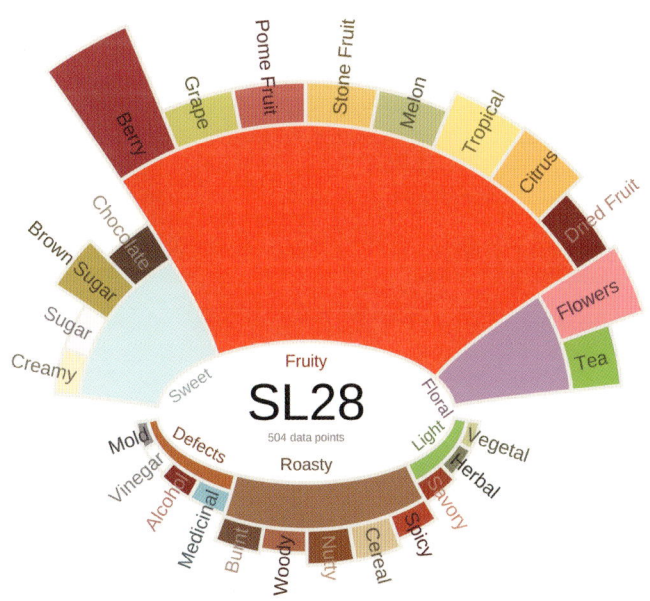

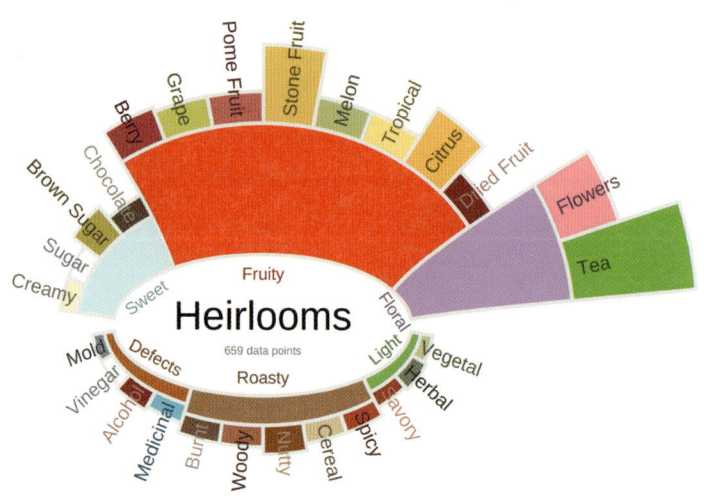

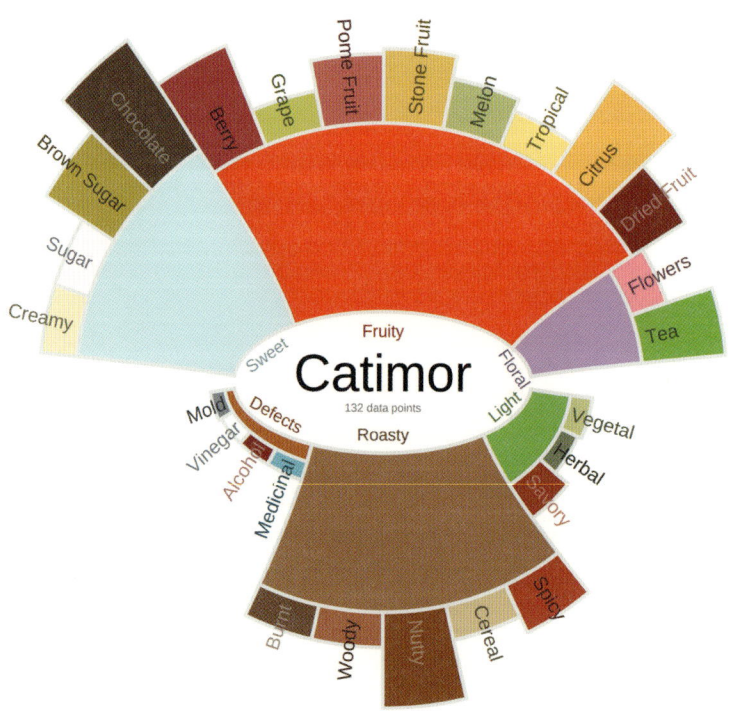

플레이버 휠―가공방식별

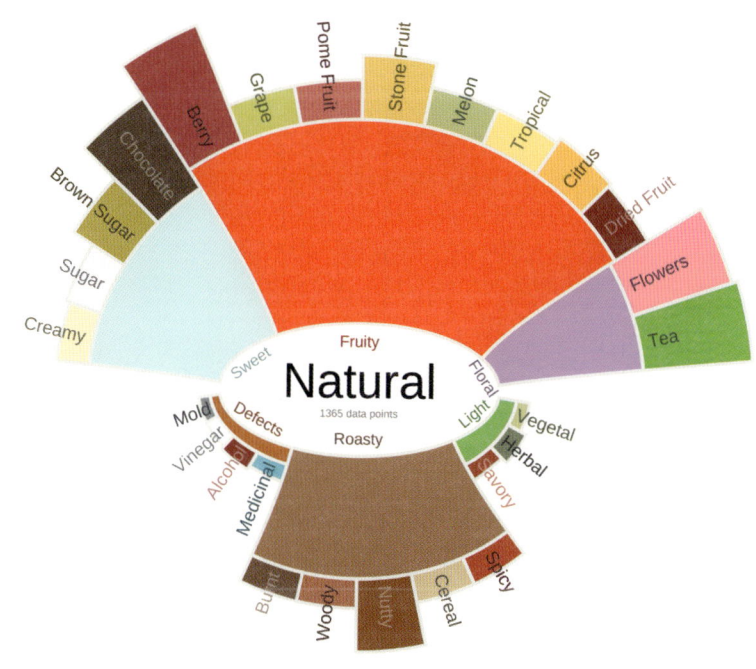

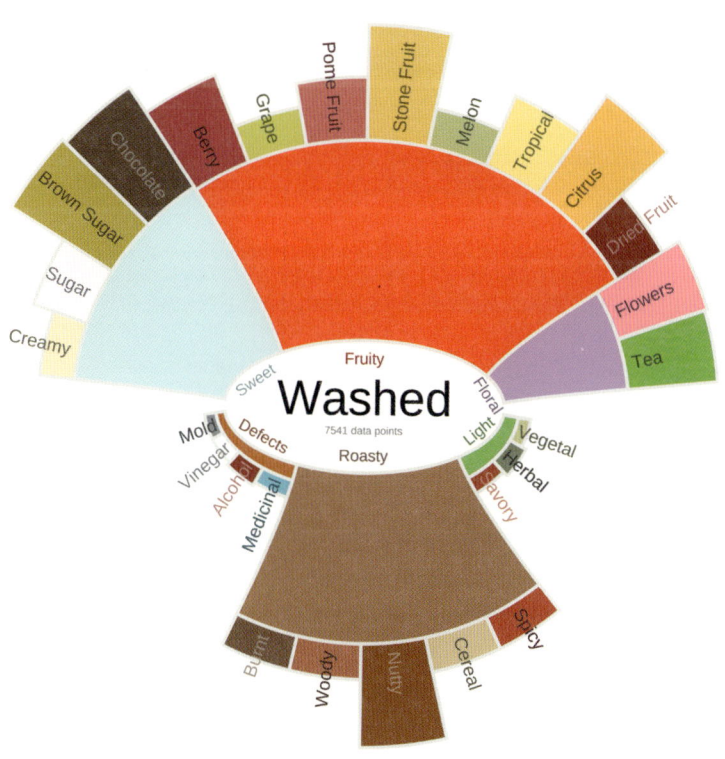

특정 향미 용어가 언급되는 빈도 순으로 커피 품종을 정렬해도 흥미로운 결과를 볼 수 있다. 아래 일부 예시를 나타냈다.

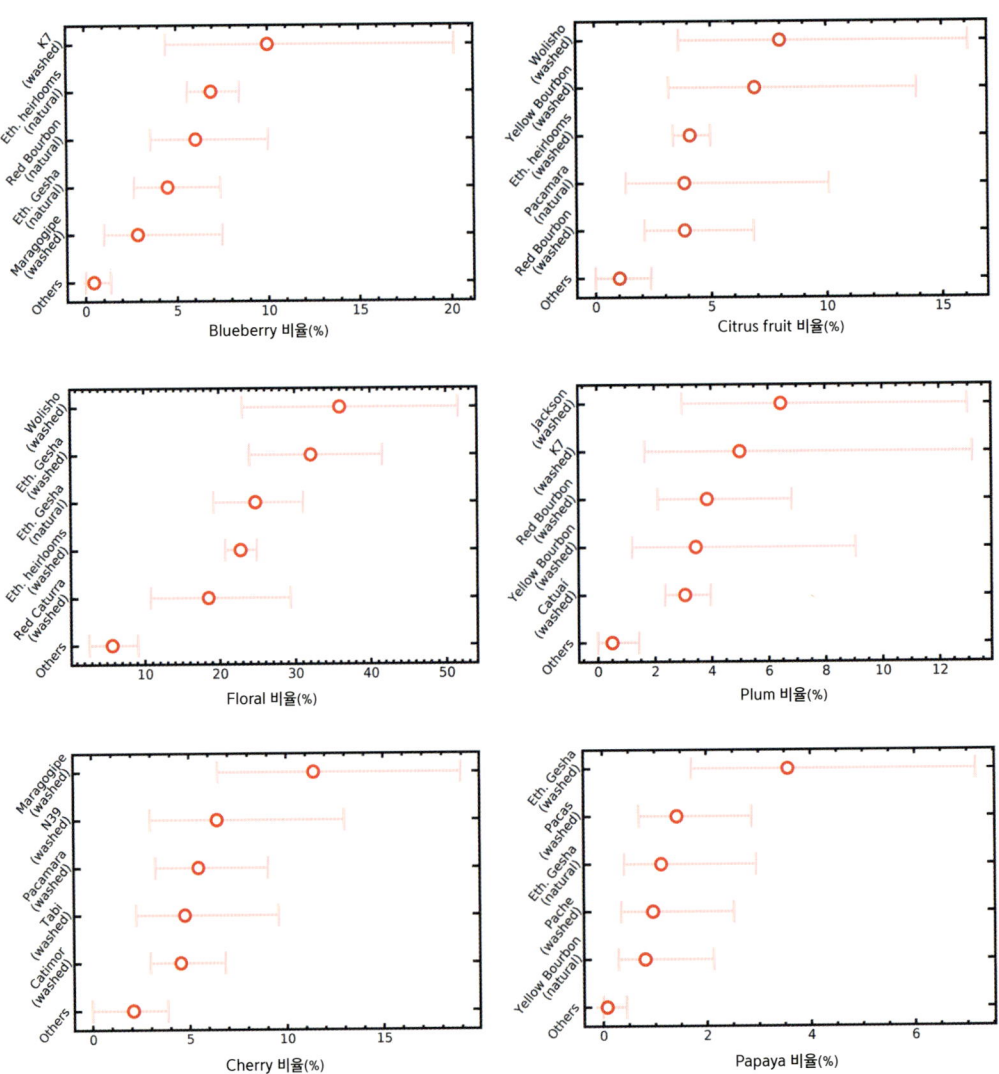

커피 제품별 특정 맛 용어의 언급 빈도 비율. 가로축 방향의 오차 막대는 샘플 크기가 크지 않은 데 따른 불확실성을 나타낸다.

# CHAPTER 10

# 기술과 실제 적용

사진: NOÉ AUBIN-CADOT

지금까지 필터 커피 추출에 대한 여러 내용을 공부했다. 커피를 추출할 때 물리적으로 어떤 일이 발생하는지 머릿속으로 모델링이 가능하다면, 커피 음료의 속성 변화를 원할 때 무엇을 바꿔야 할지, 그리고 어떤 특정 추출법을 고안해야 할지를 결정하는 데 큰 도움이 될 수 있다.

이 장에서는 추출 일관성을 위해 필수적이라 생각되는 것들에 대해 이야기하고자 한다. 또한 몇 가지 변수를 바꿨을 때 음료 결과가 어떻게 달라질 수 있는지도 언급할 것이다. 최적 추출법―만약 그런 것이 있다면―은 아니겠지만 현재 내가 표준으로 삼고 있는 V60 추출 방식도 소개한다. 맛에 대한 취향, 커피콩, 로스팅 정도 등에 따라 다르겠지만, 최고의 결과를 내려면 제조법을 약간 바꿀 필요도 있을 것이다.

## 10.1 일관성

푸어 오버 커피를 일관되게 제조하기란 쉽지 않다. 이 어려운 과제를 달성하기 위한 첫 단계는 겸손한 마음으로, 아무 보조도구 없이 자신의 능력만을 믿어서는 안 된다는 것이다. 예를 들어, 어떤 식으로든 일관성을 유지하려면 커피의 무게, 커피 슬러리 위로 붓는 물의 양은 반드시 저울로 재야 한다. 부피 측정은 그닥 정밀하지 않기 때문에 권하지 않는다. 자신만의 제조법을 만드는 중이 아니더라도 평소에 일관성을 가지고 작업을 하면 어떤 문제가 나타났을 때 쉽게 규명할 수 있다. 일관성 있는 결과를 얻고자 한다면 다음과 같은 내용을 따르는 것이 좋다.

### 물 속성

- 물 조성이 달라지면 추출 결과물이 달라질 수 있다는 점을 기억하자. 예를 들어, 수돗물 조성은 갑자기 바뀔 수 있고, 몇 개월 또는 시즌별로 서서히 달라지는 경우가 많다.
- 추출용 물을 직접 만들어 병에 보관 중이라면, 사용 직전에 잘 흔들어야 한다.
- 주전자를 수시로 헹구고, 바닥에 낀 침전물을 제거한다.
- 추출 전 물을 십 분 이상 끓이지 않는다. 물이 많이 증발하고 미네랄이 침전되면 물 조성이 달라질 수 있다.

### 입자 크기 분포

- 실내 온도에 주의를 기울인다: 온도가 변하면 커피콩의 연성이 달라진다. 그러므로 몇 도 정도의 기온 차이로도 분쇄 크기가 약간 달라질 수 있다. 실내 온도가 높으면 추출 시간이 짧아진다. 4계절 중에서 이런 상황이 문제되는 경우는 겨울에 난방을 하지 않았거나 더운 여름에 에어컨을 켜지 않은 경우다. 에어컨을 켠

다 해도 커피 매장은 오픈 후 시간이 흐르면 점차 더워진다. 온도 변화를 완전히 억제하는 방법은 냉동고에서 커피를 꺼내자마자 분쇄하는 것이다. 다만 개봉 후 나머지 커피콩의 품질이 저하되지 않도록 미리 1회 분량씩 포장 밀봉해서 얼려야 한다. 그렇지 않으면 대기 중 수분이 차가운 커피콩에 닿아 표면에 물방울이 맺힐 수 있다.

- 짧은 시간 동안 자주 분쇄하면 그라인더 온도가 변하고 이로 인해 입자 크기 분포가 달라진다. 모터와 버가 가까이 있는 그라인더 또는 회전 속도가 낮은 그라인더는 이런 일이 더 쉽게 일어난다.

- 그라인더의 버는 주기적으로 청소해야 한다. 어떤 그라인더는 청소가 힘들지만 몇 주마다 정기적으로 청소하면 맛이 좋아지고 분쇄 크기 분포가 점차 나빠지는 것을 방지할 수 있다.

- 커피를 넣기 전에 미리 모터를 켜야 입자 크기 분포를 균일하게 할 수 있다. 커피를 넣고 모터를 돌릴지, 모터를 돌리고 커피를 넣을지 무엇을 선택하든 하나를 정해서 일관성 있게 사용한다.

- 그라인더 버를 길들여야 한다. (3장 참조) 그렇지 않으면 처음 몇 킬로그램을 분쇄하는 동안 분쇄 입자 크기가 점차 굵어질 것이다.


## 물흐름

- 종이 필터가 드리퍼 안에 제대로 자리 잡았는지 살펴야 한다. 예를 들어, V60 필터의 접합 부분을 어떻게 접느냐에 따라 커피층 주변으로 우회하는 물의 양이 크게 달라진다. 접합 부분을 평평한 바닥에 대고 손가락으로 누르면서 확실하게 접어야 바이패스를 줄일 수 있다. 필터를 수돗물로 미리 적시면 필터가 드리퍼 벽에 달라 붙으므로 이 또한 바이패스를 줄일 수 있다. 이때 물이 드리퍼 아래로 빠지기 전에 드리퍼를 뒤집어 물을 비우면 필터가 드리퍼 벽에서 떨어져 바이패

스가 커질 수 있다. 어떤 필터 자리잡기 방식과 헹구는 방법을 선택했더라도, 일단 선택한 뒤에는 항상 같은 방식을 반복해야 한다. 필터를 헹굴 때 들어가는 물의 양은 중요하지 않다. 종이 냄새를 없앨 정도면 된다. 추출을 시작할 땐 언제나 드리퍼 온도를 동일하게 맞춰야 한다.

- 날마다 드리퍼 수평을 잡을 필요가 없도록 미리 커피 추출 작업대의 수평을 맞춘다. 커피 슬러리가 비스듬하면 물이 한쪽으로 더 많이 흘러 균일한 추출을 할 수 없다.

- 종이 필터 브랜드와 모델을 바꾸는 것만으로도 추출 결과물이 달라질 수 있다. 악명 높은 사례로, 동일한 Hario 필터라도 탭 유무에 따라서(tabbed, tabless) 차이가 있다.

## 커피 슬러리의 온도

- 끓는점 직전 온도의 물을 붓는 경우가 아니라면 온도 표시 및 보온 기능이 있는 주전자를 쓴다. 물을 부을 때마다 원하는 온도까지 물을 다시 데운다.

- 용량이 작은 주전자를 쓴다면, 물 온도가 잘 유지되도록 보온 기능이 있는 커버를 사용하자.

- 환기구 아래, 에어컨 근처, 바람이 부는 장소에서 추출하면 커피 슬러리 온도가 영향을 받아 일정한 결과를 내기 어려울 수 있다.

- 열용량이 큰 드리퍼(예: 도기, 유리)를 쓸 때는 추출 전 예열을 하되, 언제나 똑같은 방식으로 예열한다. 이상적으로는 커피를 담기 직전에 예열한 후 추출을 시작하는 것이 좋다. 예열과 추출 간격이 너무 길면 추출 시작 온도가 다르고, 이는 평균 추출 수율 편차를 일으킨다.

접시에 원두를 쏟아
블랙빈과 퀘이커를
골라낸다.

## 실행

- 작업 공간이 청결해야만 추출 작업의 재현이 가능하다. 커피 가루가 그라인더에 쌓이지 않도록, 기구는 주기적으로 청소하고 건조시켜야 한다.

- 드리퍼, 커피 서버, 커피잔은 사용한 뒤 헹구고 잘 말린다. 가끔 무향 세제를 사용해 설거지한다. 세제는 가능한 적게 사용하고, 완전히 헹군다. 식기 세척기는 세제 없이 고온으로 커피 기구를 소독할 때만 사용한다. 식기 세척기는 무향 세제를 사용하더라도, 아주 여러 번 헹궈야 한다. 세제를 완전히 없애기 위해 필요한 헹굼 횟수를 알면 깜짝 놀랄 것이다. 도기처럼 재질이 다공성이라면 상황이 더욱 심각해진다.

- 서버, 작업대, 주전자는 항상 같은 것을 쓰자. 드리퍼 높이나 주전자의 구스넥 주둥이 직경을 바꾸면 결과물의 일관성을 유지하기 어렵다.

- 추출 중 커피 슬러리를 돌리려면 다음과 같은 기술을 연습하자: 미세하게 분쇄

**기술과 실제 적용**

한 커피 가루를 필터에 골고루 뿌린 다음, 여러 높이로 물을 붓고, 만족한 결과물이 나올 때까지 돌려 준다. 커피 슬러리는 앞뒤 방향으로 왔다갔다 하는 것이 아니라 원을 그리며 움직여야 한다. 드리퍼 받침 부분을 잡고 원을 그리며 돌려 본다. 드리퍼 속 물의 양에 따라 적절한 회전률을 찾는다.

• 같은 커피라 해도 다른 봉투에 담겼던 원두라면 그라인더 분쇄 크기가 같아도, 추출 시간과 평균 추출 수율에 큰 영향을 미칠 수 있다. 커피 종류나 로스팅 정도가 다를 때 같은 평균 추출 수율을 내려고 시도하는 것은 권하지 않는다.

• 약 로스팅 커피를 좋아한다면, 분쇄 전 커피콩을 접시에 담아 눈으로 점검한다. 퀘이커(색상이 유난히 밝다.) 또는 블랙빈을 제거하면 일관성을 높일 수 있다(맛도 좋아진다).

• 추출비를 그대로 유지할 경우, 아무리 소량(예: 0.5g)이라 해도 사용하는 커피 양이 달라지면 음료의 맛이 조금이나마 달라졌다는 것을 느낄 수 있다. 추출비를 바꾸면 음료의 맛 차이가 훨씬 커진다. 그러므로 추출비는 가능한 유지하자.

• 추출 전 커피층 모양을 일정하게 유지한다. 더 효율적으로 뜸들이기를 하려면 둥지 모양을 만드는 것이 좋다.

• 뜸들이기 물의 양과 시간은 언제나 같아야 한다.

• 외부 표시를 이용해 물 붓는 높이를 항상 일정하게 유지한다. 예를 들어, 벽에다 자를 붙이면 이를 참조해 주전자의 구스넥 주둥이 높이를 얼추 비슷하게 맞출 수 있다.

• 물 붓는 유량은 일정해야 한다. 가능하다면 유량을 표시하는 저울(예: Acaia Pearl S)을 구매하자. 아니면, 주전자의 물흐름이 커피 슬러리에 닿을 때 그 지름에 주의를 기울이고, 항상 그 지름을 유지하도록 노력하자.

• 물을 몇 번 부을지를 결정해야 한다. 이때 붓는 양은 항상 동일해야 한다. 시간을 정해서 부을지, 드리퍼의 물 높이에 맞춰 부을지 결정한다. 나는 물 높이가 커피

층에서 1cm 높았을 때 열 안정성이 가장 좋아서 드리퍼의 물 높이에 맞추는 쪽을 선호한다. 참고로 물 붓기 횟수가 적어야 추출 일관성을 유지하기가 쉽다.

- 추출 장면을 영상 촬영하고 1주일 또는 1개월 뒤 확인한다. 본인의 추출법이 시간에 따라 얼마나 쉽게 변해가는지 확인하면 놀랄 것이다.

## 측정

- 일관성 있는 측정을 위해 추출 시간의 정의를 명확히 정해야 한다. 예를 들어, 스톱워치를 누른 뒤 정확히 5초째에 물을 붓기 시작하고, 물이 커피층 아래로 내려가면서 젖은 커피 입자가 빛을 반사해 반짝일 때 스톱워치를 멈춘다. 이후 저장된 시간에서 5초를 빼 추출 시간을 기록한다. 경험상 추출 수율을 일정하게 하는 것보다는 추출 시간을 일정하게 맞추는 것이 더 어려웠다. 추출 시간은 물을 붓는 시점과 방식에 매우 민감하게 반응하기 때문이다.

- 커피 서버는 추출 작업 전 반드시 깨끗하고 건조한 상태여야 한다. 물기가 있거나 오염된 상태라면 음료 무게를 정확히 잴 수 없고 추출 수율 계산 수치에도 영향을 준다.

- 음료 무게를 잰 직후 유리 스포이드로 샘플을 추출(이 샘플은 TDS 측정에 사용함)한다. 물이 증발하면서 평균 추출 수율 계산 수치가 달라질 수 있기 때문이다.

- 스포이드로 추출한 커피 샘플은 TDS 측정기에 올리기 전에 15분간 식힌다. 그렇지 않으면 굴절계의 프리즘 온도가 달라져서, 온도와 측정치가 안정될 때까지 시간을 두고 기다린다 해도 측정값이 왜곡될 수 있다.

- 커피 샘플은 스포이드 안에서 식히는 것이 세라믹판 또는 기타 용기에 옮겨 식히는 것보다 낫다. 스포이드에서는 커피가 공기에 노출되는 면적이 적어서 거의 증발하지 않는다.

- 굴절계는 주기적으로 청소한다. 측정 전 프리즘이 깨끗하게 건조되어 있는지 확

인한다.

- TDS 측정 전 증류수를 사용해 0점 보정한다. 그렇지 않으면 주변 기온 변동이 수치에 영향을 미칠 수 있다. 나는 이 용도로 굴절계 옆에 증류수를 담은 소형 스포이드 병을 둔다.

- 측정 후 즉시 굴절계 프리즘을 알콜로 세척한다. 나는 이 용도로 쓰기 위해 굴절계 옆에 알콜을 담은 소형 스포이드 병을 둔다.


## 10.2 추출 균일성

취향과 관계 없이 달성해야 하는 목표 중 하나는 커피층 전체에서 균일하게 추출하는 것이다. 일반적으로, 다른 모든 조건이 그대로일 때 추출이 균일하면 산지 고유의 향미가 명확해지고 평균 추출 수율이 높아진다. 굴절계의 가장 강력한 쓰임새는 추출 기법이 달라졌을 때 추출 균일성이 얼마나 변했는지 평가하는 것이다. 이 경우, 굴절계는 분쇄 입자 크기 감소나 물 온도 상승, 접촉 시간 증가로는 설명되지 않는 평균 추출 수율 상승을 확인하는 수단이다.

이것은 평균 추출 수율이 높을수록 언제나 더 좋다는 주장보다 섬세한 접근이 필요하다. 예를 들어, 추출비를 1:20으로 잡거나, 너무 가늘게 분쇄하면 음료의 추출 수율은 매우 높지만 맛은 형편없을 수 있다. 이는 추출이 고르지 않거나 입자 크기와의 조합으로 인해 향미 프로필이 나빠지기 때문이다. 내 경험에 따르면, 과소추출된 영역 없이 커피층 전체에서 추출이 이루어졌을 때 높은 추출 수율의 커피는 맛이 더 좋은 경향이 있다.

어떤 기법이 추출 균일성을 높이는지 세부적으로 들어가면 그라인더, 커피, 드리퍼에 따라 다를 것이다. 그러나 아래 몇 가지 원리는 전 과정에서 고른 추출을 하는 데 도움이 될 것이다.

- **뜸들이기**: 뜸을 충분히 오래 들이면 젖지 않은 커피 가루가 남을 가능성을 줄이고, 추출 후반 기체가 많이 발생하지 않게 할 뿐 아니라 커피 입자들을 물로 충분히 포화시킬 수 있다. 나는 보통 45초간 뜸을 들인다. 다만 뜸들이기 최적의 시간은 로스팅 정도에 따라 다를 것이다. 약 로스팅은 대체로 뜸들이는 시간이 긴 편이 좋았다. 건조한 상태의 커피층 가운데를 손가락으로 살살 파 둥지 모양으로 만들면 뜸들이기가 더 효율적으로 진행된다.[1] 4장 뜸들이기의 기술적 세부 사항을 참조하기 바란다. 다만, 침지식으로 추출을 시작한다면(예: 에어로프레스, 클레버, 하리오 스위치, 프렌치 프레스, 사이폰) 뜸들이기는 필요 없다. 이런 경우에는, 물을 붓자마자 커피 슬러리를 젓거나 돌려 주면 고른 추출에 도움이 될 것이다.
- **드리퍼 돌리기**: 물을 부은 뒤 드리퍼를 조심스레 돌리면 커피층에 생긴 채널을 없애고 커피층 표면을 평평히 만들어 물흐름과 추출을 고르게 하는 데 도움이 된다. 다만 미분 생성량이 많은 그라인더 및 키피를 사용하는 경우는 이 작업으로 막힘 문제가 발생할 수 있다. 그렇더라도, 뜸들이기에서만큼은 드리퍼 돌리기를 권한다.
- **커피 양**: 특정 드리퍼에 맞는 양을 정하는 것은 추출의 균일성 면에서 중요하다. 4장에서 언급했듯이 커피층의 깊이가 너무 얕으면 채널이 발생할 수 있다. 반대로 커피층의 깊이가 너무 깊으면 바닥 부분이 과소 추출되고 표면적 대비 미분량이 늘어나 필터가 쉽게 막힐 수 있다. 필터 막힘에 대해서는 5장에서 상세히 다뤘다. 7장에서는 드리퍼마다 최적 용량이 어떻게 다른지, 그리고 이는 기하학적 구조로

---

1 바닥이 평평한 드리퍼도 이 방식을 쓰면 효과가 있다. 나는 둥지 모양으로 파면 커피 바닥까지 더 빨리 적실 수 있다고 본다. 특히, 둥지 쪽에 물을 먼저 충분히 붓고 나서 충분히 뜸이 든 상태에서 잘 드리퍼를 돌려 주면, 더욱 효과가 좋다.

인해 동일 커피 용량에 대한 커피층 깊이가 다르기 때문이라는 점을 설명했다.

○ **주전자 물 붓기:** 커피 슬러리의 난류 교반이 잘 되도록 물을 부으면 이후 필터 막힘이 일어나지 않는 한 균일한 추출을 하는 데 도움이 된다. 상세 내용은 6장을 참조하기 바란다. 커피층 표면 중 한 부분에만 물을 붓지 말자. 이렇게 하면 커피층이 패인다. 특히 커피 슬러리를 돌려 주지 않는다면 더욱 그렇다. 이 패인 홈으로 물이 더 많이 흐르면서 해당 영역은 과잉 추출되고 나머지 영역은 과소 추출된다.

## 추출 변수 변화

커피 추출에 있어 가장 중요한 기술 중 하나는 문제를 식별하고 좋은 커피 한 잔을 생산하기 위한 방법을 조정할 수 있는 능력이다. 이것은 단기간에 얻을 수 있는 기술은 아니다. 예를 들어, 바리스타에게 완전히 다른 입자 크기 분포를 만들어 내는 새로운 그라인더를 제공하면 그가 얼마나 경험이 있는지 바로 알 수 있다.

아래는 푸어 오버를 준비할 때 자주 바뀌는 몇 가지 변수들이다. 이것들이 다른 추출 변수 및 결과물에 어떻게 영향을 미치는지 살펴보자:

○ **계량:** 사용하는 커피의 양을 늘렸을 때(커피와 물의 비율은 같다) 가장 큰 영향은 커피층이 깊어진다는 것이다. 4장에서 보았듯이 이로 인해 물흐름은 느려진다. 또한 4장, 5장에서 보았듯이 물흐름이 막힐 가능성도 커진다. 커피층이 깊을 때 고르게 추출하려면 교반을 많이 해야 한다. 하지만 교반을 많이 하면 물흐름이 막힐 가능성이 커진다. 이 경우 물흐름을 늘리고 막힘 위험을 줄이기 위해 분쇄를 약간 굵게 하는 것이 좋을 수 있다. 그러나 최적의 추출 시간이 이전보다 약간 더 길어질 수 있다는 점에 유의하자. 추출 시간을 이전과 일치시키려다 보면 더 맛없어질 가능성이 높기 때문이다. 결국, 추출 변수를 다시 맞춘 뒤의 평균 추출 수율은

약간 낮아질 수 있다. 추출 중 여전히 막힘이 발생하거나 추출 시간이 너무 오래 걸린다면, 물을 적게 붓고 음료를 만든 뒤 나머지 물을 더할 수 있다(즉 바이패스한다). 다만 이 방식은 평균 추출 수율을 꽤 낮게 만들고 향미 프로필을 떨어뜨릴 수 있다. 커피 양을 늘린다면 두꺼운 종이 필터를 쓰는 것이 좋은 방법일 수 있다.

- **그라인더 교체**: 버가 더 크거나 버의 기하학적 구조가 달라서 볼더 또는 미분이 적게 나오는 그라인더로 교체했다면, 분쇄 결과물은 이전보다 약간 더 작아 보일 것이다. 하지만 최적 추출 시간에는 대부분 큰 변화가 없을 것이다. 그러므로 그라인더를 바꿨을 때 어떤 식으로든 추출 시간을 지표로 삼지는 않았으면 한다. 내가 찾아낸 최고의 방법은 눈으로 보아도 너무 굵다 싶은, 가장 굵은 크기로 분쇄를 시작해 추출하는 것이다. 처음은 너무 빨리 추출되고 신맛이 나면서 풍부한 맛도 없을 것이다. 이후, 조금씩 분쇄 크기를 줄이면서 음료 맛이 가장 좋은 지점을 찾는다. 푸어 오버로 하면 시간이 많이 걸릴 것이다. 그러나 아주 작은 분쇄부터 시작하는 방식은 맛을 제대로 감별하기가 더 어렵다. 내 경험으로는 최적 분쇄 크기보다 작게 그라인딩해도 향미 품질이 꼭 그에 비례해서 떨어지지는 않았다. 커피가 과소 추출되었는지는 평균 추출 수율을 측정하는 것이 유용할 수 있지만, 나는 맛을 먼저 보는 것을 추천한다. 좀 더 극단적인 시나리오도 있다. 예전에 나는 만족할 만한 음료가 나올 때까지 여러 단계의 분쇄 크기로 커피를 만들어 블라인드테스트를 하고 각각 점수를 매기는 과정을 반복한 적이 있다. 일반적으로, 입자 크기 분포가 더 좋은 그라인더가 조정 중에 얻을 수 있는 평균 추출 수율이 더 높게 나타난다.

- **볼더 체질하기**: 커피 볼더를 체질하면 커피층의 저항력이 높아지므로 약간 더 굵게 분쇄해야 할 수 있다. 그라인더에서 나오는 미분 때문에 추출에 한계가 있다면 볼더는 체질하고 분쇄를 굵게 하면 이런 문제를 줄이고 음료의 탁도를 개선할 수 있다. 볼더를 다시 분쇄해 쓸 수도 있지만 이때 미분이 많이 발생한다. 그라인더

제조업체의 '커피를 체질해서 걸러내고, 모자란 커피 양은 보충하지 말고, 분쇄 크기를 바꾸지 말 것'이라는 지침은 따르지 않길 권한다.

○ **미분 체질하기:** 미분을 체질하면 분쇄 크기를 많이 조정해야 하는데 이는 그라인더 조정 작업을 매우 어렵게 만든다. 재현 가능한 방식으로 미분을 체질하기란 어려울뿐만 아니라, 이로 인한 커피층의 저항력 변화는 볼더를 체질해서 제거한 경우보다 더 크기 때문이다. 3장과 4장에서 커피층의 저항력은 입자 크기 분포상에서 10번째 백분위 값의 입자 지름을 따른다는 점을 보았다. 볼더를 제거하는 것보다 미분을 제거하는 경우에 이 수치가 더욱 크게 변한다. 미분을 체질한다면 커피층의 투수저항계수가 크게 줄어들 것이므로, 아마도 더 가늘게 분쇄해야 할 것이고, 새롭게 설정된 추출 시간은 전보다 짧아질 것이다. 하지만 이것은 체질하지 않았을 때와 같은 추출 시간에 맞추기 위해 커피를 반드시 더 가늘게 갈아야 한다는 것을 의미하지는 않는다. 동일하게 잡는다 해도 예전과는 다른 크기의 입자가 다른 방식으로 향미에 기여하므로, 맛 프로필은 완전히 달라진다(세부 내용은 1장 참조). 다만, 미분을 상당량 제거하면 평균 추출 수율이 크게 다르지 않아도 깔끔한 맛의 음료가 나온다.

○ **추출 비율 바꾸기:** 스페셜티 커피 업계에서 가장 많이 사용하는 비율은 1:16-1:17이다. 추출비를 낮추면, 즉 물을 적게 쓰면(예: 1:15) 맛은 진하지만 맛 프로필에서 과소 추출 성향이 나타나고, 추출비를 높이면 맛은 연한데 과잉 추출 성향이 나타난다. 일반적으로, 입자 크기 분포가 더 고르게 나오는 대형 버를 장착한 그라인더를 쓰면 추출비를 높였을 때 맛이 더 좋아진다. 예를 들어, 나는 핸드 그라인더를 쓸 때는 1:16-1:16.5로, Baratza Forté BG 그라인더를 쓸 때는 1:16.5-1:17, EG-1 v2 그라인더에 초저미분 버를 장착한 경우는 1:17로 추출비를 잡는다. 사용하는 커피에 수용성 성분이 많으면(예: 케냐 커피) 추출비가 약간 더 높을 때(예: 1:17 대신 1:17.5, 심지어는 1:18) 맛이 더 잘 나왔다. 반면에 디카페인 커피처럼 수용

성 성분이 적은 경우는 보통 추출비가 낮을 때 맛이 더 잘 나왔다. 먼저 자신의 그라인더에 맞는 추출비를 선택하고, 추출비는 그대로 둔 채로 분쇄 크기를 조정한 다음, 분쇄 크기는 고정하고 추출비를 조정하는 전략을 쓰기 바란다.

○ **주전자 온도 선택:** 주전자 온도는 사용하려는 드리퍼와 추출 방법에 따라 다르다. 푸어 오버 방식에서는 대개 커피 슬러리 온도가 주전자 온도보다 약 5도 정도 낮다는 점을 유념해야 한다. 그러므로 나는 모든 약 로스팅 커피를 내릴 때 커피 슬러리 온도가 높은 편인 Stagg X 또는 플라스틱 V60를 선호하고, 주전자 온도는 99도로 한다. 강 로스팅 커피를 사용했을 때 쓴맛이 느껴진다면, 주전자 온도를 3도 정도 내리거나 쓴맛이 충분히 줄어들어 맛이 좋아질 때까지 온도를 더 내린다. 내가 경험한 것 중 가장 강 로스팅한 커피는 최적 온도가 88도 정도였다. '게이샤 품종은 저온일 때 맛이 더 좋다'는 주장도 있는데, 내게는 그렇지 않았다. 지금까지, 주전자 온도가 낮을 때 맛이 개선된 경우는 강 로스팅 커피 말고는 없었다.

○ **커피콩 교체:** 에티오피아 커피처럼 밀도가 높고 단단한 커피는 미분이 많이 나와서 추출 시간이 길어지거나 필터가 막힐 수 있다. 이런 커피는 먼저 평소대로 추출하고 맛을 본다. 경험상 일부 에티오피아 커피는 동일 분쇄 크기에서 추출 시간이 더 길어도 맛이 여전히 훌륭했다. 다만 맛이 무디어지고 물흐름이 막히는 경우도 적지 않았는데, 이 경우라면 미분 이동을 줄이는 전략을 써야 한다. 예를 들어, 원뿔형 드리퍼를 쓴다면 물로 종이 필터 벽면을 씻어 내리지 말고(필터 위로 물을 붓지 말 것), 분쇄는 굵게, 드리퍼를 더 조심스레 돌리며, 물은 더 낮은 높이에서 천천히 붓고, 필터는 더 두꺼운 것을 쓰고, 커피 양을 줄인다. 만약 어떤 커피를 추출하는데 물흐름이 너무 빠르다면, 경험상 그렇지 않은 경우가 많았지만 더 미세하게 분쇄해서 맛이 나아지는지 확인하자. 이렇게 해서 맛이 개선되지 않는다면 물은 천천히 붓고, 커피 양은 늘리고 추출 시간을 늘리는 것이 좋을 수 있다. 디카페인 커피는 대개 굵게 분쇄하고 미분을 잘 관리해야 한다.

- **실내 온도 측정:** 커피를 추출하는 실내 온도가 크게 높아지면 그라인더의 미분 발생량이 줄어들 수 있다. 반대로 실내 기온이 크게 낮아지면 미분 발생량이 많아질 수 있다. 아마도 푸어 오버보다는 에스프레소 제조가 그 영향을 더 받겠지만, 이런 상황에서는 제조법 또는 분쇄 크기를 조정하면 개선할 수 있다. 커피 종류가 다른 경우 언급했던 전략을 권한다.

- **물 붓는 횟수 정하기:** 물을 여러 번 부으면 추출 시간이 늘어난다. 그러면 긴 추출 시간과, 수용성 커피 성분이 없는 깨끗한 물의 지속적 공급으로 평균 추출 수율이 높아질 가능성이 있다. 하지만 특히 추출 내내 물 높이가 커피층 위로 1센티보다 낮게 유지되는 경우 커피 슬러리의 온도가 낮아지기 때문에 그 영향은 상쇄될 수 있다. 나는 플라스틱 V60는 두 번(뜸들이기 제외하고), Stagg X 드리퍼는 세 번에서 다섯 번쯤 붓는다.

- **필터 교체:** 필터를 바꿀 때는 추출 중 유량을 유심히 관찰하기 바란다. 필터가 얇으면 초반 유량이 증가하지만 이후 필터가 막히면서 유량이 급격히 감소한다. 이런 필터를 쓸 때는 분쇄 크기를 약간 조정해야 한다. 아주 얇고 물흐름이 빠른 필터를 쓰면 음료의 탁도가 올라간다. 깔끔한 맛은 덜하겠지만 바디는 증가할 수 있다.

- **그라인더 버 회전 속도 결정:** 그라인더의 버 회전 속도 조정이 가능한 경우에 한하지만, 회전 속도를 바꾸면 평균 입자 크기가 달라지므로 분쇄 크기도 조정해야 한다. 경험상 회전 속도를 두 배로 높이면 버 간격을 10% 정도 더 벌려야 한다.

- **물 교체:** 같은 커피로 음료를 만들어도 도시마다 맛이 다른 이유는 수돗물 조성이 다르기 때문이다. 이런 차이는 다른 지역에 위치한 로스터가 제안하는 추출법으로 커피를 만들 때 소통 문제로 이어질 수 있다. 직접 물을 만들어서 커피를 추출하면 이런 문제를 줄일 수 있다. 그 지역 수돗물을 사용했을 때 커피 맛이 나쁘다면 최소한 한번쯤은 추출용 물을 만들어 볼 것을 제안한다. 물 조성과 추출용 물 제조는 2장에서 다루었다.

## 10.3 V60 추출 예시

내가 플라스틱 V60으로 푸어 오버하는 방식을 소개하려고 한다. 이것이 커피를 잘 추출할 수 있는 유일한 방법은 아니다. 독자 여러분은 필요하다면 이를 시작점으로 삼기 바란다.

- V60 종이 필터를 접합부를 따라 조심스럽게 접는다. 카운터 또는 테이블에 대고 눌러, 필터가 나중에 드리퍼 벽에서 떨어지지 않게 한다.

- 마른 필터를 드리퍼에 넣고, 수도꼭지를 약하게 틀어서 필터를 완전히 적시고, 필터가 드리퍼 벽에 달라붙게 한다. 물이 아래로 흘러 나가도록 둔다. 드리퍼를 기울여 물을 부어 버리면 안 된다.

- 커피 22g을 약간 굵은 소금 크기로 분쇄한다. 드리퍼에 뜨거운 물을 조금 부어 드리퍼를 예열하고, 물이 빠져나가도록 잠시 둔 뒤 커피 가루를 담는다. 드리퍼를 살살, 왼쪽에서 오른쪽으로 흔들어 커피층이 평평해지게 한 다음, 가운데를 손가락으로 파서 둥지 모양을 만든다(세부 내용은 4장 참조). 저울에 올려 무게를 0으로 맞춘다.

- 뜨거운 물 70g을 부어 뜸을 들인다. 둥지 모양 가운데에 먼저 붓고 점차 넓게, 커피층 전체를 고루 적신다. 마른 커피층에 물이 닿는 순간 스톱워치를 켠다. 나는 보통 물 붓는 높이는 낮게(드리퍼 바로 위), 속도는 조금 빠르게(초당 8-10g) 한다. 그리고 바로 드리퍼를 큰 원을 그리며 움직여 커피 슬러리를 돌려 준다. 이렇게 하면 미분 일부가 필터 벽면에 붙고 커피층이 평평해진다.

- 45초가 되면(커피에 물이 닿는 순간에 스톱워치가 0초에서 시작한 경우) 첫 번째 물 붓기를 시작한다. 적당한 물의 양과 높이는 구스넥 주전자와 그라인더에 따른 미분 발생량에 따라 다르다. (6장 참조) 나는 물을 200-210g 쯤 부었을 때(뜸들이기를 포

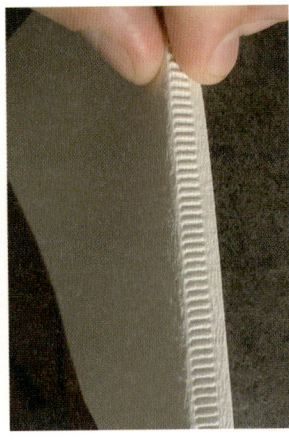

V60의 접합부 접기. 위 가운데 사진처럼 접합부를 탁자 옆면에 놓고 누르면서 접으면 제대로 접기 쉽다. 접합부를 뒤쪽으로 넘긴 뒤, 추출 중에 물이 커피층을 바이패스하지 않도록, 접은 부분이 풀리지 않게 손가락으로 꼭 눌러준다.

함해서) 첫 번째 물 붓기를 멈춘다. 물 붓기가 끝나면 바로 커피 슬러리를 조심스레 돌려 커피층을 평평히 만든다.

- 물 높이가 커피층 위 1cm보다 약간 위까지 내려올 때까지 기다린 뒤 두 번째 물 붓기를 시작한다. 붓는 물의 양과 높이는 앞과 동일하다. 붓기가 끝나면 다시 커피 슬러리를 돌린다.
- 물 높이가 커피층의 높이와 같아질 때 추출 시간을 기록한다.

## 10.4 Stagg X 드리퍼 추출 응용

Stagg X 드리퍼도 V60과 비슷한 방식으로 사용한다. 제대로만 된다면, 나는 Stagg X 드리퍼로 만든 커피를 더 좋아하는 편이다. 하지만 Stagg X 드리퍼는 평균 추출 수율을 동일하게 맞추기 어려워서 일관성 있는 음료를 만들기 어려웠다. 아마도 이 드리퍼가 필터를 바꾸거나 커피 사용량을 바꿀 때 추출 시간이 더 민감하게 변화하기 때문인 것 같다. 아래 V60 방식과 다른 점만 나열했다.

- 커피 사용량은 23-25g 으로 좀 더 많다.
- 차 거름망을 잘라 드리퍼 바닥에 깔면 필터가 무너지면서 드리퍼 구멍을 막아 유량이 갑자기 현저하게 줄어드는 상황을 방지할 수 있다. 거름망에 커피 오일 성분이 붙어 물흐름을 방해할 수 있으므로 주기적으로 세제를 사용해 세척하고 완전히 헹군다. 식품용 실리콘 링을 바닥에 까는 방법도 효과가 있다. 이것은 주기적인 관리가 필요 없다.
- 드리퍼에 둥근 받침대를 끼우면 돌리기 쉽다. 이 드리퍼는 이런 보조 기구가 없으면 고무 패드를 빼더라도 부드럽게 돌리기 어렵다. 나는 하리오 Olivewood

왼쪽: 차 거름망을 잘라 Stagg X 드리퍼 바닥에 깔고, 주기적으로 세척하면서 사용하면 물흐름을 개선할 수 있다.
오른쪽: 식품용 실리콘 링을 끼우는 것도 물흐름 개선에 효과가 있다. 이 방법은 유지 관리가 쉽다.

기술과 실제 적용

왼쪽: 필터의 주름 부분을 접으면 바이패스를 방지하고 추출 시간을 늘릴 수 있다.
오른쪽: V60필터를 미리 적셔서 Stagg X 필터에 맞춰 끼우고, 차 거름망과 함께 사용하면 결과물이 좋다.

V60의 나무 받침대를 사용한다. 이 장의 시작 부분에 사진이 나와 있다.

• 추출 시간이 짧은 커피(예: 일부 남미 산 커피)를 추출할 때는 필터를 먼저 적신 뒤 주름 부분을 접어준다. 그러면 필터가 드리퍼 벽에 붙어 바이패스가 일어나지 않고 추출 시간도 늘어난다. 이 작업은 인내심이 필요하다. 또는 V60 필터를 적셔서 드리퍼 모양에 맞게 끼워 넣는 방법도 괜찮지만 이 경우 추출 시간 일관성이 좀 떨어진다. 필터의 주름을 접지 않았다면, 종이 필터 바깥쪽으로 물을 붓지 않도록 조심한다.

• 물 붓기는 3-5회, 물 양은 대략 비슷하게 한다. 물 붓기 후 매번 커피 슬러리를 돌린다. 물 높이가 커피층 높이보다 1cm 약간 위로 유지되게 한다.

• 대개 추출 시간은 Stagg X 드리퍼(3분 30초-5분 00초)를 V60(3분 00초-4분 00초)보다 좀 더 길게 잡는다.

# CHAPTER 11

# 기구와 자료

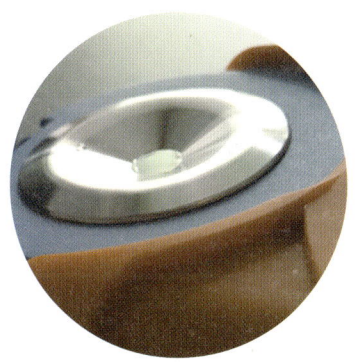

이 장에서는 이 책에서 사용한 몇 가지 기구와 자료 수집 방법을 살펴보겠다. 내용이 약간 전문적인 점을 양해해 주길 바란다. 나의 실험 결과를 재현하고 더 나은 결과를 이끌고자 하는 이들에게 이 정보가 도움이 될 것이다.

## 11.1 분쇄 크기 측정 프로그램

이 책 전체에 걸쳐, 특히 3장에는 그라인더, 커피, 상황에 따른 다양한 입자 크기 분포가 나온다. 커피 업계에서는 이전부터 성능은 좋지만 가격이 너무 비싼 레이저 회절 장치를 주로 사용해 입자 크기 분포를 측정했다. 레이저 회절 장치는 레이저를 부유 상태의 커피 입자에 쏘아 산란하는 정도를 측정하고, 물리학 법칙을 활용해 광원 앞을 지나는 입자의 지름을 추론한다.

커피 업계에서는 가끔 체를 사용하기도 한다. 체를 몇 겹 겹쳐 셰이커에 올리고 일정 시간 동안 체를 흔들어 걸러지는 커피를 계량해서, 각 체 세트를 통과한 입자별 비율을 확인한다. 그러나 실험실용 정밀 체는 가격이 매우 비싸다. 또한 체의 구멍으로 모든 입자가 통과할 수 있는 것은 아니기 때문에 왜곡된 결과가 나올 수 있다. 결과값은, 진동이 어느 정도였는지, 정전기로 인해 작은 입자들이 커다란 입자에 얼마나 달라붙었는지에 따라 다르다. 일부 고가의 체 기기는 이런 문제를 해결하기 위해 공기를 쏘아 떨어뜨리는 기능이 있지만, 가정에서 쓰기엔 무척 부담스러운 가격이다. 일부 커피 입자는 체 벽에 달라 붙을 수도 있어서 결과물의 무게를 정밀하게 재는 것도 쉬운 일이 아니다. 구멍 크기가 다른 체를 각각 체질하는 것은 시간도 많이 필요하고 위와 같은 문제가 일어날 가능성 역시 높다. Kruve는 저렴한 커피용 체 세트를 고안했는데, 제조법 고안용으로는 유용하겠지만 계량할 체 세트가 워낙 방대해서, 실험실용 체보다 실용성이 떨어진다.

나는 1년쯤 전에, 신뢰도와 비용 면에서 적당한 입자 크기 분포 측정 방법이 없다는 것을 깨닫고 ImageJ라는 현미경 이미지 처리 프로그램을 사용하기 시작했

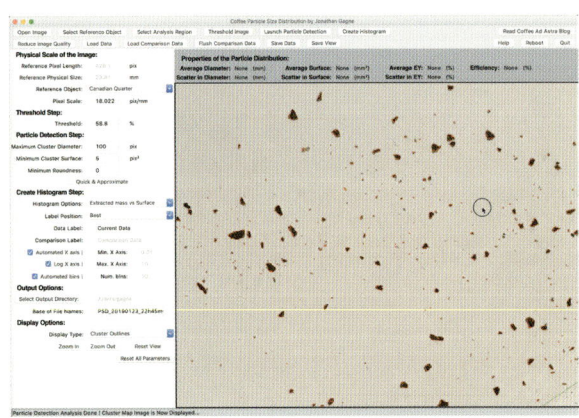

Grind Size Application
분쇄 크기 측정 프로그램

다. 커피 가루를 평평한 바닥에 펼친 뒤, 프로그램을 사용해 이미지를 분석해 주요 입자 크기를 확인하는 방법이다. 이 방식이 커피 전문가들에게 상당한 인기를 끌었고, 나는 파이썬 코드를 사용해 유저 친화적 인터페이스에 커피 입자 분석용으로 쓰기 유용한 몇 가지 기능을 가진 프로그램을 만들었다. 그러다가 Grind Size Application[1]을 만들게 되었는데, 분쇄 커피를 사진 촬영해 분석할 수 있다. 프로그램 패키지에는 상세한 사용자 매뉴얼이 들어 있으므로 프로그램을 쓰기 전에 반드시 읽어 보길 바란다.

다른 방법들에 비해 이 프로그램의 주요 장점 중 하나는 적어도 관찰하는 표면에 있어서는 사진을 통해 정확한 입자 모양이 나오므로 이에 대한 별다른 전제 사항이 없다는 것이다. 물론 입자 부피, 질량, 전체 3D 표면을 유도하려면 보이지 않는 입자 깊이와 관련해 몇 가지 내용을 가정해야 한다. 그러나 그렇더라도 입자가 구형일 것이라 가정하는 것보다는 더 현실적인 방법으로 쉽게 처리할 수 있다. 예를 들어, 입자를 평평한 바닥에 뿌렸다면 길쭉한 입자가 서 있을 가능성은 낮을 것이므로, 이 프로그램은 표면상에 있는 입자들의 최소 지름과 깊이가 유사할 것이라 가정한다. 이미지 처리의 또 다른 장점은 입자 모양을 측정하고 수량화 할 수 있다는 것이다.

Grind Size Application 또한 고유한 단점이 몇 가지 있는데, 이는 레이저 회절 측정이나 체질 측정과는 다르다. 카메라 해상도의 제한과 미분이 큰 입자에 달라붙는 문제로, 100$\mu m$보다 작은 미분의 이미지 처리는 매우 어렵다. 또 다른 주요 문제는 커피 가루를 평평한 바닥에 흩뿌리는 것과 관련 있다. 제대로 입자 크기 분포를 측정하기 위해서는 입자가 서로 붙어 있으면 안 된다. 그렇게 되면 볼더 수가 과다

---

1   다운로드 위치는 https://coffeeadastra.com/2019/04/07/an-app-to-measure-your-coffee-grind-size-distribution-2/ 이다. 소스 자료는 https://github.com/jgagneastro/coffee-grindsize에서 구할 수 있다.

하게 나온다. Watershed 알고리즘 같은 몇몇 이미지 처리 도구는 이런 문제를 극복하는 데 도움이 될 수 있지만, 이 또한 완전하지는 않으며 분포 상태가 좋지 않은 커피 샘플에서 훌륭한 결과값을 뽑아내지는 못한다. 현재까지 내가 찾아낸 가장 나은 방법은 엄지와 검지로 커피를 집어 25cm 정도 높이에서 비벼가며 평평한 면에 뿌리는 것이다. 입자가 거의 뭉치지 않게, 알맞은 양의 샘플을 얻으려면 커피 가루가 떨어지는 속도를 잘 제어해야 한다.

입자가 뭉치지 않게 아주 소량만 뿌리고 싶을 수도 있다. 그러나 커피 입자 수가 너무 적으면 정확한 입자 크기 분포 값을 얻기가 어렵다. 다른 모든 통계 문제가 그렇듯이, 뭉치는 문제를 피했다는 전제 하에 샘플 양이 많을수록 결과는 더 좋다. 나는 입자를 펼친 뒤 물에 살짝 적신 Q-tip® 면봉으로 조심스럽게 채프를 제거한

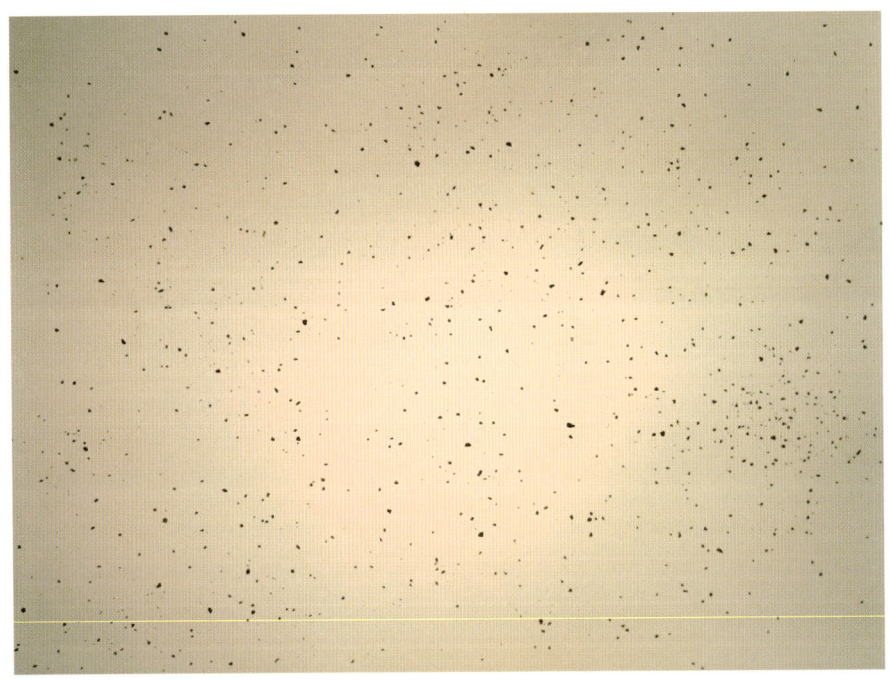

백열등 조명 아래 커피 가루를 놓고 휴대폰 카메라로 찍었음

커피 브루잉　　　　　292

다. 조심스레 뿌렸지만 그래도 뭉쳐 있는 입자가 있다면 젓가락으로 분리한다. 아래에 어느 정도의 밀도로 입자를 펼치는지 예시를 실었다.

입자 크기 분포가 미묘하게 다른 경우, 예를 들어 버 간격 변화가 5$\mu m$ 미만이거나 커피 산지에 따른 영향이라면 보다 많은 커피 입자들이 필요하다. 그래서 나는 정확한 입자 크기 분포 값을 얻기 위해 위와 같은 이미지를 여러 장 만들어 자료를 결합했다. 각 이미지 분석 값을 CSV파일(comma-separated values) 형태로 내보내고 부가 프로그램을 쓰거나 직접 복사해 붙여 넣으면 자료가 결합된다.[2]

입자 크기 분포를 측정할 때 유념해야 할 또 다른 내용은 커피 가루 샘플을 모두 측정하는 경우는 거의 없다는 것이다. 레터 사이즈(21.6*28.0) 종이 한 장에 뿌릴 수 있는 적당한 커피 양은 0.2g에 불과하다. 그래서 측정할 입자를 선택할 때, 미분이나 볼더가 되도록이면 포함되지 않는 것이 중요하다. 4장에서 보았듯이, 두드리거나 진동을 주면 커피 입자 샘플이 점차 크기별로 분리된다. 모아 둔 분쇄 커피 샘플의 위쪽 또는 아래쪽 부분에서만 샘플을 채취하면 입자 크기 분포 값이 크게 왜곡될 수 있다. 나는 입사 크기 분포를 측정할 때 정전기 방지 처리가 된 작은 그릇에 커피를 담고, 그릇을 흔들거나 두드리지 않으면서, 분쇄 커피의 바닥층이 위쪽으로 올라오도록 작은 스푼으로 여러 번 섞는다. 그리고 커피를 엄지와 검지를 이용해서, 최대한 여러 깊이에서 집는다. 섞을 때 사용한 스푼으로 커피 가루를 일부 떠낸 다음, 스푼에 있는 커피 가루를 손으로 집는 방법도 있다.

입자 크기 이미지 분석 결과를 왜곡시킬 만한 요인들은 이 외에도 이미지 해상도, 조명 밝기, 픽셀 크기 결정 등 다양하다. 조명 밝기가 다르면 픽셀 크기 정도로 작은 입자를 탐지하는 데 영향을 줄 수 있다. 조명이 밝은 환경에서 찍은 이미지에서 미분을 더 효과적으로 탐지할 수 있다. 그늘을 드리우는 조명 또한, 프로그램에

---

2  앞으로 Grind Size Application에 CSV 파일 결합 기능을 넣을 예정이다.

기구와 자료

서 그늘과 조명을 구분할 수는 있지만, 문제가 될 수 있다. 카메라 해상도를 바꾸어도 비슷한 영향이 있다. 해상도가 높으면 작은 입자를 잘 탐지할 수 있지만, 분석하는 데 시간이 더 많이 걸린다.

마지막으로, 이미지에서 픽셀 크기를 정확히 설정하는 것도 영향을 미친다. Grind Size Application에서 사용자는 이미지에 동전, 자, 기타 참조할 물체를 놓고 그 폭을 잡아 픽셀 크기를 잡을 수 있다. 이 방식은 대부분 상황에서 작동하고 이 점 때문에 사용하기

400DPI 해상도로 스캐너 촬영한 커피 가루 사진 예시

가 편한 면이 있지만, 이 때문에 보통 밀리미터당 0.1-0.2 픽셀 정도 오차가 발생한다. 그러므로 입자 크기 분포상 작은 차이를 측정할 때는 커피 샘플에서 일정 거리만큼 떨어진 곳에 카메라를 고정 설치하고, 픽셀 크기는 단 한 번 설정해야 한다. 이러면 모든 입자 크기 분포가 약간 부정확할 수 있어도 상호간 일관성이 유지되며 상호 비교를 통해 작은 차이를 확인할 수 있다. 일정 거리를 두고 카메라를 고정 설치하면 조명과 해상도 유지에도 좋다. 이들 모두 정확한 결과값을 얻는 데 도움이 된다.

Francisco Quijano는 스캐너를 쓰면 위 문제 대부분이 해결된다는 것을 깨달았다. 이는 단연코 훌륭한 생각이다. 스캐너를 쓰면 프로그램 결과값이 더욱 정확해진다. 스캐너의 촬영 해상도 덕에 픽셀 크기도 계산되며, 각 이미지마다 참조할 사물을 둘 필요가 없어 쉽게 분석할 수 있다. 다만 이미지 재처리 알고리즘(예: 먼지 제

거 보정)이 있다면 모두 꺼야 한다. 스캐너 소프트웨어 기본값으로 이런 설정이 켜져 있을 수 있다. 또한, 일부 커피 가루가 스캐너 유리 아래 틈으로 들어가 장기적으로 손상을 줄 위험이 있으므로 커피 측정에 알맞은 스캐너를 쓰기를 권한다. 이 책에서는 비교적 저렴한 제품(Epson Perfection V39, 400DPI 설정)을 썼고, 각 입자 크기 분석 자료마다 위 그림과 같은 이미지 3-4장을 결합했다.

이 책을 쓸 즈음에는 Grind Size Application에 입자 크기 분포 히스토그램을 표시하는 기능을 넣었다. 히스토그램을 나타내려면 프로그램이 구간별 입자 수를 계산할 수 있도록 구간 크기와 소량 통계의 측정 오차를 잡아야 한다. 나는 이것이 레이저 회절 방식보다 데이터를 더 정직하게 표현한다는 것을 발견했다. 레이저 회절 방식에서는 각 구간별 수치에 걸쳐 곡선이 표시되어 입자 크기 분포가 연속 측정되었다고 잘못 생각하게 만드는 반면, 구간 크기 선택은 여전히 중요하고 측정된 입자 크기 분포값에 상당한 영향을 미친다. 이 짐에서 나는 샘플 속성에 맞는 구간 크기를 결정해, 이로부터 연속 곡선을 수학적으로 결정할 수 있는 커널 밀도 추정(KDE)를 사용해 실험하기 시작했다. 기본 개념은 입자 크기별로 작은 징규분포를 만들고, 이들을 합해 연속 입자 크기 분포를 만드는 것이다. 각 정규 분포의 폭을 정하는 것이 더 어렵긴 하지만, 여기도 몇 가지 방법이 있다. (나는 Silverman 법칙을 사용했다.)

KDE를 쓰면 입자 크기 분포에서 신뢰 구간을 결정하기가 좀 더 복잡해진다. 그래서 나는 Jacknife Monte Carlo 라는 순수 수치계산법을 적용했다. 여기서는 커피 입자 중 80%를 무작위로 추출해 새로운 입자 크기 분포를 만드는 작업을 수 천 번 반복한다. 이렇게 만들어진 수천 개의 입자 크기 분포는 결과가 특정 샘플 크기에 얼마나 의존하는지에 대해 알려주므로 소량 통계로 인해 발생하는 측정 오류에 대한 설명을 제공한다. KDE 수치는 아직 Grind Size Application에 들어 있지 않고, 향후 버전에 들어갈 예정이다.

## 11.2 음료 무게 자료

이 책에서 제시한 분석 중 일부는 푸어 오버 추출하면서 실시간으로 측정한 물 무게와 음료 무게를 사용했다. 나는 Francisco Quijano가 개발한 웹 어플리케이션[3]를 사용해 측정값을 수집했다. 아래쪽에 Acaia Pearl 저울을, 그 위에 Hario Cube Drip Stand를 올리고, 스탠드 내부 서버 아래에는 Acaia Lunar 저울을 넣었다. 각 저울에 프로그램을 연결했다.

웹 어플리케이션에서는 실시간으로 두 저울의 수치를 읽는다. 서버 저울의 변화로 유량을 알 수 있고, 전체 물 저울의 변화로는 주전자에서 물 붓는 양을 알 수 있다. 나는 저렴한 안드로이드 태블릿[4]에 문어발 스탠드를 달아 두 저울과 연결

| Coffee | Roaster | Process | Region | Origin | Varietal | Elevation | Roast Date | Brew Date | Ratio | TIME | BW | TDS | LRR | EY |
|---|---|---|---|---|---|---|---|---|---|---|---|---|---|---|
| Heart Ethiopia Abana Sulladjah Batch 47624 | Heart | Washed | Gera; Oromia | Ethiopia | Heirloom | 1900-2200 | 191106 | 191206 | 1:17 | 4:05 | 321.4 | 1.47 | 2.4 | 21.5 |
| Lûna Coffee Ethiopia Raro Grape Nectar | Lûna | Washed | Uraga; Guji | Ethiopia | Dega | | 190810 | 191207 | 1:17 | 4:14 | 317.1 | 1.42 | 2.6 | 20.5 |
| Wendelboe Fahem | Tim Wendelboe | Washed | Limmu | Ethiopia | 74110; 74148 | 1900 | 191022 | 191208 | 1:17 | 4:04 | 316.6 | 1.55 | 2.8 | 22.4 |
| The Barn Abel Sanchez Mexico | The Barn | Washed | Chiapas | Mexico | Red Bourbon; Gamii | 1720 | 191119 | 191209 | 1:17 | 3:11 | 321.5 | 1.44 | 2.4 | 21.1 |
| Gardelli Alonso Bukoto | Gardelli | Washed | Yirgacheffe | Ethiopia | Heirloom | 1900-2100 | 191120 | 191211 | 1:17 | 4:20 | 314.5 | 1.44 | 2.7 | 20.6 |
| Heart Kenya Gachuiro AB Batch 48276 | Heart | Washed | Nyeri | Kenya | SL28; SL34 | 1915 | 191210 | 191214 | 1:17 | 3:38 | 320.8 | 1.47 | 2.4 | 21.4 |
| Heart Kenya Spikes AB Batch 48265 | Heart | Washed | Kiambu | Kenya | SL28; SL34 | 1630 | 191210 | 191215 | 1:17 | 3:50 | 320.0 | 1.47 | 2.5 | 21.4 |
| Pilot Tiqiset Wakqo | Pilot | Natural | Yirgacheffe | Ethiopia | Heirloom | 2042 | 191106 | 191217 | 1:17 | 3:44 | 320.0 | 1.40 | 2.5 | 20.4 |
| Heart Kenya Spikes AB Batch 48265 | Heart | Washed | Kiambu | Kenya | SL28; SL34 | 1630 | 191210 | 191218 | 1:17 | 3:37 | 319.3 | 1.47 | 2.5 | 21.5 |
| Heart Kenya Spikes AB Batch 48265 | Heart | Washed | Kiambu | Kenya | SL28; SL34 | 1630 | 191210 | 191220 | 1:17 | 3:37 | 320.9 | 1.49 | 2.4 | 21.7 |
| Heart Kenya Spikes AB Batch 48265 | Heart | Washed | Kiambu | Kenya | SL28; SL34 | 1630 | 191210 | 191221 | 1:17 | 3:35 | 320.8 | 1.47 | 2.4 | 21.4 |
| Heart Kenya Spikes AB Air1 Batch 48080 | Heart | Washed | Kiambu | Kenya | SL28; SL34 | 1630 | 191201 | 191224 | 1:17 | 3:32 | 320.5 | 1.46 | 2.5 | 21.3 |
| Heart Kenya Spikes AB Batch 48265 | Heart | Washed | Kiambu | Kenya | SL28; SL34 | 1630 | 191210 | 191229 | 1:17 | 4:10 | 320.8 | 1.44 | 2.4 | 21.0 |
| Heart Ethiopia Works Sakare Air 2 Batch 48270 | Heart | Washed | Gedeo; Yirgach | Ethiopia | Heirloom | 1900-2000 | 191210 | 191225 | 1:17 | 3:29 | 320.6 | 1.44 | 2.4 | 21.0 |
| Passenger Galombeya AA 2017 Harvest | Passenger | Washed | Nyeri | Kenya | SL28; SL34 | 1600-1800 | 190902 | 191230 | 1:17 | 3:40 | 319.2 | 1.47 | 2.5 | 21.3 |
| Heart Kenya Spikes AB Batch 48265 | Heart | Washed | Kiambu | Kenya | SL28; SL34 | 1630 | 191210 | 191231 | 1:17 | 3:42 | 317.3 | 1.48 | 2.6 | 21.3 |
| Howell Gesha Village Estate Oma99 Dec 2017 Harvest | George Howell | Natural | Bench Maji | Ethiopia | Gesha 1931 | ... | 191211 | 200101 | 1:17 | 3:48 | 320.5 | 1.42 | 2.4 | 20.7 |
| Dragonfly Panama Esmeralda Super Mario 6 Geisha | Dragonfly | Natural | Boquete | Panama | Gesha 1931 | 1675 | 190926 | 200101 | 1:17 | 3:48 | 319.6 | 1.42 | 3.5 | 20.6 |
| Howell Gesha Village Estate Oma99 Dec 2017 Harvest | George Howell | Natural | Bench Maji | Ethiopia | Gesha 1931 | | 191211 | 200103 | 1:17 | 3:41 | 320.8 | 1.41 | 2.4 | 20.6 |
| B&W roasters Kenya Oreti Natural | B&W | Natural | Thika Plateau | Kenya | | 1585 | 190517 | 200103 | 1:17 | 3:28 | 322.2 | 1.49 | 2.4 | 21.8 |
| da Matteo Gakuyaini AA Kenya Kaffebox 2019 Dec 4 | da Matteo | Washed | Kirinyaga | Kenya | SL28; SL34; Batian | 1700 | 191114 | 200104 | 1:17 | 3:31 | 322.4 | 1.43 | 2.3 | 21.0 |
| Heart Kenya Gachuiro AB Batch 48276 | Heart | Washed | Nyeri | Kenya | SL28; SL34; Ruiru 1 | 1915 | 191210 | 200105 | 1:17 | 3:29 | 318.9 | 1.44 | 2.5 | 20.9 |
| Unido Panama Geisha Finca Deborah Illumination | Unido | Washed Carbonic Mac ... | | Panama | Geisha | 1920 | | 200105 | 1:17 | 3:32 | 323.3 | 1.37 | 2.3 | 20.1 |
| Morgon Testi Adorsi Kaffebox 2019 Dec 5 | Morgon | Washed | Aricha; Yirgach | Ethiopia | Heirloom; Kuruma | 2150 | 191118 | 200106 | 1:17 | 3:22 | 323.9 | 1.39 | 2.3 | 20.5 |
| Pilot Tiqiset Wakqo | Pilot | Natural | Yirgacheffe | Ethiopia | Heirloom | 2042 | 191106 | 200111 | 1:17 | 3:38 | 320.6 | 1.40 | 2.4 | 20.4 |
| Heart Ethiopia Abana Sulladjah Batch 47624 | Heart | Washed | Gera; Oromia | Ethiopia | Heirloom | 1900-2200 | 191106 | 200114 | 1:17 | 4:03 | 319.6 | 1.51 | 2.5 | 21.9 |
| Howell Kenya Karatu AA | George Howell | Washed | Kiambu | Kenya | SL28; SL34 | 1800 | 190911 | Jan16 | 1:17 | 3:33 | 318.6 | 1.43 | 2.5 | 20.7 |
| Regalia Ethiopia Nano Genji | Regalia | Natural | Jimma; Nano G | Ethiopia | Heirloom | | 190917 | Jan17 | 1:17 | 3:41 | 316.8 | 1.51 | 2.6 | 21.7 |
| Gardelli El Zafiro Wush Wush | Gardelli | Anaerobic | Popayan | Colombia | Wush Wush | 1940-2100 | 190913 | Jan18 | 1:17 | 3:18 | 320.5 | 1.43 | 2.4 | 20.8 |
| Wendelboe 74112 Tatmara Natural | Tim Wendelboe | Natural | Dakili; Kaffa | Ethiopia | 74112 | 1900-2000 | 190903 | Jan18 | 1:17 | 4:15 | 316.5 | 1.56 | 2.8 | 22.4 |
| Passenger Gesha Village | Passenger | Natural | Gesha | Ethiopia | Gesha | | 190902 | Jan19 | 1:17 | 4:19 | 320.3 | 1.45 | 2.4 | 21.1 |
| Monogram Gesha Village Lot 25 | Monogram | Natural | Bench Maji | Ethiopia | Gesha | 1969-2069 | 200101 | Jan21 | 1:17 | 3:40 | 318.5 | 1.53 | 2.5 | 22.2 |
| Monogram Gesha Village Lot 25 | Monogram | Natural | Bench Maji | Ethiopia | Gesha | 1969-2069 | 200101 | Jan21 | 1:17 | 3:57 | 319.9 | 1.50 | 2.5 | 21.8 |
| Monogram Gesha Village Lot 25 | Monogram | Natural | Bench Maji | Ethiopia | Gesha | 1969-2069 | 200101 | Jan21 | 1:17 | 3:52 | 319.3 | 1.50 | 2.5 | 21.8 |
| Wendelboe 74112 Tatmara Natural | Tim Wendelboe | Natural | Dakili; Kaffa | Ethiopia | 74112 | 1900-2000 | 190903 | Jan25 | 1:17 | 4:03 | 303.0 | 1.55 | 3.4 | 22.4 |
| Monogram Gesha Village Lot 25 | Monogram | Natural | Bench Maji | Ethiopia | Gesha | 1969-2069 | 200101 | Jan26 | 1:17 | 4:03 | 304.5 | 1.50 | 3.3 | 21.8 |
| Monogram Gesha Village Lot 25 | Monogram | Natural | Bench Maji | Ethiopia | Gesha | 1969-2069 | 200101 | Jan26 | 1:17 | 3:34 | 290.8 | 1.48 | 4.2 | 21.5 |

내가 작성한 추출 기록 일부

3  다운로드 위치는 https://pakoquijano.github.io/Acaia_Scale_Web/이다. 이 프로그램은 Acaia Pearl S 모델과는 호환되지 않는다. 현재 Acaia 공식 프로그램은 두 개의 저울을 한 기기에 연결할 수 없으며 사용자가 자료를 CSV 포맷으로 내보낼 수도 없다. 또한 사용 중 프로그램이 멈출 때도 있고 자료 저장이 제대로 되지 않는 경우도 있다.

Hario Cube 스탠드와 Francisco의 프로그램이 설치된 안드로이드 기기에 연결한 Acaia 저울 2개

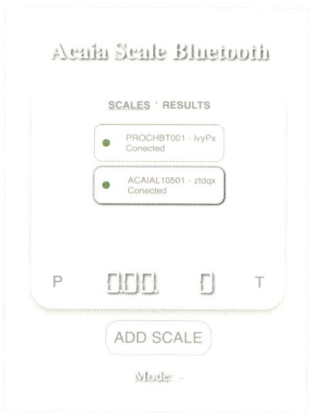

Francisco의 블루투스 연결
프로그램의 사용자 인터페이스
화면

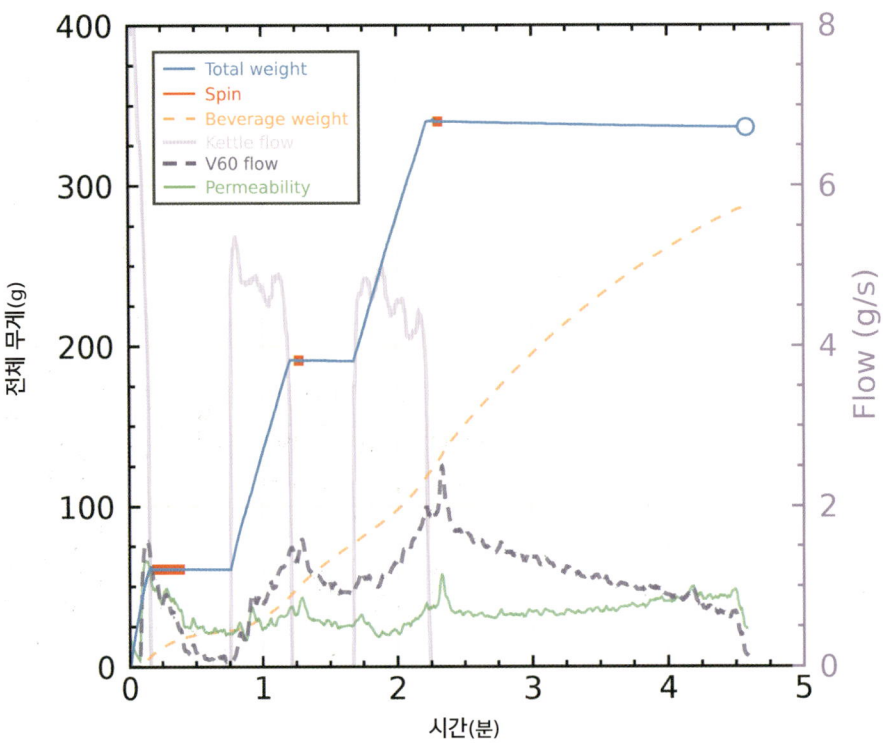

Francisco의 프로그램에서 생산한 CSV 자료와 자체 프로그램으로 만든 추출 프린트

하고 CSV 포맷으로 자료를 다운받는다.
Android 태블릿에 시스템 메모리가 적거
나 약 5분 이상 추출하려는 경우 물을 붓기
시작하기 전에 실시간 그래프 작성 유틸리
티를 꺼야 한다. 프로그램의 그래프 라이브

추출 전 둥지 모양으로 판 공간 바로 위에 온도계
프로브를 설치한다.

러리는 추출 시간이 흐르며 메모리
사용량이 커져 앱 충돌 위험이 있기
때문이다. 나는 외부 별도 그래프
작성 프로그램을 사용해 추출 관련
자료를 만들었다. 이 책에서는 이렇
게 그린 자료를 사용해 분석했다.

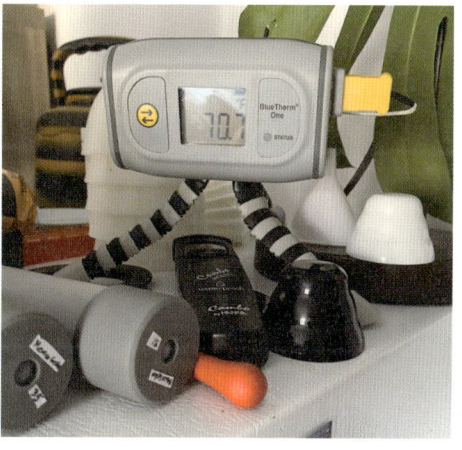

커피 슬러리 온도 측정에 사용하는 ThermoWorks
BlueTherm®의 One Bluetooth 온도계 프로브

4 Francisco Quijan의 웹 어플리케이션은 안드로이드 기기 또는 노트북의 구글 크롬에서만 돌아간다.

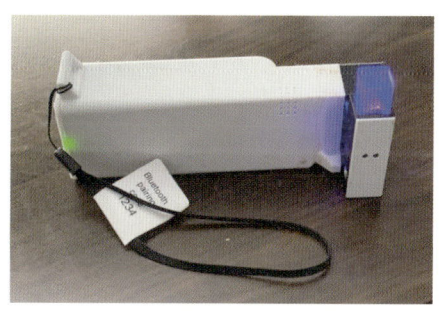
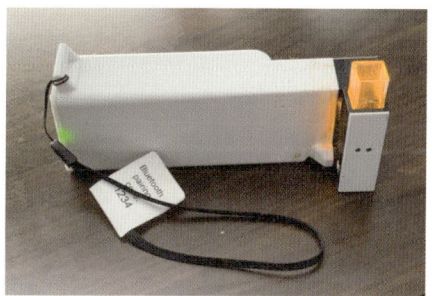
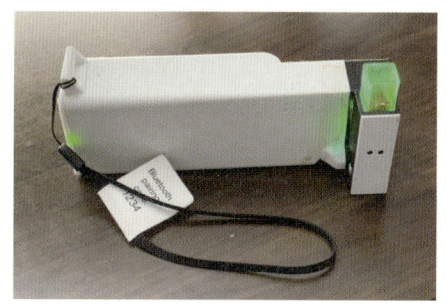
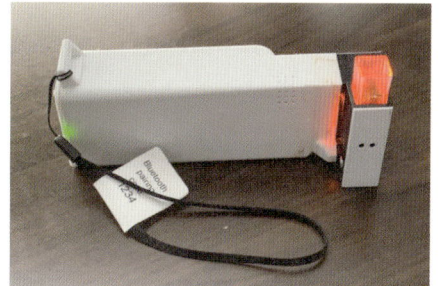

BioNutrient Meter

## 11.3 커피 슬러리 온도 측정

책에서 언급한 모든 온도는 K형 써모커플 온도계를 커피 슬러리 가운데, 마른 상태의 커피층에서 5mm 위쪽에 둔 상태로 측정했다.

온도계 끝 위치를 정확히 맞추는 것은 중요하다. 특히 열 보존력이 낮은 드리퍼를 사용할 때, 필터 바깥 또는 드리퍼 벽 근처에 온도계를 두면 측정값이 다를 수 있다. 온도계 끝을 마른 상태의 커피층 안에 꽂으면 채널이 발생한다. 필터 바깥쪽-V60 드리퍼 바닥 근처에 온도계를 두면 커피층을 바이패스하는 물의 양이 크게 달라진다.

내가 사용한 제품은 ThermoWorks 사의 BlueTherm One 프로브다. 블루투스 연결이 가능하고 자료를 CSV 형태로 뽑아낼 수 있는 좋은 iOS 애플리케이션과 호환되는 고해상도 온도계(정확도 ±0.4도, 해상도 0.06도)는 이것이 유일했다.

## 11.4 원두 색상 측정

9장에서 소개한 로스팅 발현 측정에는 BioNutrient Meter[5]를 사용했다. 이 기기는 감지기 2개와 자외선, 가시광선, 근적외선(365-940nm)을 내는 LED 라이트 10개를 사용한다. LED는 순차적으로 켜지며, 감지기는 샘플이 반사한 광량을 측정한다. 이 기기는 흑백 보정 유닛이 있어 사용 시간에 따른 LED 방사 문제 또는 감지기 효율 문제를 교정한다.

나는 EG-1 v2 그라인더에 SSP 초저미분 버를 사용해 V60 용 분쇄 크기로 샘

---

5  https://bionutrient.org/site/bionutrient-meter/

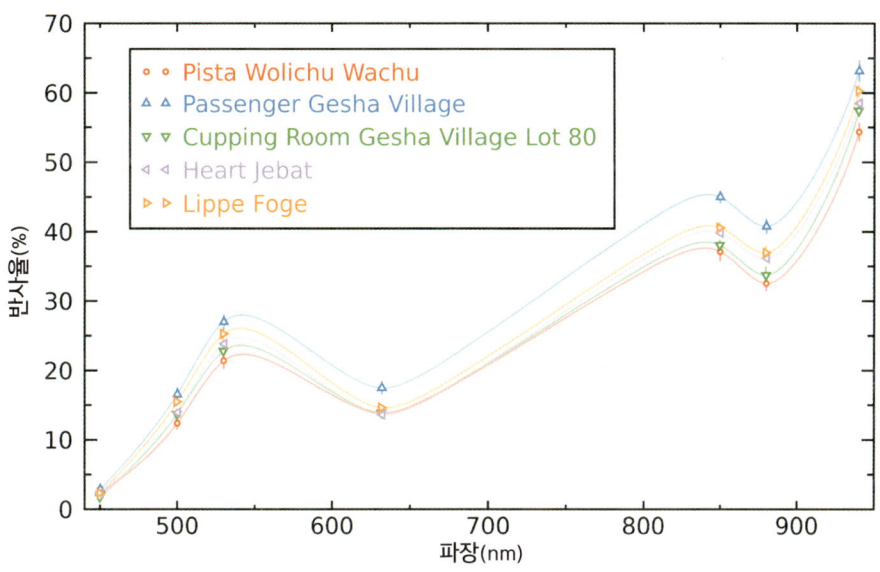

로스팅 정도가 다른 에티오피아 커피 가루의 파장별 반사율

플을 분쇄한 뒤, BioNutrient Meter 에서 제공하는 소형 사각 플라스틱 접시에 담는다. 측정하기 전 접시가 깨끗이 말라 있는지 확인하고, 초극세사 천으로 닦는다. 측정기는 여섯 번 측정해 기록하고 그 평균값을 낸다. 매번 측정할 때마다 접시를 흔들어(절대 옆면을 건드리지는 않는다) 입자 사이 공간 때문에 측정값이 달라지지 않도록 한다. 매일 흑백 보정 유닛을 사용해 기기를 보정한다.

　　위 이미지는 여러 에티오피아 커피의 측정값 예시이다. 커피마다 파장별 반사값 곡선이 약간 다르지만 주된 차이는 곡선 모양보다는 주로 반사 곡선 상의 평균적인 수직 위치이다. 나는 이 점 때문에 장기적으로 가장 안정적으로 보이는 7개 파

　　　　　　　　**기구와 자료**

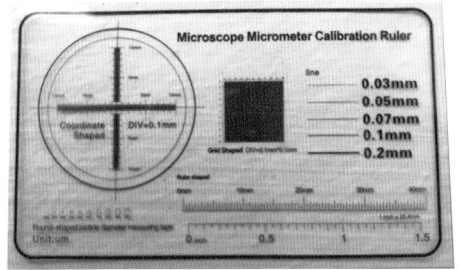

장(450, 500, 530, 632, 850, 880, 940nm) 에서 평균 반사 값을 취해 커피콩의 발현 정도를 나타냈다. 왜냐하면 이들 반사 수치를 흑백 보정 유닛 대비 정규화하면 검은색 커피의 반사 값 $R$ 은 0% 근처, 흰색 커피의 반사 값 $R$은 100% 근처이기 때문이다. 나는 직관성을 높이기 위해 로스팅 발현 수치를 나타내는 변수 $D$ 값은 강 로스팅 커피 쪽이 더 크도록 했다. 즉 식은 다음과 같다.

$$D\,[\%] = 100\% - R\,[\%]$$

그러므로 로스팅 발현 변수 $D$ 값은 강 로스팅에서는 100%에 가깝다. 측정한 커피 중 가장 로스팅 정도가 높았던 것은 수퍼마켓에서 구입한 거의 숯과 비슷했던 프렌치 로스트 커피로서 로스팅 발현 변수 $D$값은 84.9%였다. (반사 값 15.14±0.07%) 로스팅 정도가 가장 낮았던 것은 2019년 9월에 Passenger에서 구입한 Ethiopian Gesha Village 였는데 로스팅 발현 변수 $D$값은 65%였다. (반사 값 35.0±0.6%)

## 11.5 필터 구멍 분석

5장에 소개한 커피 필터 현미경 이미지 분석에 사용한 기기는 LED조명 기능이 있는 Jiusion 40-1000x USB 현미경이다. 평평한 표면 위에 마른 종이 필터를 놓고 현미경을 위에 올린 뒤 눈으로 초점을 맞췄다. 아래에 이미지 예시를 보자.

구멍 크기 분석을 위한 첫 단계는 이미지의 픽셀 크기를 재는 것이다. 이를 위

해 현미경과 함께 제공되는 보정 자를 사용했다. (위 사진)

이 보정 도구에서 가장 신뢰할 수 있는 부분이 중앙에 있는 격자라는 것을 알게됐다. 왜냐하면 픽셀 크기의 여러 측정값을 양방향으로 결합할 수 있고 보정 도구에 인쇄된 선 두께에 의존하지 않기 때문이다. USB 현미경을 사용해 격사를 확대한 사진은 아래와 같다.

눈금자는 선 간격이 100$\mu m$이다. 선이 완벽하게 직선도 아니고 균일한 간격도 아니지만 각 열의 중앙값을 취하고 위아래 패턴 결과에 자기상관 알고리즘을 사용하여 이러한 불완전성을 평균화하는 픽셀 크기를 결정할 수 있다.

나는 격자 위치별로 현미경 이미지 7개를 얻어 수평, 수직으로 위 분석을 반복한 후, 현미경 배치의 수동 오류를 나타내기 위해 보정 자 표면에서 현미경을 약간 다르게 재배치했다. 수평 방향(67.59 $\pm$ 0.09$\mu m$/pix) 또는 수직 방향(67.54 $\pm$ 0.07$\mu m$/pix)에서 일관된 픽셀 스케일을 발견하고 이를 67.56 $\pm$ 0.08$\mu m$/pix의 단일 픽셀 스케일로 결합했다. 이 때, 양 방향은 독립적이고 이미지는 왜곡되지 않았다고 전제했다.

기구와 자료

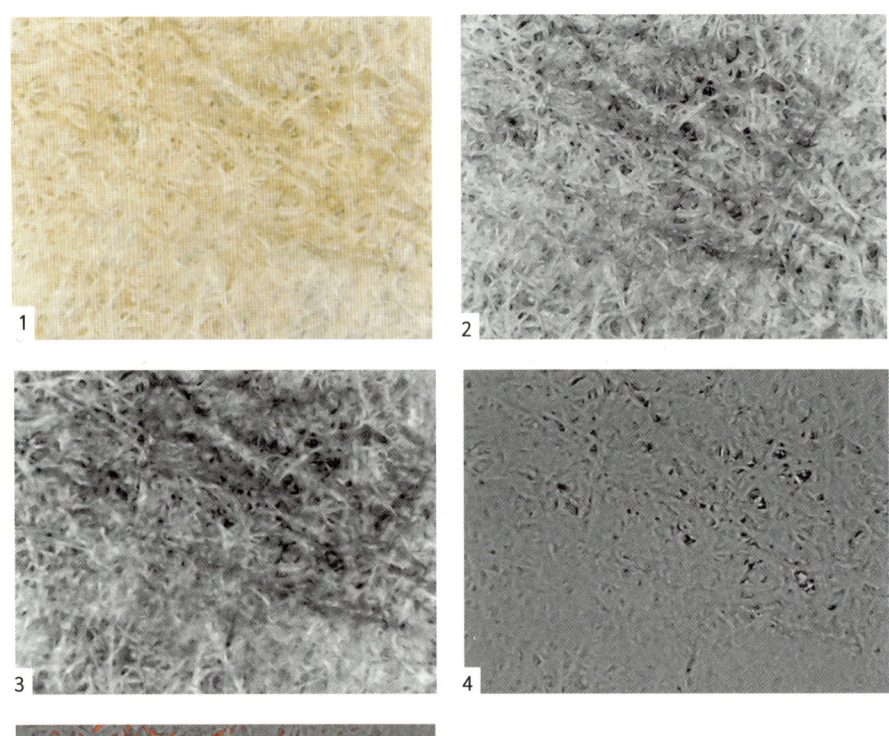

나는 이제 픽셀 크기를 가지고 있으므로 필터 두께와 무관한 결과를 얻기 위해 이미지 콘트라스트를 재조정하고 컬러 이미지 녹색 채널 50%에, 추가된 빨간색 채널 100%를 사용하는 코드를 작성했다. 이렇게 하면 표백하지 않은 필터의 갈색 색상 차이로 인한 영향을 제거한 흑백 이미지를 만들 수 있다.

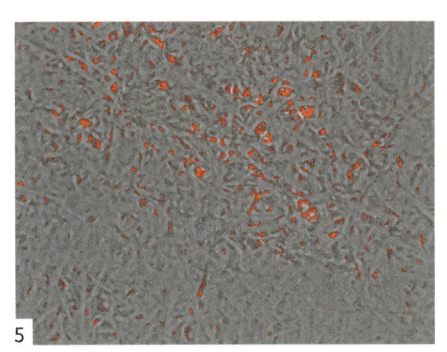

1번과 2번 사진은 Hario의 천연 필터 이미지에 위 처리를 하기 전과 후의 모습이다.

3번 사진은 푸른색 채널만 사용한 것으로, 특정 채널 선택 시 이미지 내 콘트라스트 변화가 어떻게 줄어드는지를 알 수 있다.

나는 커피 필터의 실제 구멍에 집중하기 위해, Butterworth image filter를 사용해 이미지에서 공간 빈도가 가장 큰 영역 10%를 제거했다. 4번 사진은 이를 나타냈다. 그런 다음 보간법(interpolation)으로 이미지 해상도를 인위적으로 20배로 높이고 전체 이미지 범위의 50% 미만인 명도 값을 가진 모든 픽셀을 구멍으로 표시했다. 5번 사진에서는 구멍으로 표시된 픽셀은 붉게 표시했다.

다음 단계에서는 위와 동일한 크기의 이미지를 만들었다. 여기서는 구멍 픽셀은 $NaN$(숫자가 아님)값으로, 필터 섬유에 해당하는 다른 픽셀은 0값을 주었다. 다음, 2차원 박스 스무딩 알고리즘을 사용했다. 이것은 이미지에서 $NaN$값을 제거하고 박스를 크기별로 채운다(박스 크기는 $x$이다.), 이렇게 하면 $NaN$으로 표기된 구멍은 구멍 안쪽으로 갈수록 박스 크기가 커진다. 이런 방식으로 나는 스무딩 처리한 이미지에서 면적 $2x$인 사각 입자가 어느 위치에서 구멍을 통과하는지 판단할 수 있었다.

다음, 크기 $x$인 박스를 채운 스무딩 처리한 이미지에서 각 $NaN$ 픽셀 비율 $m(x)$를 단순 셈했다. 함수 $m(x)$는 크기 $x$ 이상인 구멍에 해당하는 픽셀 수를 이미지 전체 픽셀 수 $T$(단위는 pixel²이다)로 나눈 값의 누적 분포이다. 이는 수학적으로는 단위 구멍 크기 당 실제 구멍 개수인 $N(x)$와 대응한다. 구멍을 동그라미라 가정하면 면적은 $\pi x^2$이다. 이것을 $x$보다 큰 외부 반지름 $s$를 가진 구멍 외부에 의해 형성된 고리의 전체 면적으로 적분하면 다음과 같다.

$$m(x) = \frac{1}{T} \int_x^\infty \pi\,(s-x)^2\,N(s)\mathrm{d}s$$

미분 식에서 box 크기 $x$에 대해 $m(x)$를 3회 미분해 $N(s)$를 분리한다.

$$\frac{\mathrm{d}^3}{\mathrm{d}x^3} m(x) = -\frac{2\pi}{T} N(x)$$

식을 풀면 다음과 같이 나타난다.

$$N(x) = -\frac{T}{2\pi}\frac{\mathrm{d}^3}{\mathrm{d}x^3}m(x)$$

여기서 $N(x)$는 픽셀의 단위 구멍 크기 당 구멍 수를 나타낸다. 이를 $\mu m$ 단위의 구멍 크기 당 구멍 수로 연계하려면 앞에서 계산한 픽셀 크기 $p$(픽셀 당 $\mu m$)가 필요하다.

$$N(r) = -\frac{T}{2\pi p}\frac{\mathrm{d}^3}{\mathrm{d}x^3}m(x)\bigg|_{x=r}$$

이 식은 $\mu m$ 단위 구멍 크기 $r$ 당 분획 표면 범위 $S(r)$을 나타낼 때 쓸 수 있다.

$$S(r) = \frac{\pi r^2 N(r)}{Tp^2}$$

여기서 $Tp^2$는 총 이미지 면적을 물리 단위로 표시한 것이다. 앞의 $N(r)$에 관한 식을 대입하면

$$S(r) = -\frac{r^2}{2p^3}\frac{\mathrm{d}^3}{\mathrm{d}x^3}m(x)\bigg|_{x=r}$$

현미경의 공간 해상도는 고정적이며 보간 이미지보다는 해상도가 낮기 때문에, 나는 $S(r)$값에 가우시안 필터를 합성해 카메라 해상도[6]만큼 키웠다. 이때 Nyquist 샘플링 법칙에 따라 픽셀의 2.33배 샘플링했다. 결과 구멍 크기 분포는 5장에 나타냈다.

---

6  가우시안 필터 합성은 이미지를 효과적으로 블러 처리하는 수학적 기법이다.

# 수학적 변수

책에 등장한 모든 수학적 변수를 간략한 설명과 기본 단위 치수 용례(괄호 안)와 함께 설명한다.

## Noyes-Whitney 식

$m$: 용질의 질량 (질량)

$t$: 시간 (시간)

$D$: 확산 계수 (길이$^2$/시간)

$A$: 건조 상태 수용성 성분의 총 표면적 (길이$^2$)

$C_{sat}$: 건조 상태 수용성 성분에서 물에 가까운 부분의 농도 (질량/길이$^3$)

$C_{sol}$: 건조 상태 수용성 성분에서 물에서 먼 부분의 농도 (질량/길이$^3$)

$L$: $C_{sat}$와 $C_{sol}$ 측정 위치 사이 거리 (길이)

## Einstein-Smoluchwoski 관계

$\mu_p$: 운동성, 종단 유속 대 상응하는 작용력의 비율 (길이/(힘·시간) 또는 시간/질

량)

$K_B$: 볼츠만 상수, $1.381 \times 10^{-23}$ J/K (엔트로피 또는 에너지/온도 또는 (질량·시간²)/(시

간²·온도)

$T$: 온도 (온도)

## 용액 확산 식

$c$: 농도 (질량/길이³)

$c_0$: 최대 농도 (질량/길이³)

$r$: 최대 농도 지점에서 거리 (길이)

$D$: 확산 계수 (질량²/시간)

$t$: 시간 (시간)

## 추출 수율 식

LRR: 액체 잔류 비율, 사용한 커피층에 남은 물의 질량을 커피의 건조 질량으로

나눈 값 (차원 없음)

$W$: 물의 무게 (질량)

$B$: 최종 커피 음료의 무게, 음료 무게 (질량)

$D$: 건조 커피 무게, 커피 양 (질량)

$C$: 농도, 용존 고형분 총량 (차원 없음)

EY: 추출 수율 (차원 없음)

$f_{abs}$: 추출이 끝나는 시점에 커피 입자가 흡수한 물의 무게를 커피의 건조 무게로

나눈 값 (차원 없음)

$C_{beverage}$: 커피 음료의 농도, 용존 고형분 총량, 대개 %로 표시 (차원 없음)

$C_{slurry}$: 추출이 끝나는 시점에 커피 입자 사이에 남은 물의 농도, 대개 %로 표시

(차원 없음)

## 물 속성

EC: 전기 전도도, 대개 milliSiemens/cm으로 표시 $((\text{시간}^3 \cdot \text{전류}^2)/(\text{질량} \cdot \text{길이}^3))$

TDS: 용존 고형분 총량, 대개 %로 표시 (차원 없음)

GH: 일반 경도, 대개 $CaCO_3$ 환산 ppm으로 표시 (차원 없음)

KH: 탄산 경도, 총 알칼리도, 대개 $CaCO_3$ 환산 ppm으로 표시 (차원 없음)

## 입자 크기 분포

$k$: 투수성 (길이$^2$)

$f_{sp}$: 입자 모양과 packing 정도가 커피층의 투과성에 미치는 함수 (차원 없음)

$D_{10}$: 무게 기준, 커피 입자의 10번째 백분위 지름 (길이)

$S_{10}$: 무게 기준, 커피 입자의 10번째 백분위 표면적 (길이$^2$)

$V_{10}$: 무게 기준, 커피 입자의 10번째 백분위 부피 (길이$^3$)

## Darcy 법칙

$Q$: 추출량 혹은 유량 (길이$^3$/시간)

$k$: 투수성 (길이$^2$)

$A$: 단면적 (길이$^2$)

$\mu$: 동점도, 유체의 절대 점성, 대개 Pa·s 로 표시 $((\text{질량})/(\text{길이} \cdot \text{시간}))$

$L$: 다공성 물질의 깊이 (길이)

$\rho$: 액체의 질량 밀도 (질량/길이$^3$)

$g$: 중력 가속도 (길이/시간$^2$)

$h$: 액체의 전체 높이 (길이)

$\Delta p$ : 계의 맨 위와 맨 아래 사이 가해지는 기계적 압력 차 ((질량)/(길이·시간²))

$K$: 투수 계수 (길이/시간)

$R$: 투수저항계수 (시간/길이)

$v$: 유체의 동점도 (길이²/시간)


## 총 추출 시간

$h_0$: 물의 초기 높이 (길이)

$Q_0$: 초기 유량 (길이³/시간)

$t$: 시간 (시간)

$T$: 물이 다 내려오기까지 시간 (시간)

$\rho_c$: 커피의 질량 밀도 (질량/길이³)

$\rho_w$: 물의 질량 밀도 (질량/길이³)

$R$: 추출비 (차원 없음)


## Lucas-Washburn 식

$l$: 거리 (길이)

$\kappa$: 모세관 계수 (길이/√시간)

$t$: 시간 (시간)

$r$: 구멍 크기 (길이)

$\gamma$: 액체와 기체 계면의 표면장
력 (질량/시간²)

$\mu$: 동점도, 액체의 절대 점성, 유체의
절대 점성, 대개 Pa·s 로 표시 ((질량)/(길
이·시간))

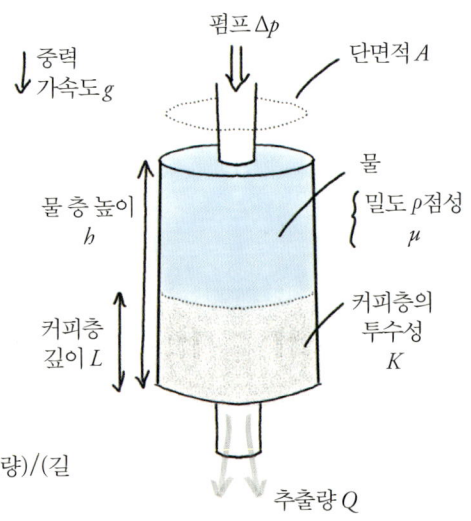

## 미분 이동

$F_d$: 끄는 힘 (질량·길이/시간$^2$)

$u$: 유체 속도 (길이/시간)

$\mu$: 동점도, 액체의 절대 점성, 유체의 절대 점성, 대개 Pa·s 로 표시 ((질량)/(길이·시간))

$r$: 커피 입자의 반지름 (길이)

$Q$: 추출량 혹은 유량 (길이$^3$/시간)

$A$: 단면적 (길이$^2$)

$\varphi$: 다공성, 공극률 (차원 없음)

$k$: 투수성 (길이$^2$)

$L$: 다공성 매질의 깊이 (길이)

$\rho$: 액체의 질량 밀도 (질량/길이$^3$)

$g$: 중력 가속도 (길이/시간$^2$)

$h$: 액체의 전체 높이 (길이)

$\Delta p$: 계의 맨 위와 맨 아래 사이 가해지는 기계적 압력 차 ((질량)/(길이·시간$^2$))

$\eta$: 다공성과 투수성 간 관계 (차원 없음)


## 종이 필터

$k_f$: 필터의 투수성 (길이$^2$)

$A_f$: 필터의 노출된 총 표면적 (길이$^2$)

$L_f$: 필터의 두께 (길이)

$k_c$: 커피층의 투수성 (길이$^2$)

$A_c$: 커피층의 단면적 (길이$^2$)

$L_c$: 커피층의 두께 (길이)

수학적 변수

$\eta_f$: 커피 필터의 면적당 구멍 수 (1/길이$^2$)

$A_p$: 커피 필터 구멍 하나의 표면적 (1/길이$^2$)

## 주전자 물줄기

$v_{and}$: 물줄기가 닿는 지점에서의 속도 (길이/시간)

$v_{kettle}$: 물줄기가 주전자 주둥이를 나올 때 속도 (길이/시간)

$g$: 중력 가속도 (길이/시간$^2$)

$L$: 물흐름의 분열 길이 (길이)

$d_{ag}$: 교반 깊이 (길이)

$s_0$: 스프레이 헤드 구멍의 크기 (길이)

$Q$: 추출량 혹은 유량 (길이$^3$/시간)

$N$: 스프레이 헤드 구멍의 수 (차원 없음)

# 계산

## 1. 다층의 다공성 매질에 대한 Darcy 법칙

물이 하나 이상의 다공성 층을 투과할 경우 Darcy 법칙
을 이에 맞게 수정해야 유속을 제대로 예측할 수 있다. 4장
에서 Darcy 법칙은 다음과 같았다.

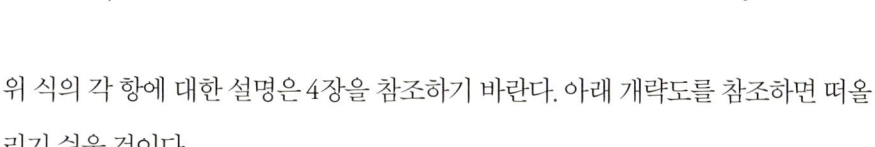

$$Q = \frac{kA}{\mu L}\left(\rho gh - \Delta p\right)$$

위 식의 각 항에 대한 설명은 4장을 참조하기 바란다. 아래 개략도를 참조하면 떠올
리기 쉬울 것이다.

여러 다공성 층을 통과하는 상황이라면, 먼저 2개 층을 투과하는 상황에서
Darcy 법칙의 일반 형태를 만들고자 한다. 각 층은 투수성 $k_1$, $k_2$와 깊이 $L_1$, $L_2$, 단면
적 $A_1$, $A_2$이다. 7장에서 언급했던 것처럼 일부 드리퍼는 필터가 드리퍼 벽에 붙어
있을 때 필터의 유효 표면이 줄어드므로, 이런 상황에서 이 조건이 유용할 것이다.

Darcy 법칙을 수정할 때 알아야 할 첫 번째는 물은 커피 추출에서 실질적으로 압축되지 않는 액체라는 점이다. 물을 압축하려면 엄청난 힘을 가해야 하는데, 에스프레소 머신조차 물을 압축하는 데 필요한 정도의 압력을 전혀 주지 못한다. 바다 심층의 물이라 해도 압축률은 고작 2%다. (Nave 2007) 2개 층의 Darcy 법칙에서 압축되지 않는 물을 나타내는 유일한 방법은 위층과 아래층에 대해 동일한 유량 값 $Q$를 사용하는 것이다. 위층의 유량이 빠르면, 아래층 계면에서 물이 압축될 것이다. 앞에서, 물흐름을 이끄는 두 가지 힘으로 물의 무게($\rho g h$)와 펌프($\Delta p$)를 언급했다. 여기서 나는 보다 쉽게 나타내기 위해 이들을 묶어 $\Delta p'$라는 항을 만들 것이다.

이런 방식으로, 각 층별로 구분되는 Darcy 법칙을 등식으로 표현할 수 있다.

$$Q = \frac{k_1 A_1}{\mu L_1} \Delta p'_1 = \frac{k_2 A_2}{\mu L_2} \Delta p'_2$$

위 두 변을 한데 묶어 두 층을 한 계처럼 만들 것이다.

$$Q = \left(\frac{kA}{L}\right)_{\text{average}} \frac{\Delta p'}{\mu}$$

이 식이 만들어지려면, 모든 층이 통틀어 받는 압력이 개별 층마다 받는 압력의 합과 같다는 사실을 이용해야 한다.

$$\Delta p' = \Delta p'_1 + \Delta p'_2$$

그러면 첫 번째 식을 다음과 같이 $\Delta p'_1, \Delta p'_2$에 대한 식으로 풀 수 있다.

$$\Delta p'_1 = \frac{Q \mu L_1}{k_1 A_1}$$

$$\Delta p_2' = \frac{Q\mu L_2}{k_2 A_2}$$

평균화한 Darcy 법칙 등식에 위 두 식을 대입하자.

$$Q = \left(\frac{kA}{L}\right)_{\text{average}} \left(\frac{QL_1}{k_1 A_1} + \frac{QL_2}{k_2 A_2}\right)$$

양 변에서 추출량 $Q$를 소거하면 남는 것은 다음과 같다.

$$\left(\frac{kA}{L}\right)_{\text{average}} = \left(\frac{L_1}{k_1 A_1} + \frac{L_2}{k_2 A_2}\right)^{-1}$$

기술적으로, 이 말은 층이 나뉜 다공성 매질의 속성은 조화평균을 따른다는 의미이다. 이 관계를 사용하면 평균화된 Darcy 법칙은 다음과 같이 쓸 수 있다.

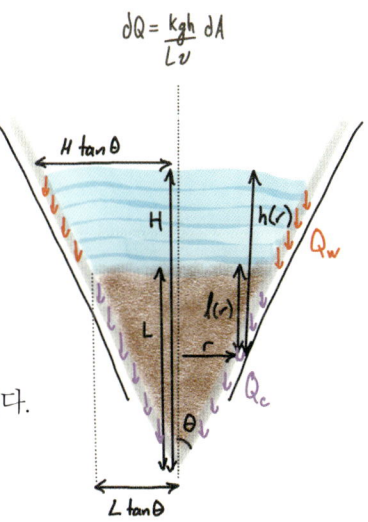

$$Q = \left(\frac{L_1}{k_1 A_1} + \frac{L_2}{k_2 A_2}\right)^{-1} \frac{\Delta p'}{\mu}$$

중력 추출식에서는 펌프가 작동하지 않으므로 $\Delta p' = \rho g h$이다.

$$Q = \left(\frac{L_1}{k_1 A_1} + \frac{L_2}{k_2 A_2}\right)^{-1} \frac{\rho g h}{\mu}$$

또는, 동점도인 $\nu$를 사용해 다음과 같이 표현할 수 있다.

$$Q = \left(\frac{L_1}{k_1 A_1} + \frac{L_2}{k_2 A_2}\right)^{-1} \frac{g h}{\nu}$$

계산

## 2. 총 추출 시간 계산

Darcy 법칙은 원통형 드리퍼를 사용해 한 번, 물을 빨리 부을 때 총 추출 시간을 예측하는 데 사용할 수 있다. 펌프를 사용하지 않는 조건에서는 물흐름에 작용하는 힘은 중력뿐이다. 그러므로 Darcy 법칙은 다음과 같이 나타난다.

$$Q = \frac{kAgh}{\nu L}$$

여기서 알고자 하는 것은, 물이 흘러 나가면서 시간에 따라 물의 높이 $h$가 변하는 정도와, 물이 흘러 나가는 점을 이용해 물 층의 높이가 커피층의 높이와 같아지는 ($h = L$) 데 걸리는 시간이다. 이 책에서는 물과 커피층의 높이가 같아지는 시점을 추출의 끝으로 잡고 있다.

먼저, $h$와 $Q$ 사이의 관계를 명확히 해야 한다. $Q$는 시간에 따른 물 용량의 감소를 나타낸다.

$$Q(t) = -\frac{dV}{dt} = -\frac{d}{dt}\left(A \cdot h(t)\right)$$

위 식에서 $Q(t)$는 Darcy 법칙으로 표현할 수 있으며, 이를 통해 $h(t)$에 대한 선형 미분 방정식을 만든다.

$$\frac{dh}{dt} = -\frac{kg}{\nu L}h(t)$$

이 미분 방정식의 해는 물 높이가 지수적으로 감소하는 형태로 나타난다.

$$h(t) = H_0 \exp\left(-\frac{kg}{\nu L}t\right)$$

여기서 $H_0$은 물의 초기 높이다. 총 추출 시간 $T$에 대해 제한조건 $h(T)=L$이다. $T$에 대해 풀면 다음과 같다.

$$T = \frac{\nu L}{kg} \ln\left(\frac{H_0}{L}\right)$$

총 추출 시간은 추출비 $R$에 대한 식으로도 나타낼 수 있다. 이 식은 추출 초기 물의 높이 $H_0$보다도 직접적으로 해석 가능하다. 추출비 $R$은 다음과 같다.

$$R = \frac{\rho A H_0}{\rho_c V_c}$$

여기서 $\rho$는 물의 질량 밀도이며 $\rho_c$는 분쇄 커피의 질량 밀도이다. $V_c$는 커피 양의 부피이며, $AH_0$은 추출 초기 물 층의 부피이다. 기하학적으로 $V_c=AL$이므로, $H_0$은 다음과 같이 쓸 수 있다.

$$H_0 = \frac{\rho_c L}{\rho} R$$

그러면 최종적으로 총 추출 시간은 다음과 같이 바꾸어 쓸 수 있다.

$$T = \frac{\nu L}{kg} \ln\left(\frac{\rho_c R}{\rho}\right)$$

원뿔형 드리퍼에 대해서도 Darcy 법칙의 수정 형태를 이용해 동일한 식을 만들 수 있다. 이는 아래에서 이야기할 것이다. 다만, $h(t)$에 대한 미분 방정식 해가 초월수가 되므로 수학적 해를 찾아야 한다.


## 3. 바이패스 없는 원뿔형 드리퍼 조건에서 Darcy 법칙

드리퍼 구조가 다른 상황에서 Darcy 법칙을 수정할 경우 미분해야 한다. 아마도 이 풀이는 수학을 잘 아는 독자만 도움이 될 것이다. 첫 단계는 액체와 다공성 매질로 채워진 극히 얇은 관에 대한 Darcy 법칙을 쓰는 것이다. 여기서 단면적은 $dA$, 전체 유량에 기여하는 작은 유량은 $dQ$이다.

$$dQ = \frac{kgh}{L\nu} dA$$

커피층을 우회하는 물이 없다면, 전체 유량은 개략도에서처럼 드리퍼 바닥의 구멍 위로 난 물, 커피, 필터로 이루어진 극히 얇은 수직관의 합을 구하면 된다. 이를 풀 수 있는 수학은 적분이다.

앞에서 언급했던 층이 여럿 있는 다공성 매질을 통과하는 상황의 Darcy 법칙 사례를 위와 같은 수직관에 맞는 미세 버전으로 수정하면 다음과 같다.

$$dQ = \frac{gh(r)}{\nu} \left( \frac{l(r)}{k} + \frac{1}{\beta} \right)^{-1} dA$$

여기서 $l(r)$은 담긴 커피의 중심에서 반경 방향 거리 $r$에 위치한 커피층 두께다. $k$는 커피층의 투수성이다. $\beta$는 커피 필터의 두께에 대한 투수성 비율이다.

$\theta$를 드리퍼 벽 각도의 절반 값(V60 드리퍼라면 30도)으로 정의하고, $L$은 커피층 의 전체 두께로 잡으면, 기본 삼각법을 이용해 커피층 두께의 방사형 프로필을 구

할 수 있다.

$$l(r) = L - \frac{r}{\tan\theta}$$

이런 방식으로 물의 높이에 대해서도 관계식을 구할 수 있다.

$$h(r) = H - \frac{r}{\tan\theta}$$

여기서 $H$는 드리퍼 중심에서 측정한 물 층의 전체 높이이다. 극좌표$(r, \varphi)$에서 극히 작은 면적인 d$A$는 다음과 같다.

$$\mathrm{d}A = r\mathrm{d}r\mathrm{d}\varphi$$

이들을 사용해 미세 버전 Darcy 법칙을 다음과 같이 쓸 수 있다.

$$\mathrm{d}Q = \frac{g}{\nu}\left(H - \frac{r}{\tan\theta}\right)\left(\frac{k}{L - r/\tan\theta + k/\beta}\right)r\mathrm{d}r\mathrm{d}\varphi$$

$R_0$을 드리퍼 구멍의 반지름이라 할 때, $\varphi$범위 $(0, 2\pi)$, $r$범위$(0, R_0)$에서 적분하면 다음과 같은 식이 나온다.

$$Q = \frac{2\pi gk}{\nu}\left(H\int_0^{R_0}\frac{r}{L + k/\beta - r/\tan\theta}\mathrm{d}r - \frac{1}{\tan\theta}\int_0^{R_0}\frac{r^2}{L + k/\beta - r/\tan\theta}\mathrm{d}r\right)$$

변수를 바꾸어 쓰면 적분 식을 보다 간단하게 표현할 수 있다.

$$Q = \frac{2\pi gk\tan^2\theta}{\nu}\left(H\int_0^{H_0}\frac{z}{\gamma - z}\mathrm{d}z - \int_0^{H_0}\frac{z^2}{\gamma - z}\mathrm{d}z\right)$$

계산

$z=r/\tan\theta$, $H_0=R_0/\tan\theta$, $r=L+k/\beta$ 이다. 두 적분항을 풀면 다음과 같다.

$$\int_0^{H_0} \frac{z}{\gamma - z}\mathrm{d}z = -H_0 - \gamma \ln\left(1 - \frac{H_0}{\gamma}\right)$$

$$\int_0^{H_0} \frac{z^2}{\gamma - z}\mathrm{d}z = -\gamma H_0 - \frac{H_0^2}{2} - \gamma^2 \ln\left(1 - \frac{H_0}{\gamma}\right)$$

그러므로 추출량 $Q$에 대해 다음과 같이 해를 얻을 수 있다..

$$Q = \frac{2\pi g k \tan^2\theta}{\nu}\left(\frac{H_0^2}{2} + H_0\left(\gamma - H\right) + \gamma\left(\gamma - H\right)\ln\left(1 - \frac{H_0}{\gamma}\right)\right)$$

$$\gamma = L + \frac{k}{\beta}$$

## 4. 바이패스 있는 원뿔형 드리퍼 조건에서 Darcy 법칙

이 섹션에서는 바이패스가 최대로 일어나는, 즉 드리퍼 벽이 없거나 필터가 드리퍼 벽과는 전체적으로 잘 분리된 상태를 가정해, 원뿔형 드리퍼에 맞춘 수정 Darcy 법칙을 유도할 것이다.

바이패스 효과를 나타낼 때는, 물이 커피층을 통과하는 길이 하나 이상 존재한다는 사실에 맞춰 이전 수식을 수정해야 한다. 이를 수행하기 위해 우리는 이전과 동일한 미세 버전 Darcy의 법칙으로 돌아가야 한다. 그리고 물이 드립퍼 구멍 너머로도 필터를 통과할 수 있다고 가정하려면 총 추출량 $Q$를 두 영역으로 분할해야 한다.

첫 번째 영역은 물이 커피층과 필터를 모두 통과해($r < L\tan\theta$) 추출량 $Q$에 기여한다. 두 번째 영역은 물이 종이 필터만 통과해($r \geq L\tan\theta$) 추출량 $Q$에 기여한다. 두

합이 총 추출량이 된다.

$$Q = Q_c + Q_w$$

첫 번째 영역은 바이패스가 없는 상황으로 앞에서 유도한 적분식 및 해와 완전히 동일하되, 다만 적분 구간의 위끝이 $r = R_0 = H_0 \tan\theta$에서 $r = 7 \tan\theta$로 바뀐다. 이는 앞의 해에서 $H_0$인 것이 $L$로 치환되어야 한다는 의미이다. 그러므로 해는 다음과 같다.

$$Q_c = \frac{2\pi g k \tan^2 \theta}{\nu} \left( \frac{L^2}{2} + L(\gamma - H) + \gamma(\gamma - H) \ln\left(1 - \frac{L}{\gamma}\right) \right)$$

두 번째 영역은 물이 필터만을 통과하는 것으로, 미세 버전 Darcy 법칙을 간단하게 수정해 나타낼 수 있다.

$$\mathrm{d}Q_w = \frac{g}{\nu} h(r) \beta \mathrm{d}A$$

앞의 $h(r)$과 $\mathrm{d}A$에 대한 정의를 사용해 $\mathrm{d}\varphi$에 대한 적분을 풀고 적분 변수를 $r$에서 $z$로 바꾸면 다음과 같다.

$$Q_w = \frac{2\pi g \beta \tan^2 \theta}{\nu} \int_L^H z(H - z) \,\mathrm{d}z$$

적분식을 풀고 간단히 하면 최종 $Q_w$를 얻을 수 있다.

$$Q_w = \frac{2\pi g \beta \tan^2 \theta}{\nu} \left( \frac{H^3}{6} - \frac{HL^2}{2} + \frac{L^3}{3} \right)$$

$Q_c$와 $Q_w$를 합해 간단히 하면 다음과 같다.

계산

$$Q = \frac{2\pi g \tan^2\theta}{\nu}\left[k\left(\frac{L^2}{2} + L(\gamma - H) + \gamma(\gamma - H)\ln\left(1 - \frac{L}{\gamma}\right)\right) + \beta\left(\frac{H^3}{6} - \frac{HL^2}{2} + \frac{L^3}{3}\right)\right]$$

Darcy 법칙의 위 형태와, 바이패스 없는 조건에서 원뿔형, 원통형에서 나타난 형태의 주된 차이는 추출량 $Q$가 물 높이 $H$와 정비례하는 것이 아닌, $H$값의 세제곱과 관련 있다는 것이다. 직관적으로 보면, 이는 물의 높이가 높을 때, 종이 필터와 물의 접촉 면적이 커지면서 보다 많은 물이 커피층을 완전히 우회할 수 있기 때문에 나타난다.

리브가 있는 V60을 사용한다면 앞에서 살펴본 본 두 가지 경우의 중간 정도에 해당할 것이다. 물은 리브 사이에서만 바이패스하며, 종이 필터는 필터 벽과 심지어 리브 사이에도 일시적으로 달라붙을 수 있다. 그러나, 이런 과정은 무작위적이어서 이에 대한 일반 방정식은 유도할 수 없다.

원리적으로는, 바이패스 상황을 $R_0 \langle r \langle L$ 범위에서만 $\beta$값을 줄이는 부착 계수로 삼고, 이 계수를 추출 중 매 순간 수치적으로 나타내는 것은 가능하다. 다만 이렇게 하려면 커피층의 투수성 $k$가 추출 중 동시에 변화하지 않는다고 가정해야 하는데, 미분 이동과 채널링 때문에 이는 현실적이지 않다. 그러므로 추출 중 매 순간마다 정확한 필터 부착과 커피층 투수성을 각자 확인하기 위해서는 다른 자료가 필요하다.

## 5. 평균 추출 수율에 관한 일반 식

1장에서 채택한 정의에 따르면, 커피의 향미 프로필을 추정하기에 가장 유용한 평균 추출 수율은 추출이 끝난 시점에 커피 입자에 남아 있는 수용성 성분 총량을, 사용하기 전 커피 총량($D$)으로 나눈 값이다. 이전에 보았던 것처럼, 이 주장의 근거는 추출된 화학 성분의 총량이 늘어나는 매 순간마다 추출된 화학 성분의 프로필은 다르다는 데 있다. 이는 입자 사이 남아 있는 물에 들어 있는 수용성 성분을 알면 해당 음료의 지난 추출 과정 및 음료의 화학 프로필을 추정하는 데 도움이 된다는 의미이다.

추출된 수용성 성분의 질량은 두 가지로 나눌 수 있다. 하나는 커피 음료로 빠져나온 것($M_{bev}$)이고, 다른 하나는 사용한 커피층의 입자 사이 물에 남은 것($M_{ret}$)이다. 그러므로 평균 추출 수율 $E$는 다음과 같이 나타낸다.

$$E = \frac{M_{bev} + M_{ret}}{D}$$

굴절계를 사용해 음료의 용존 고형분 총 농도($C_{bev}$)를 측정하고, 추출 마지막 몇 방울 농도($C_{last}$)에서는 남아 있는 물의 농도를 추정한다고 가정한다면, 음료의 수용성 커피 성분 질량은 다음과 같이 추론할 수 있다.

$$M_{bev} = B \cdot C_{bev}$$

여기서 $B$는 커피 음료의 총 질량이다. $C_{bev}$와 $C_{last}$는 여기서 0에서 1사이 수치(예: TDS 1.4%는 1.4/100 = 0.014)이다. 남아 있는 물에 들어 있는 커피의 수용성 성분 질량을 추론하는 것은 그다지 간단하지는 않다. 먼저, 추출이 끝나는 시점에 남아 있는 물의 질량($W_{int}$)을 고려하고, 질량비로 나타내는 농도 정의를 사용해야 한다.

$$C_{last} = \frac{M_{ret}}{M_{ret} + W_{int}}$$

앞에서 언급했듯이, 이 식에서는 마지막 몇 방울의 농도를 사용해, 추출이 끝나는 시점에 사용한 커피층에 남아 있는 물의 농도를 제대로 추정할 수 있다고 가정했다. $M_{\text{ret}}$에 관해 풀어 위 식을 뒤집을 수 있다.

$$M_{\text{ret}} = W_{\text{int}} \cdot \frac{C_{\text{last}}}{1 - C_{\text{last}}}$$

이 식의 어려운 점 하나는, 특히 커피 입자 속에 흡수된 물($W_{\text{abs}}$)이 있기 때문에 커피층에 남아 있는 물이 더 있을 수 있다는 점을 고려한다면, $W_{\text{int}}$을 직접 측정할 수 있는 쉬운 방법이 없다는 점이다. 남아 있는 물의 총량은 커피 음료의 질량 $B$, 음료 내 추출된 수용성 커피 성분의 총 질량($M_{\text{bev}}$), 커피에 부은 물의 총 질량 $W$와 연계할 수 있다.

$$B = W - W_{\text{int}} - W_{\text{abs}} + M_{\text{bev}}$$

$W_{\text{int}}$에 대해 풀어 $M_{\text{ret}}$ 식에 대입하면 다음과 같다.

$$M_{\text{ret}} = \frac{C_{\text{last}}}{1 - C_{\text{last}}} \left( W - B + M_{\text{bev}} - W_{\text{abs}} \right)$$

여기에 앞의 $M_{\text{bev}}$에 대한 식도 대입할 수 있다.

$$M_{\text{ret}} = \frac{C_{\text{last}}}{1 - C_{\text{last}}} \left( W - B \left( 1 - C_{\text{bev}} \right) - W_{\text{abs}} \right)$$

이렇게 $M_{\text{ret}}$과 $M_{\text{bev}}$를 다른 관련 매개변수와 연결했으므로, 평균 추출 수율 E에 대한 식에서 이들을 결합하고 간단히 할 수 있다.

$$E = \frac{B \cdot C_{\text{bev}}}{D} + \frac{C_{\text{last}}}{1 - C_{\text{last}}} \frac{W - W_{\text{abs}}}{D} - \frac{C_{\text{last}} \left(1 - C_{\text{bev}}\right)}{1 - C_{\text{last}}} \frac{B}{D}$$

$$E = \frac{C_{\text{bev}} - C_{\text{last}}}{1 - C_{\text{last}}} \frac{B}{D} + \frac{C_{\text{last}}}{1 - C_{\text{last}}} \frac{W - W_{\text{abs}}}{D}$$

이제, 액체 잔류 비율과 유사한 양적 표현이지만, 커피 입자가 흡수한 물의 비율만을 계산하는 $f_{\text{abs}}$를 도입한다.

$$f_{\text{abs}} = \frac{W_{\text{abs}}}{D}$$

이를 사용해, 평균 추출에 관한 최종 식을 얻는다.

$$E = \frac{C_{\text{bev}} - C_{\text{last}}}{1 - C_{\text{last}}} \frac{B}{D} + \frac{C_{\text{last}}}{1 - C_{\text{last}}} \left( \frac{W}{D} - f_{\text{abs}} \right)$$

여기서 $f_{\text{abs}}$는 직접 측정할 수 없으며, 그라인더와 커피콩에 따라 다를 수 있다. 그러나 경험상 분쇄 크기는 $f_{\text{abs}}$와 관련이 없었다. 또한 $f_{\text{abs}}$는 에어로프레스를 사용해 추정할 수 있다. 이 추출기기는 플런저를 충분히 누르면 남아 있는 물 대부분을 제거할 수 있기 때문이다.

# 참고문헌

Aharonov, E., E. Tenthorey, and C. H. Scholz. 1998. "Precipitation Sealing and Diagenesis: 2. Theoretical Analysis." *Journal of Geophysical Research Solid Earth* 103, no. B10 (October): 23969–23981. https://doi.org/10.1029/98JB02230.

Ahmadi, S., and F. Sefidvash. 2018. "Study of Pressure Drop in Fixed Bed Reactor Using a Computational Fluid Dynamics (CFD) Code." *ChemEngineering* 2, no. 2 (April): 14. https://doi.org/10.3390/chemengineering2020014.

Aksu, I., E. Bazilevskaya, and Z. Karpyn. 2015. "Swelling of Clay Minerals in Unconsolidated Porous Media and Its Impact on Permeability." *GeoResJ* 7 (September): 1–13. https://doi.org/10.1016/j.grj.2015.02.003.

Anderson, K. "Static in Your Grinding — It's Complex!" *Baratza* (blog). March 7, 2014. https://*baratza*.com/static-in-your-grinding-its-complex/.

Anderson, W., C. Cooper, J. Fredland, M. Lemieux, M. Pabst, D. Pezza, and H. Van Aller. 2007. *Technical Manual: Plastic Pipe Used in Embankment Dams*. Washington, D.C.: FEMA.

Anese, M., L. Manzocco, and N. Nicolli. 2006. "Modeling the Secondary Shelf Life of Ground Roasted Coffee." *Journal of Agricultural and Food Chemistry* 54, no. 15 (June): 5571–5576. https://doi.org/10.1021/jf060204k.

Baird, R. B., A. D. Eaton, and E. W. Rice, eds. 2012. *Standard Methods for the Examina tion of Water and Wastewater*. Washington, D. C.: American Public Health Associ ation.

Baggenstoss, J., D. Thomann, R. Perren, and F. Escher. 2010. "Aroma Recovery from Roasted Coffee by Wet Grinding." *Journal of Food Science* 75, no. 9 (October): 697–702. https://doi.org/10.1111/j.1750-3841.2010.01822.x.

Baylar, A., and M. E. Emiroglu. 2004. "An Experimental Study of Air Entrainment and Oxygen Transfer at a Water Jet from a Nozzle with Air Holes." *Water Environ ment Research* 76, no. 3 (May): 231–7. https://doi.org/10.2175/106143004X141780.

Bear, J. 1988. *Dynamics of Fluids in Porous Media*. New York: Dover.

Bekele, G., and T. Hill. 2018. *A Reference Guide to Ethiopian Coffee Varieties*. Durham: Counter Culture Coffee.

Bergendahl, J. A., and D. Grasso. 2003. "Mechanistic Basis for Particle Detachme nt from Granular Media." *Environmental Science & Technology* 37, no. 10 (April): 2317–22. https://doi.org/10.1021/es0209316.

Bernabé, Y., and B. Evans. 2003. "Permeability–Porosity Relationships in Rocks Subje cted to Various Evolution Processes." *Pure and Applied Geophysics* 160, no. 5 (May): 937–60. https://doi.org/10.1007/PL00012574.

Bertola, V., and G. Brenn. 2019. "Drops and Sprays," in *Transport Phenomena Across Int erfaces of Complex Fluids*, ed. T. Burghelea and V. Bertola, 293–360. Cham: Spring er.

Bollaert, E. *Transient Water Pressures in Joints and Formation of Rock Scour Due to High-Velocity Jet Impact.* PhD diss., École polytechnique fédérale de Lausanne, 2002.

Bollaert, E., and A. J. Schleiss. 2003. "Scour of Rock Due to the Impact of Plunging High Velocity Jets. Part II: Experimental Results of Dynamic Pressures at Pool Bottoms and in One- and Two-Dimensional Closed End Rock Joints." *Journal of Hydraulic Research* 41, no. 5: 465–80. https://doi.org/10.1080/00221680309499992.

Brown, R. 2018. *Dear Coffee Buyer.* Self-published.

Burke, R. "Coffee Beans." (blog). November 27, 2018. http://www2.optics.rochester.edu/workgroups/cml/opt307/spr16/beckah/index.htm.

Butterworth, M. "Grinding for a Purpose." *Freshcup* (blog). March 7, 2016. https://www.freshcup.com/grinding-for-a-purpose/.

Callister W. D. J., and D. G. Rethwisch. 2018. *Materials Science and Engineering: An Introduction*, 10th ed. New Jersey: Wiley.

Cameron, M. "The Resistance of Heat." (blog). September 25, 2016. https://striveforto ne.com/2016/09/25/the-resistance-of-heat/.

Cameron, M. I., D. Morisco, D. Hofstetter, E. Uman, J. Wilkinson, Z. Kennedy, S. Fontenot, W. Lee, C. Hendon, and Foster. J. 2020. "Systematically Improving Espresso: Insights from Mathematical Modeling and Experiment." *Matter* 2, no. 3 (January): 631–48. https://doi.org/10.1016/j.matt.2019.12.019.

Cappuccio, R., and F. S. Liverani. 1999. *18th International Scientific Colloquium on Coffee: Computer Simulation as a Tool to Model Coffee Brewing Cellular Automata for Percolation Processes; 2D and 3D Techniques for Fluid-Dynamic Simulations, Helsinki, Finland.* Paris: ASIC — Association for Science and Information on Coffee Proceedings.

Colón, C. F. J., E. H. Oelkers, and J. Schott. 2004. "Experimental Investigation of the Effect of Dissolution on Sandstone Permeability, Porosity, and Reactive Surface Area." *Geochimica et Cosmochimica Acta* 68, no. 4 (February): 805–17. https://doi.org/10.1016/j.gca.2003.06.002.

Colonna-Dashwood, M. "Maxwell Colonna-Dashwood—Water Chemistry and Its Impact on Coffee Flavour." YouTube video, January 5, 2016. https://www.youtube.com/watch?v=VAwxrxPFEMg.

Colonna-Dashwood, M., and C. Hendon. 2015. *Water for Coffee.* Self-published.

Corrochano, B. R., J. R. Melrose, A. C. Bentley, P. J. Fryer, and S. Bakalis. 2015. "A New Methodology to Estimate the Steady-State Permeability of Roast and Ground Coffee in Packed Beds." *Journal of Food Engineering* 150 (April): 106–16. https://doi.org/10.1016/j.jfoodeng.2014.11.006.

Crowe, C. T., ed. 2005. *Multiphase Flow Handbook.* Boca Raton: CRC Press.

Dapp, W. B., and M. H. Müser. 2016. "Fluid Leakage Near the Percolation Threshold." *Scientific Reports* 6 (February): 19513. https://doi.org/10.1038/srep19513.

de Maria, C. A. B., L. C. Trugo, R. F. A. Moreira, and C. C. Werneck. 1994. "Composition of Green Coffee Fractions and their Contribution to the Volatile Profile Formed During Roasting." *Food Chemistry* 50 no. 2: 141–45. https://doi.org/10.1016/0308-8146(94)90111-2.

Duarte, R., A. Pinheiro, and A. J. Schleiss. 2016. "An Enhanced Physically Based Scour Model for Considering Jet Air Entrainment." *Engineering* 2, no. 3 (September): 294–301. https://doi.org/10.1016/J.ENG.2016.03.003.

Duez, C., C. Ybert, C. Clanet, and L. Bocquet. 2010. "Beating the Teapot Effect." *Physical Review Letters* 104, no. 8 (February): 84503. https://doi.org/10.1103/PhysRevLe

tt.104.084503.

Easthope, A. "Brew Temperature and Its Effects on Espresso." *Five Senses* (blog). April 8, 2015. https://www.fivesenses.com.au/blog/brew-temperature-and-its-effects-on-espresso/.

Ellero, M., and L. Navarini. 2019. "Mesoscopic Modelling and Simulation of Espresso Coffee Extraction." *Journal of Food Engineering* 263 (December): 181–94. https://doi.org/10.1016/j.jfoodeng.2019.05.038.

Farah, A. 2019. *Coffee: Production, Quality and Chemistry.* Croydon: Royal Society of Chemistry.

Folmer, B., ed. 2017. *The Craft and Science of Coffee.* Amsterdam: Academic Press.

Georgiadis, A., G. Maitland, J. P. M. Trusler, and A. Bismarck. 2010. "Interfacial Tension Measurements of the (H2O ₊ CO2) System at Elevated Pressures and Temperatures." *Journal of Chemical & Engineering Data* 55, no. 10 (May): 4168–75. https://doi.org/10.1021/je100198g.

Ghanbarian, B., A. G. Hunt, and H. Daigle. 2016. "Fluid Flow in Porous Media with Rough Pore-Solid Interface." *Water Resources Research* 52, no. 3 (February): 2045–58. https://doi.org/10.1002/2015WR017857.

Grathwohl, P. 1998. *Diffusion in Natural Porous Media.* New York: Springer US.

Guilizzoni, M., M. Santini, and S. Fest-Santini. 2019. "Synchronized Multiple Drop Impacts into a Deep Pool." *Fluids* 4, no. 3 (July): 141. https://doi.org/10.3390/fluids4030141.

Hanžič, L., L. Kosec, and I. Anželc. 2010. "Capillary Absorption in Concrete and the Lucas–Washburn Equation." *Cement and Concrete Composites* 32, no. 1 (January): 84–91. https://doi.org/10.1016/j.cemconcomp.2009.10.005.

Haraldsson, H. O. *Breakup of Jet and Drops During Premixing Phase of Fuel Coolant Inte ractions*. PhD diss., KTH Royal Institute of Technology, 2000.

Hazen, A. 1911. "Discussion of Dams on Sand Foundations." *Transaction of the Americ an Society of Civil Engineers* 73, no. 3: 199–203.

Hoffmann, A. C., and H. J. Finkers. 1995. "A Relation for the Void Fraction of Rand omly Packed Particle Beds." *Powder Technology* 82, no. 2 (February): 197–203. htt ps://doi.org/10.1016/0032-5910(94)02910-G.

Hoffman, J. "Crema is Rubbish." *jimseven* (blog). July 6, 2009. https://jimseven.com/ 2009/07/06/video-1-crema/.

Hoffman, J. 2014. *The World Atlas of Coffee: From Beans to Brewing — Coffees Explored, Explained and Enjoyed*. London: Octopus Book Publishing Group Ltd.

Hoffman, J. "Weird Coffee Science — The Hard Bloom." YouTube video, July 22, 2019. https://www.youtube.com/watch?v=MpKEdZjpqXM.

Hoffman, J. "Weird Coffee Science — Microwave Your Coffee Beans." YouTube video, August 15, 2019. https://www.youtube.com/watch?v=yXCboVCDHLw.

Hoffman, J. "Weird Coffee Science — High Humidity Coffee Storage." YouTube vid eo, January 20, 2020. https://www.youtube.com/watch?v=J7xEbf1mkm0.

Hoffman, J. "Weird Coffee Science — Humid Coffee Gets Weirder (Part 2)." YouTube video, April 28, 2020. https://www.youtube.com/watch?v=BcXK1MZJDAM.

Holzbecher, E., and H. Oehlmann. 2012. *Proceedings of the 2012 COMSOL Conferen ce: Comparison of Heat and Mass Transport at the Micro-Scale, Milan, Italy, October 10-12, 2012*. Stockholm: COMSOL.

Hommel, J., E. Coltman, and H. Class. 2018. "Porosity–Permeability Relations for Evolving Pore Space: A Review with a Focus on (Bio-)geochemically Altered Po

rous Media." *Transport in Porous Media* 124, no. 2 (May): 589–629. https://doi.
org/10.1007/s11242-018-1086-2.

Hunt, A. G., and M. Manga. 2003. "Effects of Bubbles on the Hydraulic Conductivi
ty of Porous Materials—Theoretical Results." *Transport in Porous Media* 52, no. 1
(July): 51–65. https://doi.org/10.1023/A:1022312927606.

Illy, A., and R. Viani, eds. 2004. *Espresso Coffee: The Science of Quality.* Amsterdam: Ac
ademic Press.

Jadidi, M., S. Moghtadernejad, and A. Dolatabadi. 2015. "A Comprehensive Review
on Fluid Dynamics and Transport of Suspension/Liquid Droplets and Particles in
High-Velocity Oxygen-Fuel (HVOF) Thermal Spray." *Coatings* 5, no. 4 (October):
576–645. https://doi.org/10.3390/coatings5040576.

Kantzas, A., J. Bryan, and S. Taheri. "Permeability: Harmonic-Average Permeability."
*Fundamentals of Fluid Flow in Porous Media* (blog). November 2, 2014. https://per
minc.com/resources/fundamentals-of-fluid-flow-in-porous-media/chapter-2-the-
porous-medium/permeability/harmonic-average-permeability/.

Kitamura, K., M. Takahashi, K. Mizoguchi, K. Masuda, H. Ito, and S.-R. Song. 2010.
"Effects of Pressure on Pore Characteristics and Permeability of Porous Rocks as
Estimated from Seismic Wave Velocities in Cores from TCDP Hole-A." *Geophysi
cal Journal International* 182, no. 3 (September): 1148–60. https://doi.org/10.1111/
j.1365-246X.2010.04694.x.

Klatt, C. "Christian Klatt—Heating (in) Grinders." YouTube video, March 1, 2016. ht
tps://www.youtube.com/watch?v=XmtuuT36zFU.

Klatt, C. "Update on Grinding with Christian Klatt." YouTube video, November 17,
2017. https://www.youtube.com/watch?v=Pxaj4IEhaSs.

Knight, J. B., Jaeger H. M., and R. Nagel. 1993. "Vibration-Induced Size Separation in Granular Media: The Convection Connection." *Physical Review Letters* 70, no. 24 (June): 3728–31. https://doi.org/10.1103/PhysRevLett.70.3728.

Koekemoer, A., and A. Luckos. 2015. "Effect of Material Type and Particle Size Distribution on Pressure Drop in Packed Beds of Large Particles: Extending the Ergun Equation." *Fuel* 158 (October): 232–38. https://doi.org/10.1016/j.fuel.2015.05.036.

Labuza, T. P., C. Cardelli, B. Anderson, and E. Shimoni. 2001. *19th International Scientific Colloquium on Coffee: Physical Chemistry of Roasted and Ground Coffee: Shelf Life Improvement for Flexible Packaging, Trieste, Italy, May 14-18, 2001.* Paris: ASIC — Association for Science and Information on Coffee Proceedings.

Lindsay, S. 2009. *Introduction to Nanoscience.* Oxford: Oxford University Press.

Lingle, T. R. 1996. *The Coffee Brewing Handbook: A Systematic Guide to Coffee Preparation.* Santa Ana: Specialty Coffee Association of America.

Loeza, J. "Grinding Set." *The CoffeeSmith* (blog). May 8, 2015. https://sites.google.com/site/thegrindngo/components/grinding-set.

Malherbe, V. "Nesting Without Laying a Finger." *Café et Curiosité* (blog). January 24, 2020. http://ma.lher.be/2020/01/24/nesting-without-laying-a-finger/.

Marin, K. O., T. Požrl, E. Zlatić, and A. Plestenjak. 2008. "A New Aroma Index to Determine the Aroma Quality of Roasted and Ground Coffee During Storage." *Food Technology and Biotechnology* 4 (October): 442–7.

McKeogh, E. J., and D. A. Ervine. 1981. "Air Entrainment Rate and Diffusion Pattern of Plunging Liquid Jets." *Chemical Engineering Science* 36, no. 7: 1161–72. https://doi.org/10.1016/0009-2509(81)85064-6.

Michaud, D. "Surface Tension and Salts in Solution." *911 Metallurgist* (blog). February

11, 2016. https://www.911metallurgist.com/blog/surface-tension-salts-solution.

Moffat, R. A *Laboratory Study of Particle Migration in Cohesionless Soils*. Master's thesis, University of British Colombia, 2002.

Moroney, K. M., K. O'Connell, P. Meikle-Janney, S. B. G. O'Brien, G. M. Walker, and W. T. Lee. 2019. "Analysing Extraction Uniformity from Porous Coffee Beds Using Mathematical Modelling and Computational Fluid Dynamics Approaches." *PLoS One* 14, no. 7 (January): 1–24. https://doi.org/10.1371/journal.pone.0219906.

Motoyoshi, U. 2019. The *@wastingcoffee Guide to not Wasting Coffee*. Milan: Faema.

Nave, R. "Bulk Elastic Properties." *Hyperphysics* (blog). October 26, 2007. http://hyperphysics.phy-astr.gsu.edu/hbase/permot3.html.

Nielsen, L. C., I. C. Bourg, and G. Sposito. 2012. "Predicting $CO_2$–Water Interfacial Tension Under Pressure and Temperature Conditions of Geologic $CO_2$ Storage." *Geochimica et Cosmochimica Acta* 81, no. 1 (March): 28–38. https://doi.org/10.1016/j.gca.2011.12.018.

Oberg., E, D. J. Jones, L. H. Holbrook, H. H. Ryffel, and C. McCauley. 2016. *Machinery's Handbook*. South Norwalk: Industrial Press.

Ochi, J., and J.-F. Vernoux. 1998. "Permeability Decrease in Sandstone Reservoirs by Fluid Injection: Hydrodynamic and Chemical Effects." *Journal of Hydrology* 208, no. 3-4 (July): 237–248. https://doi.org/10.1016/S0022-1694(98)00169-3.

Oliveros, N. O., J. A. Hernández, F. Z. Sierra-Espinosa, R. Guardián-Tapia, and R. Pliego-Solórzano. 2017. "Experimental Study of Dynamic Porosity and its Effects on Simulation of the Coffee Beans Roasting." *Journal of Food Engineering* 199 (April): 100–12. https://doi.org/10.1016/j.jfoodeng.2016.12.012.

Ozdemir, O., M. S. Çelikb, Z. S. Nickolovc, and J. D. Miller. 2007. "Water Structure and Its Influence on the Flotation of Carbonate and Bicarbonate Salts." *Journal of Colloid and Interface Science* 314, no. 2 (October): 545–51. https://doi.org/10.1016/j.jcis.2007.05.086.

Palmer, A. C., and T. J. O. Sanderson. 1991. "Fractal Crushing of Ice and Brittle Solids." *Proceedings: Mathematical and Physical Sciences* 433, no. 1889 (June): 469–77.

Park, S. K., and J. Y. Hu. 2010. "Assessment of the Extent of Bacterial Growth in Reverse Osmosis System for Improving Drinking Water Quality." *Journal of Environmental Science and Health, Part A* 45, no. 8 (May): 968–77. https://doi.org/10.1080/10934521003772386.

Perger, M. "Espresso Recipes: Strength." *Barista Hustle* (blog). January 30, 2017. https://www.baristahustle.com/blog/espresso-recipes-strength/.

Perger, M. "DIY Water Recipes: The World in Two Bottles." *Barista Hustle* (blog). May 1, 2017. https://www.baristahustle.com/blog/diy-water-recipes-the-world-in-two-bottles/.

Perger, M. "Sifting Coffee Grinds — An Experiment." YouTube video, January 3, 2019. https://www.youtube.com/watch?v=kI3zOwFG9mg.

Perger, M. "Coffee Grinder RPM." *Barista Hustle* (blog). January 4, 2020. https://www.baristahustle.com/blog/coffee-grinder-rpm/.

Petracco, M., and F. S. Liverani. 1993. *15th International Scientific Colloquium on Coffee: Espresso Coffee Brewing Dynamics: Development of Mathematical and Computational Models, Montpellier, France.* Paris: ASIC — Association for Science and Information on Coffee Proceedings.

Qu, X. L., L. Khezzar, D. Danciu, M. Labois, and D. Lahekal. 2011. "Characterization of Plunging Liquid Jets: A Combined Experimental and Numerical Investigation."

*International Journal of Multiphase Flow* 37, no. 7 (September): 722–31. https://doi. org/10.1016/j.ijmultiphaseflow.2011.02.006.

Rao, S. 2008. *The Professional Barista's Handbook*. Self-published.

Rao, S. 2010. *Everything but Espresso*. Self-published.

Rao, S. 2013. *Espresso Extraction: Measurement and Mastery*. Self-published.

Rao, S. 2014. *The Coffee Roaster's Companion*. Self-published.

Rao, S. "Scott Rao — On Extraction Measurements." YouTube video, February 2, 2016. https://www.youtube.com/watch?v=tiqjf8-yuR4.

Rao, S. "Fines: Fine for Espresso, not so Fine for Filter." *Scott Rao* (blog). August 31, 2017. https://www.scottrao.com/blog/2017/8/27/fines-fine-for-espresso-not-so-fine-for-filter.

Rao, S. "Using Extraction Levels to Rate Grinders." *Scott Rao* (blog). October 30, 2018. https://www.scottrao.com/blog/2018/10/4/using-extraction-levels-to-rate-grinders.

Rao, S. *Instagram* (blog). February 4, 2020. https://www.instagram.com/p/B8K9yrbpU Ah.

Rao, S. 2020. *Coffee Roasting: Best Practices*. Self-published.

Rhinehart, S. "Learn: What's the Deal with False Burrs?" *Prima Coffee* (blog). December 16, 2016. https://prima-coffee.com/learn/article/grinder-basics/learn-whats-deal-false-burrs/32642.

Rober, M. "Liquid Sand Hot Tub — Fluidized Air Bed." YouTube video, November 28, 2017. https://www.youtube.com/watch?v=My4RA5I0FKs.

Rosti, M. E., S. Pramanik, L. Brandt, and D. Mitra. 2020. "The Breakdown of Darcy 's Law in a Soft Porous Material." *Soft Matter* 16, no. 4 (January): 939–44. https://

doi.org/10.1039/C9SM01678C.

Schenker, S., S. Handschin, B. Frey, R. Perren, and F. Escher. 2000. "Pore Structure of Coffee Beans Affected by Roasting Conditions." *Journal of Food Science* 65, no. 3 (April): 452–7. https://doi.org/10.1111/j.1365-2621.2000.tb16026.x.

Shonibare, O. Y., and K. E. Wardle. 2015. "Numerical Investigation of Vertical Plunging Jet Using a Hybrid Multifluid–VOF Multiphase CFD Solver." *International Journal of Chemical Engineering* 2015 (July): 925639. https://doi.org/10.1155/2015/925639.

Smith, B. T. 2015. *Remington Education: Physical Pharmacy*. London: Pharmaceutical Press.

Smrke, S. "A Science Guide to Coffee Freshness." *European Coffee Trip* (blog). March 19, 2020. https://europeancoffeetrip.com/coffee-freshness-science/.

Smrke, S., M. Wellinger, T. Suzuki, F. Balsiger, S. E. W. Opitz, and C. Yeretzian. 2018. "Time-Resolved Gravimetric Method to Assess Degassing of Roasted Coffee." *Journal of Agricultural and Food Chemistry* 66, no. 21 (May): 5293–300. https://doi.org/10.1021/acs.jafc.7b03310.

Socratic. *Instagram* (blog). December 3, 2015. https://www.instagram.com/p/-1SO4ySuL8.

Sparks, T., and G. Chase. 2016. *Filters and Filtration Handbook*. Amsterdam: Elsevier.

Stanley, H. E., A. D. Araújo, U. Costa, and J. S. Jr. Andrande. 2003. "Fluid Flow Through Disordered Porous Media." *Fractals* 11, no. supp01 (February): 301–12. https://doi.org/10.1142/S0218348X03001963.

Sunergos Coffee. "Coffee Burr Grinder Overview." YouTube video. July 24, 2012. https://www.youtube.com/watch?v=-m3j7V5IlaA.

Uman, E., M. Colonna-Dashwood, L. Colonna-Dashwood, M. Perger, C. Klatt, S. Leighton, B. Miller, K. T. Butler, B. C. Melot, R. W. Speirs, and C. H. Hendon. 2016. "The Effect of Bean Origin and Temperature on Grinding Roasted Coffee." *Scientific Reports* 6 (April): 24483. https://doi.org/10.1038/srep24483.

Vaast, P., B. Bertrand, J.-J. Perriot, B. Guyot, and M. Genard. 2005. "Fruit Thinning and Shade Improve Bean Characteristics and Beverage Quality of Coffee (Coffea Arabica L.) Under Optimal Conditions." *Journal of the Science of Food and Agricultu re* 86, no. 2 (October): 197–204. https://doi.org/10.1002/jsfa.2338.

van Heerwaarden, C. "Numerical Simulation of Rayleigh-Taylor Instability II." Vimeo (blog). January 21, 2014. https://vimeo.com/84675235.

Vargaftik, N. B., B. N. Volkov, and L. D. Voljak. 1983. "International Tables of the Sur face Tension of Water." *Journal of Physical and Chemical Reference Data* 3: 817–20. https://doi.org/10.1063/1.555688.

von Blittersdorff, M., and C. Klatt. 2017. "Chapter 13 — The Grind — Particles and Particularities," in *The Craft and Science of Coffee*, ed. B. Folmer, 311–28. Amsterd am: Academic Press.

Weber, D. "Blind Shaker." *Weber Workshops* (blog). September 11, 2019. https://weberw orkshops.com/products/blind-shaker.

Wellinger, M., and C. Yeretzian. "Water: Why Quality Matters." *Café Europa | Autu mn 2015* (blog). September 6, 2015. https://issuu.com/crimsonmedia/docs/caf___ europa-autumn_2015/20.

Wellinger, M., S. Smrke, and C. Yeretzian. 2017. "Chapter 16 — Water for Extracti on — Composition, Recommendations, and Treatment," in *The Craft and Science of Coffee*, ed. B. Folmer, 381–98. Amsterdam: Academic Press.

Wellinger, M., S. Smrke, and C. Yeretzian. 2018. *The SCA Water Quality Handbook*. Santa Ana: Specialty Coffee Association.

Worku, M., B. de Meulenaer, L. Duchateau, and P. Boeckx. 2018. "Effect of Altitude on Biochemical Composition and Quality of Green Arabica Coffee Beans Can Be Affected by Shade and Postharvest Processing Method." *Food Research International* 105 (March): 278–85. https://doi.org/10.1016/j.foodres.2017.11.016.

Yam, K. L., ed. 2009. *The Wiley Encyclopedia of Packaging Technology*. New Jersey: Wiley.

Yang, L., D. Gao, Y. Zhang, J. Tang, and Y. Li. 2019. "Relationship Between Sorptivity and Capillary Coefficient for Water Absorption of Cement-Based Materials: Theory Analysis and Experiment." *Royal Society Open Science* 6, no. 6 (June): 190112. https://doi.org/10.1098/rsos.190112.

Yang, Y., F. D. Siqueira, A. S. L. Vaz, Y. Zhenjiang, and P. Bedrikovetsky. 2016. "Slow Migration of Detached Fine Particles Over Rock Surface in Porous Media." *Journal of Natural Gas Science and Engineering* 34 (August): 1159–73. https://doi.org/10.1016/j.jngse.2016.07.056.

Yang, Z., J. An, A. Wang, and Y. Fan. 2013. *Sixth International Conference on Advanced Computational Intelligence* (ICACI): *A Novel Security Method in Wireless Network Based on Percolation, Hangzhou, China, October 19–21, 2013. Piscataway*: Institute of Electrical and Electronics Engineers. https://doi.org/10.1109/ICACI.2013.6748500.

Yeh, T.-C. J., M. Ye, and R. Khaleel. 2005. "Estimation of Effective Unsaturated Hydraulic Conductivity Tensor Using Spatial Moments of Observed Moisture Plume." *Water Resources Research* 41, no. 3 (March): W03014. https://doi.org/10.1029/2004

WR003736.

Yin, Z., Q. Jia, Y. Li, Y. Wang, and D. Yang. 2018. "Computational Study of a Vertical Plunging Jet into Still Water." *Water* 10, no. 8 (July): 989. https://doi.org/10.3390/w10080989.

Zhong, W., F. Yue, and A. Ciancio. 2018. "Fractal Behavior of Particle Size Distribution in the Rare Earth Tailings Crushing Process Under High Stress Condition." *Applied Sciences* 8, no. 7 (June): 1058. https://doi.org/10.3390/app8071058.

Zhu, S.-Y., Z.-M. Du, C.-L. Li, A. Salmachi, X.-L. Peng, C.-W. Wang, P. Yue, and P. Deng. 2018. "A Semi-Analytical Model for Pressure-Dependent Permeability of Tight Sandstone Reservoirs." *Transport in Porous Media* 122, no. 2 (January). https://doi.org/10.1007/s11242-018-1001-x.

Zięba, Z. 2017. "Influence of Soil Particle Shape on Saturated Hydraulic Conductivity." *Journal of Hydrology and Hydromechanics* 65, no. 1 (March): 80–87. https://doi.org/10.1515/johh-2016-0054.

# 역자후기

아서 클라크는 충분히 진보한 기술은 마법과 구분할 수 없다고 했다. 이를 비틀면 현재의 그 어떤 신비한 것도 언젠가는 과학적 방법론으로 해체할 수 있다는 말이 될 것이다. 예로부터 사람들은 미지의 세계에 파고들기를 주저하지 않았고 진리를 얻어낸 이들은 자신의 이름을 알릴 수 있었으며, 세상은 놀람과 환호로 이를 받아들였다. 커피 세계에서 추출은 설화 속 세계와 같았다. 커피와 물이 사람의 손길을 거쳐 대부분의 감각을 만족시키는 음료로 화하는 과정과 결과는 모두 환상적이었다. 어떤 이는 음료에 신이 내렸다고 표현했고 누군가는 추출 모습에 매혹되었다. 이것만으로도 만족스러울 수 있다. 그렇지만, 과학적 도약은 즐기는 것만으로는 이루어지지 않았다. 변수 간의 복잡한 관계를 낱낱이 밝히고 추출의 원리를 찾겠다는 놀라울 만큼의 의지로 한없어 보일 만큼 가득한 자료를 모두 처리하기까지의 꾸준함만이 이를 달성할 수 있었다.

추상적이고 서사적인 단어 대신 숫자와 그래프로 추출을 나타낸 대표적인 사례는 Coffee Brewing Control Chart이다. 창조자 Ernest Lockhart는 Coffee Brewing

Institute에서 채집한 막대한 자료를 바탕으로 커피 음료의 품질을 용존 고형분 총량(TDS)와 추출 수율(PE)이라는 두 수치에 기반해 아홉 가지로 구분했다. 커피 역사상 충격과 위상 면에서 그만한 자료는 드물 것이다. 근 40여 년 뒤 Ted Lingle은 The Coffee Brewing Handbook에서 위 자료를 기초로 내용 대부분을 전개한다. 그리고 지금도, 초기 차트를 바탕으로 그 개선점을 찾으려는 연구가 진행 중이다.

Jonathan Gagné의 이번 책은 파급력 면에서 아마도 Coffee Brewing Control Chart에 버금갈 것이다. 그는 Lockhart가 남겨 둔 커피 추출의 남은 과제를 상당량 풀었다. 눈부시게 발전한 측정 도구와 데이터 처리 소프트웨어의 도움이 있긴 했지만 과거와 같은 막대한 양의 실험 자료 없이는 그 성과는 나올 수 없다. 가장 중요한 것으로 그는 Lockhart처럼 과학적 방법론에서 접근했다. 변수를 통제하고 우연을 배척하며 가설을 검증하고 구현 모델을 도입하며 결론에 조금씩 접근했다. 그는 어떤 단순한 현상도 직관으로 해결하려 하지 않고 가능한 객관적으로 측정하고 과학 지식에 기반해 풀어 나가려 했다. 그 과정 대부분은 시간 소모적이었을 것이다. 그러나 이 덕분에 그는 세계 모든 사람보다 앞설 수 있었다.

진실은 그 자체로 설득력이 있고 진실을 찾는 과정은 매혹적이다. 역자는 저자가 어떤 마음으로 주제를 접하고, 어떻게 실험에 임하며, 결과를 찾고 결론을 낼 때마다 어떤 기분이었을까 생각하며 한글화 했다. 내가 그의 팬이 되고 그의 작업에 경탄하고 그에게 존경과 감사를 드리듯이, 한국의 독자들도 그에게 축하하고 성원을 보내길 바라는 마음으로 문장을 연결했다. 커피 세계가 하나씩 진리로 채워지는 것은 커피가 세상을 밝게 하는 것만큼이나 아름답다. 지금 시기에 이를 확인하는 기회를 얻어 기쁘다.

이번 번역과 출판에도 많은 분들이 도움을 주셨다. 수치상으로는 2018년보다 덜했다는데 느낌은 더욱 강했다 싶어 '신비'롭기까지 한 2021년의 여름 동안 번역에 전념할 수 있도록 (주)커피리브레 가족들은 성원을 아끼지 않았다. 윤은주 편집자님은 글을 보다 아름답고 유려하게, 잘 읽히게 가꿔 주셨다. 이새미 디자이너님은 글과 다양한 사진과 일러스트, 그리고 이 책만의 특징인 여러 수식을 훌륭히 종이에 구현해 주셨다. 하나 더, 스캇 라오는 저자의 머리말에도 나와 있듯이, 저자를 커피의 세계로 끌어와 역작을 펴내도록 했다. 감사를 보낸다.

그리고, 나의 가족은 언제나 내가 보답할 수 없을 만큼의 애정과 관심을 주었다. 무엇보다도, 나의 삶 속 모든 행복은 마리아에게서 온다. 언제나 그렇듯, 마리아에게 고마움과 사랑을 전하며 역자후기를 마무리한다.

지은이 **조나탕 가네** Jonathan Gagné

몬트리올 소재 Planétarium Rio Tinto Alcan의 천체 물리학 연구원이자
몬트리올 대학 겸임 교수로서 태양과 가까운 갈색 왜성, 외계 행성, 젊은 별을
연구하고 있다. 열정적인 커피 애호가로서 커피 추출의 기술적 측면에 관해 다루는
블로그 http://coffeeadastra.com을 운영 중이다.


옮긴이 **최익창**

2003년 고려대학교 법대 졸업
2010년 사단법인 한국스페셜티커피협회 사무지원팀장
2012년 수성구1인창조기업 '코페아룩스메아' 설립, 커피브리프 발간
2014년-현재 커피리브레 지식전략부장

1995년 커피자료 번역을 계기로 스페셜티 커피산업을 접하고
1997년 보헤미안 커피교실을 통해 커피산업의 가치와 소중함을 깨닫다.
이후 여러 커피업체의 일을 돕고 커피동호회에서 활동하면서
커피산업에서 필요한 지식의 정련에 힘써 왔다.


감수 **서필훈**

고려대학교 서양사학과 및 동대학원 졸업
안암동 보헤미안 커피하우스 실장 역임
현 커피리브레 대표

# 커피 브루잉

초판 1쇄 발행 2021년 11월 8일
초판 2쇄 발행 2021년 12월 3일

| | |
|---|---|
| **지은이** | 조나탕 가네 |
| **옮긴이** | 최익창 |
| **펴낸이** | 서필훈 |
| **펴낸곳** | 커피리브레 |
| **신고일** | 2012년 9월 5일 |
| **신고번호** | 제2012-000286호 |
| **주소** | 서울 마포구 동교로 29길 64, 2층(연남동, 영인빌딩) |
| **전화** | 02-325-7140 |
| **팩스** | 02-6442-7140 |
| **전자우편** | choi@coffeelibre.kr |
| **편집** | 윤은주 |
| **디자인** | 이새미 |
| **마케팅** | 류현지 |
| **관리** | 홍지선 |
| **회계** | 서승희 |
| **인쇄** | 다다프린팅 |

ISBN 979-11-954848-7-4

* 잘못된 책은 바꾸어드립니다.